TEMAS DE
DIREITO PROCESSUAL
(Sétima Série)

Autor

JOSÉ CARLOS BARBOSA MOREIRA

Professor na Faculdade de Direito da Universidade do Estado do Rio de Janeiro
Desembargador (aposentado) do Tribunal de Justiça do Estado do Rio de Janeiro

Coordenadores

ALUISIO GONÇALVES DE CASTRO MENDES

CARLOS ROBERTO BARBOSA MOREIRA

LUIZ PAULO DA SILVA ARAÚJO FILHO

TEMAS DE
DIREITO PROCESSUAL
(Sétima Série)

3ª Edição

Atualizadores

SÉRGIO RICARDO DE ARRUDA FERNANDES

HUMBERTO DALLA BERNARDINA DE PINHO

GZ
EDITORA
Rio de Janeiro
2024

1ª edição – 2001 - Saraiva
2ª edição – 2023 - Editora GZ
3ª edição – 2024 - Editora GZ

Coordenadores: *Aluisio Gonçalves de Castro Mendes / Carlos Roberto Barbosa Moreira / Luiz Paulo da Silva Araújo Filho*

Atualização: *Sérgio Ricardo de Arruda Fernandes / Humberto Dalla Bernardina de Pinho*

Diagramação: *Olga Martins*

CIP-BRASIL. CATALOGAÇÃO NA PUBLICAÇÃO
SINDICATO NACIONAL DOS EDITORES DE LIVROS, RJ

M837t
3. ed.

Moreira, José Carlos Barbosa, 1931-2017
Temas de direito processual : sétima série / José Carlos Barbosa Moreira ; coordenação Aluisio Gonçalves de Castro Mendes, Carlos Roberto Barbosa Moreira, Luiz Paulo da Silva Araújo Filho ; atualizadores Sérgio Ricardo de Arruda Fernandes, Humberto Dalla Bernardina de Pinho. - 3. ed. - Rio de Janeiro : GZ, 2024.
453 p. ; 24 cm. (Temas de direito processual ; 7)

Inclui bibliografia e índice
ISBN 978-65-5813-087-1

1. Direito processual civil - Brasil. I. Mendes, Aluisio Gonçalves de Castro. II. Moreira, Carlos Roberto Barbosa. III. Araújo Filho, Luiz Paulo da Silva. IV. Fernandes, Sérgio Ricardo de Arruda. V. Pinho, Humberto Dalla Bernardina de. VI. Título. VII. Série.

23-86155 CDU: 347.91/.95(81)

Meri Gleice Rodrigues de Souza - Bibliotecária - CRB-7/6439

16/09/2023 20/09/2023

e-mail: contato@editoragz.com.br
www.editoragz.com.br

Estrada do Capuava, nº 1325 - Box Q - CEP 06715-410
Bairro Barro Branco - Município de Cotia - SP
Tel.: (0XX21) 99585-0737 / 99755-0737

Impresso no Brasil
Printed in Brazil

rídica, sempre há espaço para um retorno ao que já foi amplamente estudado; e o estudioso de agora e do futuro poderá enxergar mais longe se se dispuser (a imagem pode soar batida, mas é expressiva) a subir nas costas de gigantes do passado.

Em terceiro lugar, o jurista de hoje poderá apreciar as qualidades *didáticas* de Barbosa Moreira. No concurso, realizado em 1979, com o qual o autor conquistou a titularidade na UERJ, um de seus eminentes examinadores reprovou-lhe o emprego, na tese submetida à banca, do adjetivo "didático", por lhe parecer depreciativo do livro (de outro insigne processualista) a que Barbosa Moreira supostamente se referira. Em verdade, o adjetivo, no excerto criticado, qualificava apenas um *exemplo* extraído do livro que Barbosa Moreira citara; porém, como bem observou, em sua resposta, o então candidato, ainda que se tratasse de qualificativo atribuído à obra, que maior elogio se lhe poderia fazer, senão chamá-la didática? Afinal, "didático" qualifica o que é "destinado a instruir", "que facilita a aprendizagem", "que proporciona instrução e informação, assim como prazer e divertimento" (Houaiss). Em qualquer desses sentidos, é possível afirmar que os *Temas* constituem um conjunto extremamente didático – e o processualista da terceira década do século XXI, ao ler qualquer de seus diferentes textos, certamente poderá se beneficiar da clareza expositiva de Barbosa Moreira e, por óbvio, do fato de ter sido ele "senhor absoluto dos meandros e mistérios da nossa tão maltratada última flor do Lácio".[2]

São razões mais que suficientes para justificar a reedição dos *Temas de Direito Processual* – sem prejuízo de muitas outras, que o leitor atento provavelmente encontrará.

Aluisio Gonçalves de Castro Mendes
Carlos Roberto Barbosa Moreira
Luiz Paulo da Silva Araújo Filho

2 FABRICIO, Adroaldo Furtado. Apresentação. *In* FABRICIO, Adroaldo Furtado (coord.) *Meio de Impugnação ao Julgado Civil:* estudos em homenagem a José Carlos Barbosa Moreira.1ª ed. Rio de Janeiro: Forense, 2007, p. VIII (destacado no original).

APRESENTAÇÃO

Por iniciativa do Instituto Brasileiro de Direito Processual- IBDP, muito bem acolhida pela família do autor e pela Editora GZ, as nove "séries" dos *Temas de Direito Processual*, que José Carlos Barbosa Moreira escreveu ao longo de três décadas, são agora reeditadas, em versão atualizada por estudiosos do direito processual - em sua maioria, ex-alunos e amigos do saudoso mestre. A atualização manteve intacto o texto original do ciclo: ao final de cada estudo, encontram-se as observações dos atualizadores, que fornecem ao leitor dados sobre a evolução do direito brasileiro, na matéria ali versada, até os dias atuais.

Qual a utilidade que o leitor de hoje pode extrair da obra, escrita na vigência do Código de Processo Civil de 1973 e dedicada, em muitos pontos, ao exame de normas e institutos que não foram reproduzidos no diploma que o substituiu?

Em primeiro lugar, vários dos trabalhos de Barbosa Moreira abordaram temas até então *inéditos* (ou, ao menos, pouco explorados) na doutrina brasileira. Para nos limitarmos, aqui e agora, à indicação de um único, mas significativo exemplo, permitimo-nos chamar a atenção do leitor para os estudos sobre *interesses difusos*, um dos quais publicado já no volume inaugural da coleção ("A ação popular do direito brasileiro como instrumento de tutela jurisdicional dos chamados 'interesses difusos'"). A reedição desses e de outros textos, igualmente marcados pelo ineditismo das questões de que o autor se ocupou, permitirá ao processualista da terceira década do século XXI o contato direto com a fonte inspiradora de extensa e fecunda elaboração doutrinária que se seguiu, desenvolvida igualmente por outros autores, e de relevantes inovações na legislação do país.

Em segundo lugar, como bem observou um dos mais destacados processualistas de atual geração, a obra de Barbosa Moreira "versa sobre praticamente todos os grandes temas de Direito Processual".[1] Isso é certo em relação ao conjunto de seus escritos (que inclui, entre outros, suas teses para concursos e seus substanciosos *Comentários* ao Código de 1973, além de seu maior êxito comercial, *O Novo Processo Civil Brasileiro*, o qual teve nada menos de vinte e nove edições, *todas* cuidadosa e verdadeiramente "revistas e atualizadas"), mas também o é no tocante à coleção que ora se reedita, em cujos nove volumes o autor não se furtou a examinar e reexaminar temas "clássicos": coisa julgada, prova, competência, poderes do juiz, pressupostos processuais, causa de pedir, contraditório, classificação das sentenças ... Em qualquer campo da ciência ju-

1 DIDIER JUNIOR, Fredie Souza. *Sobre Academia, Memória e Imaginação*: uma vida em processo. Universidade Federal da Bahia, 2021, p. 84. No juízo desse autor, a coleção de *Temas* "está para o Direito Processual Civil brasileiro como o *Tratado de Direito Privado* [de Pontes de Miranda] está para o Direito Privado" (ob. cit., loc. cit.).

Aos bacharéis da turma de 1992 da Faculdade de Direito da Universidade do Estado do Rio de Janeiro, em sinal de amizade e reconhecimento pela adoção do meu nome.

NOTA DOS ATUALIZADORES

É muito difícil expressar todo o sentimento que envolve a honrosa missão de atualizar os artigos do Professor Barbosa Moreira, em seus *Temas de Direito Processual - Sétima Série.*

Em primeiro lugar, a saudade e a admiração por aquele que foi um dos maiores Professores da área jurídica - que o digam todos os seus alunos (os matriculados na UERJ e o universo de outros alunos que vinham assistir suas aulas, sem qualquer vínculo com a instituição, apenas para poder desfrutar de suas lições) - e um dos melhores, senão nosso maior processualista de todos os tempos.

Em segundo lugar, o prazeroso trabalho de atualizar os artigos de Barbosa Moreira nos reconduz aos primeiros estudos na seara do Processo Civil. É impressionante como os ensinamentos insertos nos mais diversos textos de sua autoria estão sedimentados na base do conhecimento jurídico que fomos construindo ao longo de uma vida acadêmica e profissional na área do Direito. A sua maestria não está apenas na precisão científica empregada no enfrentamento dos variados temas abordados; mas na forma inteligente, objetiva e muitas vezes divertida de passar a informação ao leitor.

A leitura - e por vezes a releitura - de seus textos nos faz perceber a fina ironia associada à elegância de estilo com que o autor passava suas observações críticas a respeito das inovações legais ou construções jurisprudências acerca de importantes temas do Direito Processual Civil. É só ir lá nos seus artigos e saborear.

Em terceiro lugar, é impactante a atualidade dos textos que compõem os *Temas de Direito Processual.* A *Sétima Série* abarca diversos artigos publicados no final da década de 1990. Revisitá-los, para efeito deste trabalho de atualização, nos fez parecer que os escritos foram produzidos bem recentemente. De fato, o seu autor nos oferece a sua percepção atemporal sobre diversos temas que preservam a sua contemporaneidade, inclusive quanto ao próprio Código de Processo Civil de 2015.

A rigor, é bem verdade, as análises e observações técnicas espraiadas em suas obras inspiraram fortemente a evolução do nosso ordenamento processual ao longo de sucessivas reformas parciais do Código ab-rogado, culminando com o atual Código de Processo Civil. Quantas críticas lançadas por Barbosa Moreira serviram para fomentar o devido aprimoramento das regras da nossa lei processual.

Diante desse cenário, é preciso confessar a facilidade com que se desenvolveu o trabalho de atualização dos textos, haja vista a constante coincidência de suas observações com o quanto veio a ser positivado no Código de Processo Civil em vigor.

Por último, também se afigura relevante destacar que os artigos que compõem a *Sétima Série* foram elaborados em importante fase da evolução científica do nosso Direito Processual.

A partir dos anos 90 empreendeu-se um esforço muito grande no sentido de dotar nosso sistema processual de uma carga maior de efetividade, além da segurança já proporcionada pelo rigor técnico na observância de suas regras e princípios. Ou seja, percebeu-se a necessidade de construir um novo caminho para o Processo Civil.

Mais resumidamente, acompanhamos um movimento de migração até os dias atuais do *devido processo legal* para o *devido processo justo*, assim entendido aquele que, preservando a boa técnica e a segurança jurídica dos envolvidos na relação processual, almeja a melhor solução do litígio em termos de eficiência prática e celeridade. Em linguagem popular, não é mais suficiente que o processo seja técnico e seguro; é preciso que ele também possa resolver os problemas das partes de forma ágil, útil e menos onerosa.

Talvez aqui – no estágio em que nos encontramos – o grande enigma a ser decifrado é como agregar a esses valores a indispensável qualidade das decisões judiciais.

Grande desafio – diga-se - pela enorme carga de trabalho direcionada às mesas virtuais dos órgãos julgadores diariamente. Daí porque o arsenal de instrumentos que são colocados pela lei processual civil à disposição da sociedade passa por constante movimento de renovação. Enfim, o que se pretende, em última análise, é obter uma prestação jurisdicional segura, célere, eficiente e de boa qualidade. Para tanto, as sementes estão plantadas nos textos que vão enriquecer a sua leitura ... É só se lançar à obra.

Rio de Janeiro, 06 de junho de 2.022.

Sérgio Ricardo de Arruda Fernandes

Humberto Dalla Bernardina de Pinho

SOBRE OS ATUALIZADORES

SÉRGIO RICARDO DE ARRUDA FERNANDES

Desembargador do Tribunal de Justiça do Estado do Rio de Janeiro. Diretor da Revista de Direito do Tribunal de Justiça

HUMBERTO DALLA BERNARDINA DE PINHO

Desembargador do Tribunal de Justiça do Estado do Rio de Janeiro. Professor Titular de Direito Processual Civil na UERJ e na Estácio. Tem graduação, mestrado e doutorado na UERJ. Pós-doutorado pela University of Connecticut. Editor da Revista Eletrônica de Direito Processual (REDP) e Coordenador do Grupo de Pesquisa Observatório da Mediação e da Arbitragem (CNPQ).

SUMÁRIO

REFORMAS PROCESSUAIS[1]

Reformas legislativas de cunho exclusivamente (ou predominantemente) científico podem ser avaliadas em plano teórico. Reformas legislativas de cunho exclusivamente (ou predominantemente) prático só podem ser avaliadas à luz de seus efeitos concretos. Exemplo do primeiro caso seria a substituição de palavras do texto legal, para corrigir impropriedades terminológicas. Exemplos do segundo caso são a introdução de institutos novos e a modificação substancial de institutos já existentes.

A onda de reformas do nosso processo civil, a partir de 1992, visou sobretudo, como é notório, matérias cuja disciplina se considerava insatisfatória *pelo ângulo prático*. Passou à margem de defeitos de outra natureza, apontados pela doutrina na legislação processual, ou só de leve os roçou. O que se pretendeu foi, antes de mais nada, simplificar o mecanismo procedimental, desburocratizá-lo, eliminando formalidades supérfluas, aplanando terrenos excessivamente acidentados, abrindo caminhos mais breves e desimpedidos no rumo da prestação jurisdicional. Aqui e ali, é verdade, revolveram-se estruturas em nível mais profundo, mas quase sempre com o propósito essencial de agilizar a marcha dos pleitos ou ensejar a respectiva abreviação: assim, *v.g.*, ao introduzir-se a audiência de conciliação no procedimento ordinário (art. 331, na redação dada pela Lei nº 8.952, de 13-12-1994).

Exemplo paradigmático de semelhante diretriz depara-se na inversão da ordem de preferência em tema de forma da citação. No sistema primitivo do Código, a modalidade padrão era a que ficava a cargo do oficial de justiça, incumbido de cumprir o mandado do juiz. A citação por via postal situava-se em plano secundário, admitida unicamente quando o citando fosse comerciante ou industrial domiciliado no Brasil (art. 222, na redação primitiva). A partir da entrada em vigor da Lei nº 8.710, de 24- 9-1993, a citação pelo correio tomou-se, por assim dizer, a regra, ficando a citação pelo oficial de justiça reservada para as hipóteses excepcionais em que a lei pré-exclua aquela outra modalidade, ou se frustre a respectiva execução (art. 224, na redação atual).

---

1 Publicado na *Revista Jurídica*, nº 258; na *Revista da Academia Brasileira de Letras Jurídicas*, nº 6; na *Revista Literária de Direito*, nº 28; na *Cart a Mensal do Conselho Técnico da Confederação Nacional do Comércio*, nº 535.

Ora, salta aos olhos que nenhum princípio científico, nenhuma doutrina abstrata induz o legislador a optar por esta ou aquela modalidade de citação; a escolha decorre de considerações de pura utilidade. O que interessa é dar prioridade à forma que se revele mais eficiente – isto é, que propicie a comunicação mais rápida e mais segura do ajuizamento da ação ao citando. A modificação da sistemática do Código não reflete mudança de juízo no plano doutrinário; não é que o legislador se haja convencido de que a adoção da via postal é *cientificamente* mais correta que a da outra. Ele se convenceu apenas de que, utilizando-se o serviço do correio, se alcança com maior facilidade o objetivo. É lógico, assim, que errará o alvo qualquer louvor ou censura à modificação que não busque fundamento em dados concretos. De nada vale discutir *in abstracto* as supostas vantagens e inconvenientes de cada modalidade. Tem-se de apurar o que está acontecendo no dia a dia forense e – se possível – comparar a situação com a que existia sob o regime anterior. Relevantes são as perguntas que se refiram ao tempo e ao custo da comunicação, a eventuais dificuldades no acesso ao citando, à frequência com que se têm invalidado citações, e assim por diante.

Vamos a outro exemplo. A introdução de audiência destinada primordialmente à tentativa de conciliação das partes é uma faca de dois gumes. Pode, se vingar a tentativa, abreviar o feito de modo considerável. No caso contrário, porém, alonga o curso do processo, sem outros ganhos que o da fixação imediata dos pontos controvertidos, o da solução de questões processuais pendentes, o da determinação das provas a serem produzidas e o da designação, se necessário, da audiência de instrução e julgamento (art. 331, § *2º, fine).* Tais ganhos nem sempre serão suficientes para compensar o aumento da duração do pleito: mais valeria, por esse prisma, que o juiz procedesse ao respectivo saneamento pela forma tradicional.

A natural expectativa, ao promover-se a reforma, era a de que a vantagem excederia o inconveniente – noutras palavras, que o número das tentativas de conciliação frutíferas ultrapassaria o das infrutíferas. A esse dado não é possível renunciar, se se quer chegar a alguma conclusão. Sem ele, cairão no vazio quaisquer argumentos, porventura baseados em notícias sobre o êxito do sistema alhures, ou em ideias apriorísticas acerca da maior ou menor racionalidade desta ou daquela opção quanto à localização da tentativa no itinerário processual. Tudo isso importava muito *antes* da implantação do novo regime; hoje, importa pouquíssimo, ou nada. A hora já não é de prognósticos, mas de diagnósticos. Volvidos quatro anos de aplicação, presume-se bastante a experiência realizada para que se formule um juízo não sobre o que *se esperava* da reforma, senão sobre o que dela *resultou.*

Acrescento que o dado indispensável a semelhante avaliação, se pretendemos que ela se revista de seriedade, não pode consistir em impressões subjetivas ("De minha parte, acho que..."), nem provir de informações vagas, colhidas ao acaso em conversas episódicas com juízes e advogados ("Tenho ouvido dizer que..."). É imprescindível uma pesquisa metodicamente conduzida sobre a realidade dos pretórios, tal como a retratam os autos, em amostragem suficiente à luz das regras técnicas. Precisamos saber qual a percentagem de tentativas coroadas de êxito; e mais: quanto tempo em média se perdeu, nos feitos restantes, em consequência da realização frustrada da audiência. Só assim ficaremos habilitados a formular juízo razoavelmente objetivo. Tudo mais será mero palpite.

Discurso em certa medida análogo cabe quanto à criação da chamada "ação monitória", de que cuidam os arts. 1.072a a 1.072c do Código de Processo Civil, inseridos no texto pela Lei nº 9.079, de 14-7-1995. Por ocasião da reforma, dividiam-se as opiniões no tocante à utilidade que teria a inovação. Havia quem a saudasse com entusiasmo, como expediente suscetível de proporcionar bom escoamento a muitas hipóteses até ali sem solução satisfatória, e quem lhe vaticinasse repercussão escassa na prática judiciária, em razão do exíguo espaço que lhe deixaria o elevado número de títulos extrajudiciais consagrados pelo ordenamento brasileiro. Ora, já não se justifica que a dúvida subsista. Um triênio de experiência deve bastar para dar resposta à interrogação. O que impende fazer é verificar quantas ações monitórias foram intentadas, e que percentual delas superou o filtro da admissibilidade.

Pois bem: várias obras doutrinárias – algumas de alto valor científico – foram publicadas sobre o tema, sem falar de dezenas de conferências, palestras, painéis, mesas-redondas em congressos jurídicos... Todavia, o interessado quase nunca recebe aí elementos concretos de avaliação. Continua-se, não raro, a debater a questão da utilidade da ação monitória, como se estivéssemos ainda a raciocinar *de lege ferenda,* a opinar sobre um *projeto de lei,* e não sobre uma lei vigente há três anos.

Nem se objete que o exame da jurisprudência constituiria meio idôneo para colher todos os dados de que se necessita. Não constitui, e por mais de um motivo. Primeiro, talvez seja cedo para que já estejam difundidos em número significativo os resultados de julgamentos dos tribunais superiores, ou mesmo dos de segundo grau, a respeito do assunto. O material mais abundante, por enquanto, certamente consistirá em decisões de primeiro grau, raramente encontradiças nas fontes acessíveis. Ademais, só pequena parte dos acórdãos recebe divulgação extensa: a maioria fica retida ao longo dos procedimentos de seleção, que seguem critérios extremamente variados. Não há como extrair da jurisprudência divulgada ideia menos imprecisa da frequência com que se tem utilizado a ação monitória.

Passemos adiante. Vêm-se multiplicando, em diversos Estados, os Juizados Especiais previstos no art. 98, nº I, da Constituição da República. Que sabemos ao certo, porém, sobre o funcionamento desses órgãos? Ouvir opiniões de juízes e advogados que neles exercem atividade é como ouvir um coro desafinado. Há prosélitos entusiásticos e há cépticos radicais. Acerca de um Juizado Civil que se instalara em morro ocupado por favela, junto ao bairro de Ipanema, no Rio, informaram-me de que a clientela habitual vinha praticamente toda dos edifícios de classe média situados nos arredores; quase nenhum favelado lhe requisitava os serviços. A ser exata a notícia, estaria ocorrendo, nesse caso, evidente distorção: é claro que pessoas de maiores recursos não devem ficar só por isso impedidas de utilizar os Juizados Especiais, mas é igualmente claro que, ao instalar- se aquele órgão, o que se tinha em vista era, acima de tudo, atender às necessidades dos moradores da favela. Ressalvo, em todo caso, que não me forneceram números capazes de dar lastro à informação.

Para avaliar o desempenho dos Juizados Especiais (e aqui estendo minha reflexão à esfera penal), necessitamos saber, entre outras coisas, que volume de trabalho vêm eles tendo; de que matérias tratam mais frequentemente; qual tem sido o resultado das tentativas de solução consensual, no cível e no crime; qual a frequência, ali, da opção das partes pela arbitragem; quanto costuma durar, em cada uma das áreas, o processo que percorre todas as etapas legais; qual o percentual das sentenças recorridas, e qual o dos recursos providos... Tomei conhecimento, em data recente, de que estavam em curso duas pesquisas sérias: uma no Rio, sob a orientação do Professor Paulo Cezar Pinheiro Carneiro, da UERJ; outra em S. Paulo, dirigida pelo Professor Antonio Scarance Fernandes, da USP. O ideal seria que se imprimisse a tais pesquisas caráter interdisciplinar: há aspectos do problema que escapam ao domínio estrito do direito e não podem prescindir dos subsídios de outras ciências sociais. Seja como for, é de esperar que desses trabalhos brotem dados bem menos precários do que os poucos a que até agora tive acesso.

Caso especial é o da arbitragem. Conforme se sabe, esse instituto, no âmbito das relações internas, vinha dormindo, no Brasil, autêntico sono hibernal. Pretendeu-se despertá-lo com nova regulamentação, menos burocrática, mais ágil e tecnicamente mais esmerada que a constante do Código de Processo Civil. Com essa finalidade fez-se a Lei nº 9.307, de 23-9-1996. Passados mais de dois anos, ignora-se, de maneira geral, como a realidade estará reagindo. Aumentou de modo sensível o número de juízos arbitrais? Criaram-se entidades dedicadas a semelhante mister? Que espécies de litígio lhes são encaminhadas? Que resultados se obtêm?

Classifiquei de especial o caso, e explico por quê. Pouco depois da entrada em vigor da nova lei, por ocasião do julgamento de um pedido de homologação de laudo arbitral estrangeiro, suscitou-se no Supremo Tribunal Federal questão relativa à suposta inconstitucionalidade (a meu ver inexistente) de alguns dispositivos. Eminente Ministro pediu vista dos autos; e, ao que me consta, até hoje não proferiu seu voto. É compreensível que os interessados hesitem em engajar-se num empreendimento que amanhã ou depois poderá sofrer efeitos negativos da decisão a ser tomada. Estaria havendo, assim, uma retração circunstancial, que nos obrigaria a acolher com reserva o produto de qualquer estudo feito (?) nesse ínterim.

Entretanto, a situação de penúria observável nos outros campos revela que o problema tem dimensões mais amplas. Ao que tudo indica, os brasileiros não nutrimos grande amor pela objetividade. Escassa é a nossa paciência para realizar pesquisas e para analisar-lhes os resultados. No mundo jurídico, esse tipo de trabalho não raro se reputa indigno de ocupar o tempo e de gastar as energias dos estudiosos. Muitos de nós pensamos que lidar com estatísticas é simples passatempo de economistas. Preferimos confiar em nossa "intuição". Quase nenhum operador do direito hesita em dizer o que "acha" de qualquer assunto a cujo respeito seja interrogado. Pouco importa que nunca nos tenhamos preocupado em investigar a matéria: "achamos" sem haver tido necessidade de procurar...

Daí vivermos mergulhados num mar de impressões, que, quase sem dar por isso, fantasiamos de convicções. É uma atitude cômoda, porque nos dispensa de invocar, em discussões, argumentos racionais contra ou a favor do que quer que seja. "Sabemos" que é assim, e temos conversado. Certa vez, há muitos anos, participando de mesa-redonda sobre as medidas necessárias para melhorar o serviço da Justiça, opinei que, antes de cogitar de soluções, precisávamos identificar com um mínimo de exatidão as deficiências e as respectivas causas – o que não me parecia possível com os ralíssimos dados de que dispúnhamos. A primeira coisa a fazer, portanto, era um levantamento objetivo da situação. Outros participantes da mesa redonda, com um sorriso condescendente, qualificaram de "por demais teórica" a minha posição. Até hoje estou seguro de que ela era a *única* verdadeiramente prática; mas não tenho a ingenuidade de supor que, se o episódio se reproduzir um dia destes, venha a ser diferente a reação da maioria dos interlocutores.

Eis por que não creio que muitos se deixem comover pela sugestão de que primeiro se apurem os efeitos concretos das reformas processuais já levadas a cabo, e só depois se cuide de promover outras, por mais bem-intencionadas que sejam. Poderia ocorrer, atrevo-me a imaginar, que chegássemos a conclusões divergentes, num ou noutro ponto, daquilo que nossa expectativa apontara, ou daquilo que insinuam nossas impressões. Expectativas nem sempre resistem ao teste da realidade, e impressões às vezes nada mais são que desejos pessoais projetados no mundo exterior. Mas não me intimida o risco de continuar a ser relegado à casta dos "por demais teóricos". Peço até licença para dizer, com o poeta: *"et s' il n' en reste qu'un, je serai celui-là"*.[2]

Dezembro de 1998.

COMENTÁRIOS DO ATUALIZADOR

REFORMAS PROCESSUAIS

Sérgio Ricardo de Arruda Fernandes

O artigo foi escrito em 1998, alguns anos após iniciado o importante movimento de reformas setoriais do Código de Processo Civil de 1973.

2 A citação é de VICTOR HUGO, Les châtiments, VII, 17.

Com absoluta precisão, identificava Barbosa Moreira que o trabalho de reforma legislativa do Código de Processo Civil, iniciado na década de 90, não teve primordialmente escopo científico; mas evidente propósito prático. Em suas palavras, pretendeu-se "simplificar o mecanismo procedimental, desburocratizá-lo, eliminando formalidades supérfluas, aplanando terrenos excessivamente acidentados, abrindo caminhos mais breves e desimpedidos no rumo da prestação jurisdicional".

Esse movimento veio a atender ao anseio da sociedade por uma prestação jurisdicional mais eficiente, notadamente em termos de resultados práticos. Ou seja, a obtenção de provimento judicial útil para as partes em tempo mais breve e mediante o emprego de técnicas formais mais simples e menos demoradas e onerosas. Essa foi, de fato, a tônica do trabalho empreendido nas reformas parciais do Código ab-rogado; o que se estendeu até os últimos anos de sua vigência. Valendo citar, por exemplo, as Leis nºs 11.232/2005 e 11.382/2006, que trouxeram importantes modificações procedimentais nas execuções de títulos judicial e extrajudicial.

Acrescente-se que esse ideal da maior eficiência na prestação jurisdicional é identificado dentre as normas fundamentais do Processo Civil, na forma do artigo 4° da lei processual civil atual:

> Art. 4º As partes têm o direito de obter em prazo razoável a solução integral do mérito, incluída a atividade satisfativa.

Tecendo observações sobre as mudanças empreendidas no Código ab-rogado, Barbosa Moreira faz alusão à modificação de patamar da citação postal, que antes da Lei nº 8.170/93 estava relegada a papel secundário. Com a modificação legislativa, a citação postal passou a ser a regra, ficando a citação por oficial de justiça a ser utilizada em caráter residual. Apostou-se nas vantagens de ordem prática proporcionadas pela citação postal em comparação àquela deixada a cargo do oficial de justiça no cumprimento do mandado.

Essa evolução acompanhou o entendimento jurisprudencial no sentido de se emprestar maior aproveitamento à citação postal na prática. Veja-se:

> PROCESSUAL CIVIL E TRIBUTÁRIO. IPTU. EXCEÇÃO DE PRÉ-EXECUTIVIDADE. IRREGULARIDADE NA CITAÇÃO E ILEGITIMIDADE PASSIVA NÃO COMPROVADAS.

(...)

2. Presume-se válida a citação postal quando encaminhada a carta citatória ao endereço do imóvel e recebido o Aviso de Recebimento, sem ressalvas, por terceiro devidamente identificado. Precedente: AgRg no AREsp 593.074/DF, Rel. Min Herman Benjamin, Segunda Turma, DJe 19.12.2014.

(...)

4. É inviável, portanto, analisar a tese, defendida no Recurso Especial, de que "houve irregularidade na citação" ou de que "o imóvel objeto da presente execução não integra o patrimônio do executado", pois inarredável a revisão do conjunto probatório dos autos para afastar as premissas fáticas estabelecidas pelo acórdão recorrido: "presume-se válida a citação postal quando encaminhada a carta citatória ao endereço do imóvel e recebido o Aviso de Recebimento, sem ressalvas, por terceiro devidamente identificado", e: "A ausência de alteração de propriedade, junto à prefeitura, por parte do alienante ou do comprador, exclui a ocorrência de qualquer ato ilícito em decorrência de ajuizamento de ação de execução de IPTU". Aplica-se, portanto, o óbice da Súmula 7/STJ.

(...)

(STJ, AREsp 1603443/SP, Rel. Ministro HERMAN BENJAMIN, SEGUNDA TURMA, julgado em 04/02/2020, DJe 27/02/2020)

PROCESSUAL CIVIL. AGRAVO INTERNO NO AGRAVO EM RECURSO ESPECIAL. APRECIAÇÃO DE TODAS AS QUESTÕES RELEVANTES DA LIDE PELO TRIBUNAL DE ORIGEM. AUSÊNCIA DE AFRONTA AOS ARTS. 489, § 1º, IV, E 1.022 DO CPC/2015. CITAÇÃO. VALIDADE. TEORIA DA APARÊNCIA. ACÓRDÃO RECORRIDO EM CONSONÂNCIA COM JURISPRUDÊNCIA DESTA CORTE. SÚMULA N. 83 DO STJ. REGULARIDADE DO APONTAMENTO PARA PROTESTO. REEXAME DO CONTRATO E DO CONJUNTO FÁTICO-PROBATÓRIO DOS AUTOS. INADMISSIBILIDADE. INCIDÊNCIA DAS SÚMULAS N. 5 E 7 DO STJ. DECISÃO MANTIDA.

1. Inexiste afronta aos arts. 489, § 1º, IV, e 1.022 do CPC/2015 quando o acórdão recorrido pronuncia-se, de forma clara e

> suficiente, acerca das questões suscitadas nos autos, manifestando-se sobre todos os argumentos que, em tese, poderiam infirmar a conclusão adotada pelo Juízo.
>
> 2. "De acordo com o entendimento desta Corte, que adota a teoria da aparência, considera-se válida a citação postal, desde que comprovada, por meio do aviso de recebimento, a sua entrega na sede ou filial da empresa a uma pessoa que não recusa a qualidade de funcionário. Precedentes" (AgRg no AREsp 163.210/RJ, Relator Ministro LUIS FELIPE SALOMÃO, QUARTA TURMA, julgado em 18/02/2014, DJe 24/02/2014).
>
> 3. Inadmissível o recurso especial quando o entendimento adotado pelo Tribunal de origem coincide com a jurisprudência do STJ (Súmula n. 83/STJ).
>
> (...)
>
> 6. Agravo interno a que se nega provimento.
>
> (STJ, AgInt no AREsp 1395419/PR, Rel. Ministro ANTONIO CARLOS FERREIRA, QUARTA TURMA, julgado em 09/09/2019, DJe 16/09/2019)

Vale apontar que essa mesma opção encontra-se efetivada no atual Código de Processo Civil, que manteve a preferência pela citação postal:

> Art. 247. A citação será feita pelo correio para qualquer comarca do país, exceto:
>
> I – nas ações de estado, observado o disposto no art. 695, § 3°;
>
> II – quando o citando for incapaz;
>
> III – quando o citando for pessoa de direito público;
>
> IV – quando o citando residir em local não atendido pela entrega domiciliar de correspondência;
>
> V – quando o autor, justificadamente, a requerer de outra forma.

O Código de Processo Civil em vigor cuidou de regulamentar a questão relativa aos efeitos da entrega da citação postal, acompanhando a evolução jurisprudencial a respeito do tema. Veja-se:

> Art. 248. Deferida a citação pelo correio, o escrivão ou o chefe de secretaria remeterá ao citando cópias da petição inicial

> e do despacho do juiz e comunicará o prazo para resposta, o endereço do juízo e o respectivo cartório.
>
> § 1º A carta será registrada para entrega ao citando, exigindo-lhe o carteiro, ao fazer a entrega, que assine o recibo.
>
> § 2º Sendo o citando pessoa jurídica, será válida a entrega do mandado a pessoa com poderes de gerência geral ou de administração ou, ainda, a funcionário responsável pelo recebimento de correspondências.
>
> § 3º Da carta de citação no processo de conhecimento constarão os requisitos do art. 250.
>
> § 4º Nos condomínios edilícios ou nos loteamentos com controle de acesso, será válida a entrega do mandado a funcionário da portaria responsável pelo recebimento de correspondência, que, entretanto, poderá recusar o recebimento, se declarar, por escrito, sob as penas da lei, que o destinatário da correspondência está ausente.

E, diante do imenso avanço tecnológico experimentado pelo mundo nos últimos tempos, podemos acrescentar que a citação postal vai perdendo, hoje, o seu lugar de destaque, porquanto as citações e intimações devem ser feitas preferencialmente por meio eletrônico. E buscando a maior racionalização dos atos de comunicação processual, a recente Lei 14.195, de 26 de agosto de 2021, alterou o Código de Processo Civil para empresar ainda maior relevo às citações e intimações eletrônicas. Veja-se:

> Art. 246. A citação será feita preferencialmente por meio eletrônico, no prazo de até 2 (dois) dias úteis, contado da decisão que a determinar, por meio dos endereços eletrônicos indicados pelo citando no banco de dados do Poder Judiciário, conforme regulamento do Conselho Nacional de Justiça.
>
> § 1º As empresas públicas e privadas são obrigadas a manter cadastro nos sistemas de processo em autos eletrônicos, para efeito de recebimento de citações e intimações, as quais serão efetuadas preferencialmente por esse meio.
>
> § 1º-A A ausência de confirmação, em até 3 (três) dias úteis, contados do recebimento da citação eletrônica, implicará a realização da citação:

I – pelo correio;

II – por oficial de justiça;

III – pelo escrivão ou chefe de secretaria, se o citando comparecer em cartório;

IV – por edital.

§ 1º-B Na primeira oportunidade de falar nos autos, o réu citado nas formas previstas nos incisos I, II, III e IV do § 1º-A deste artigo deverá apresentar justa causa para a ausência de confirmação do recebimento da citação enviada eletronicamente.

§ 1º-C Considera-se ato atentatório à dignidade da justiça, passível de multa de até 5% (cinco por cento) do valor da causa, deixar de confirmar no prazo legal, sem justa causa, o recebimento da citação recebida por meio eletrônico.

§ 4º As citações por correio eletrônico serão acompanhadas das orientações para realização da confirmação de recebimento e de código identificador que permitirá a sua identificação na página eletrônica do órgão judicial citante.

§ 5º As microempresas e as pequenas empresas somente se sujeitam ao disposto no § 1º deste artigo quando não possuírem endereço eletrônico cadastrado no sistema integrado da Rede Nacional para a Simplificação do Registro e da Legalização de Empresas e Negócios (Redesim).

§ 6º Para os fins do § 5º deste artigo, deverá haver compartilhamento de cadastro com o órgão do Poder Judiciário, incluído o endereço eletrônico constante do sistema integrado da Redesim, nos termos da legislação aplicável ao sigilo fiscal e ao tratamento de dados pessoais.

Art. 247. A citação será feita por meio eletrônico ou pelo correio para qualquer comarca do País, exceto: (...)

Tudo voltado a se encontrar, nos dias atuais, a forma de comunicação processual que seja mais rápida, eficiente e menos onerosa para as partes e para a Administração judiciária.

Por sua vez, Barbosa Moreira cita outro exemplo de modificação legislativa calcada no objetivo de trazer melhores resultados práticos.

A inserção da audiência de conciliação nas ações de procedimento ordinário, na sua fase de saneamento.

No sistema processual hoje em vigor, foi mantida a presença da audiência de conciliação, sendo a mesma antecipada para a fase postulatória da ação de conhecimento, antes da abertura de prazo para a resposta do réu. Medida visando ao incremento da possibilidade de êxito na tentativa de acordo, em momento no qual o réu ainda não precisou apresentar a sua resposta e adotar todas as providências que envolvem o ato de defesa. Veja-se:

> Art. 334. Se a petição inicial preencher os requisitos essenciais e não for o caso de improcedência liminar do pedido, o juiz designará audiência de conciliação ou de mediação com antecedência mínima de 30 (trinta) dias, devendo ser citado o réu com pelo menos 20 (vinte) dias de antecedência.
>
> Art. 335. O réu poderá oferecer contestação, por petição, no prazo de 15 (quinze) dias, cujo termo inicial será a data:
>
> I – da audiência de conciliação ou de mediação, ou da última sessão de conciliação, quando qualquer parte não comparecer ou, comparecendo, não houver autocomposição;
>
> II – do protocolo do pedido de cancelamento da audiência de conciliação ou de mediação apresentado pelo réu, quando ocorrer a hipótese do art. 334, § 4°, inciso I ;
>
> III – prevista no art. 231, de acordo com o modo como foi feita a citação, nos demais casos.

Barbosa Moreira aponta para a introdução da ação monitória no sistema processual brasileiro, por força da Lei nº 9.079/95. A inserção dessa nova forma procedimental de cobrança foi estimulada pelo desejo de se encontrar uma fórmula mais simplificada de cobrança para o credor que não dispusesse de título executivo.

Não obstante os poucos efeitos práticos alcançados por essa via procedimental, a título de superioridade em relação ao sistema comum de cobrança, a verdade é que a ação monitória foi mantida no sistema processual vigente, disciplinada nos artigos 700 a 702 do Código de Processo Civil de 2015.

Ressalta Barbosa Moreira, ainda, a regulamentação mais simplificada da arbitragem, por meio da Lei nº 9.307/96, no intuito de alavancar a utilização desse método alternativo de solução de litígios em nosso país.

A arbitragem veio a merecer, anos mais tarde, uma nova reformulação, operada pelo Lei nº 13.129/2015, no intuito de ampliar o âmbito de sua aplicação e trazer complementos à sua disciplina. E o Código de Processo Civil de 2015 expressamente prevê esse importante método alternativo de solução de litígios, ao dispor:

> Art. 3° Não se excluirá da apreciação jurisdicional ameaça ou lesão a direito.
>
> § 1° É permitida a arbitragem, na forma da lei.

Por fim, vale – até os dias atuais – a advertência de Barbosa Moreira no sentido de que as mudanças efetuadas na lei processual, motivadas sob o enfoque da maior eficiência e praticidade de seus resultados, somente podem ser avaliadas ao longo do tempo por meio de pesquisas de campo, aferindo-se números, dados e comparando seus resultados concretos. O que não pode, certamente, ser substituído por discussões cientificas ou filosóficas que não estejam apoiadas em fatos devidamente apurados.

PRIVATIZAÇÃO DO PROCESSO?[1]

1. "Privatização" é palavra que costuma hoje em dia provocar em quem a ouve ou a lê enérgicas reações emocionais. Responde-se a ela muito mais com o coração do que com o cérebro. Provavelmente por isso, quase nunca se colhe opinião refletida e argumentada, neste ou naquele sentido: temos de contentar-nos, as mais das vezes, com um entusiástico "sim" ou com um violento "não", nenhum dos dois acompanhado de justificação racional. Menos ainda se deve esperar tentativa séria de discernir casos, circunstâncias e condições: quase ninguém dá a impressão de suspeitar que o valor (ou desvalor) de providências do gênero pode variar de uma para outra matéria, de uma para outra ocasião, de uma para outra maneira de operar.

Cumpre reconhecer que palavras de ordem, tão ao gosto da maioria, precisam ser breves e categóricas para impressionar as multidões. Não é fácil conquistar adesões calorosas com lemas amortecidos por distinções e reservas. Se as faixas com que sairmos à rua contiverem algum "talvez", ou "depende", jamais conseguiremos despertar nos que as lerem o fervor apaixonado de que se fazem as grandes manifestações populares.

Admita-se que em certos terrenos da política partidária não haja alternativa para opções radicais. Em ciência, a história é diferente – na ciência jurídica e noutra qualquer. Ciência faz-se com tranquilidade de ânimo e com tanta objetividade quanta nos for possível neste mundo. Desengane-se, pois, quem me suspeite de fechar o título da palestra com ponto de interrogação no ardiloso intuito de apresentar resposta... com ponto de exclamação. O que pretendo é algo menos espetacular: tentar verificar pura e simplesmente, com os instrumentos da razão, e levando em conta os naturais limites de tempo, se é legítimo falar de privatização acerca do processo, ou da Justiça. Sujeitam-se a decepção amarga os que estiverem alimentando a expectativa de emoções muito fortes.

2. A palavra "privatização", com referência ao processo (ou à Justiça), aparece em trabalhos recentes, subscritos por nomes de induvidosa au-

---

1 Texto de palestra proferida em 22-5-1998, no Rio de Janeiro (com o acréscimo das notas). Publicado no volume coletivo *Doutrina*, nº 6; na revista *Genesis*, v. 8; na *Revista de Direito Renovar*, nº 11; na Revista da Faculdade de Direito da UERJ, nº 6/7; na *Revista da EMERJ*, nº 3.

toridade; é isso, aliás, que justifica o interesse pelo assunto. Ela tem sido usada em mais de um contexto, e concebe-se que ainda noutros o venha a ser; aqui me ocuparei de três.

Os dois primeiros relacionam-se com a extensão do papel confiado a particulares na atividade realizada *em juízo* para a composição de lides. Pode e deve cogitar-se aí, na verdade, de dois fenômenos distintos: um consistente na ampliação do rol dos legitimados a agir no tocante a matérias cuja relevância ultrapassa as fronteiras dos litígios privados[2]; outro, no aumento da participação de pessoas estranhas aos quadros permanentes do Judiciário no julgamento de causas.

Também se alude a "privatização" a propósito do florescimento, bem maior em países estrangeiros que no Brasil, dos chamados "meios alternativos" de solução extrajudicial de conflitos de interesses - *Alternative Dispute Resolution,* ou abreviadamente *ADR,* na conhecida locução inglesa[3]. Semelhantes métodos utilizam, como se sabe, os serviços de indivíduos ou de instituições de caráter privado, extraoficial, desde árbitros propriamente ditos, designados nos termos da legislação relativa à arbitragem, até "juízes de aluguel", contratados e remunerados pelas partes para solucionar conflitos de interesses[4].

3. Procurarei neste ensejo aferir a propriedade do termo "privatização", nos três casos, sem preocupar-me com o mérito ou o demérito de cada um dos movimentos que neles se refletem. O que tenciono agora não é aprovar ou desaprovar a atribuição de mais forte ingerência a particulares no funcionamento dos mecanismos destinados à solução de litígios.

---

2 Nesse sentido, por exemplo, CAPPELLETTI, Os métodos alternativos de solução de conflitos no quadro do movimento universal de acesso à Justiça (relatório de abertura do Simpósio Jurídico W. S. Hart sobre a Justiça civil e suas alternativas, realizado em Londres, em 1992), trad. de Barbosa Moreira, *in Revista Forense*, v. 326, p. 129.

3 V.g. JOHNSON JR., relatório norte-americano (sob o título *Preserving Justice in na Era of Global Economic Competition*), acerca do tema *Comparative Analysis of lhe Reform of Civil Procedure*, para *The International Symposium on Civil Justice in the Era of Globalization*, de 1992, no volume assim intitulado, Tóquio, 1992, p. 216 e s. Parcialmente crítica, note-se, é a posição do autor diante do fenômeno (*vide* p. 218/9).

4 Sobre o tipo de ADR denominado *rent-a-judge*, consultem-se, por exemplo, GOLDBERG-SANDER-ROGERS, *Dispute Resolution - Negotiation, Mediation, and Other Processes*, 2ª ed., Boston-Toronto-Londres, 1992, p. 290 e s.; NOLAN-HALEY, *Alternative Dispute Resolution*, St. Paul, 1992, p. 199/200.

Quem quer que me tenha dado a honra de ler ou ouvir trabalho meu a tal respeito me haverá com certeza visto ou ouvido, de longa data, externar opinião abertamente favorável, por exemplo, à outorga de legitimação a indivíduos e a entidades privadas para vindicar em juízo direitos e interesses supraindividuais[5]. Mas não é disso que vou tratar aqui, e sim de saber se realmente se justifica, nesse e nos outros tópicos acima enunciados, o emprego da palavra "privatização".

Desde logo adianto que, nos dois primeiros casos, minha resposta é rotundamente negativa. Particulares são com frequência autorizados ou chamados a colaborar na atividade judicial tendente à decisão de lides, quer provocando-a, pela iniciativa de instaurar processos - como se dá com os cidadãos na ação popular, e eventualmente com associações privadas na ação civil pública -, quer participando diretamente dela, pela emissão de pronunciamento sobre o desfecho que se há de dar ao pleito - e é o que acontece no tribunal do júri e na Justiça do Trabalho. Pois bem: a meu ver, longe de ser o processo que assim se privatiza, ao contrário, os particulares é que veem sua atividade revestida de caráter público. Dá-se, a bem dizer, *publicização,* e não *privatização.*

No tocante aos particulares que funcionam em julgamentos, o direito positivo confirma de modo eloquente o que acabo de asseverar. Tenham-se em mente disposições como a do art. 327, § 1º, do Código Penal e as dos arts. 437 e 438 do Código de Processo Penal. Estatui o primeiro: "Considera- se funcionário público, para os efeitos penais, quem, embora transitoriamente ou sem remuneração, exerce cargo, emprego ou função pública"[6]. Reza o segundo, por sua vez, na parte inicial, que "o exercício efetivo da função de jurado constituirá serviço público relevante"; e o terceiro declara criminalmente responsáveis os jurados, "nos mesmos termos em que o são os juízes de ofício, por concussão, corrupção ou prevaricação". Esses textos só se explicam à luz de uma concepção

5 *Vide* nossos trabalhos (anteriores à Lei nº 7.347, de 24-7-1985) A proteção jurídica dos interesses coletivos, A legitimação para a defesa dos "interesses difusos " no direito brasileiro e Tutela jurisdicional dos interesses coletivos ou difusos, todos publicados *in Temas de Direito Processual* (Terceira Série), S. Paulo, 1984, respectivamente p. 173 e s., 183 e s., 193 e s.

6 Ao exemplificar, a doutrina inclui os jurados: HELENO FRAGOSO, *Lições de Direito Penal,* Parte Especial, v. II, Rio de Janeiro, 1984, p. 385; CELSO DELMANTO, *Código Penal comentado,* 3ª ed., Rio de Janeiro, 1991, p. 493. Parece fora de dúvida que também se podem incluir os juízes classistas da Justiça do Trabalho.

eminentemente publicística da função do jurado; e é oportuno lembrar que o art. 665 da Consolidação das Leis do Trabalho confere aos vogais das Juntas de Conciliação e Julgamento e aos seus suplentes, enquanto durar a investidura, as mesmas prerrogativas de que gozam os jurados.

Por outro lado, a associação civil que propõe uma ação civil pública para proteção de direito ou interesse supraindividual também está, embora sob outra forma, exercendo atividade pública. Na perspectiva em que aqui me coloco, ela se equipara às outras entidades mencionadas no art. 5º, *caput,* da Lei nº 7.437, alinhando-se, pois, ao lado do Ministério Público e de várias pessoas jurídicas de direito público. Não é à toa que se fala, nos Estados Unidos, de *Private Attorney General* para designar o particular que toma a iniciativa de propor ação destinada a proteger direito ou interesse supraindividual[7]. A expressão, que pode ser traduzida como "Ministério Público Privado", aponta obviamente no sentido de uma equiparação do papel desempenhado aí pelo particular ao do conferido pelo ordenamento àquele órgão estatal.

4. A questão assume aspectos mais delicados no que tange aos meios alternativos de solução de litígios. Em última análise, a consagração desses meios importa negar ao Estado a exclusividade do exercício, por seus órgãos judiciais, da função de compor conflitos de interesses. Tal exercício pode ser confiado - nalgumas hipóteses e sob certas condições, provavelmente com vantagem - a pessoas ou instituições estranhas aos quadros do Judiciário. Seria totalmente impróprio, no entanto, cogitar ao propósito de privatização da Justiça estatal, que continua a ser o que é.

Dirá alguém que *o processo* se privatiza; mas o asserto tira proveito do fato de ser um tanto equívoca a palavra "processo", que não se emprega sempre para denominar precisamente a mesma e única realidade. Sem dúvida é lícito usá-la em sentido lato, a abranger outras manifesta-

7 Atribui-se a FRANK a cunhagem da fórmula, em decisão judicial (*vide* CAPPELLETTI, *The Role of the Ministère Public, the Prokuratura, and the Attorney General in Civil Litigation,* in CAPPELLETTI-JOLOWICZ, Public Interest Parties and the Active Role of the Judge in Civil Litigation, Milão-Dobbs Ferry, 1975, p. 72, e The Judicial Process in Comparative Perspective, Oxford, 1989, p. 283). Mas o respectivo uso tomou-se corrente na doutrina e na jurisprudência norte-americanas (HOMBURGER, *Private Suits in the Public Interest in the United States of America, in* HOMBURGER-KÖTZ, *Klagen Privater im* öffentlichen *Interesse*, Frankfurt am Main, 1975, p. 52/3).

ções da vida juridica: a Constituição da República fala de "processo legislativo" (Título IV, Capítulo I, Seção VIII); e, de acordo com doutrina de peso, pode aludir-se a "processo" até com relação a figuras inscritas no círculo da atividade negocial[8]. Permito-me duvidar de que assim se concorra para tornar as coisas mais claras; o contrário parece-me bem mais provável. Em boa técnica, sempre que alguém opta pelo emprego largo do vocábulo, tem o dever de explicar-se: não é ao *processo* propriamente dito que se está fazendo menção, mas a outro fenômeno, que com ele terá semelhanças mais ou menos acentuadas, sem todavia com ele identificar-se.

Merece referência especial a arbitragem, que de todos os meios alternativos é o que mais se aproxima, por vários ângulos, do processo judicial. Não é esta a melhor oportunidade para retomar a conhecida discussão doutrinária sobre a natureza jurisdicional ou não da arbitragem. Certamente, a partir da Lei nº 9.307, de 23-9-1996, a argumentação favorável à tese da jurisdicionalidade ganha reforço na atribuição imediata, ao pronunciamento does) árbitro(s), de eficácia idêntica à da sentença do juiz estatal, abolida a necessidade de homologação por este (art. 31). Seja como for, sempre se tratará, justamente, de uma *alternativa* ao processo, e não do processo mesmo[9], sem embargo da nítida afinidade entre os dois institutos. De outra parte, à semelhança dos jurados, ficam os árbitros equiparados aos funcionários públicos para fins penais (Lei nº 9.307, art. 17) o que volta a sugerir que o caso é antes de *publicização* da função exercida pelo particular que de qualquer tipo de *privatização.*

---

8 FAZZALARI, *Istituzioni di diritto processuale*, 8ª ed., Pádua, 1996, p. 12, dá como exemplo o itinerário "*che mette capo alia delibera di un'assemblea di società*" (cf., para outras referências, p. 10 e 13). *Vide* em CÂNDIDO DINAMARCO, A instrumentalidade do processo, 5ª ed., S. Paulo, 1996, p. 66, breve porém certeira crítica a excessos no alargamento, além de tudo metodologicamente infrutífero, do conceito de "processo".

9 Escreve FAZZALARI, ob. cit., p. 484: "*Gli arbitrati sono processi, perché vi partecipano i destinatari degli effetti dei lodo (la pronuncia cui ciascuna di tali sequenze mette capo), sul piede di simmetrica parità: alla quale corrisponde la imparzialità del giudice*" (destaque do original). O asserto é coerente com a premissa do autor, para quem a essência do "processo" reside no desenvolvimento contraditório do iter de formação do ato final *(vide* p. 12). Boas razões induzem, todavia, a preferir delimitação conceptual mais restritiva: afinal de contas, até numa deliberação familiar é possível, não raro, encontrar aquela característica (o pai ouve ambos os filhos em disputa, antes de decidir), mas não há vantagem alguma, teórica ou prática, em carrear fenômenos do gênero para o âmbito processual.

5. Do que ficou dito até este momento tira-se com facilidade uma ilação: no concernente ao processo, os fenômenos a cujo respeito se vem falando de "privatização", independentemente do juízo que se faça sobre cada um deles, não parecem ministrar justificação cabal para o uso da palavra. O que se pode e deve reconhecer é a propensão do nosso tempo – com intensidade variável, segundo o lugar e a matéria – para envolver particulares na atividade de solução de litígios, quer na esfera judicial, quer fora dela. Rotular esse movimento de "privatização do processo", ou "da Justiça", no entanto, claramente se afigura pouco apropriado.

O emprego inadequado da locução, por si, já mereceria reparo: em direito, como em toda ciência, a precisão terminológica é fundamental. Há mais, contudo, e pior: o perigo de que espíritos desprevenidos ou mal-intencionados tomem o mote ao pé da letra e, ao embalo de ondas ideológicas hoje em alta, se ponham a contrabandear para o território da Justiça propostas econômicas da chamada "modernidade". Nem se objete que o temor é descabido ou exagerado: em qualquer campo se concebe que ocorra, e tem de fato ocorrido ao longo da história, a exumação de ideias supostamente defuntas. Não é apenas na economia, ou na política, que de vez em quando se tenta (e se consegue) materializar fantasmas do passado: o direito está igualmente exposto ao risco, e com ele o processo, que não goza de imunidade especial.

Vale a pena recordar que, em época não muito distante – e à qual vai a nossa dando a impressão de querer assemelhar-se por mais de um prisma –, o processo civil costumava ser visto como "coisa das partes"[10]. Tal concepção, que prevaleceu na Europa até a primeira metade do presente século, ligava-se naturalmente à filosofia liberal individualista de que se impregnavam os sistemas políticos então dominantes, e encontrava alento numa peculiaridade do processo civil, como o concebiam e disciplinavam os países europeus: a de ter por exclusivo objeto litígios atinentes a relações jurídicas de direito privado – ao contrário, assinale-se, do que sucede entre nós. Daí a difundida convicção de que ele devia sujeitar-se à "soberania das partes" – reflexo do princípio da autonomia da vontade, entendido em termos praticamente absolutos. À luz de certos aspectos da recente evolução histórica, não será de estranhar que

10 *Vide* a respeito, entre outros muitos passos do autor, CAPPELLETTI, *La testimonianza della parte nel sistema dell'oralità*, Milão, 1962, v. I, p. 307, nota 8, e *Le grandi tendenze evolutive del processo civile nel diritto comparato, in Processo e ideologie*, Bolonha, 1969, p. 194.

a alguns sorria a ideia de ressuscitar essa moda. Eis por que julgo bem oportuna a reintrodução do assunto em nossas cogitações atuais.

6. Na verdade, não é preciso ir muito longe para perceber a inconsistência do pensamento que desvaloriza o elemento publicístico do processo civil. Nada importa que ele verse sobre matéria de direito privado, consoante pode acontecer, embora não aconteça necessariamente, em nosso ordenamento jurídico. O *litígio* será talvez privado, mas daí não se segue que seja igualmente privado o *processo* a ele relativo. Tenho consciência de estar proclamando obviedades, dignas do Conselheiro Acácio: o óbvio, entretanto, é às vezes a coisa mais difícil de enxergar com nitidez.

Bastaria, desde logo, atentar em que, seja qual for a natureza da lide, ao instaurar-se processo, vai ocupar-se dela um órgão estatal, com a consequente necessidade, que se impõe ao Estado, de manter para esse fim um aparelho dispendioso, valendo-se de recursos oriundos da contribuição de toda a sociedade. Imagine-se a quantidade de dinheiro que o Estado pouparia se, enlouquecido, se animasse a abolir juízos e tribunais! Alguém objetará que também diminuiria a receita, com o desaparecimento de tributos do tipo da taxa judiciária. Sabemos todos, porém, que a arrecadação correspondente a tais tributos, cobrados exclusivamente dos usuários – aliás, com notórias exceções –, de modo nenhum é suficiente para o custeio do serviço da Justiça.

7. Esse, todavia, é só o início de uma longa história, que tentarei abreviar. Há quem se incline a raciocinar como se um litígio entre particulares fosse algo que unicamente a eles interessasse. Grave engano: o simples fato de ver-se o conflito submetido à decisão do juiz converte o assunto em matéria de interesse geral[11]. Não é difícil compreender por quê.

Em primeiro lugar, o próprio desenrolar do feito pode envolver, e com certa frequência envolve – além de funcionários e assimilados –

---

11 Conservam atualidade as palavras de BERNHARDT, *Die Aufklärung des Sachverlzalts im Zivilprozess, in Beiträge zum Zivilprozessrecht (Festgabe zum siebzigsten Geburtstag von Leo Rosenberg)*, Munique-Berlim, 1949, p. 30: "*eine Streitsache, die des staatlichen Gerichtsharkeit unterbreitet ist, keine Privatsache mehr ist* (uma lide submetida à Justiça estatal deixa de ser matéria puramente privada)"; e ainda: "*Durch die Anrufung des Gerichts ist die Streitsache aus dem privaten Bereich gezogen und zu einer* öffentlichen *Angelegenheit geworden* (por força do recurso ao juiz, a lide afastou-se do terreno privado e converteu-se em assunto público)".

pessoas e entidades, privadas e públicas, que se veem convocadas, nas mais diversas situações, a colaborar com a Justiça, apesar de tão estranhas aos quadros oficiais quanto à lide. Vejamos rapidamente alguns exemplos, que com facilidade se multiplicariam: suspeito de ocultação o citando, qualquer pessoa da família, ou um vizinho, recebe intimação para avisá-lo da hora em que, no dia seguinte, voltará o oficial de justiça, a fim de consumar a citação (Código de Processo Civil, art. 227); terceiro em cujas mãos esteja documento ou outra coisa útil à instrução do processo pode ver-se compelido a exibir aquele ou esta em juízo (arts. 341, nº II, e 362); intima-se o devedor do executado para que não pague a seu credor (art. 671); o empregador do devedor de alimentos tem de proceder ao desconto, em folha de pagamento, da importância da prestação devida ao alimentando (art. 734); o construtor e os operários são intimados a respeitar o embargo inicial, na nunciação de obra nova (art. 938) – e assim por diante. No que tange a entidades e órgãos, bastará mencionar a imprensa, oficial ou não (arts. 232, nº III, 687, 688, 799), os correios (arts. 222/223, 237, nº II, 525, § 2º), a polícia (arts. 445, nº III, 461, § *5º, fine,* 662/663), os bancos (arts. 666, nº I, 1.219). Acrescente-se a Administração Pública, não raro obrigada a prestar colaboração em processos entre particulares (arts. 399, nº I, 434, parágrafo único, 1ª parte, 734).

Posição especial, naturalmente, ocupam as testemunhas, que, intimadas, não podem furtar-se ao dever de depor, sob pena de condução à força e responsabilidade pelas despesas do adiamento da audiência (art. 412, *caput).* Aliás, qualquer terceiro deve informar o juiz dos fatos e circunstâncias que conheça e sejam relevantes para a solução de algum pleito (art. 341, nº I).

8. O ordenamento nacional admite sem rebuço a existência de interesse *público* no desenvolvimento e no desfecho de processos entre particulares. Não é outra a razão de tomar-se obrigatória, seja ou não parte uma pessoa jurídica pública, a intervenção do Ministério Público, em função de *custos legis,* nas hipóteses do art. 82, ns. I, II e III, do Código e noutras previstas em disposições especiais, inclusive de leis extravagantes: *v.g.,* Decreto-lei nº 7.661, de 21-6-1945 (falência), art. 210; Lei nº 7.347, de 24-7-1985 (ação civil pública), art. 5º, § 1º; Lei nº 9.507, de 12-11-1997 *(habeas data),* art. 12.

Outras vezes, é a própria lei que *cria* para estranhos ao feito, e até para a inteira coletividade, o interesse na decisão de litígios do gênero. O fenômeno alcança o apogeu nos casos – de crescente ocorrência em nosso direito, registre-se – em que se atribui à sentença, sob determinadas condições, a autoridade de coisa julgada material *erga omnes:* assim, por exemplo, no art. 103, ns. I e III, da Lei nº 8.078, de 11-9-1990 (Código de Defesa do Consumidor). De resto, mesmo fora dessas hipóteses, é manifesta a possibilidade de ver-se tocado pela sentença o interesse de terceiro(s); de outro modo não se justificaria o instituto da assistência (Código de Processo Civil, art. 50 e s.), nem se entenderia a inclusão do "terceiro juridicamente interessado" entre os legitimados à ação rescisória (art. 487, nº II).

9. Quanto acima resumidamente se expôs basta de sobra para evidenciar a enorme distância a que fica da realidade a ideia de que apenas aos próprios litigantes interessa o processo em que contendem particulares. Mas há outros dados que, dizendo respeito a relações menos diretas entre ele e terceiros, nem por isso carecem de importância.

Exemplo significativo ministra aqui o desenvolvimento jurisprudencial do direito. Ninguém ignora quanto devem os ordenamentos jurídicos à contribuição da jurisprudência. Institutos de superlativa importância para a sociedade nasceram e floresceram à sombra das decisões judiciais, antes que (ou sem que) deles se ocupasse o legislador. O fato é conhecidíssimo; aqui, porém, o que urge ressaltar é a circunstância de que, amiúde, foi de sentenças proferidas em causas de duas simples pessoas físicas que nasceu o filete, depois convertido em caudal, do processo inovador. Deu-se isso, em nosso país, com o concubinato: utilizando o instrumento técnico da "sociedade de fato", os tribunais reconheceram como digno de tutela o interesse da concubina em época na qual faltavam por completo, ou quase, textos legais expressos; e a introdução de disposições específicas deveu-se, em grande parte, ao influxo do movimento jurisprudencial. Mas com razão se diz que a mais longa viagem pode começar por um pequeno passo: assim a transformação do panorama teve início com a decisão, aparentemente despretensiosa, por força da qual um Caio qualquer viu dividido com uma obscura Tícia o produto patrimonial dos esforços comuns da convivência não formalizada.

10. Conforme bem se compreende, o fenômeno atinge dimensões especialmente vistosas nos ordenamentos que conferem força vinculativa aos precedentes judiciais: é o caso do norte-americano, onde por isso mesmo o embaraço da escolha dificulta a exemplificação, tão abundante se apresenta a massa de episódios sugestivos. Em numerosos assuntos, ninguém o ignora, a jurisprudência da Suprema Corte, para o bem ou para o mal, por tempo maior ou menor, determinou (e não raro alterou radicalmente) a direção da vida social dos Estados Unidos; ora, estão longe de ser poucos, dentre os de mais intensa repercussão, os pronunciamentos que vieram à luz em pleitos travados entre particulares.

A sorte do regime salarial do trabalho das mulheres sofreu forte e demorada influência do acórdão em *Adkins v. Children's Hospital*, de 1923[12]; a história da conciliação entre a liberdade de expressão e o direito à preservação da intimidade passa necessariamente pelo julgamento de *Hill v. Time, Inc.*[13]; a das relações entre uma empresa e a sindicalização dos empregados, pelo de *Textile Workers Union v. Darlington Manufacturing Co.*, em 1965[14]. Plenamente se justifica a afirmação, feita há muito sob variadas formas, e reiterada em nossos dias[15], de que as decisões dos tribunais superiores desempenham dupla função: a de resolver lides e a de regular o futuro – o futuro de milhares, talvez milhões de pessoas, profundamente afetado por aquilo que, à primeira vista, se teria por decidido para duas únicas.

11. Os Estados Unidos, contudo, não podem gabar-se de singularidade nesta matéria. Sabe-se que, mesmo sem prestar vassalagem ao *stare decisis*, os ordenamentos de quase todos os países se têm deixado modelar ou remodelar, em zonas sensíveis, pela jurisprudência. Para tanto concorre a generalizada inclinação de juízes e tribunais de segundo grau para seguir, nas questões de direito, as diretrizes traçadas pelas cortes de mais alta hierarquia: tenha-se em vista, entre nós, o prestígio de que

12 *Vide* a propósito SCHWARTZ, *A History of the Supreme Court*, Nova Iorque Oxford, s/d, p. 218/9. O autor classifica de "*devastating*" o impacto produzido por essa decisão no campo da legislação social.

13 Referência colhida em EDILSOM PEREIRA DE FARIAS, *Colisão de direitos*, Porto Alegre, 1996, p. 142, nota 404 (sem indicação de data).

14 Cf. WELLINGTON, *Interpreting the Constitution*, New Haven-Londres, 1991, p. 32/3.

15 Por exemplo, em WELLINGTON, ob. cit., p. 3: "*All appellate courts, including the Supreme Court, perform a dual function: they resolve disputes and they regulate the future. A court's decision purports to justify the result in the controversy before it and to guide the behavior of others – whether private individuals, corporate officers, or public officials – who someday may wish to avoid similar controversy*".

gozam - até em pontos em que talvez não o mereçam... - as *Súmulas* do Supremo Tribunal Federal e do Superior Tribunal de Justiça. Não é de surpreender, por conseguinte, que construções pretorianas, aviadas à margem da lei, e às vezes contra a respectiva letra, hajam terminado por impelir a rumos novos, porventura inesperados, a comunidade social. E repita-se: tudo pode (e costuma) brotar de processos referentes a litígios privados.

Rememoremos, nessa perspectiva, uma vicissitude do direito alemão. É fato bastante conhecido a hiperinflação que assolou a Alemanha nos anos subsequentes à Primeira Guerra Mundial; tão violenta foi a depreciação monetária, que um dólar chegou a valer 4 milhões de marcos! Liberava-se uma hipoteca entregando ao credor quantidade de papel-moeda insuficiente para a compra de um pedaço de pão. Pois bem: foi justamente por aí que despontou a reação judicial. Rompendo com o princípio nominalista, sobre o qual repousava a tradição nacional, o Tribunal do Império *(Reichsgericht)* decidiu reajustar - corrigir, dir-se-ia em tempos mais recentes - uma dívida hipotecária, depois outra, e mais outra, revolucionando, por assim dizer, a história jurídico-monetária do país[16]. Fossem quais fossem as objeções técnicas cabíveis, deu-se solução a gravíssimo problema social e ético, que afligia toda a nação, a partir de simples contenda entre um devedor e um credor - hoje, para nós, anônimos.

E voltemos à nossa própria história jurídica. Em matéria de responsabilidade civil, a partir de certo instante, tornou-se evidente que, nas hipóteses de dano causado por preposto, a via única para tutelar de maneira adequada o interesse da vítima consistia em fazer responder pela reparação o empregador, em regra patrimonialmente capaz, ao contrário do empregado, de cumprir uma condenação ou de suportar uma execução. Havia, entretanto, o obstáculo, intransponível na aparência, do art. 1.523 do Código Civil, cujo teor literal exigia do lesado que provasse a culpa do empregador - ônus de dificílimo cumprimento, a bloquear na prática toda e qualquer expectativa de reparação concreta. Mais uma vez foram os tribunais que abriram o caminho, e ao tratar de incidentes que - pelo menos de começo - pareciam interessar exclusivamente aos particulares em conflito. Enquanto grande parte da doutrina se debatia em hamletianas perplexidades, a jurisprudência, limando a grade do art.

16 *Vide* a respeito NÖRR, *Le juge allemand face au défi des réalités: guerre mondiale, inflation, révaluation*, trad. franc., no volume coletivo *Le juge et le jugement dans les traditions juridiques européennes*, Paris, 1996, p. 263/4.

1.523, apontou a saída: presumir-se a culpa do patrão ou comitente, tal qual hoje se lê na proposição nº 341 da *Súmula* do Supremo Tribunal Federal. Semelhante construção, de alicerces fincados sem dúvida no solo de embates privados, repercutiu com intensidade notória na vida da coletividade.

12. Seria fácil reforçar com outras as observações registradas até agora. Essas, no entanto, parecem suficientes para fundamentar uma conclusão: falar em "privatização do processo" é usar expressão, nalguns casos, inadequada; noutros, falsa; em todos, perigosa. Sinto vontade de incluí-la numa lista de modernas invenções do demônio, ao lado das assembleias de condomínio, dos formulários de declaração de renda (melhor: dos formulários em geral) e da maioria dos programas da televisão. Advirto-me a tempo, no entanto, de que Satanás é demasiado inteligente e tem muito que fazer para ocupar-se com coisas tão reles. Serão elas, antes, invenções da própria parvoíce humana, de fertilidade sabidamente inesgotável.

E aqui também me dou conta de que estou a pique de renegar a profissão de fé com que comecei esta palestra. Algum dos presentes já estará a imaginar-me de cara rubra, aos gritos, cidade afora, carregando faixa com os dizeres "Privatização do processo, não", seguidos daquele mesmo ponto de exclamação que me comprometera a evitar – na esperança, quem sabe, de arrastar atrás de mim não digo multidões, mas pelo menos um ou outro aficionado de passeatas, momentaneamente disponível... Salva-me da tentação a lembrança de certa página de MACHADO DE ASSIS, em que o mestre do estilo – e não só do estilo –, surpreendendo-se na iminência de, contra seus hábitos, carregar demais nas tintas, dirige um alerta a si próprio, mais ou menos assim: "Ui! Já me ia escapando a ênfase". Enfio a carapuça e abandono a pauta enfática.

Para dar às minhas palavras fecho mais ameno, mais condizente com o clima e a hora – espanto-me de ver que tanta gente preferiu este salão à praia –, recordarei pilhéria dita por eminente processualista, presidente da Associação Internacional de Direito Processual, quando lhe coube enunciar as conclusões de uma sessão do Simpósio Internacional sobre a Justiça Civil na Era da Globalização, realizado há seis anos em Tóquio. Depois de advertir em tom sério que, ao reformar a Justiça civil, não devemos esquecer que ela ainda é um serviço público, confessava o ilustre professor, ironicamente, o receio de ver algum dia escrito acima da porta de entrada de um tribunal: "Os julgamentos de hoje serão realizados num oferecimento de Coca-Cola"...[17].

Maio de 1998.

COMENTÁRIOS DO ATUALIZADOR

PRIVATIZAÇÃO DO PROCESSO?

Sérgio Ricardo de Arruda Fernandes

Na palestra proferida por Barbosa Moreira, em maio de 1998, o seu título já revelava a provocação acerca do emprego da terminologia "privatização do processo". E o seu autor – de forma absolutamente certa – já advertia que, como em toda ciência, a precisão terminológica é fundamental.

Assim, em seu artigo, Barbosa Moreira demonstra que os movimentos que poderiam sustentar a tese da "privatização do processo" não chegam perto de alterar a indiscutível natureza pública da relação processual, por meio da qual o Estado, como ato de soberania interna, exerce a sua jurisdição.

Decerto, a ampliação da participação de particulares no processo judicial não serve ao propósito de desnaturar a sua natureza pública. Tal como se dá, no exemplo citado no texto, na propositura de ação popular a cargo do cidadão (Lei nº 4.717/65) ou de ação civil pública

17 Eis o trecho completo de STORME, no original: "Finally, I wish to stress that in reforming civil justice, we should not forget that justice is still a public service. We must sound a warning of the dangers inherent in a general 'privatization of justice'. Let me say with the utmost frankness that I fear lhe day when, on entering a court, we read above the entrance door: 'Today judgments will be rendered b)' this Court by courtesy of Coca-Cola'" (no v. cit. na nota 2, supra, p. 277).

movida por associação de natureza privada (Lei nº 7.347/85). Nessas hipóteses, o interesse a ser protegido no âmbito da relação processual não ostenta caráter dispositivo, dada a sua relevância, e tampouco teria a iniciativa de particular como autor da ação a consequência de desvirtuar a natureza pública do exercício da prestação jurisdicional por meio do processo judicial.

Veja-se que na ação popular, desistindo dela o seu autor, o Ministério Público poderá atuar em seu lugar (art. 9° da Lei nº 4.717/65). E, nas ações civis públicas, a legitimidade ativa é entregue, na maior parte das vezes, ao Ministério Público e a entes da Administração Pública (art 5°, § 3° da Lei nº 7.347/85).

Por sua vez, mesmo na atividade decisória, reservada pela Constituição Federal ao Tribunal do Júri nos crimes dolosos contra a vida (artigo 5°, XXXVIII da Constituição Federal), os jurados são considerados como exercentes de serviço público relevante (art. 439 do Código de Processo Penal). De modo que, ao invés de se pensar em tendência de "privatização" do processo, mais transparece aqui a direção no sentido da "publicização" a cargo daquele que desempenha funções no processo judicial, notadamente de caráter decisório.

O exemplo citado no artigo em relação aos vogais das Juntas de Conciliação e Julgamento, no âmbito da Justiça do Trabalho, não mais se aplica, após a Emenda Constitucional nº 24, de 09.12.1999, quando foi extinta a representação classista na Justiça especializada (levando à revogação do artigo 111, III e alterando a redação do artigo 113 da Constituição Federal).

Por fim, a tendência mundial de se buscar e estimular o emprego de métodos alternativos de solução de litígios (*ADR – Alternative Dispute Resolution*) não pode induzir à falsa percepção de privatização da atividade judicial. Pelo contrário, trata-se aí do movimento no sentido de desjudicialização no âmbito da resolução de conflitos de interesses.

Isto é, o propósito a ser alcançado é evitar, em alguma medida, principalmente diante das vantagens que possa proporcionar, a deflagração ou a continuação do litígio em sede judicial, mediante a adoção de algum método de sua solução que não seja por meio da atividade jurisdicional do Estado.

Vale citar, nesse particular, o exemplo da Lei nº 13.140/2015, que dispõe sobre a mediação entre particulares como meio de solução de controvérsias e sobre a autocomposição de conflitos no âmbito da Administração pública, estabelecendo:

> Art. 1º Esta Lei dispõe sobre a mediação como meio de solução de controvérsias entre particulares e sobre a autocomposição de conflitos no âmbito da administração pública.
>
> Parágrafo único. Considera-se mediação a atividade técnica exercida por terceiro imparcial sem poder decisório, que, escolhido ou aceito pelas partes, as auxilia e estimula a identificar ou desenvolver soluções consensuais para a controvérsia.

Ou como apresenta o Código de Processo Civil em vigor:

> Art. 2º O processo começa por iniciativa da parte e se desenvolve por impulso oficial, salvo as exceções previstas em lei.
>
> Art. 3º Não se excluirá da apreciação jurisdicional ameaça ou lesão a direito.
>
> § 1º É permitida a arbitragem, na forma da lei.
>
> § 2º O Estado promoverá, sempre que possível, a solução consensual dos conflitos.
>
> § 3º A conciliação, a mediação e outros métodos de solução consensual de conflitos deverão ser estimulados por juízes, advogados, defensores públicos e membros do Ministério Público, inclusive no curso do processo judicial.

Mesmo na arbitragem (na disciplina da Lei nº 9.307/96), o que se vê é uma alternativa ao processo judicial, sendo que os árbitros são equiparados a funcionários públicos para efeitos da legislação penal (art. 17). Ou seja, nada a indicar que exista, de fato, alguma tendência no sentido de se conferir ao processo judicial o caráter "privado"; senão, antes, de se considerar como atividade pública o exercício de funções no próprio processo judicial ou correlatas, como na arbitragem.

Na verdade, já enxergava Barbosa Moreira a iniciativa crescente de se convocar pessoas e entidades, privadas e públicas, a colaborar com a Justiça. E podemos citar, atualmente, o exemplo dos *amici curiae* na disciplina do Código de Processo Civil em vigor:

> DO AMICUS CURIAE
>
> Art. 138. O juiz ou o relator, considerando a relevância da matéria, a especificidade do tema objeto da demanda ou a repercussão social da controvérsia, poderá, por decisão irrecorrível, de ofício ou a requerimento das partes ou de quem pretenda manifestar-se, solicitar ou admitir a participação de pessoa natural ou jurídica, órgão ou entidade especializada, com representatividade adequada, no prazo de 15 (quinze) dias de sua intimação.
>
> § 1º A intervenção de que trata o caput não implica alteração de competência nem autoriza a interposição de recursos, ressalvadas a oposição de embargos de declaração e a hipótese do § 3º.
>
> § 2º Caberá ao juiz ou ao relator, na decisão que solicitar ou admitir a intervenção, definir os poderes do amicus curiae .
>
> § 3º O amicus curiae pode recorrer da decisão que julgar o incidente de resolução de demandas repetitivas.

Ainda, cita Barbosa Moreira vários exemplos tirados do Código de Processo Civil ab-rogado, os quais guardam a seguinte correspondência no Código em vigor: participação de familiar ou vizinho da citação por hora certa (art. 252); exibição de documento em poder de terceiro (arts. 380, II e 403); intimação do devedor para não efetuar o pagamento ao executado em processo judicial (art. 855, I); obrigação do empregador de efetuar o desconto em folha de pagamento (art. 529); entre outros, além da colaboração da própria Administração pública (arts. 438, 478, 529).

Para confirmar seu pensamento, o texto traz também as hipóteses de atuação do Ministério Público, como *custos legis*, nas situações atualmente retratadas no Código de Processo Civil (art. 178) e em legislações especiais (art. 52, V da Lei nº 11.101/ 2005 – lei de recuperação judicial; art. 5º, § 1º da Lei nº 7.347/85 – lei de ação civil pública; art. 12 da Lei nº 9.507/97 – lei do *habeas data*), as quais podem também envolver litígios deflagrados exclusivamente entre particulares.

Assim, o autor demonstra, de forma muito nítida, que no âmbito da relação processual, mesmo envolvendo particulares, não há de se supor que apenas aos próprios litigantes interessa a existência do processo judicial. E arremata com o exemplo da jurisprudência, cujas decisões reiteradas e os enunciados de súmulas servem de elemento propulsor para mudanças legislativas (como no exemplo da união estável, atualmente disciplinada nos artigos 1.723 a 1.727 do Código Civil).

A título de exemplificação, Barbosa Moreira cita a evolução jurisprudencial sobre a responsabilidade civil atribuída ao empregador, criando a presunção relativa de culpa do patrão ou comitente (artigo 1.523 do Código Civil de 1916). O que gerou a edição do enunciado n° 341 da Súmula do Supremo Tribunal Federal ("É presumida a culpa do patrão ou comitente pelo ato culposo do empregado ou preposto"). Atualmente, a matéria encontra-se regulada no Código Civil em vigor:

> Art. 932. São também responsáveis pela reparação civil:
>
> (...)
>
> III – o empregador ou comitente, por seus empregados, serviçais e prepostos, no exercício do trabalho que lhes competir, ou em razão dele;
>
> (...)
>
> Art. 933. As pessoas indicadas nos incisos I a V do artigo antecedente, ainda que não haja culpa de sua parte, responderão pelos atos praticados pelos terceiros ali referidos.

E não menos certo, agora sob a ótica do Código de Processo Civil de 2015, que as decisões judiciais passaram a ostentar, em várias circunstâncias, eficácia *erga omnes* e vinculante, como, por exemplo, no julgamento dos incidentes de resolução de demandas repetitivas ou de assunção de competência (art. 927, III), além dos julgamentos realizados pelo Supremo Tribunal Federal em sede de repercussão geral ou pelo Superior Tribunal de Justiça em matéria de recursos repetitivos (arts. 1.036 e ss.).

Portanto, nessa demonstração de imprecisão conceitual da expressão "privatização do processo", sob todos os enfoques, conclui Barbosa Moreira que "falar em privatização do processo é usar expressão, nalguns casos, inadequada; noutros, falsa; em todos, perigosa".

Realmente, o processo judicial apresenta-se como instrumento de prestação jurisdicional, ostentando, inegavelmente, o caráter de serviço público essencial e que reflete a soberania interna do Estado brasileiro.

E confirmando a visão do autor consignada em seu artigo assinado em 1998, no sentido da inexistência de um movimento que pudesse ser verdadeiramente chamado de "privatização" do processo, temos que, passados mais de vinte anos, ainda não tivemos entre nós nenhum julgamento patrocinado pela Coca-Cola...

REFLEXÕES SOBRE A IMPARCIALIDADE DO JUIZ[1]

1. Ninguém põe em dúvida que a imparcialidade é condição *sine qua non* do legítimo exercício da função jurisdicional. Na doutrina, há até quem nela aponte "requisito essencial da jurisdicionalidade"[2]. As legislações processuais levam em conta a necessidade de assegurá-la, como garantia, para os litigantes, de que a causa será processada e julgada por terceiro não envolvido no litígio, sem interesse próprio, pessoal, em que a vitória sorria a este ou àquele.

Com tal objetivo, a lei coloca à disposição de qualquer das partes meios adequados para tentar afastar do processo juiz que, por uma ou por outra razão, não lhe pareça capaz de resistir à tentação de favorecer o adversário. E vai além: reconhecendo a existência de casos em que, segundo as regras da comum experiência, se mostra extremamente improvável que ele consiga manter-se imune aos fatores capazes de induzi-lo a semelhante favorecimento, ela às vezes atribui ao próprio magistrado o dever de abster-se, independentemente da provocação de quem quer que seja.

No direito brasileiro são tradicionais as regras desse teor, constantes dos diplomas legais que disciplinam o processo, seja qual for a sua espécie. Para limitar-me, no momento, ao campo civil, lembrarei brevemente alguns dispositivos importantes. O art. 125, nº I, do Código respectivo, ordena ao juiz "assegurar às partes igualdade de tratamento" – texto em que se costuma enxergar reflexo do princípio constitucional de igualdade (Constituição da República, art. 5º, *caput*). Os arts. 134 e seguintes tratam de duas figuras relacionadas com o dever de imparcialidade: o *impedimento* e a *suspeição*. No impedimento, previsto no art. 134, fica o juiz proibido em termos absolutos de exercer suas funções em determinados processos, ainda que para estes tenha competência legal: assim, por exemplo, quando ele mesmo for parte (nº I), ou quando

---

1 Texto de palestra proferida em 16-4-1998, no Conselho Técnico da Confederação Nacional do Comércio (com o acréscimo das notas). Publicado na *Rev. Jurídica*, nº 250; na *Revista da Faculdade de Direito da UERJ*, nº 5; na *Carta Mensal do CT/CNC*, nº 518.

2 *V.g.*, CAPPELLETTI, *Giudici legislatori?*, Milão, 1984, p. 6, nota 7 (iniciada na p. 5).

o seja seu cônjuge, parente ou afim, inclusive na linha colateral, até o terceiro grau (nº V). Ocorre a suspeição, *v.g.*, quando o juiz for "amigo íntimo ou inimigo capital de qualquer das partes" (nº I), ou estiver de algum modo "interessado no julgamento da causa em favor de alguma das partes" (nº V).

Os motivos de impedimento e de suspeição aplicam-se aos juízes de todos os tribunais, sem exceção alguma (art. 137, 1ª alínea); os regimentos internos costumam disciplinar o incidente. Tanto nos casos de impedimento quanto nos de suspeição, deve o magistrado abster-se por sua própria iniciativa; não o fazendo, é lícito à parte recusá-lo, usando o instrumento processual da "exceção de impedimento" ou "de suspeição" – matéria regulada nos arts. 312 a 314 do Código. A diferença entre as duas figuras consiste em que a atuação do juiz *impedido* vicia irremediavelmente o julgamento: até depois de encerrar-se o pleito, de passar em julgado (isto é, de tornar-se irrecorrível) a sentença de mérito, remanesce a possibilidade de atacá-la, por meio da chamada ação rescisória (art. 485, nº II). Outro tanto não acontece com a sentença proferida por juiz que, apesar de suspeito aos olhos da lei, nem se declarou tal, nem foi impugnado pelo autor ou pelo réu.

2. Peço licença para deter-me num ponto relevante: o da aplicabilidade a todos os tribunais dos remédios colocados à disposição das partes para arguir o impedimento ou a suspeição de qualquer magistrado. A tanto não estão imunes os próprios Ministros do Supremo Tribunal Federal. Nos termos do art. 282 do respectivo Regimento Interno, admitida que seja a arguição pelo Presidente, ouvem-se o Ministro recusado e as eventuais testemunhas e submete-se a questão ao tribunal, para que a resolva; no caso de acolher-se a impugnação, serão nulos os atos praticados pelo Ministro (art. 285). O Presidente pode rejeitar de plano a arguição, se lhe parecer manifesta a improcedência; mas, mesmo nessa hipótese, o arguente terá a possibilidade de recorrer para o tribunal (agravo: art. 317), de maneira que só depende de sua vontade que a matéria venha a sujeitar-se à apreciação do colegiado.

Compreende-se que sejam raros os episódios do gênero, até porque os Ministros do Supremo Tribunal Federal, de ordinário, se anteciparão à iniciativa dos litigantes e, nos casos legais, se declararão espontaneamente impedidos ou suspeitos. Nossa crônica judiciária registra, porém, um exemplo digno de nota por seu ineditismo e pela repercussão que teve na época. Em 1964, o Governador do então Estado da Guanabara arguiu a suspeição de cinco Ministros, alegando tratar-se de pessoas que anteriormente haviam exercido relevantes cargos de confiança no Poder Executivo federal, colaborando de modo estreito com governo chefiado por alguém de quem o arguente fora adversário político ferrenho. O Presidente do Tribunal rejeitou a arguição, porque não baseada em dispositivo legal ou regimental, e sua decisão acabou por ser unanimemente confirmada pelo plenário.

Curiosamente, se o fato se desse nos Estados Unidos, o interessado não teria como provocar o pronunciamento colegiado da *Supreme Court* acerca da arguição. É notório que várias nomeações de *Justices* têm suscitado polêmicas referentes às ligações político-partidárias até ali mantidas pelas pessoas nomeadas, e em termos mais gerais a variados aspectos de sua vida pregressa. Contudo, a decisão de participar ou não em determinado julgamento é algo que se deixa ao inteiro arbítrio de cada juiz. Ninguém, nem mesmo os restantes membros do Tribunal, seja qual for a opinião que tenham, estará habilitado a manifestar-se oficialmente acerca do problema.

Eminente constitucionalista norte-americano, em bem documentada monografia sobre o processo decisório na *Supreme Court*[3], ressalta justamente, como traço característico da completa independência dos juízes, uns em face dos outros, a prática adotada no que tange a impedimentos e suspeições. "Se e por que um juiz recusará participar do julgamento de um pleito" – diz ele – "depende inteiramente do juiz em questão, e nenhuma razão é dada para a abstenção ou a recusa de abster-se." O autor ilustra a informação com episódios interessantes, um dos quais relativo ao atual Presidente da Corte, William Rehnquist, que, em 1990, se negou a declarar suspeição para julgar determinada causa pela só circunstância de ter um sobrinho entre os membros da associação de advogados que representava uma das partes. Ressalve-se que o sobrinho do *Justice* não participara pessoalmente do feito; mas em 1993 a Corte publicou deliberação segundo a qual, mesmo no caso contrário, Rehnquist não estaria obrigado a abster-se de julgar. De qualquer modo, o que avulta em tudo isso é que a palavra final so-

3 SCHWARTZ, *Decision: how the Supreme Court decides cases*, Nova Iorque-Oxford, 1997, p. 39 e s. O trecho traduzido e aspeado está na p. 39 e vê-se praticamente reproduzido na p. 41: "The internal independence of each Justice means that the final word on disqualification is entirely up to the Justice concerned".

bre a abstenção ou não abstenção cabe ao próprio juiz, sem nenhum controle de quem quer que seja.

3. Voltemos, entretanto, ao princípio da imparcialidade. À semelhança de outros, esse princípio, se não encontra opositor quando enunciado em tese, levanta, em sua aplicação concreta, várias questões a cujo respeito está longe de haver uniformidade de pensamento. Uma delas, talvez a mais importante do ponto de vista prático, diz respeito à instrução do processo, isto é, à atividade destinada a colher e reunir as provas dos fatos que interessam para o julgamento do pleito.

Por intuitivas razões, essa atividade fica em geral ao encargo dos próprios litigantes. Graças ao conhecimento direto que têm dos antecedentes e circunstâncias do litígio, são eles que sabem, ao menos em regra, em que consistem e como se podem conseguir os elementos capazes de influir na formação do convencimento do órgão judicial – por exemplo: quais são e onde estão os documentos relevantes, que pessoas têm condições de ministrar informações úteis e, portanto, de prestar como testemunhas depoimento frutífero.

Grande número de legislações processuais modernas[4], entretanto, habilita o juiz a tomar, por sua própria iniciativa, medidas destinadas à obtenção de provas: determinar que se realize perícia, solicitar dados de fato e cópias de documentos a instituições públicas ou privadas, formular às partes e às testemunhas as perguntas que lhe ocorram, e até, se considerar necessário para esclarecer-se, inspecionar pessoas e coisas, eventualmente indo ao local onde elas se achem, para observá-las ele mesmo. Consintam que, ao propósito, recorde episódio de minha vida de magistrado, como Desembargador, por quatorze anos e meio, no Tribunal de Justiça deste Estado. Coube-me certa vez, como relator,

4 Alguns exemplos da segunda metade deste século: Argentina, *Código Procesal Civil y Comercial de la Nación*, de 1967, art. 36, nº 2; Colômbia, *Código de Procedimiento Civil*, de 1970, arts. 37, nº 4, e 179; França, *Code de procédure civile*, de 1975, art. 10; Uruguai, *Código General del Proceso*, de 1988, arts. 24.4 e 25.2; Costa Rica, *Código Procesal Civil*, de 1989, arts. 98, nº 4, 316, 1ª parte, 331; Peru, *Código Procesal Civil*, de 1992, art. 194. Quanto ao Brasil, *vide* o art. 130 do *Código de Processo Civil* de 1973 e o art. 52 da Lei nº 9.099, de 26-9-1995, que disciplina os Juizados Especiais previstos no art. 98, nº I, da Constituição Federal de 1988. Cf. o Código-tipo de Processo Civil para a América Latina, elaborado pelo Instituto Ibero-Americano de Direito Processual, arts. 33, 4º, e 34.2.

apelação interposta em ação de nunciação de obra nova, cujo autor impugnava a reforma da varanda da casa vizinha, por entender que ela, ampliada, permitia aos respectivos moradores indevido acesso à intimidade de sua residência. Pois bem: os autos, recheados embora de plantas, croquis e fotografias, não bastaram, por mais atentamente que os esquadrinhasse, para dar-me ideia exata da situação. Perplexo, resolvi proceder a uma inspeção pessoal: regularmente cientificadas as partes e seus advogados, dirigi-me ao prédio em foco e caminhei até a controvertida varanda. Em poucos segundos convenci-me de que o pedido do autor não tinha fundamento algum: por mais que me esforçasse, olhando para a outra casa de todos os ângulos possíveis, nada pude ver que caracterizasse invasão da privacidade alheia. A iniciativa que tomei poupou-me ao dissabor de chegar à sessão de julgamento do recurso sem opinião segura acerca do caso.

É oportuno ressalvar que, em semelhante contingência, a lei não deixa o magistrado em total desamparo. No terreno penal, socorre-o o tradicional princípio *in dubio pro reo.* No civil, existem as regras sobre o chamado ônus da prova (Código de Processo Civil, art. 333), que indicam qual dos litigantes há de sofrer as consequências desfavoráveis da falta de elementos de convicção sobre determinado fato. Mas, para o juiz escrupuloso, empenhado em decidir corretamente, constitui autêntico drama psicológico ser forçado a valer-se dessa tábua de salvação. Quase inevitável que o assuste a ideia de, ao sentenciar, estar disparando um tiro no escuro. Muito preferível, para ele e sobretudo para a Justiça, é que venham aos autos provas suficientes – e, não o sendo as produzidas pelas partes, que ele mesmo, na medida de suas possibilidades, trate de buscá-las.

Será incompatível com a preservação da imparcialidade essa posição ativa, que tantos ordenamentos atribuem ao órgão judicial na matéria, e doutrina autorizada, em nosso país e noutros[5], o estimula a assumir? Claro está que, realizada a prova por iniciativa do juiz, o respectivo resultado por força aproveitará, no todo ou em parte, a algum dos litigantes: do contrário, haveria sido improfícua a diligência, e nem valeria a pena tê-la levado a cabo... Mas, no instante em que o órgão judicial a determina, normalmente não lhe é possível prever (melhor: adi-

5 Na recente literatura pátria, *vide*, inclusive para outras indicações legislativas e bibliográficas, JOSÉ ROBERTO DOS SANTOS BEDAQUE, *Poderes instrutórios do juiz*, 2ª ed., S. Paulo, 1994.

vinhar) o que dela resultará. Quando inspecionei a casa cuja varanda se ampliara, não tinha a mais mínima noção do que ia descobrir: tanto podia vir a convencer-me de ter razão o autor, quanto de tê-la o réu. Ora, se o juiz se expõe à censura de parcialidade na hipótese de atuar, só porque a prova devida à sua atuação é suscetível de favorecer um dos litigantes, no rigor da lógica também ficaria exposto à mesma censura na hipótese de omitir-se: com efeito, a subsistente falta da prova, consequente à omissão, poderia favorecer a outra parte! Não soa razoável fulminar como parcial o magistrado quer no caso de atuar de ofício, quer no de não atuar – em outras palavras, prendê-lo por ter cão e prendê-lo por não o ter...

4. Convém observar, a esta altura, que os nossos juízes não costumam demonstrar grande afã em exercer, na prática, os poderes instrutórios que a lei lhes confere. Não se cuida, aliás, de fenômeno peculiar à Justiça brasileira: informações abalizadas dão testemunho de tendência semelhante em países como Portugal, a Itália, a França e até a Áustria, cujo sistema judicial tem sido apontado qual padrão, por mais de um aspecto, e não à toa, aos legisladores processuais do mundo inteiro, desde o fim do século passado[6].

Conforme ocorre em tantos outros casos, a explicação do fato envolve fatores múltiplos e diversificados. Juízes sobrecarregados de trabalho, sufocados sob pilhas de autos – como em vários lugares ocorre –, dificilmente arranjarão tempo para sair em campo à procura de elementos que confirmem ou desmintam as alegações das partes; não lhes resta praticamente alternativa à resignada espera dos subsídios trazidos por elas mesmas. É inegável, por outro lado, que em algumas hipóteses o fator preponderante é a pura e simples preguiça, ou o descaso no cumprimento da função judicante: há com certeza magistrados avessos à ideia de afastar- se por um só minuto da cinzenta rotina burocrática a que se reduz, em sua visão, o exercício da judicatura. Existirão talvez, até – ponto que respeita mais de perto ao tema desta palestra –, juízes parti-

6 *Vide*, quanto a Portugal, ARTUR ANSELMO DE CASTRO, *Direito Processual Civil Declaratório*, v. II, Coimbra, 1982, p. 163; para a França, HÉRON, *Droit Judiciaire Privé*, Paris, 1992, p. 164; com referência à Áustria, FASCHING, *Lehrbuch des* österreichischen *Zivilprozessrechts*, 2ª ed., Viena, 1990, p. 350; no que tange à Itália, os resultados de pesquisa dirigida por DENTI, no volume *Le prove nel processo civile*, Milão, 1973, p. 13 e s.

cularmente timoratos que se assustem com a possibilidade de ser vistos como parciais, se manifestarem, *ex officio,* muito empenho na pesquisa de dados referentes aos fatos da causa.

Seja como for, em nosso país e noutros, não há duas maneiras de valorar o comportamento do magistrado que, por esta ou por aquela razão, optar basicamente pela inércia e nela perseverar, mesmo quando óbvio que o correto julgamento do pleito lhe reclama um esforço para dissipar obscuridades remanescentes. Ele estará caminhando ao arrepio do sistema, contrariando o espírito, quando não a própria letra da lei.

5. Vale a pena registrar que o panorama se modifica de todo, ou quase, quando volvemos o olhar para o mundo anglo-saxônico. Nele, a regra básica é precisamente a da abstenção do juiz: em princípio, a introdução de provas no processo constitui encargo exclusivo das partes, por meio dos respectivos advogados[7]. São estes, no chamado *adversary system,* tradicionalmente característico dos países daquela família, que se incumbem da atividade instrutória: em matéria, por exemplo, de prova testemunhal, não é apenas a convocação das testemunhas que lhes compete, mas até a respectiva inquirição, por via direta, sem intermediação do órgão judicial que, no comum, que no comum dos casos se restringe a assistir ao duelo advocatício e a decidir sobre as objeções porventura formuladas pelos representantes das partes acerca da regularidade de tal ou qual pergunta.

A julgar por cenas de julgamento a que se tem assistido em novelas televisivas, alguns parecem supor que é esse, igualmente, o método em vigor no Brasil. Estão longe da verdade: os dois sistemas, no particular, diferem fundamentalmente. No universo anglo-saxônico – ressalvado o poder disciplinar de que o órgão judicial dispõe sobre os próprios advogados – é o juiz calado, impassível, para não dizer glacial, que melhor encarna a filosofia do ordenamento. Lá, decididamente não se vê com bons olhos a quebra do silêncio, reveladora da inquietação do julgador acerca de tópicos relevantes, sobre os quais não se haja projetado a necessária luz. Famoso magistrado e jurista inglês conta ao propósito episódio frustrativo: certo juiz, de reconhecidas qualidades intelectuais e morais, sofreu vicissitudes dramáticas por haver externado interesse, que se veio

7 *Vide*, por todos, TARUFFO, *Il processo civile "adversary" nell'esperienza americana*, Pádua, 1979, p. 123.

a considerar excessivo, no conhecimento dos diversos ângulos da causa. Ambas as partes, ao recorrerem da sentença, queixaram-se de que as intervenções frequentes do magistrado haviam ofendido a garantia do *fair trial:* o tribunal não só anulou o julgamento, mas chegou ao extremo de induzir o juiz a demitir-se do cargo! A narrativa do autor termina com as seguintes palavras: *"It was a poignant case, for he was able and intelligent - but he asked too many questions"...* [8].

A justificação dessa ojeriza costuma servir-se do argumento concernente ao dever de imparcialidade; mas há sinais veementes de que se trata, ao menos em parte, de uma espécie de "racionalização", e de que os motivos principais hão de ser procurados alhures. Um deles - muito importante, a crer-se nos estudiosos do assunto - lança raízes na história da administração da justiça na antiga Inglaterra. Desde época remota, como ninguém ignora, firmou-se o princípio do julgamento por júri, no qual tocava aos jurados, e exclusivamente a eles, a função de declarar culpado ou inocente o acusado. Daí a ideia de que qualquer ingerência do juiz na atividade probatória atentava contra a soberania do tribunal popular: era a este, e não àquele, que cada uma das partes devia esforçar-se por fazer digna de crédito a respectiva versão dos fatos. Ao órgão judicial, fosse qual fosse o seu próprio convencimento, incumbia aceitar sem discussão nem reserva o veredicto dos jurados. Se bem que, com o passar do tempo, o número dos pleitos civis ainda submetidos ao julgamento por júri haja baixado na Inglaterra (não, porém, nos Estados Unidos) a percentuais irrisórios[9], o apego à tradição continua - com relativa atenuação nos últimos anos - a manietar os juízes, impedindo-os, na maioria dos casos, de tomar de ofício iniciativas destinadas à obtenção de provas.

Por outro lado, não é impossível que atue aí um fator essencialmente político. Em bom número de estados norte-americanos, como se sabe, o juiz de primeiro grau é investido no cargo mediante eleição popular, na qual exercem sensível influência a classe dos advogados e seus órgãos representativos, que em geral gozam de enorme prestígio[10]. O

8 Lord DENNING, *The Due Process of Law*, Londres, 1980, p. 58 e s. O passo transcrito em nosso texto encontra-se na p. 62.

9 "The figure is now minimal", já se podia ler em obra publicada há quase vinte anos: WALKER & WALKER. *The English Legal System*, 5ª ed., Londres, 1980, p. 232.

10 *"Lawyers are community leaders throughout the land"*: essa afirmação de MAYER, The *Lawyers*, Nova Iorque, 1968, p. 21, continua válida apesar das três décadas transcorridas.

eleitorado leigo, compreensivelmente, inclina-se a acolher as sugestões dos meios profissionais. Ora, aos advogados norte-americanos agrada pouco ver-se afastados da posição de protagonistas do debate judicial. Tendem a simpatizar mais com os juízes que se abstêm de disputar-lhes a primazia, do que com aqueles outros que, intervindo com maior frequência, ameaçam ofuscar-lhes o brilho da exibição. Os magistrados, por sua vez, cientes dessa idiossincrasia, evitam melindrar os astros ou estrelas do espetáculo, de cujo apoio poderão precisar, amanhã ou depois, para reeleger-se. Um fato atesta a verossimilhança de semelhante conjectura: conforme ouvi de mais de uma fonte autorizada, em viagem aos Estados Unidos, durante a qual visitei diversos tribunais, escritórios de advocacia e centros de treinamento judicial, os juízes federais, cuja investidura não depende de eleições – nomeados que são pelo Presidente da República, sob aprovação do Senado –, demonstram em regra muito maior disposição do que seus colegas estaduais para assumir papel ativo com referência aos meios de prova.

6. Na mesma linha de ideias insere-se outra peculiaridade do processo anglo-saxônico, que não pode deixar de surpreender o observador situado em diferente parte do mundo. Na Europa continental e na América Latina, especialmente, produz estranheza e desconforto verificar que o juiz: incumbido do julgamento da causa não se mostra familiarizado com os respectivos autos. Por mais que possa acontecer na prática – e acontece –, o fato sempre será visto como uma anomalia, um desvio de conduta, um ponto negativo cuja eventual reiteração, a adotarmos nesse terreno critério análogo ao do novo Código de Trânsito, seria capaz de gerar para o infrator, mais dia, menos dia, o receio de ver-se apontado, pelo consenso do foro, como merecedor da cassação de sua carteira de magistrado...

Pois bem: no espaço anglo-saxônico, o que tradicionalmente causaria espanto, quando não escândalo, seria, ao contrário, qualquer demonstração, por parte do órgão judicial, de haver-se empenhado, antes do *trial,* no estudo do feito. Lá, o que se espera do juiz, quer no âmbito civil, quer no penal, é que chegue à audiência sem prévio conhecimento dos fatos que deram origem ao processo. Nos últimos tempos, é fora de dúvida, a paisagem tem sofrido modificações: na Inglaterra, por exemplo, recentes reformas legislativas proporcionam ao juiz mais amplas possibilidades de acesso aos elementos colhidos nas etapas anteriores do itinerário processual. O princípio básico, porém, continua a ser o de que, no concernente ao juiz, o processo "começa e acaba com o *trial*[11]: é aí, e somente aí, à luz exclusiva do que lhe for dado ver e ouvir no respectivo curso, que ele tem de chegar a uma convicção a respeito do litígio.

Também a esse propósito invoca-se, para acreditar o método, a necessidade de resguardar o órgão judicial da tentação da parcialidade[12]. Alega-se que, se ele tiver ciência prévia do que consta sobre a causa, inevitavelmente será levado a formar dela, em seu espírito, uma imagem, ainda que provisória; em consequência, poderá tender a comportar-se, na audiência, mais com a disposição de quem espere ver confirmada certa versão dos acontecimentos do que com a atitude de quem conserve a mente de todo aberta às puras impressões do momento.

Igualmente aqui, todavia, parece mais razoável buscar na história a autêntica explicação do sistema. Recorde-se de novo que, nos primeiros tempos, era aos jurados, e só a eles, que cumpria valorar as provas e formar juízo sobre os fatos. Ora, na imensa maioria dos casos, cuidava-se de pessoas pouco instruídas, quiçá analfabetas, às quais seria inútil pedir que lessem e interpretassem documentos – aliás, muito mais raros então do que hoje. O único meio de tentar convencê-las da veracidade desta ou daquela narrativa consistia em fazê-las ouvir o depoimento de testemunhas que lhes merecessem confiança. A prova era toda oral, não em razão de qualquer preferência doutrinária ou opção científica, mas por simples imposição das circunstâncias[13]. De nada adiantaria ao juiz querer, antes do julgamento, inteirar-se do conteúdo dos autos – que a rigor *não existiam!* Apesar da mudança das circunstâncias, a fidelidade à tradição fez subsistir a regra; consoante frisam os especialistas na maté-

---

11 As palavras aspeadas são de Lord DEVLIN, *The Judge*, Oxford-Melbourne-Delhi, 1981, p. 55. Lê-se no mesmo parágrafo: "*The judge will obtain his first knowledge of the case from the opening statement of counsel for the plaintiff*".

12 Assim, por exemplo, na literatura recente, MARCUS, *Déjà Vu All Over Again? An American Reaction to the Woolf Report*, no volume coletivo *Reform of Civil Procedure*, edit. por Zuckerman e Cranston, Oxford, 1995, p. 239/40. *Vide* as observações críticas de TARUFFO, ob. cit., p. 21 (e, aí, nota 47).

13 Como assinala JOLOWICZ, *A reforma do processo civil inglês: uma derrogação ao adversary system?*, tradução do autor desta palestra, *in Revista Forense*, v. 328, p. 62, "a inutilidade de exigir que os membros do júri formassem sua convicção à luz de provas escritas, sobretudo numa época em que era generalizado o analfabetismo, acarretou a preferência muito marcada do common law pela prova testemunhal".

ria[14], mesmo onde já não se utilize o júri, as coisas insistem em passar-se como se este ainda existisse: de sua tumba, ele continua a ditar normas para os vivos...

É interessante notar que os adeptos do regime dominante nos países anglo-saxônicos não se preocupam muito em buscar fundamento empírico para seus panegíricos. As mais das vezes parece estar-se argumentando na estratosfera, como se nada importasse a apuração do que ocorre *in concreto* no quotidiano dos pretórios. Algum observador perspicaz talvez ponderasse que outro tanto costuma suceder com as opiniões emitidas no sentido oposto... Reconheço que, no particular, seria extremamente difícil, senão impossível, reduzir a realidade a estatísticas: como averiguar com segurança se o conhecimento prévio da causa pelo julgador lhe comprometeu ou não a imparcialidade no julgamento do litígio? Mas quem quer que tenha familiaridade com certos hábitos brasileiros (e não apenas brasileiros) possivelmente desconfiará que, fosse embora fácil a pesquisa, nem por isso a proposta de empreendê-la despertaria grande entusiasmo nos círculos especializados. É notória a predileção dos cultores de determinadas matérias, no Brasil e noutros países, por uma sorte de "impressionismo" que dispensa verificações e rejeita controles. Acontece que esse "impressionismo" se mostra incapaz de produzir, na ciência, resultados de longe comparáveis aos que nos legou o homólogo nas artes, da música à pintura. Se há setores da doutrina contemporânea, na Europa continental e na América Latina, fascinados por esta ou aquela característica do sistema anglo-saxônico, na área de que se está cuidando, a ponto de preconizar-lhe a importação[15], o fenômeno decididamente não encontra base na avaliação objetiva de uma experiência comprovadamente produtora de melhores frutos.

---

14 Também aqui é oportuno invocar a lição de JOLOWICZ, art. cit., p. 61, onde se lê que, "em suas grandes linhas, o processo civil inglês permanece fundado sobre a hipótese de um júri civil bem vivo". Ajunte-se que, nos Estados Unidos, não se cuida de simples "hipótese": lá o júri civil continua vivo e não dá sinais de morte próxima.

15 Na Argentina, por exemplo, ilustre processualista penal desejaria "*asegurar que los jueces que presiden el debate no conozcan el asunto a tratar, en lo posible ni el nombre del acusado, hasta el momento de abrir el debate*"; assim se evitaria, parece, "*toda clase de perjuicios que puedan influir, incluso inconscientemente [!], en la decisión final*" (MAIER, *El CPP modelo y las nuevas tendencias del proceso penal, in Revista de Processo*, nº 85, p. 255 e 252, respectivamente).

É tempo de encerrar estas reflexões, que obviamente não tinham, nem poderiam ter, a pretensão de esgotar assunto tão complexo e delicado. Seja-me consentido, antes de dar-lhes fim, pôr em relevo uma distinção a meu ver essencial, mas com frequência desprezada. Há, com efeito, propensão bastante difundida a identificar dois conceitos: o de *imparcialidade* e o de *neutralidade.* Trata-se, a meu ver, de grave equívoco.

Dizer que o juiz deve ser imparcial é dizer que ele deve conduzir o processo sem inclinar a balança, ao longo do itinerário, para qualquer das partes, concedendo a uma delas, por exemplo, oportunidades mais amplas de expor e sustentar suas razões e de apresentar as provas de que disponha. Tal dever está ínsito no de "assegurar às partes igualdade de tratamento", para reproduzir os dizeres do art. 125, nº I, do Código de Processo Civil.

Outra coisa é pretender que o juiz seja neutro, no sentido de indiferente ao êxito do pleito. Ao magistrado zeloso não pode deixar de interessar que o processo leve a desfecho justo; em outras palavras, que saia vitorioso aquele que tem melhor direito. Em semelhante perspectiva, não parece correto afirmar, *sic et simpliciter,* que para o juiz "tanto faz" que vença o autor ou que vença o réu. A afirmação só se afigura verdadeira enquanto signifique que ao órgão judicial não é lícito preferir a vitória do autor ou a do réu, e menos que tudo atuar de modo a favorecê-la, por motivos relacionados com traços e circunstâncias *pessoais* de um ou de outro: porque o autor é X, simpático, ou porque o réu é Y, antipático, ou vice-versa. Repito, porém: ao juiz não apenas é lícito preferir a vitória da parte que esteja com a razão, seja ela qual for, senão que lhe cumpre fazer tudo que puder para que a isso realmente se chegue – inclusive, se houver necessidade, pondo mãos à obra para descobrir elementos que lhe permitam reconstituir, com a maior exatidão possível, os fatos que deram nascimento ao litígio, pouco importando que, afinal, sua descoberta aproveite a um ou a outro litigante.

Em substanciosa monografia alemã depara-se aguda crítica à equiparação que às vezes se faz entre "imparcialidade" e "neutralidade". Esta última palavra, sustenta o autor, na medida em que sugere, para o juiz, uma abstenção de intervir *("Nicht-Intervention"),* um distanciamento em relação ao litígio *("Vom-Konflikt-Fernbleiben"),* expressa justamente o contrário do que afinal se espera dele[16].

16 RIEDEL, *Das Postulat der Unparteilichkeit des Richters – Befangenheit und Parteilichkeit – im deutschen Verfassungs – und Verfahrensrecht,* Berlim, 1980, p. 13. Igual-

Peço licença para dizer que também penso assim. E atrevo-me a acrescentar: tivesse algum dia de retomar ao exercício da judicatura, voltaria, com absoluta tranquilidade, a visitar, em caso análogo, por minha própria iniciativa, o prédio onde se houvesse realizado a obra, desde que não me satisfizesse, para formar convicção segura, com as peças já constantes dos autos. Tenho a certeza de que não sentiria comprometida, ou sequer ameaçada, como não senti daquela vez, a minha imparcialidade. E, se alguém objetasse que valer-me do resultado da inspeção pessoal significaria, inevitavelmente, beneficiar uma das partes, afirmo com toda a sinceridade, e sem falsa modéstia, que tomaria o reparo antes como elogio do que como censura...

Abril de 1998.

COMENTÁRIOS DO ATUALIZADOR

REFLEXÕES SOBRE A IMPARCIALIDADE DO JUIZ

Sérgio Ricardo de Arruda Fernandes

Em seu texto, Barbosa Moreira destaca inicialmente a importância da imparcialidade do órgão julgador como condição *sine qua non* para o legítimo exercício da jurisdição.

A imparcialidade do órgão judicial decorre diretamente do princípio da isonomia (garantia de tratamento igual às partes do processo), como corolário do princípio do contraditório, que hoje encontra assento nas regras dos artigos 7º e 139, I do Código de Processo Civil em vigor.

mente aqui há lugar para uma conjectura acerca da possível influência de fatores inconscientes na defesa do absenteísmo judicial: consoante bem observa TARUFFO, ob. cit., p. 124/5, "*l'affermazione che il giudice non può essere imparziale se non è passivo durante il processo appare più come una raziollalizzazione di um valore – assunto a priori – che si ravvisa nella passività del giudice, che come una verità incontestabile*".

E, como consequência natural, a lei processual oferece instrumentos para afastar do processo o juiz que esteja acometido de alguma causa que possa afetar sua imparcialidade; quer colocando-os à disposição das partes, quer instando o próprio magistrado a fazê-lo.

As hipóteses de impedimento e de suspeição do órgão julgador encontram-se relacionadas nos artigos 144 e 145 do Código de Processo Civil atual:

> Art. 144. Há impedimento do juiz, sendo-lhe vedado exercer suas funções no processo:
>
> I – em que interveio como mandatário da parte, oficiou como perito, funcionou como membro do Ministério Público ou prestou depoimento como testemunha;
>
> II – de que conheceu em outro grau de jurisdição, tendo proferido decisão;
>
> III – quando nele estiver postulando, como defensor público, advogado ou membro do Ministério Público, seu cônjuge ou companheiro, ou qualquer parente, consanguíneo ou afim, em linha reta ou colateral, até o terceiro grau, inclusive;
>
> IV – quando for parte no processo ele próprio, seu cônjuge ou companheiro, ou parente, consanguíneo ou afim, em linha reta ou colateral, até o terceiro grau, inclusive;
>
> V – quando for sócio ou membro de direção ou de administração de pessoa jurídica parte no processo;
>
> VI – quando for herdeiro presuntivo, donatário ou empregador de qualquer das partes;
>
> VII – em que figure como parte instituição de ensino com a qual tenha relação de emprego ou decorrente de contrato de prestação de serviços;
>
> VIII – em que figure como parte cliente do escritório de advocacia de seu cônjuge, companheiro ou parente, consanguíneo ou afim, em linha reta ou colateral, até o terceiro grau, inclusive, mesmo que patrocinado por advogado de outro escritório;
>
> IX – quando promover ação contra a parte ou seu advogado.

> Art. 145. Há suspeição do juiz:
>
> I – amigo íntimo ou inimigo de qualquer das partes ou de seus advogados;
>
> II – que receber presentes de pessoas que tiverem interesse na causa antes ou depois de iniciado o processo, que aconselhar alguma das partes acerca do objeto da causa ou que subministrar meios para atender às despesas do litígio;
>
> III – quando qualquer das partes for sua credora ou devedora, de seu cônjuge ou companheiro ou de parentes destes, em linha reta até o terceiro grau, inclusive;
>
> IV – interessado no julgamento do processo em favor de qualquer das partes.
>
> § 1° Poderá o juiz declarar-se suspeito por motivo de foro íntimo, sem necessidade de declarar suas razões.

O autor aponta para importante distinção na intensidade do vício decorrente da ofensa ao dever de imparcialidade, uma vez que, nas hipóteses de impedimento, a atuação do juiz impedido permite, mesmo após o trânsito em julgado da decisão, a sua impugnação mediante utilização da ação rescisória (com base no artigo 966, inciso II do CPC/2015).

Diferentemente, nos casos de suspeição, não tendo sido levantada a objeção à atuação do magistrado ao longo do processo, após o trânsito em julgado da decisão os efeitos da coisa julgada não permitirão que a existência do vício seja invocada em processo posterior.

Em qualquer das hipóteses, o juiz impedido ou suspeito deve declarar a impossibilidade de sua atuação no processo. E, caso não venha a fazê-lo de ofício, as partes ou o Ministério Público poderão arguir a existência desse óbice mediante petição fundamentada, deflagrando o incidente específico, que se encontra disciplinado no artigo 146 da lei processual civil em vigor.

Vale destacar que, no atual Código de Processo Civil, foram eliminadas formalmente as exceções processuais (exceções de incompetência relativa, suspeição e impedimento). A incompetência relativa (assim como a absoluta) deve ser arguida na própria contestação (art. 337, II), sendo que o impedimento ou a suspeição deve ser levantado por meio de petição, no prazo de quinze dias a contar do conhecimento do motivo da parcialidade apontada (art. 146).

Ressalta Barbosa Moreira que as causas de impedimento e suspeição são aplicáveis a todos os magistrados, independentemente da instância em que exercem a jurisdição. Inclusive, alcançam os Ministros do Supremo Tribunal Federal, cujo Regimento Interno trata da matéria em seus artigos 277 a 287.

Prossegue o autor chamando a atenção para o fato de que o princípio da imparcialidade do juiz suscita alguma controvérsia no campo da atividade probatória e da atuação *ex officio* do órgão julgador.

A indagação básica passa pela assertiva de que, determinando a produção de provas que não foram requeridas pelas partes, o juiz estaria agindo de forma proativa e, assim, comprometendo a sua necessária imparcialidade na condução do feito?

Como bem descreve Barbosa Moreira, a iniciativa probatória do órgão judicial tem expressa previsão na lei. No Código de Processo Civil em vigor, a regra está estampada no artigo 370, prevendo que o juiz poderá determinar, de ofício ou a requerimento das partes, a produção das provas necessárias ao julgamento da causa.

Decerto, como soe acontecer, as partes têm o melhor conhecimento dos fatos e circunstâncias envolvidos no litígio, de modo que a iniciativa probatória incumbe-lhes naturalmente. Tanto assim é que, na ausência de provas que permitam elucidar as questões fáticas controvertidas, o juiz tem à sua disposição, como ferramenta para solução do mérito da causa, as regras atinentes à distribuição do *onus probandi*.

Ou seja, a falta de êxito na iniciativa probatória irá trazer, como consequência para parte omissa ou mal sucedida, a não admissão como verdadeiro do fato que se pretendia comprovar. E a lei processual civil (art. 373 do CPC/2015) faz a distribuição do ônus da prova, nestes termos:

> Art. 373. O ônus da prova incumbe:
>
> I – ao autor, quanto ao fato constitutivo de seu direito;
>
> II – ao réu, quanto à existência de fato impeditivo, modificativo ou extintivo do direito do autor.
>
> § 1º Nos casos previstos em lei ou diante de peculiaridades da causa relacionadas à impossibilidade ou à excessiva dificuldade de cumprir o encargo nos termos do caput ou à maior facilidade de obtenção da prova do fato contrário, poderá o juiz atribuir o ônus da prova de modo diverso, desde que o

> faça por decisão fundamentada, caso em que deverá dar à parte a oportunidade de se desincumbir do ônus que lhe foi atribuído.
>
> § 2º A decisão prevista no § 1º deste artigo não pode gerar situação em que a desincumbência do encargo pela parte seja impossível ou excessivamente difícil.

Não obstante, a existência do sistema de distribuição entre as partes dos ônus da prova não impede que o juiz, verificando que certo fato (importante para formar seu convencimento) pode ser comprovado mediante algum meio de prova, venha a determinar a sua realização *ex officio*. O que não pode render maior espaço a dúvida, ante os termos expressos do artigo 370 da lei processual em vigor (reproduzindo a regra do artigo 130 do Código ab-rogado).

Eis a questão examinada pelo autor em seu artigo: estaria o órgão judicial, nessa situação, ultrapassando os limites do dever de atuação imparcial? A sua iniciativa em matéria probatória não poderia vir a favorecer a alguma das partes, quebrando-lhes assim o tratamento isonômico?

E a sua conclusão é no sentido diametralmente oposto. O juiz deve ter interesse no process0; não para favorecer esta ou aquela parte, mas no sentido de alcançar o seu resultado mais justo.

Conclusão que embasa importante distinção: espera-se do juiz sua imparcialidade, e não a sua neutralidade. O órgão julgador não deve ser neutro, no sentido de que o resultado do processo lhe seja totalmente indiferente. A sua atuação no processo deve ser imparcial; porém, voltada a cumprir com sua obrigação de prestar a jurisdição de boa qualidade, aproximando-se do ideal da maior justiça possível no desfecho do litígio.

A propósito, nessa linha de raciocínio, vale citar a seguinte decisão proferida no âmbito do Superior Tribunal de Justiça:

> AGRAVO EM RECURSO ESPECIAL Nº 1.268.988 - PR (2018/0068325-6)
>
> (...)
>
> Outra decisão refere-se à produção de prova pericial. Aqui, importante consignar que o Juiz é o destinatário das provas, cabendo a ele deferir as provas que entender pertinentes e, inclusive determinar sua produção de oficio.

> No Brasil vige o princípio da imparcialidade, a fim de preservar a efetivação da justiça. Nesse passo, acreditou-se por muito tempo que imparcialidade era sinônimo de inércia ou inatividade do Magistrado, cabendo ao mesmo apenas o exame das provas colhidas pelas partes.
>
> Atualmente, porém, sabe-se que ao Juiz é facultada a iniciativa probatória, em busca da verdade real e da efetivação da justiça.
>
> O CPC vigente à época da decisão expressamente estabelecia em seu art. 130 que "Caberá ao juiz, de ofício ou a requerimento da parte, determinar as provas necessárias à instrução do processo, indeferindo as diligências inúteis ou meramente protelatórias".
>
> A legislação, portanto, confere ao Magistrado maior liberdade de questionar, instruir e produzir provas, cuja atuação não afeta imediatamente o princípio da imparcialidade.
>
> (...)
>
> Ademais, repiso que não ficou demonstrada nenhuma das taxativas hipóteses de suspeição.
>
> A suspeição, quando não reconhecida pelo Magistrado, deve ficar comprovada, mediante análise do caso concreto.
>
> Logo, para superar o entendimento firmado pelo Tribunal de Justiça e afirmar que foi demonstrada nos autos o interesse da Magistrada no julgamento em favor da parte contrária, seria imprescindível a análise do conjunto fático-probatório do feito, providência vedada pela orientação contida no enunciado nº 7 da Súmula do Superior Tribunal de Justiça.
>
> Diante do exposto, conheço do agravo para não conhecer do recurso especial.
>
> Publique-se.
>
> Brasília (DF), 10 de abril de 2018.
>
> Ministro MARCO AURÉLIO BELLIZZE, 19/04/2018

Assim, o princípio da imparcialidade deve situar-se ao lado dos demais princípios que regem a prestação jurisdicional, notadamente o da sua eficiência, que passa pela solução do litígio, em tempo razoável, mediante boa compreensão da causa e de suas questões controvertidas, traduzindo-se ao final na prolação de decisão bem fundamentada. O que não se coaduna – em nada – com a figura do juiz "neutro" (indiferente).

A TUTELA DE URGÊNCIA NUM EPISÓDIO RECENTE DA HISTÓRIA POLÍTICA BRASILEIRA[1]

1. Logo depois de tomar posse no cargo, o ex-Presidente Fernando Collor editou a Medida Provisória nº 168, de 15-3-1990, que viria a converter-se na Lei nº 8.024, de 12-4-1990. O objetivo básico (não alcançado) do chamado "Plano Collor" era dominar a inflação, que naquela época atingia no Brasil índices alarmantes. Uma das providências principais adotadas com esse propósito (art. 5º) consistiu em bloquear temporariamente os chamados "ativos financeiros", inclusive depósitos bancários em conta-corrente, os quais só poderiam ser levantados de imediato pelos titulares até o limite de 50.000 cruzados novos (assim se denominava, então, a unidade monetária, a ser substituída pelo cruzeiro). Quanto aos saldos dos depósitos, o art. 52, § 1º, previa a respectiva conversão em cruzeiros e a consequente liberação, em doze parcelas mensais, a partir de setembro de 1991; nesse ínterim, ficavam os correntistas impedidos de dispor do numerário.

É fácil imaginar a quantidade e a gravidade dos problemas que o bloqueio gerou para boa parte da população. Muitos haviam assumido compromissos financeiros, com vencimento para data próxima, e contavam, para satisfazê-los, com os recursos que agora não se lhes permitia utilizar. Adquirentes de bens a prestações viam-se na impossibilidade de quitá-las pontualmente. Nos casamentos marcados para breve, os noivos já não tinham como prover às despesas necessárias. Mas o caso mais dramático foi sem dúvida o de enfermos que precisavam submeter-se com urgência a tratamento médico, frequentemente a intervenções cirúrgicas, das quais não poucas a realizar-se noutro país. Como viajar ao exterior e pagar despesas hospitalares com a modesta soma de 50.000 cruzados novos, envilecidos pela corrosão inflacionária?

2. Bem se compreende que a imaginação dos advogados haja sido convocada por clientes aflitos a procurar uma saída para a emergência. E

---

1 Publicado em versão espanhola no volume coletivo *Medidas autosatisfactivas* (ed. Jorge Peyrano), Buenos Aires, s/d (1999).

houve um expediente em que se buscou de preferência a resposta para o desafio. O art. 798 do Código de Processo Civil de 1973 contempla em termos amplos o chamado "poder geral de cautela", por força do qual é lícito ao juiz "determinar as medidas provisórias que julgar adequadas", ainda que não contempladas e reguladas de modo específico no texto legal, "quando houver fundado receio de que uma parte, antes do julgamento da lide, cause ao direito da outra lesão grave e de difícil reparação". Em tais hipóteses, de acordo com o art. 799, pode o juiz, "para evitar o dano, autorizar a prática de determinados atos, ordenar a guarda judicial de pessoas e depósito de bens e impor a prestação de caução".

A doutrina sempre se inclinou a considerar meramente *exemplificativa* essa relação[2]: as providências aí mencionadas não esgotariam as possibilidades de que dispõe o órgão judicial: outras "medidas atípicas" (ou "inominadas") seriam aplicáveis, segundo as características do caso concreto. Na verdade, havia bastante tempo que se costumava invocar e aplicar com largueza, para fins variados, o "poder geral de cautela", mesmo a propósito de assuntos cuja inclusão no âmbito da tutela cautelar era pelo menos muito duvidosa do ponto de vista técnico. Em semelhante transbordamento de seu leito natural, o "poder geral de cautela", de maneira pouco ortodoxa, vinha atender por via oblíqua à carência resultante da excessiva duração dos pleitos submetidos ao procedimento ordinário e até ao denominado "sumaríssimo" (hoje, sumário, *ex vi* da Lei nº 9.245, de 26-12-1995). A tática de deslocar o processo para o terreno cautelar oferecia, além do mais, a vantagem de ensejar a concessão da medida desde logo, *in limine litis* (art. 804). Explica-se, pois, que os interessados, um após outro, se animassem a experimentar essa via. E muitos juízes, sensíveis à delicadeza da situação, admitiram o requerimento da medida rotulada como "cautelar" e o deferiram liminarmente, ordenando a liberação imediata da importância necessária, já convertida em cruzeiros.

3. Havia, sem dúvida, um problema relevante, ligado ao fato de que o Código de Processo Civil consagra, ao menos em linha de princípio, a figura da tutela cautelar como acessória de uma tutela satisfativa plei-

2 Assim, entre outros, GALENO LACERDA, *COMENTÁRIOS DO ATUALIZADOR Código de Processo Civil*, v. VIII, t. 1, 6ª ed., Rio de Janeiro, 1994, p. 93; HUMBERTO THEODORO JÚNIOR, *Curso de Direito Processual Civil*, v. II, 16ª ed., Rio de Janeiro, 1996, p. 379.

teada (ou a pleitear futuramente) *em outro processo*[3]. Com efeito, reza o art. 796: "O procedimento cautelar pode ser instaurado antes ou no curso do processo principal *e deste é sempre dependente*". Mais: impõe-se ao litigante que haja requerido com êxito a cautela, antes do início do processo principal, instaurá-lo no prazo de trinta dias, contados da efetivação da medida cautelar (art. 806), sob pena de vê-la perder a eficácia (art. 808, I).

Ora, na hipótese sob exame, a rigor não fazia sentido cogitar de um processo "principal". A que fim visaria ele? Para que serviria? Uma vez acolhido o requerimento "cautelar" e levantada a quantia em depósito, de nada mais precisava o requerente, e portanto nada mais se concebe que viesse a postular. Nem caberia qualquer conjectura sobre a possibilidade de que o órgão judicial, mediante cognição mais profunda, afinal se convencesse da inexistência de fundamento jurídico para a concessão da providência e, por conseguinte, a cassasse. Nem assim se faria útil o processo "principal". Realmente: como promover a restituição ao estado anterior? Para essa pergunta era impossível encontrar resposta satisfatória; não em razão de meras dificuldades *de facto,* mas por um obstáculo *de iure.* É que a lei só previa a conversão de cruzados novos em cruzeiros, *nunca o inverso,* de sorte que não existia meio de restabelecer o depósito efetuado na moeda antiga e liberado na moeda nova[4].

4. De qualquer sorte, considerável número de requerentes da "cautelar" preocupou-se com a eventualidade de sofrer prejuízo pelo descumprimento da regra do art. 806. Temia-se que, por este ou aquele motivo, a liberação do montante em depósito acabasse por tomar-se ineficaz. Semelhante preocupação inspirou a muitos a iniciativa, destinada a evitar surpresas desagradáveis, de propor, no prazo de trinta dias, uma ação dita "principal".

Difícil era determinar o pedido nesse segundo processo. A parte, repita-se, já obtivera tudo quanto pretendia; nada restava que ainda lhe

3 Cf., na literatura recente, LUIZ FUX, *Tutela de segurança e tutela da evidência*, S. Paulo, 1996, p. 21.

4 Já o assinaláramos em conferência pronunciada na Itália sob o título *Le misure cautelari nel processo latino-americano* e publicada em *Temas de Direito Processual* (Sexta Série), S. Paulo, 1996, p. 181. Cf. JOSÉ ROBERTO DOS SANTOS BEDAQUE, *Tutela Cautelar e tutela antecipada: tutelas sumárias e de urgência* (tese de concurso), S. Paulo, 1997, p. 217.

pudesse interessar. Não se estranhará, pois, que as mais das vezes a petição inicial da ação "principal" se haja limitado a demandar ao juiz que confirmasse a ordem de liberação, que declarasse o direito do autor a consegui-la, ou algo parecido. Tratava-se, à evidência, de fórmulas vazias, gritantemente artificiais; outra coisa, porém, não se devia esperar: artificial era, na substância, o próprio segundo processo. Ainda uma vez, os juízes em geral deixaram de lado escrúpulos técnicos e julgaram procedentes os "pedidos". Não temos notícia de caso em que o requerente vitorioso no plano "cautelar" haja vindo a sucumbir em momento posterior.

5. O episódio parece-nos ilustrar de maneira significativa mais de um aspecto da problemática suscitada pela urgência na obtenção da prestação jurisdicional. Conforme ninguém ignora, há boa quantidade de casos em que ou se consegue incontinenti providência capaz de tutelar o direito em jogo (admitida, por hipótese, a respectiva existência), ou qualquer decisão que demore, embora favorável, se mostrará inútil, porque incapaz de proporcionar satisfação efetiva ao titular. Há muito tempo essa questão desafia a criatividade de legisladores e juízes, e várias são as técnicas com que se vem procurando enfrentá-la.

Ora, se considerarmos a tutela cautelar em sua concepção mais estrita, com facilidade verificaremos que se cuida de remédio nem sempre adequado. De acordo com tal concepção – esposada em princípio, consoante ficou dito, pelo Código de 1973 –, a medida cautelar ordena-se pura e simplesmente a assegurar a eficácia prática de outra, a ser tomada depois, em sede de cognição ou de execução. É uma providência de feição eminentemente instrumental, ancilar; não conduz à satisfação do titular do direito no plano material.

6. Convém ressalvar que uma clássica sistematização da matéria, na doutrina italiana, reservava espaço, no território da cautelaridade, para casos em que a medida era suscetível de ministrar ao interessado, de imediato, o gozo do suposto direito, ainda que em caráter provisório[5]. O exemplo por excelência seria o dos alimentos, a cujo respeito se argumentava com a inexistência de alternativa para assegurar plenamente a eficácia da futura

5 CALAMANDREI, *Introduzione allo studio sistematico dei provvedimenti cautelari, in Opere giuridiche*, v. IX, Nápoles, s/d, p. 196/7.

sentença condenatória: se não se concedessem ao alegado credor, desde logo, os recursos indispensáveis a sua subsistência, e se aguardasse o fim do processo para acudir-lhe, corria-se o óbvio risco de um atraso fatal.

A proposta de incluir essa classe de hipóteses no âmbito cautelar provocou notórias polêmicas, não extintas até hoje. Muitos enxergaram (e continuam a enxergar) manifesto contrassenso em designar como "cautelar" uma providência judicial que já satisfaz o direito afirmado. Isso não impediu, observe-se, que no foro brasileiro se difundisse o hábito de requerer e obter medidas desse teor a título cautelar; empregou-se e emprega-se, ao propósito, a expressão "cautelar satisfativa", que veementes impugnações doutrinárias se revelaram impotentes para expulsar do vocabulário judicial.

Importa sublinhar neste passo a diferença existente entre dois tipos de providências. De um lado, há aquelas, como a concessão de alimentos *in limine litis* (ou mesmo antes da propositura da ação principal), que não dispensam nem prejudicam o reexame superveniente da matéria pelo órgão judicial, preservada a possibilidade de confirmação ou de revogação; de outro lado, situam-se medidas cujos efeitos, produzindo-se imediatamente, esgotam todas as potencialidades de tutela jurisdicional, de modo que nada mais fica por declarar ou ordenar, em qualquer sentido. A estas, abstraindo-se de considerações técnicas, é que na realidade assentaria bem a denominação, tão criticada, de "cautelares satisfativas". Aí se poderia inserir com adequação o caso das decisões que autorizaram o levantamento de depósitos bloqueados[6]. E torna-se evidente que, em tais hipóteses, a subsequente instauração de um processo "principal" se resolve, a bem dizer, em artifício inventado *ad usum Delphini christiani,* ou – para usarmos linguagem mais popular – em vã tentativa de tapar o sol com uma peneira.

---

6 O Superior Tribunal de Justiça, órgão a que compete, na estrutura judicial brasileira, o controle final da interpretação e da aplicação das normas infraconstitucionais (Constituição de 1988, art. 105, nº III), reconheceu a natureza satisfativa da medida cautelar de liberação de cruzados novos retidos: *vide, e.g.*, o acórdão de 22-9-1993, Agravo Regimental no Agravo de Instrumento nº 39.643, *in Diário da Justiça* de 25-10-1993, p. 22.484. No mesmo sentido decidiu o STJ a propósito de outras matérias: interdição de imóvel (8-11-1995, Recurso Especial nº 29.633, *in Diário da Justiça* de 13-5-1 996, p. 15.542), exibição de documentos (26-7-1997, Recurso Especial nº 59.531, *in Diário da Justiça* de 13-10-1997, p. 51.594), aquisição de medicamento indispensável à sobrevivência do interessado (27-11-1997, Recurso Especial nº 97.912, *in Diário da Justiça* de 9-3-1998, p. 14).

7. A solução jurisprudencial foi expediente a que se teve de recorrer para suprir a falta de remédio legal adequado ao problema. Decididamente não havia, no ordenamento processual brasileiro, regra expressa capaz de socorrer os interessados no levantamento de depósitos bloqueados: consoante se registrou, o Código de 1973 mantivera-se jungido, em princípio, à concepção da cautelar como providência acessória, meramente instrumental em relação à esperada decisão satisfativa. A rigor, não se reservara espaço, no seu sistema, para "cautelares satisfativas"[7]. No período de reformas sucessivas, que se estendeu de 1992 a 1995, chegou-se a cogitar da introdução de dispositivo que dispensasse em termos expressos a instauração de novo processo quando a concessão prévia da cautelar esgotasse a tutela jurisdicional pleiteada; mas a ideia não teve seguimento.

Terá aberto via paralela, utilizável em hipóteses como a dos depósitos bloqueados, a consagração do instituto da "antecipação da tutela" por meio da Lei nº 8.952, de 13-12-1994? Segundo a redação atual do art. 273 do Código, "poderá o juiz, a requerimento da parte, antecipar, total ou parcialmente, os efeitos da tutela pretendida no pedido inicial, desde que, existindo prova inequívoca, se convença da verossimilhança da alegação e haja fundado receio de dano irreparável ou de difícil reparação"[8].

Ocorrem duas objeções à invocação dessa regra. A primeira resulta do disposto no § 2º, que veda a antecipação "quando houver perigo de irreversibilidade do provimento antecipado" *(rectius:* dos respectivos efeitos): consoante se frisou (nº 3, *supra),* não era concebível a reversão do levantamento de importâncias bloqueadas, desde logo convertidas em cruzeiros. Esse óbice poderia ser superado mediante um temperamento ao teor literal do § 2º, no sentido de admitir-se a antecipação da tutela, ainda quando irreversíveis os efeitos *em prejuízo de uma das par-*

---

7 O próprio Superior Tribunal de Justiça, noutras ocasiões, esposou a tese da inadmissibilidade da "antecipação satisfativa da prestação jurisdicional em medida cautelar" (por exemplo: 15-12-1993, Agravo Regimental no Agravo de Instrumento nº 39.641, *in Diário da Justiça* de 11-4-1994, p. 7.630). Ressalve-se que, entre as medidas específicas contempladas no Capítulo II do Título Único do Livro IV, o Código incluiu algumas de caráter indisfarçavelmente satisfativo; mas seriam infidelidades ocasionais e excepcionais ao princípio abraçado.

8 Limitamo-nos ao primeiro termo da alternativa aberta no texto (inciso I do art. 273). Não interessa aqui o do inciso II ("abuso do direito de defesa" ou "manifesto propósito protelatório do réu").

tes, desde que o indeferimento da antecipação, por sua vez, gere perigo de irreversibilidade *em prejuízo da outra parte*[9]*:* era precisamente o que aconteceria se, por exemplo, o enfermo em risco de vida, com necessidade premente de intervenção cirúrgica, ficasse impedido de custeá-la por não poder dispor incontinenti do numerário para isso reservado.

Por outro lado, contudo, a decisão sobre o requerimento de antecipação da tutela tem lugar no curso de um pleito a que ela *não põe fim:* reza o art. 273, § 5º, que, "concedida ou não a antecipação da tutela, prosseguirá o processo até final julgamento". Ora, a esta altura deve haver ficado claro que, uma vez autorizada a imediata conversão em cruzeiros e o levantamento do depósito, nada mais haveria que fazer, e portanto o "final julgamento" se despiria de qualquer significação prática e seria emitido exclusivamente *pro forma.*

8. Chega-se à conclusão de que, ao menos em seus dizeres expressos, o ordenamento processual brasileiro ainda não prevê, em seu receituário, medicamento específico para casos semelhantes ao recordado no presente trabalho. Não se contempla nele, em termos genéricos, medida bastante em si mesma, independente de qualquer outra providência futura (sem índole cautelar, por conseguinte), a ser utilizada em hipóteses de grande urgência, que não comportem a demora habitual de um processo cognitivo e nas quais a convicção do órgão judicial possa formar-se com rapidez, seja porque suficientes as provas disponíveis, seja porque incontroversos os fatos e restrita a discussão a questões de direito – conforme geralmente sucedia, diga-se de passagem, na situação de que nos vimos ocupando, em que o único ponto debatido era a juridicidade do bloqueio dos ativos financeiros.

Um possível passo no sentido de complementar o sistema, embora por via indireta, poderia consistir em nova modificação do art. 273, para estabelecer que, no caso de concessão integral da tutela antecipada, a omissão da parte adversa em impugná-la converteria de imediato a providência antecipatória em sentença, encenando-se, assim, o processo[10]. A concessão da tutela revestiria, dessa maneira, a feição de autêntica

9 *Vide* a respeito LUIZ GUILHERME MARINONI, *A antecipação da tutela,* 3ª ed., S. Paulo, 1997, p. 170/1.

10 Tal sugestão consta de proposta de alteração do art. 273, formulada por ADA PELLEGRINI GRINOVER e publicada na *Revista de Processo,* nº 86, p. 191 e s.

medida autossatisfativa. O problema está em aberto, e naturalmente são concebíveis alternativas. Seja como for, a recordação dos acontecimentos de 1990 deve estar presente no espírito dos que se queiram ocupar da matéria – não obstante a esperança, que todos temos, de que eles jamais venham a repetir-se...

Abril de 1998.

COMENTÁRIOS DO ATUALIZADOR

A TUTELA DE URGÊNCIA NUM EPISÓDIO RECENTE DA HISTÓRIA POLÍTICA BRASILEIRA

Sérgio Ricardo de Arruda Fernandes

Neste artigo, produzido em abril de 1998, Barbosa Moreira traça importante retrato da legislação processual vigente no início da década de 90, destacando a inexistência de instrumentos suficientes e eficazes para a tutela provisória de natureza satisfativa, levando ao emprego – ainda que inadequado e incompleto – da tutela cautelar em substituição.

Citava o autor o evento político e econômico denominado de "Plano Collor", lançado pela Medida Provisória 168/90, depois convertida na Lei nº 8.024/90, que bloqueou os ativos financeiros (exceto os valores até o limite de 50.000 cruzados novos), prevendo sua conversão em cruzeiros e liberação em parcelas, a partir de setembro de 1991.

Naturalmente, o implemento dessa drástica medida econômica repercutiu das mais variadas formas nas vidas das pessoas, criando situações de urgência e desespero, como no exemplo mencionado pelo autor daquele que precisava submeter-se a tratamento médico e intervenção cirúrgica em outro país, não dispondo, por força do ato governamental, de recursos imediatos para tanto.

Nesse período, no início dos anos 90, o Código de Processo Civil então vigente não dispunha de disciplina genérica acerca de medidas de antecipação da tutela satisfativa; senão o tradicional regramento do processo cautelar e suas providências de caráter urgente.

Trata-se aqui de um dos temas que mais evoluiu na sistemática processual brasileira, notadamente pela insuficiência encontrada na disciplina original do Código de 1973 em relação ao campo coberto pela previsão de cabimento das medidas cautelares.

Exatamente como apontado por Barbosa Moreira, àquela altura o recurso de utilização das ações cautelares atípicas para obtenção de medidas satisfativas urgentes não se mostrava adequado e tampouco eficiente.

Voltando ao caso concernente ao "Plano Collor", para a imediata liberação dos valores bloqueados, as partes, por intermédio da criatividade de seus advogados, utilizaram-se da ação cautelar preparatória e inominada (medidas atípicas, decorrentes do poder geral de cautelar do órgão judicial) para alcançar esse fim. Mas, como assevera o autor, com a obtenção da medida cautelar (cuja finalidade deveria ter o escopo instrumental – assegurar a futura satisfação do resultado final do processo principal – e não o propósito satisfativo), ficava sob completa redundância, ou mesmo inutilidade, a propositura da ação principal (apenas para "confirmar" a medida de desbloqueio dos valores retidos).

Sobreveio então, por força da Lei nº 8.952/94, importantíssima reforma no Código de Processo Civil ab-rogado, introduzindo em seu artigo 273 a disciplina genérica para a concessão de medidas de antecipação da tutela jurisdicional.

Regramento que, estivesse em vigor à época do "Plano Collor", certamente teria fomentado, ao invés da utilização das ações cautelares inominadas, a imediata propositura de ações de conhecimento com o requerimento de concessão da medida de antecipação da tutela, com base no antes referido artigo 273.

Para tanto, caberia ao autor da ação demonstrar ao órgão judicial a plausibilidade do seu direito (verossimilhança de suas alegações) e a urgência na obtenção da tutela provisória. E caberia ao juízo aferir, em exame de ponderação e proporcionalidade, qual resultado poderia causar efeitos mais graves e irreparáveis: a manutenção do dinheiro bloqueado ou sua liberação imediata. Exatamente como descreve Barbosa Moreira: "Esse óbice poderia ser superado mediante um temperamento ao teor literal do § 2º, no sentido de admitir-se a antecipação da tutela, ainda quando irreversíveis os efeitos em prejuízo de uma das partes, desde que o indeferimento da antecipação, por sua vez, gere perigo de irreversibilidade em prejuízo da outra parte: era precisamente o que aconteceria se, por exemplo, o enfermo em risco de vida, com necessidade premente de intervenção cirúrgica, ficasse impedido de custeá-la por não dispor incontinenti do numerário para isso reservado".

Muito progrediu o sistema processual desde essa época, em prol de uma prestação jurisdicional mais ágil e eficiente.

A fungibilidade das tutelas provisórias (fossem elas tipicamente cautelares ou satisfativas), prevista no artigo 273, § 7° do CPC/73, introduzida pela Lei n° 10.444/2002, tornou possível (dispensando-se a deflagração do processo cautelar em separado) a obtenção de medidas cautelares no bojo da própria ação de conhecimento. Gênese do atual estágio de evolução legislativa dessa questão, porquanto o Código de Processo Civil em vigor eliminou a figura do processo cautelar acessório ao processo principal.

Atualmente, a obtenção das tutelas provisórias (satisfativas ou cautelares) deverá ser feito em caráter antecedente ou incidental relativamente ao único processo que a parte autora precisa deflagrar para ver reconhecido o seu direito subjetivo.

Eis algumas das principais regras de sua normatização:

TÍTULO II
DA TUTELA DE URGÊNCIA

CAPÍTULO I
DISPOSIÇÕES GERAIS

> Art. 300. A tutela de urgência será concedida quando houver elementos que evidenciem a probabilidade do direito e o perigo de dano ou o risco ao resultado útil do processo.
>
> § 1 Para a concessão da tutela de urgência, o juiz pode, conforme o caso, exigir caução real ou fidejussória idônea para ressarcir os danos que a outra parte possa vir a sofrer, podendo a caução ser dispensada se a parte economicamente hipossuficiente não puder oferecê-la.
>
> § 2° A tutela de urgência pode ser concedida liminarmente ou após justificação prévia.

§ 3º A tutela de urgência de natureza antecipada não será concedida quando houver perigo de irreversibilidade dos efeitos da decisão.

Art. 301. A tutela de urgência de natureza cautelar pode ser efetivada mediante arresto, sequestro, arrolamento de bens, registro de protesto contra alienação de bem e qualquer outra medida idônea para asseguração do direito.

(...)

CAPÍTULO II

DO PROCEDIMENTO DA TUTELA ANTECIPADA REQUERIDA EM CARÁTER ANTECEDENTE

Art. 303. Nos casos em que a urgência for contemporânea à propositura da ação, a petição inicial pode limitar-se ao requerimento da tutela antecipada e à indicação do pedido de tutela final, com a exposição da lide, do direito que se busca realizar e do perigo de dano ou do risco ao resultado útil do processo.

(...)

CAPÍTULO III

DO PROCEDIMENTO DA TUTELA CAUTELAR REQUERIDA EM CARÁTER ANTECEDENTE

Art. 305. A petição inicial da ação que visa à prestação de tutela cautelar em caráter antecedente indicará a lide e seu fundamento, a exposição sumária do direito que se objetiva assegurar e o perigo de dano ou o risco ao resultado útil do processo.

Parágrafo único. Caso entenda que o pedido a que se refere o caput tem natureza antecipada, o juiz observará o disposto no art. 303.

(...)

Art. 308. Efetivada a tutela cautelar, o pedido principal terá de ser formulado pelo autor no prazo de 30 (trinta) dias, caso em que será apresentado nos mesmos autos em que deduzido o pedido de tutela cautelar, não dependendo do adiantamento de novas custas processuais.

§ 1º O pedido principal pode ser formulado conjuntamente com o pedido de tutela cautelar.

§ 2º A causa de pedir poderá ser aditada no momento de formulação do pedido principal.

(...)

Art. 309. Cessa a eficácia da tutela concedida em caráter antecedente, se:

I – o autor não deduzir o pedido principal no prazo legal;

II – não for efetivada dentro de 30 (trinta) dias;

III – o juiz julgar improcedente o pedido principal formulado pelo autor ou extinguir o processo sem resolução de mérito.

(...)

TÍTULO III
DA TUTELA DA EVIDÊNCIA

Art. 311. A tutela da evidência será concedida, independentemente da demonstração de perigo de dano ou de risco ao resultado útil do processo, quando:

I – ficar caracterizado o abuso do direito de defesa ou o manifesto propósito protelatório da parte;

II – as alegações de fato puderem ser comprovadas apenas documentalmente e houver tese firmada em julgamento de casos repetitivos ou em súmula vinculante;

III – se tratar de pedido reipersecutório fundado em prova documental adequada do contrato de depósito, caso em que será decretada a ordem de entrega do objeto custodiado, sob cominação de multa;

V – a petição inicial for instruída com prova documental suficiente dos fatos constitutivos do direito do autor, a que o réu não oponha prova capaz de gerar dúvida razoável.

Parágrafo único. Nas hipóteses dos incisos II e III, o juiz poderá decidir liminarmente.

Projetando-se o atual regramento para o cenário retratado por Barbosa Moreira, temos que a pessoa atingida pela medida econômica do governo Collor poderia simplesmente, na sua própria ação de procedimento comum (pois não mais existe a divisão entre rito ordinário e sumário que o Código ab-rogado abarcava), pleitear a tutela provisória de desbloqueio dos valores (medida de antecipação da tutela satisfativa), quer ao fundamento de sua urgência (artigo 330), quer ao fundamento de evidência de seu direito subjetivo (artigo 311, IV).

Ainda assim, obtida a medida de satisfação imediata de seu direito subjetivo, poderia advir situação de maior inutilidade do processo para o autor já satisfeito, bem como aos olhos da parte ré, considerando ultrapassada a discussão jurídica subjacente.

Daí porque Barbosa Moreira já antevia a necessidade de complementar o sistema legal com a previsão de desfecho mais rápido do processo, quando a medida de satisfação do direito do autor já fosse alcançada desde logo e o próprio réu optasse por não impugná-la.

O que foi atendido na lei processual civil em vigor, mediante a técnica de estabilização dos efeitos da tutela provisória:

> Art. 303. Nos casos em que a urgência for contemporânea à propositura da ação, a petição inicial pode limitar-se ao requerimento da tutela antecipada e à indicação do pedido de tutela final, com a exposição da lide, do direito que se busca realizar e do perigo de dano ou do risco ao resultado útil do processo.
>
> (...)
>
> Art. 304. A tutela antecipada, concedida nos termos do art. 303, torna-se estável se da decisão que a conceder não for interposto o respectivo recurso.
>
> § 1° No caso previsto no caput, o processo será extinto.
>
> § 2° Qualquer das partes poderá demandar a outra com o intuito de rever, reformar ou invalidar a tutela antecipada estabilizada nos termos do caput.
>
> § 3° A tutela antecipada conservará seus efeitos enquanto não revista, reformada ou invalidada por decisão de mérito proferida na ação de que trata o § 2°.
>
> § 4° Qualquer das partes poderá requerer o desarquivamento dos autos em que foi concedida a medida, para instruir a pe-

> tição inicial da ação a que se refere o § 2º, prevento o juízo em que a tutela antecipada foi concedida.
>
> § 5º O direito de rever, reformar ou invalidar a tutela antecipada, previsto no § 2º deste artigo, extingue-se após 2 (dois) anos, contados da ciência da decisão que extinguiu o processo, nos termos do § 1º.
>
> § 6º A decisão que concede a tutela não fará coisa julgada, mas a estabilidade dos respectivos efeitos só será afastada por decisão que a revir, reformar ou invalidar, proferida em ação ajuizada por uma das partes, nos termos do § 2º deste artigo.

Vale acrescentar que esse novo regramento já tem sido examinado e aplicado pelo Superior Tribunal de Justiça:

> RECURSO ESPECIAL. PROCESSUAL CIVIL. TUTELA ANTECIPADA REQUERIDA EM CARÁTER ANTECEDENTE. PROCEDIMENTO. ARTS. 303 E 304 DO CPC/15. ADITAMENTO DA INICIAL. INTIMAÇÃO ESPECÍFICA. PRINCÍPIOS DA PRIMAZIA DO JULGAMENTO DE MÉRITO E DA ECONOMIA PROCESSUAL. ARTS. 4º, 139, IX, 321, CAPUT, 304, CAPUT E § 1º, e 1.003, § 5º, do CPC/15. PETIÇÃO. JUNTADA. CONTEÚDO. CONHECIMENTO INEQUÍVOCO. HIPÓTESE CONCRETA. NÃO CARACTERIZAÇÃO.
>
> 1. Ação de tutela antecipada em caráter antecedente, na qual se pleiteia o cumprimento de contrato de prestação de serviços, fornecimento e instalação de sistemas de controle de acesso, provedor de internet, telefonia VOIP e de monitoramento digital de imagens.
>
> (...)
>
> 8. No CPC/15, a tutela provisória passa a ser uma técnica aplicada na relação processual de conhecimento ou de execução, mas que, na forma do art. 303, pode ser também requerida em caráter antecedente à própria formação da relação jurídica processual da tutela definitiva.
>
> 9. O propósito da previsão dos arts. 303 e 304 do CPC é, especificamente, proporcionar oportunidade à estabilização da medida provisória satisfativa, valorizando a economia processual por evitar o desenvolvimento de um processo de cog-

nição plena e exauriente, quando as partes se contentarem com o provimento sumário para solucionar a lide.

10. O procedimento da tutela provisória é, portanto, eventualmente autônomo em relação à tutela definitiva, pois, para a superação dessa autonomia, é preciso que o requerido recorra da decisão que concede a antecipação da tutela, sob pena de a tutela estabilizar-se e o processo ser extinto.

11. Como, na inicial da tutela antecipada antecedente, o autor somente faz a indicação do pedido de tutela final, existe a previsão de que deve complementar sua argumentação, com a confirmação do pedido de tutela final, no prazo de 15 (quinze) dias ou outro maior fixado pelo juiz.

12. Os prazos do requerido, para recorrer, e do autor, para aditar a inicial, não são concomitantes, mas subsequentes.

13. Solução diversa acarretaria vulnerar os princípios da economia processual e da primazia do julgamento de mérito, porquanto poderia resultar na extinção do processo a despeito da eventual ausência de contraposição por parte do adversário do autor, suficiente para solucionar a lide trazida a juízo.

14. Como a interposição do agravo de instrumento é eventual e representa o marco indispensável para a passagem do "procedimento provisório" para o da tutela definitiva, impõe-se a intimação específica do autor para que tome conhecimento desta circunstância, sendo indicada expressa e precisamente a necessidade de que complemente sua argumentação e pedidos.

15. Na hipótese dos autos, o conteúdo da petição juntada pelo autor, na qual requer a aplicação de multa em razão do descumprimento da tutela antecipada, não permite concluir por seu conhecimento inequívoco da determinação de aditar a inicial.

16. Além disso, a intimação do autor para o aditamento da inicial e o início do prazo de 15 (quinze) dias para a prática desse ato, previstos no art. 303, § 1°, I, do CPC/15, exigem intimação específica com indicação precisa da emenda necessária, como realizado pelo juízo do primeiro grau de jurisdição.

17. Recurso especial desprovido.

(REsp 1766376/TO, Rel. Ministra NANCY ANDRIGHI, TERCEIRA TURMA, julgado em 25/08/2020, DJe 28/08/2020)

> PROCESSUAL CIVIL. ESTABILIZAÇÃO DA TUTELA ANTECIPADA CONCEDIDA EM CARÁTER ANTECEDENTE. ARTS. 303 E 304 DO CÓDIGO DE PROCESSO CIVIL DE 2015. NÃO INTERPOSIÇÃO DE AGRAVO DE INSTRUMENTO. PRECLUSÃO. APRESENTAÇÃO DE CONTESTAÇÃO. IRRELEVÂNCIA.
>
> I – Nos termos do disposto no art. 304 do Código de Processo Civil de 2015, a tutela antecipada, deferida em caráter antecedente (art. 303), estabilizar-se-á, quando não interposto o respectivo recurso.
>
> II – Os meios de defesa possuem finalidades específicas: a contestação demonstra resistência em relação à tutela exauriente, enquanto o agravo de instrumento possibilita a revisão da decisão proferida em cognição sumária. Institutos inconfundíveis.
>
> III – A ausência de impugnação da decisão mediante a qual deferida a antecipação da tutela em caráter antecedente, tornará, indubitavelmente, preclusa a possibilidade de sua revisão.
>
> IV – A apresentação de contestação não tem o condão de afastar a preclusão decorrente da não utilização do instrumento processual adequado – o agravo de instrumento.
>
> V – Recurso especial provido.
>
> (REsp 1797365/RS, Rel. Ministro SÉRGIO KUKINA, Rel. p/ Acórdão Ministra REGINA HELENA COSTA, PRIMEIRA TURMA, julgado em 03/10/2019, DJe 22/10/2019)

Eis aí como evoluiu o sistema processual civil brasileiro desde os tempos descritos por Barbosa Moreira, tendo a tutela provisória (cautelar ou satisfativa) se tornado um dos instrumentos de maior eficiência e agilidade na prestação jurisdicional, uma vez que, ao l ongo dos últimos anos, fora bastante alargado o seu campo de incidência e desburocratizada a forma de sua obtenção.

OBSERVACIONES SOBRE LAS LLAMADAS PRUEBAS ATÍPICAS[1]

1. Hablar de prueba es hablar de información. Para fanar, el juez tiene que aplicar normas jurídicas a hechos. Las normas, se supone que él las conozca *(iura novit curia);* y, si no las conoce, tendrá seguramente a su alcance elementos para remediar por sí solo la carencia. La situación es muy distinta en cuanto a los hechos, respecto a los cuales el órgano judicial normalmente necesitará informarse. He ahí la función de las pruebas, que en último análisis no son sino vehículos de informaciones.

Puede ocurrir, sin duda, que el juez, por casualidad, esté ya enterado de los acontecimientos que dieron origen al pleito. Por ejemplo: él había asistido desde la ventana de su residencia al accidente de circulación de que resultaron los danos y perjuicios cuyo resarcimiento se reclama. Por motivos fácilmente comprensibles, los ordenamientos procesales no le permiten al magistrado servirse de tales conocimientos para fundamentar su decisión[2]. Si ello fuera posible, el órgano judicial estaría actuando simultáneamente como testigo y como juzgador; le correspondería valorar su propio testimonio, lo cual no inspiraría mucha confianza a las partes, privadas en la práctica de toda posibilidad de un contradictorio efectivo.

Conviene observar que la prohibición impuesta al juez de utilizar su "ciencia privada" en la solución de las cuestiones de hecho no es ni podría ser absoluta. Sería ridículo pretender que en ocasión de fallar el magistrado se despojara de todos sus conocimientos anteriores y tomara en consideración únicamente aquellos que le suministra la lectura del expediente. Jamás se llegó a entender en un sentido tan radical el clásico aforismo *"Quod non est in actis non est in mundo".* De tomarlo a la letra, el órgano judicial tendría que basarse en alguna prueba hasta para declarar el lugar y la fecha en que dicta la sentencia...

---

1 Comunicação ao XVI Congresso Mexicano de Direito Processual (Guanajuato, 1999). Publicada no respectivo volume de Memórias, t. l, e também na *Revista Uruguaya de Derecho Procesal,* nº 3-4/1998, e na *Revista de Derecho Procesal* (espanhola), nº 3/99.

2 Sobre el asunto es fundamental la obra de STEIN, *Das private Wissen des Richters,* traducida al españoI por Andrés de la Oliva Santos, bajo el título *El conocimiento privado del juez,* Pamplona, 1973.

2. Dos excepciones a la prohibición son generalmente admitidas: los hechos notorios y las reglas (o máximas) de experiencia. Llámanse notorios los hechos a cuyo conocimiento es posible tener acceso por medios utilizables por el común de las gentes, independentemiente de calidades o circunstancias especiales, en un determinado ambiente cultural. Para que se pueda considerar notorio un hecho, no es menester que todos los habitantes de una región, en un momento histórico, efectivamente lo conozcan; ni siquiera es necesario que el juez mismo lo conozca con anterioridad. Lo esencial es la posibilidad concreta de que cualquiera logre conocerlo, si le interesa – el magistrado en condiciones substancialmente iguales a aquellas en que se encuentran las otras personas. Así, será notorio, al menos en la ciudad en donde ocurra, el hecho de que un aeropuerto haya sido destruido por el fuego. Que el juez mismo haya presenciado el siniestro, o al contrario no se haya enterado del incendio, porque se hallaba momentáneamente en un país extranjero, es a todas luces indiferente: su situación coincide con la de otras personas, que pueden llegar a saber lo que pasó simplemente leyendo un periódico u oyendo una transmisión radiofónica. Queda en claro la diferencia entre este episodio y el del trivial accidente de que el magistrado sólo pudo tener conocimiento gracias a la circunstancia particular de residir en cierta calle.

Los hechos notorios son acontecimientos determinados; pero lo que se dice de ellos puede decirse, sin cambio substancial, de proposiciones relativas a una serie de casos, cuya normal repetición con características semejantes autoriza una conclusión generalizadora. Algunas de estas proposiciones tienen carácter científico ("La gestación de un ser humano dura nueve meses"), lógico ("El todo es siempre más grande que cualquiera de sus partes"), artístico ("Las bóvedas de ojivas cruzadas son típicas de la arquitectura gótica"); otras se refieren a preceptos o costumbres propios de una religión ("Los musulmanes no comen carne de cerdo"), de una profesión ("Los magistrados usan la toga como prenda de ceremonia"), de una actividad desportiva ("Los partidos de fútbol duran noventa minutos, divididos en dos tiempos"), y así en adelante. El conocimiento de tales proposiciones se adquiere frecuentemente (aunque no siempre) merced a nuestra experiencia de vida, sin necesidad de estudios especializados, y por eso se les ha dado la denominación de "reglas (o máximas) de experiencia". Ellas son accesibles al juez de la misma manera que lo son a los otros miembros de la comunidad, y no hay por qué someterlas a la prohibición de utilizar la "ciencia privada" para fundamentar una decisión.

3. Haciendo abstracción de las dos categorías supradichas, viene a cuento reflexionar sobre el procedimiento mediante el cual el juez obtiene las informaciones necesarias para formar su convencimiento acerca de los hechos. Varios interrogantes acuden aquí al espíritu, y dos de ellos cobran relieve particular a los fines del presente estudio:

(a) ¿De dónde pueden provenir las informaciones?

(b) ¿*Cómo* llegan ellas a la mente del magistrado?

Al primer interrogante (a) le corresponde la cuestión de las fuentes de prueba; al segundo (b), la cuestión de los medias de prueba. Esta terminología se aparta un poco de la habitual: numerosas obras doctrinales hablan de "medios de prueba" en un sentido muy amplio, que en realidad abarca, totalmente o parcialmente, ambas cuestiones. También en el lenguage de las leyes las dos nociones, de "fuente" y de "medio", se expresan a menudo en términos promiscuos. Pero la distinción tiene sus títulos de nobreza[3] y a nuestro juicio se muestra muy útil, sea teóricamente, sea desde el punto de vista práctico.

4. Ahora bien: si nos enfrentamos con el primer interrogante, parece adecuado responder que las informaciones de que necesita el órgano judicial suelen provenir de tres clases de entes: otras personas; cosas; fenómenos naturales *(v.g.* la pubertad, el amanecer, la marea) o artificialmente provocados *(v.g.* una reacción química en un laboratorio, la infección de un animal a guisa de experimentación científica). Entre las cosas se incluyen los documentos, que por su grandísima importancia se tratan frecuentemente por separado.

Seguramente se concibirian otras hipótesis. Si alguien cree en lo sobrenatural, podría en principio inclinarse a aceptar como verosímil la declaración del juez que afirmase haber recibido de Dios una revelación atinente a este o aquel hecho. Sin embargo, aunque en algunas culturas semejante declaración fuera suficiente para fundamentar *in facto* la decisión, no lo seria en ninguno de los modernos sistemas procesales de las naciones civilizadas. Ello se debe naturalmente a un cambio histórico

3 En ella hacia hincapié, *v.g.*, CARNELUTTI, La prova civile, 2ª ed., Roma, 1947, p. 83 y passim. Adviértase que está lejos de ser semánticamente uniforme el empleo de las expresiones "fuente de prueba" y "medio de prueba" en la literatura científica.

de mentalidad harto conocido; es plausible, empero, considerar que descansa además sobre un argumento racional: la declaración del magistrado no sería susceptible de control objetivo, y quedarían sin corrección posibles arbitrariedades.

Si quisiéramos clasificar las pruebas con arreglo a un criterio basado en las fuentes, podríamos proponer las siguientes denominaciones: pruebas personales, pruebas reales y pruebas fenoménicas, según que la fuente sea una persona, una cosa o un fenómeno. La deposición de un testigo es el protótipo de las pruebas personales; la prueba documental es típicamente una prueba real; una perícia con la finalidad de medir la intensidad de la luz solar en determinado sitio y en determinado momento, o de averiguar la probabilidad genética de que un nino sea hijo del supuesto padre, se incluirá en la clase de las pruebas fenoménicas.

5. Por lo que atañe al segundo interrogante, parece esencialmente correcta la idea de distinguir dos operaciones mediante las cuales la información suministrada por la prueba es cogida por la mente del juez: la percepción y la inferencia[4]. La percepción liga directamente la información al magistrado, cuyos sentidos aprehenden los datos provenientes de la persona, de la cosa o del fenómeno que sirve de fuente: aquél *oye* la deposición del testigo, *ve* el texto del documento, *oye* el ruido de las olas marinas, *ve* la puesta del sol, *prueba* la bebida, *huele* el humo, *palpa* la tela.

Una salvedad: a veces se toma conveniente o aún necesario reemplazar la persona del juez por otra que sea más capaz que él de percibir o de valorar la percepción; o por lo menos poner a su lado otra persona que lo asista en la operación. Tal es comúnmente el caso de situaciones en las cuales el rendimiento o la posibilidad misma de la percepción depende de una técnica especial; por ejemplo: hay cosas que no se pueden ver sino con el auxilio de un microscopio, sonidos que solamente oídos bien entrenados consiguen percibir, olores que nadie más que un perfumista logra reconocer. La información, en estos casos, es recogida por un experto y transmitida al órgano judicial, o recogida por éste con la ayuda del experto. Así se procede en la llamada prueba pericial.

En la inferencia, el contacto es, por naturaleza, indirecto: el órgano judicial se sirve de los conocimientos proporcionados por las percepcio-

4 CARNELUTTI, ob. cit., p. 91 y s., preferia hablar de "deduzione".

nes acerca de un hecho para alcanzar un nuevo conocimiento relativo a outro hecho. La operación ya no es fundamentalmente obra de los sentidos, sino de la inteligencia. Aquí se suele hablar de indicios y de presunciones, sin que se tenga siempre el cuidado de evitar una terminología equívoca; con cierta frecuencia, los dos términos son usados promiscuamente. En nuestro entender, se debe reservar el *nomen iuris* indicio para el hecho conocido, es decir, para aquél sobre el cual el juez tiene una información bastante; por presunción se designará la operación mental realizada por el magistrado para obtener la información que desea respecto a otro hecho. (Se trata obviamente de la denominada presunción judicial, no de la presunción legal, que tiene una estructura distinta y no es objeto de las presentes reflexiones).

6. El tema de los medios de prueba sugiere todavía ulteriores desdoblamientos, sobre todo – a los efectos de nuestro estudio – en lo concerniente a la percepción. Es evidente que el acto de percibir presupone la proximidad entre el objeto percibido y el juez que lo percibe, en un grado intuitivamente variable, pero en todo caso suficiente para que aquél pueda impresionar los sentidos de éste. Sin embargo, aquí tiene cabida una pregunta: ¿de qué manera se produce la aproximación?

La mayoría de las fuentes de prueba vienen por lo común a la presencia del magistrado, cuyos sentidos recogen directamente de ellas las informaciones. Así suele ocurrir con las pruebas personales: los testigos y las partes deponen oralmente en los tribunales y son examinados por los jueces mismos, al menos donde se observe el principio de inmediación. Los documentos son incorporados al expediente, y ahí los lee el magistrado para aprehender las informaciones que ellos contengan. En cuanto a las otras cosas, algunas pueden ser presentadas al igual que los documentos; muchas, empero, exigen del juez que se desplaze para examinarlas fuera de su lugar de trabajo. Semejante necesidad tambiém se manifiesta, como es intuitivo, por lo que hace a los fenómenos naturales. De los fenómenos artificialmente provocados, por regla general, se ocupa el perito, que luego transmite al magistrado sus observaciones y opiniones en un documento escrito (dictamen) – sin perjuicio, en más de un ordenamiento, de que el perito pueda ser interrogado en la audiencia, para aclarar dudas y resolver cuestiones planteadas por las partes o por el órgano judicial mismo.

Éstos son, por decirlo así, los normales modos de contacto entre el juez y las fuentes de prueba. Probablemente, empero, no serán los únicos que podemos concibir. Por ejemplo: salvo en atención a un principio de política procesal, adoptado por el legislador sobre la base de consideraciones racionales o de lecciones de la expeliencia, no se podria excluir *a priori* a la posibilidad de que una persona cualquiera suministrara al juez por escrito una información sobre los hechos del pleito (cf., *infra,* nº 14).

7. Las nociones hasta ahora recordadas, aunque triviales, son a nuestro juicio muy útiles para comprender bien y abordar correctamente el tema (y los problemas) de las llamadas "pruebas atípicas". Muchas leyes procesales modernas admiten en términos expresos la posibilidad de utilizar pruebas que no estén específicamente disciplinadas en el texto legal, o sea, que no coincidan con ningún de los "tipos" previstos.

El *Código de Processo Civil* brasileño, *v.g.,* reza en el art. 332: *"Todos os meios legais, bem como os moralmente legítimos, ainda que não especificados neste Código, são hábeis para provar a verdade dos fatos, em que se funda a ação ou a defesa".* La redacción es bastante criticable[5], y aquí cabe en particular poner de resalte que el empleo de la expresión *"bem como"* no significa que la ley haya querido referirse a dos categorias distintas (los "medios legales" y los medios "moralmente legítimos"); el verdadero sentido es otro: admitense los "medios" que no sean contrarios ni a la ley ni a la moral. De todas maneras, importa determinar cuáles son estos medios.

Es obvio que no se debe buscar la respuesta en el puro campo terminológico. No se trata de saber si se admiten pruebas designadas (o susceptibles de serlo) por nombres diferentes de aquellos que se aplican a las "pruebas típicas", es decir, a las pruebas que el Código regla en términos específicos (prueba documental, prueba de testigos etc.).

Tampoco parece justificada la suposición de que la "atipicidad" se relacione con la fuente de la prueba. En efecto, según ya se explicó *(supra,* nº 4), las únicas fuentes que el juez puede tomar en cuenta para extraer informaciones son las personas, las cosas (documentos inclusive) y los fenómenos naturales o artificialmente provocados. Ahora bien: las

5 Mucho mejor, tecnicamente, es la disposición del art. 87 del *codice di procedura civile dello Stato della Città del Vaticano*, que constituye aquí la fuente histórica del derecho brasileño: v. BARBOSA MOREIRA, *Il codice di procedura civile dello Stato della Città del Vaticano come fonte storica del diritto brasiliano, in Studi in onore di Vittorio Denti*, Padova, 1994, v. I, p. 9, o *Temas de Direito Processual* (Quinta Série), S. Paulo, 1994, p. 194/5.

pruebas "típicas" corresponden a tales fuentes, sin perjuicio de ciertas superposiciones – *v.g.*, en el sistema del Código brasileño, los documentos figuran como fuente no sólo en la llamada *"prova documental"* (Libro I, Título VIII, Capítulo VI, Sección V), sino también en la denominada *"exibição de documento ou coisa"* (Libro I, Título VIII, Capítulo VI, Sección VI). No habiendo otras fuentes utilizables, sería vano el intento de descubrir pruebas "atípicas" por ese camino.

8. Resta una posibilidad. Si es cierto que el contacto entre el juez y la fuente de información se produce normalmente de una forma determinada, prevista en la reglamentación legal, siempre se concibe que pueda producirse de otra forma *(v.g.*, si bien la forma oral es la prevista en la ley para los testigos, no es absurdo imaginar que un tercero comunique al órgano judicial por escrito los conocimientos que tenga acerca de los hechos del pleito). Se podría entonces aplicar la denominación "atípica" a la prueba en que la información llega al juez de una forma distinta de aquella contemplada en la ley para la prueba "típica" correspondiente.

A ello se puede hacer (y en realidad se hace) una objeción, que se apoya en la función política de las formas procesales. La ley quiere asegurar el desarrollo correcto y expedito de la actividad de instrucción, y sobre todo su conformidad con el principio del contradictorio. Por ese motivo prescribe cómo debe ejecutarse en cada caso semejante actividad. Así vistas las cosas, apartarse del modelo establecido no sería admitir una prueba "atípica", sino cometer desengañadamente una ilegalidade[6].

La objeción no es de ningún modo despreciable: en esta materia como en muchas otras, la observancia de las disposiciones formales representa una garantía importante para las partes. Sin embargo, hay que considerar que, cuando se realiza un acto procesal, el hecho de adoptar una forma distinta de la prevista en la ley no implica, siempre y necesariamente, someter los litigantes a un desmedro de sus garantías. El legislador pensó en la forma que le parecía más apta para asegurarlas; pero no es de excluir *a priori* que haya otra igualmente capaz de hacerlo. La experiencia hasta puede revelar que la forma "anómala", bajo ciertas circunstancias, es más eficaz a dicho efecto que la "normal". De ahí que las legislaciones modernas suelen atenuar las consecuencias de las in-

6 En ese sentido CAVALLONE, *Critica della teoria prove atipiche, in Studi in onore di Enrico Tullio Liebman*, Milano, 1979, v. II, p. 1.329.

fracciones formales, impidiendo la anulación de actos procesales que las contengan, con tal que de ellas no resulte ningún daño para las partes.

Por otro lado, los principios procesales, sin excepción de los garantizadores, no poseen ni pueden poseer un valor absoluto. En la interpretación de las normas del proceso (mejor dicho: de cualesquiera normas jurídicas) es menester tener siempre en cuenta que las disposiciones legales no viven aisladas, sino que se enganchan y se limitan recíprocamente. Es a menudo indispensable aceptar la "compresión" de una para evitar el total hundimiento de otra. Particularizemos: aún suponiendo que la forma "anómala" de coger la información no les proporcione a los litigantes la garantía del contradictorio en la misma medida de la forma "normal", eso tal vez no constituya motivo para rechazar completamente la forma "anómala", ya que la "dosis" de garantía, si bien menor, puede en definitiva ser considerada suficiente. Lo mismo diremos, *a fortiori*, de las hipótesis en que la garantía funciona con igual eficacia, aunque de otra manera.

9. A veces ocurre que el legislador, habiendo previsto una forma "típica" para determinada prueba, viene a establecer, bajo la presión de necesidades o conveniencias prácticas, disposiciones que se apartan del "modelo". Para volver a un ejemplo ya mencionado: bien que el procedimiento "normal" para obtener informaciones de terceros consista en hacerlos deponer como testigos, oralmente, en una audiencia pública, acá y allá se comienza a admitir que ellos comuniquen al juez por escrito sus conocimientos[7]. En algunos casos, la ley no hace ahí sino rendirse a la evidencia de que poco vale proscribir en términos absolutos un modo de obrar que, sea como sea, se ganó por su utilidad la tolerancia, cuando no la simpatía de la práctica judicial.

Mientras la forma "normal" es la única contemplada en la ley, la adopción de cualquier otra significa la acogida de una prueba "atípica". A medida que se va consagrando en los textos legales la posibilidad de su utilización, ella se convierte en prueba "típica". Ése no es un fenómeno raro en la evolución de los ordenamientos procesales. En el derecho bra-

7 A creerle a NORMAND, *I poteri del giudice e delle parti quanto al fondamento delle pretese controverse* (trad. Maria Francesca Ghirga), *in Riv. di dir. proc.*, v. XLIII (1988), p. 672, en Francia ya se recurre con más frecuencia a la "*preuve par attestation*" (escrita) que al examen (oral) de testigos.

sileño, hay varios ejemplos de supuestos en que se renuncia al método oral para la comunicación de conocimientos de terceros al magistrado. El mismo Código autoriza al juez, *v.g.*, a requerir a los órganos administrativos las certificaciones necesarias para comprobar las alegaciones de las partes (art. 399, I). El funcionario público que expide la certificación no tiene que deponer oralmente: sus informaciones llegan al órgano judicial de una forma distinta; pero en este caso no seria adecuado hablar de prueba "atípica", puesto que la ley misma ya tomó la iniciativa de "tipificarla".

Más importante que traer a colación otros ejemplos, contenidos en textos legales, es advertir que en la práctica se suele recurrir a procedimientos de esta clase incluso sin ninguna previsión específica. Los jueces a menudo solicitan de escuelas, hoteles, hospitales y otros establecimientos congêneres informaciones sobre la situación de menores, la presencia de ciertas personas en talo cual fecha, y así en adelante. En estas hipótesis el conocimiento de terceros no es comunicado de manera igual a la adoptada corrientemente. Lo mismo acaece, alguna que otra vez, sobre todo en asuntos de familia, con declaraciones escritas de personas que afirman conocer a los litigantes y se disponen a dar informaciones sobre sus costumbres, su vida doméstica y otros aspectos de su personalidad.

Es oportuno observar que el Código brasileño atribuye *in genere* a los terceros el deber de informar al juez los hechos y circunstancias que conozcan, en relación a cualquier pleito (art. 341, I). Por poco que se deba contar en la práctica con la iniciativa espontánea de personas ajenas al pleito, es siempre posible que alguien se dirija al órgano judicial para darle una información. Esto plante a la cuestión atinente a como introducir la información en el proceso. La forma "normal" consistiria en oir el tercero en calidad de testigo, lo cual con todo tal vez resulte sumamente difícil o aún imposible. Supóngase que el tercero haya comunicado sus nociones por medio de una carta enviada al juez. Es claro que éste no puede simplemente limitarse a incorporarlas a sus propios conocimientos y valerse de ellas para formar su convencimiento: hacerlo equivaldría a infringir la prohibición de decidir a la luz de su "ciencia privada" *(supra,* nº 1). Volveremos oportunamente a tal cuestión *(infra,* nº 14).

10. Un terreno en que los progresos incesantes de la tecnología viene suscitando problemas importantes es en la evolución de los soportes utilizados para el registro y la transmisión de informaciones. En nuestra civilización, desde hace mucho, el soporte tradicional venía siendo el papel (o un material semejante), sobre el cual se inscriben signos gráficos, Incluso es ésta la primera idea que le ocurre a uno, cada vez que lee u oye la palabra "documento". Sin embargo, los continuos y rápidos cambios de nuestros días nos fuerzan a constantes adaptaciones de los conceptos a que estamos acostumbrados. Basta pensar en medios de transmisión como el telegrama, el radiograma, el telex, el fax, para percibir cuan flexible tiene que ser hoy en día nuestra comprensión de los textos legales, que casi nunca siguen *pari passu* la marcha de la técnica. Y sería poco razonable, a decir verdad, esperar que leyes redactadas años atrás contuvieran referencias a los "documentos informáticos" y cosas así.

Mientras se consigue superar obstáculos mediante los conocidos procedimientos hermenéuticos, el tema no adquiere relevancia para la problemática de que nos estamos ocupando. Las leyes más recientes hasta facilitan la tarea del jurista, absteniéndose de adoptar definiciones rígidas o consagrando equiparaciones expresas. En el Código brasileño, por ejemplo, el art. 374 atribuye al telegrama, al radiograma y a *"qualquer outro meio de transmissão"* la misma eficacia probatoria del documento particular, aunque la subordine a la circunstancia de haber sido firmado el original por el remitente. Ésta es precisamente la cuestión que viene causando mayores dificultades, ya que la firma ha sido tradicionalmente considerada un elemento esencial para la comprobación de la autenticidad del documento, y apesar de ello no hay más remedio que renunciar a la exigencia con respecto a ciertas técnicas modernas de transmisión.

El problema de la autenticidad, empero, es en rigor extraño al objeto de las presentes reflexiones. Aquí, sin ir más lejos, cabe notar que se concibe en todo caso la subsistencia de un residuo, no asimilable por medio de interpretación. En efecto, siendo ilimitadas las posibilidades del progreso técnico, en cualquier momento puede surgir la conveniencia o la necesidad de utilizar en el proceso talo cual invento nuevo que, si bien capaz de ejercer una función informativa semejante a la del documento, no se deja abarcar en el concepto legal de éste. Se tratará entonces de una prueba "atípica", y para determinar el régimen aplicable el juez tendrá que recurrir a la analogía.

11. Examinemos rápidamente dos o tres otras cuestiones interesantes. Una de ellas concierne a la posibilidad de extraer de la conducta de las partes en el pleito elementos para formar el convencimiento judicial. No estamos hablando, por supuesto, de los casos en que la ley misma atribuye a tal conducta determinadas consecuencias: por ejemplo, ordenando al juez admitir como verdaderos, al menos por regla general, los hechos afirmados por el actor, si el demandado no contesta la demanda. Ahí no se trata de prueba, ni "típica" ni "atípica", sino más bien de dispensa de prueba.

Pero hay outras hipótesis en que el modo como se conduce el litigante le permite racionalmente al órgano judicial, sirviéndose de una máxima de experiencia, sacar una conclusión acerca de la sinceridad o insinceridad de sus alegaciones. Piénsese en el demandado que, sin ningún motivo plausible, rehusa someterse al examen de un perito o a la inspección personal del juez. Si imagináramos una situación análoga en la vida común, muy pocos se abstendrían de opinar que la actitud del demandado denota claramente el temor de poner al descubierto un hecho o una circunstancia desfavorable. En el proceso, ello significaria para el juez la posibilidad de invocar la conducta descrita para justificar su convencimiento de la veracidad o falsedad de una alegación. La cuestión es controvertida; aquí lo que importa es subrayar que, de admitirse aquella posibilidad, el órgano judicial habría obtenido de la parte, de forma diferente de la usual, un conocimiento relativo a la substancia del pleito. En este sentido, se podría hablar de una prueba "atípica".

Si bien se mira la situación, no parece inadecuado asimilar el procedimiento del órgano judicial a la operación mental que él realiza cuando pasa de la certeza sobre un hecho conocido a la convicción sobre otro desconocido ("presunción judicial": v. *supra,* nº 5). Así vistas las cosas, estaremos delante de una prueba indiciaria[8], con dos consecuencias evidentes: admitirla o no dependerá de la opción tomada por el ordenamiento en cuanto a los indicios en general; en el caso afirmativo, la prueba será "típica" o "atípica" según la ley haya o no disciplinado expresamente la materia (cf., *infra,* nº 13).

12. Otro problema digno de atención atañe a la posibilidad de utilizar en un proceso la prueba de determinado hecho, ya antes obtenida en otro

8 Cf. DEVIS ECHANDÍA, *Compendio de Derecho Procesal,* t. II, 4ª ed., Bogotá, 1975, p. 481. El Código de Procedimiento Civil colombiano dispone *expressis verbis* en el art. 249: "El juez podrá deducir indicios de la conducta procesal de las partes".

pleito. En el derecho brasileño, la ley guarda silencio sobre ese punto, mas la doctrina y la jurisprudencia lo admiten bajo ciertas condiciones, de las cuales la más importante consiste en que las partes del segundo proceso lo hayan sido también del primero: ello implicaría la preservación de la garantía del contradictorio. A tal propósito se suele hablar en Brasil de "prueba prestada"[9].

También aquí se verifica la adquisición de un conocimiento por el juez de forma distinta de la habitual. Por lo común, el órgano judicial se entera de los hechos mediante una actividad realizada en el ámbito del proceso mismo en que le corresponde fallar. En la "prueba prestada", él no recibe las informaciones de las fuentes originales, sino de una fuente intermediaria. La percepción del juez se ejerce en realidad sobre documentos extraídos o copiados del expediente del pleito anterior.

13. Volvamos todavía por un momento a los indicios y presunciones, a los cuales ya hicimos más de una referencia. ¿Debe calificarse de "típica" o de "atípica" esta prueba? Para semejante interrogación no hay una respuesta omnímoda y universalmente válida. Ante todo, es menester distinguir: una cosa es la manera como el órgano judicial tiene conocimiento del indicio, otra es el razonamiento que él hace para extraer una conclusión acerca del hecho principal. Por lo que toca al primero, claro está que el conocimiento puede haberlo obtenido el juez de una forma prevista y reglada en la ley *(v.g.,* las deposiciones de testigos) – y en ese caso se tratará de una prueba "típica" –, o de otra forma – y la prueba será "atípica".

En cuanto a la inferencia por la cual llega el magistrado a formar su convencimiento sobre el hecho principal, se tratará de una prueba "típica" si la ley contempla y disciplina las presunciones judiciales, de una prueba "atípica" en el caso contrario.

14. La utilización de pruebas "atípicas" no deja de plantear algunas cuestiones delicadas. La principal se deriva de la precisión de armonizar el procedimiento de la prueba con la garantía del contradictorio. Respecto a las pruebas "típicas", la ley normalmente se encarga de hacerlo, por media de disposiciones específicas: por ejemplo, el Código brasileño

9 El Código-modelo de Procedimiento Civil para Iberoamérica, del Instituto Iberoamericano de Derecho Procesal, emplea la expresión "prueba trasladada" (art. 135).

obliga al órgano judicial a oír la outra parte sobre cualquier documento que una de ellas presente (art. 398), a permitir que ambas asistan a las inspecciones personales del juez y hagan las observaciones que estimen pertinentes (art. 442, párrafo único) etc. Conviene recordar que justamente de este punto arranca la crítica más seria dirigida a la admisión de pruebas "atípicas" *(supra,* nº 8).

En no pocos supuestos se puede vencer la dificultad por la sencilla aplicación de las reglas concernientes a la prueba típica más afín[10]. Así, *v.g.*, en el derecho brasileño, si un tercero toma la iniciativa de comunicar al juez por escrito talo cual información acerca de un hecho del pleito, el magistrado, siendo posible, debe fijar un día y una hora para oirlo en el tribunal, con ciencia previa de las partes, y consentir que éstas formulen preguntas al tercero, por su mediación. En suma: se tratará el tercero como se trata un testigo propiamente dicho, indicado por la parte o - si el ordenamiento lo permite - convocado *ex officio* por el órgano judicial.

De todos modos, es necesario tener presente la advertencia *(supra,* nº 8) relativa a la necesidad de aceptar ciertas "compresiones" de las garantías procesales: un ligero desmedro que se cause a una de ellas puede ser ampliamente compensado por el provecho que se extrae de la prueba. En casos así corresponde al juez ponderar los intereses em juego y resolver, a la luz del principio de proporcionalidad, si vale la pena hacer alguna concesión.

15. Viene al caso una observación: los procesalistas más escrupulosos podrían tal vez soportar mejor las dudas con que se enfrentan en esta materia si tuvieran más confianza en el ejercicio de la valoración judicial. En último análisis, todas las cuestiones referentes a las pruebas confluyen en el momento valorativo, y en él asumen su real significación práctica. A través de la valoración, en efecto, y sólo a su través, es como llega a concretarse la influencia de la prueba en el juzgamiento. Depende esencialmente de la valoración que una prueba sea o no decisiva para la solución del litigio.

En el derecho brasileño, la regla fundamental la enuncia el art. 131 del Código, *verbis* "o *juiz apreciará livremente a prova, atendendo*

10 Cf. el art. 136.2 del Código-modelo: "También podrán utilizarse otros medios probatorios no prohibidos por la regla de derecho, aplicando analógicamente las normas que disciplinan a los expresamente previstos por la ley".

aos fatos e circunstâncias constantes dos autos, ainda que não alegados pelas partes: mas deverá indicar, na sentença, os motivos que lhe formaram o convencimento". Por otra parte, el deber de motivar las decisiones está hoy en día consagrado en la misma Constitución de la República, art. 93, IX.

Es particularmente delicada la tarea del juez en ese instante. Desde luego, la libertad de apreciación no implica autorización para transgredir las leyes de la naturaleza, de la lógica, de la experiencia. Con la ayuda de su sentido común, el magistrado tiene que examinar cada prueba de por sí y después considerarlas en conjunto, para formar su convencimiento sobre una base sólida. En ese contexto, las pruebas "atípicas" requieren una atención especial. Se tendrán en cuenta ahí las posibles deficiencias, los aspectos negativos de la estructura de cada cual. Así se evitarán los peligros sin prescindir de los servicios que ellas puedan prestar al descubrimiento de la verdad.

16. Dos advertencias finales. La primera es en rigor ociosa: la admisibilidad de la prueba "atípica" está intuitivamente subordinada a las mismas restricciones puestas por el ordenamiento a las típicas. Es decir: ninguna prueba "atípica" se puede admitir allí donde tampoco se admitiria una prueba "típica". Ello se aplica de manera eminente a las prohibiciones constitucionales: en un país como Brasil, en que la Constitución veda la utilización judicial de pruebas obtenidas por medios ilícitos (art. 52, LVI), quedan las pruebas "atípicas" sujetas, no menos que las "típicas", a la proscripción, y no se podrán utilizar sino en la medida en que se estime aceptable tal o cual atenuación o salvedad en la interpretación de la norma.

La segunda advertencia se resume en una directriz general para los órganos judiciales. Allí donde sea posible el acceso a una información por media de una prueba "típica", debe el juez preferir ese camino a la alternativa de recurrir a una prueba "atípica", sobre todo cuando sean menores en ésta las garantías para las partes. Sin embargo, seria una exageración suponer que una cosa excluya absolutamente la otra. Se trata de un principio que, como tantos otros, sirve de brújula, pero no se destina a ponerle un cabestro al magistrado. La última palabra cabrá siempre a la prudencia del juez. Y a quienes teman el riesgo de que él no siempre haga buen uso del poder discricional que se le otorga, es fácil responder que ése no es un problema peculiar de las pruebas "atípicas", sino común a mil situaciones análogas[11]. Al fin y al cabo, nadie aconsejaría la decapitación como un medio propio para evitar posibles dolores de cabeza...

Fevereiro de 1999.

COMENTÁRIOS DO ATUALIZADOR

OBSERVACIONES SOBRE LAS LLAMADAS PRUEBAS ATÍPICAS

Sérgio Ricardo de Arruda Fernandes

No trabalho apresentado no XVI Congresso Mexicano de Direito Processual, Barbosa Moreira aborda as questões relativas às provas atípicas, trazendo considerações que ainda são absolutamente atuais, inclusive sob a ótica do Código de Processo Civil em vigor.

Destaca o autor, em termos de conceituação inicial, que as provas servem de veículo para as informações de que necessita o órgão judicial para solucionar as questões fáticas controvertidas, partindo-se da premissa de que as normas jurídicas aplicáveis já são de seu conhecimento.

E acrescenta que o conhecimento dos fatos pelo juiz há de exsurgir do exame das provas constantes dos autos do processo em estudo; e não de eventual prévio conhecimento particular dos fatos. Assim porque, como bem pontua o autor, o órgão judicial não pode ser simultaneamente julgador e testemunha.

O Código de Processo Civil atual, como já fazia o Código ab-rogado, estabelece os limites para o exercício do livre convencimento do juiz acerca dos fatos discutidos no processo, dentre os quais a condição

11 Es lo que agudamente subraya TARRUFFO, *La prova dei fatti giuridici, in Trattato di diritto civile e commerciale*, v. III, t. 2, s. I, Milano, 1992, p. 391, hablando de la eficacia de las pruebas "atípicas", sujeta al "prudente apprezzamento" del juez.

de que as respectivas provas estejam nos autos (e, portanto, sujeitas ao prévio conhecimento das partes, assegurando-lhes o contraditório).

É o que dispõe o artigo 371:

> Art. 371. O juiz apreciará a prova constante dos autos, independentemente do sujeito que a tiver promovido, e indicará na decisão as razões da formação de seu convencimento.

Da regra acima referida, excluem-se os fatos notórios (conhecidos e acessíveis a todo e qualquer homem médio) e aqueles sujeitos a regras ordinárias de experiência, obtidas pela inferência de uma normal repetição de casos semelhantes com conclusões genéricas (ex: a gestação humana dura em torno de nove meses).

A seguir, Barbosa Moreira faz importante distinção entre as fontes da prova e os meios de prova.

Quanto às primeiras, as provas somente podem advir das pessoas, das coisas e dos fenômenos naturais ou artificias. Nesse sentido, exemplifica, respectivamente, o testemunho, o documento e a perícia técnica.

No tocante aos meios de prova, esclarece o autor que se cuida da forma pela qual a informação emanada de alguma dessas fontes de prova chega ao conhecimento do juiz. E, ordinariamente, há diversas formas disciplinadas na lei processual, por meio das quais serão extraídas as informações necessárias para a formação do convencimento do órgão julgador (como, por exemplo, a produção da prova testemunhal, a exibição de documento, a realização de prova pericial *etc.*).

Daí decorre o ponto principal do tema tratado por Barbosa Moreira: além dos meios de prova especificamente previstos na lei processual, poderiam se valer as partes e o juiz de algum outro meio de prova não previsto expressamente ? É o caso das chamadas provas atípicas.

Mantendo a regra do sistema processual anterior, o Código de Processo Civil atual reputa como admissíveis não apenas os meios de prova típicos, como aqueles que não tenham expressa indicação legal, desde que não contrariem a moralidade.

É o que prescreve o artigo 369:

> Art. 369. As partes têm o direito de empregar todos os meios legais, bem como os moralmente legítimos, ainda que não especificados neste Código, para provar a verdade dos fatos

> em que se funda o pedido ou a defesa e influir eficazmente na convicção do juiz.

Enfim, descreve o autor que prova atípica é que aquela por meio da qual a informação chega ao conhecimento do órgão julgador mediante forma distinta daquela prevista no modelo processual.

O cuidado a se ter, nesse terreno, como adverte Barbosa Moreira, é o de se evitar que o uso da prova atípica, distanciando-se da regra processual, se transforme em verdadeira ilegalidade.

Se, por um lado, a abertura para admissibilidade de meios de prova atípicos fomenta a possibilidade de melhor contato com as informações necessárias para a solução do litígio, de outro, há de se ter em mente a preocupação de evitar que o descumprimento das formas legalmente previstas para obtenção de informações das suas fontes (pessoas, coisas e fenômenos naturais e artificiais) não chegue a causar prejuízo às partes.

Razão pela qual, no campo das provas atípicas, há necessidade ainda mais otimizada de atenção aos princípios que regem a atividade processual, como a observância do contraditório, por exemplo. Além do cuidado de se evitar o eventual ingresso em campos vedados por lei (como no caso das provas ilegais).

Veja-se, por exemplo, recente orientação do Supremo Tribunal Federal acerca da ilicitude na obtenção de determinada prova, vez que ultrapassados os limites impostos na Constituição Federal:

> "Prova obtida com abertura de correspondência sem autorização judicial é ilegal.
>
> Para a maioria do Plenário, a obtenção de prova nessas circunstâncias, fora das hipóteses legais, é incompatível com a garantia do sigilo da correspondência e das comunicações.
>
> Por maioria, o Plenário do Supremo Tribunal Federal (STF) decidiu que, sem autorização judicial ou fora das hipóteses legais, é ilícita a prova obtida mediante abertura de carta, telegrama, pacote ou meio análogo. A deliberação se deu na sessão virtual encerrada em 17/8/20, no julgamento do Recurso Extraordinário (RE) 1116949, com repercussão geral reconhecida (Tema 1041)."

Prossegue o autor acenando (e antevendo o futuro com o avanço da tecnologia) para o provável surgimento de novas formas de apresentação das provas. O que, em dias atuais, aplica-se às comunicações por meio eletrônico, com a mesma força probante dos documentos particulares. Veja-se na lei processual em vigor:

> Art. 413. O telegrama, o radiograma ou qualquer outro meio de transmissão tem a mesma força probatória do documento particular se o original constante da estação expedidora tiver sido assinado pelo remetente.
>
> Parágrafo único. A firma do remetente poderá ser reconhecida pelo tabelião, declarando-se essa circunstância no original depositado na estação expedidora.
>
> Art. 439. A utilização de documentos eletrônicos no processo convencional dependerá de sua conversão à forma impressa e da verificação de sua autenticidade, na forma da lei.
>
> Art. 440. O juiz apreciará o valor probante do documento eletrônico não convertido, assegurado às partes o acesso ao seu teor.
>
> Art. 441. Serão admitidos documentos eletrônicos produzidos e conservados com a observância da legislação específica.

Entre as provas atípicas, Barbosa Moreira cita o exemplo da chamada prova emprestada, isto é, aquela obtida em sede de outro processo judicial. E destaca que sua admissibilidade como meio de prova depende, em linhas gerais, da participação das partes no processo originário e observância do contraditório.

A propósito, na jurisprudência recente do Superior Tribunal de Justiça:

> RECURSO ESPECIAL. AÇÃO DE INDENIZAÇÃO POR DANOS MORAIS. CONDENAÇÃO EMBASADA EM PROVA OBTIDA POR MEIO DE INTERCEPTAÇÃO TELEFÔNICA, DECRETADA NO BOJO DE INQUÉRITO POLICIAL INSTAURADO PARA INVESTIGAR A PRÁTICA DE CRIME DE HOMICÍDIO. ENCONTRO FORTUITO DE PROVAS (FENÔMENO DA SERENDIPIDADE). DESCOBERTA DA PRÁTICA DE CRIME DE INJÚRIA RACIAL PELO INVESTIGADO CONTRA O DELEGADO DE POLÍCIA RESPONSÁVEL PELA INVESTIGAÇÃO, ORA

RECORRIDO. PROVA UTILIZADA PARA A CONDENAÇÃO DO RÉU EM QUEIXA-CRIME. POSTERIOR EXTINÇÃO DA PUNIBILIDADE PELA PRESCRIÇÃO DA PRETENSÃO PUNITIVA ESTATAL. IRRELEVÂNCIA. INDEPENDÊNCIA DAS RESPONSABILIDADES CIVIL E PENAL. ARTS. 64 E 67, II, DO CÓDIGO DE PROCESSO PENAL E 935 DO CÓDIGO CIVIL. POSSIBILIDADE DE UTILIZAÇÃO DE PROVA EMPRESTADA. NORMA EXPRESSA DO ART. 372 DO CÓDIGO DE PROCESSO CIVIL DE 2015. OBSERVÂNCIA DO CONTRADITÓRIO E DA AMPLA DEFESA. SIGILO PROCESSUAL MANTIDO PELO JUÍZO CÍVEL, EM OBEDIÊNCIA AO QUE DETERMINA A LEI 9.296/1996 (LEI DAS INTERCEPTAÇÕES TELEFÔNICAS). CONDUTA REPROVÁVEL DO RÉU E ENSEJADORA DE GRAVE VIOLAÇÃO A DIREITOS DA PERSONALIDADE DO AUTOR. CONDENAÇÃO QUE NÃO MERECE REPARO. RECURSO DESPROVIDO.

1. A questão discutida no presente recurso especial consiste em saber se é possível utilizar a prova decorrente de interceptação telefônica, decretada em inquérito policial e utilizada em ação penal privada, para embasar a responsabilização civil do réu por danos morais na ação de indenização subjacente.

2. Nos termos da pacífica jurisprudência das Turmas de Direito Penal do Superior Tribunal de Justiça, a interceptação telefônica vale não apenas para o crime ou para o indiciado, objetos do pedido, mas também para outros delitos ou pessoas, até então não identificados, que vierem a se relacionar com as práticas ilícitas. É que a autoridade policial, ao formular o pedido de representação pela quebra do sigilo telefônico, não pode antecipar ou adivinhar tudo o que está por vir. Desse modo, se a escuta foi autorizada judicialmente, ela é lícita e, como tal, captará licitamente toda a conversa.

2.1. Durante a interceptação das conversas telefônicas, pode a autoridade policial descobrir novos fatos, diversos daqueles que ensejaram o pedido de quebra do sigilo, sendo válidas as provas encontradas fortuitamente pelos agentes de persecução penal, revelando-se, também, perfeitamente possível a instauração de nova investigação para apurar o crime até então desconhecido. Trata-se do fenômeno da serendipidade, que significa procurar algo e encontrar coisa distinta. Precedentes.

(...)

4. Em regra, a prova que deverá ser utilizada pelas partes e valorada pelo magistrado é aquela produzida no próprio processo. Todavia, é possível utilizar da prova produzida em outro feito, em razão da necessidade de se observar sobretudo os princípios da economia processual e da eficiência na prestação jurisdicional, desde que observado o contraditório, conforme dispõe expressamente o art. 372 do CPC/2015.

4.1. Dessa forma, não se verifica qualquer ilegalidade na utilização das provas produzidas no âmbito criminal – degravação das conversas interceptadas e demais elementos colhidos no bojo da queixa-crime – na ação indenizatória subjacente, pois o ordenamento processual civil possibilita o uso da prova emprestada, além do que a interceptação telefônica observou todos os comandos da Lei 9.296/1996, notadamente a manutenção do sigilo processual, que foi decretado pelo Juízo Cível.

4.2. Além disso, ao contrário do que argumenta o recorrente, não há que se falar em ausência de autorização judicial para se utilizar a prova emprestada originada da interceptação telefônica, pois o magistrado que decretou a interceptação telefônica no bojo do inquérito policial foi o mesmo que julgou a queixa-crime e a ação de indenização correlatas, visto que a comarca é de Juízo único.

4.3. Ademais, diferente do que ocorre no compartilhamento da prova emprestada no âmbito do processo administrativo, o qual se exige autorização do Juízo responsável pela produção da prova (Súmula n. 591/STJ), no processo civil não se exige tal requisito, pois em ambos os feitos haverá um juiz responsável por averiguar a legalidade da prova e observar o contraditório, não se podendo olvidar que o art. 372 do CPC/2015 não exige autorização expressa do magistrado responsável pela produção da prova para que ela seja utilizada em outro processo.

(...)

> 6. Recurso especial desprovido.
>
> (REsp 1780715/SP, Rel. Ministro MARCO AURÉLIO BELLIZZE, TERCEIRA TURMA, julgado em 23/03/2021, DJe 30/03/2021)

Diante da evolução legislativa sobre o ponto, a "prova emprestada" não mais pode ser classificada no atual Código de Processo Civil como prova atípica, diante de sua expressa previsão:

> Art. 372. O juiz poderá admitir a utilização de prova produzida em outro processo, atribuindo-lhe o valor que considerar adequado, observado o contraditório.

Aliás, como cita o autor, o contraditório é regra de observância comum no campo dos meios típicos de prova, como na produção da prova documental (art. 437, § 1°, CPC/2015) ou na inspeção judicial (art. 483, p. único, CPC/2015), por exemplo.

Por fim, conclui Barbosa Moreira que toda a atividade relacionada aos meios de prova tem por finalidade ministrar ao órgão julgador maior conhecimento dos fatos envolvidos na lide, cuja melhor solução vai depender da sensibilidade valorativa do juiz.

E arremata Barbosa Moreira que essa atividade jurisdicional é particularmente delicada, envolvendo a análise de cada prova de per si e, após, a sua valoração dentro do conjunto probatório. E deve o órgão judicial ter ainda maior cuidado com as provas atípicas, que não foram colhidas na observância do procedimento legal, cabendo-lhe verificar se a sua produção eventualmente causou prejuízo a alguma parte ou invadiu a seara das provas inadmissíveis (por exemplo, na forma do artigo 5° , LVI da CF/88).

A SENTENÇA MANDAMENTAL – DA ALEMANHA AO BRASIL[1]

1. Segundo vários critérios podem classificar-se as sentenças (e as ações a que, se procedente o pedido, elas correspondem). O mais importante é o que se baseia no conteúdo típico da sentença e, correlatamente, no efeito típico por ela produzido. Desse ponto de vista, a tradição nos ordenamentos da Europa continental e nos que daí derivaram consagra, de longa data, uma classificação tríplice: sentenças *declaratórias* (ou *meramente* declaratórias, conforme fazem questão de dizer alguns), sentenças *constitutivas* e sentenças *condenatórias*. Na maior parte dos países da família, a doutrina contenta-se ainda hoje com essa tripartição, vista como abrangente da totalidade das sentenças suscetíveis de ser proferidas pelo juiz civil[2].

Tal costumava ser, também, a posição dominante em nosso país[3]. De algum tempo para cá, no entanto, acreditado setor doutrinário vem sustentando a necessidade de ampliar o espectro das classes: fala-se em sentenças *mandamentais* e em sentenças *executivas*. No presente trabalho concentraremos naquelas a nossa atenção, deixando para outra oportunidade considerações acerca da última classe proposta. Feita abs-

---

1 Trabalho publicado no volume 97 da *Rev. de Proc.*, em homenagem a Sálvio de Figueiredo Teixeira; e também na *Rev. de Dir. Renovar*, nº 14; na *Rev. da ABLJ*, nº 5; na *Revista de Direito Comparado*, nº 17.

2 Da literatura italiana citaremos apenas algumas obras recentíssimas: COMOGLIO-FERRI-TARUFFO, *Lezioni sul processo civile*, Bolonha, 1995, p. 651 e s.; FAZZALARI, *Istituzioni di diritto processuale*, 8ª ed., Pádua, 1996, p. 119/20; PROTO PISANI, *Lezioni di diritto processuale civile*, 2ª ed., Nápoles, 1996, p. 149 e s.; LUISO, *Diritto processuale civile*, v. I (*Principi generali*), Milão, 1997, p. 12 e s. Cf., na Espanha, RAMOS MÉNDEZ, *Derecho Procesal Civil*, 4ª ed., t. I, Barcelona, 1990, p. 653/4. No que tange à Alemanha, *vide*, por todos, ROSENBERC-SCHWAB-GOLTWALD, *Zivilprozessrecht*, 15ª ed., Munique, 1993, p. 508.

3 Ela subsiste em porção significativa da produção científica dos últimos anos: *v.g.*, ARRUDA ALVIM, *Manual de Direito Processual Civil*, v. 2, 6ª ed., S. Paulo, 1997, p. 634 e s. (a esse autor parece não haver "utilidade prática em se distinguirem as sentenças mandamentais das constitutivas e/ou das condenatórias": p. 642); HUMBERTO THEODORO JÚNIOR, *Curso de Direito Processual Civil*, v. 1, 25ª ed., Rio de Janeiro, 1998, p. 518 e s.; ALEXANDRE FREITAS CÂMARA, *Lições de Direito Processual Civil*, Rio de Janeiro, 1998, p. 394 e s. (o conceito de sentença condenatória seria "amplo o suficiente" para incluir as denominadas mandamentais: p. 405).

tração de supostos antecedentes remotos, de escasso interesse aqui, a figura da sentença a que se dá o nome de mandamental tem no direito processual moderno, a partir do primeiro quartel do século, uma história de certo modo curiosa, merecedora de ser recapitulada em suas linhas mais salientes, sobretudo num momento em que reformas ainda recentes do nosso ordenamento positivo – primeiro, a edição do Código de Defesa do Consumidor (Lei nº 8.078, de 11-9-1990) e, depois, a nova redação dada ao art. 461 do Código de Processo Civil pela Lei nº 8.952, de 13-12-1994 – vêm servindo de renovado estímulo às pesquisas científicas nesse terreno.

2. Ao que tudo faz crer, a expressão "sentença mandamental" foi usada entre nós, pela primeira vez, por PONTES DE MIRANDA. Ela aparece em mais de um trecho da 1ª edição dos *COMENTÁRIOS DO ATUALIZADOR Código de Processo Civil* de 1939, notadamente na *Sistemática dos Livros I a III,* onde o autor expunha sua classificação das sentenças (e das ações)[4]. O assunto foi mais tarde, a partir de 1970, objeto de aprofundado exame no *Tratado das ações,* em que, além das exposições gerais contidas no tomo 1[5], se lhe dedicou análise específica no tomo IV.

Cuidava o mestre de fazer expressa remissão à obra pioneira na matéria: "Desde 1914, com o trabalho de GEORG KUTTNER *(Urteilswirkungen ausserhalb des Zivilprozesses,* 21 e s., 31 e s.), alguns juristas se preocuparam, não todos, nem mesmo muitos, com a ação mandamental"[6]. A dicção empregada pelo processualista alemão fora *"Anordnungsurteil"*[7]; uma das acepções de *Anordnung* é *ordem,* no sentido de determinação dirigida a alguém. Desprezando outras possíveis traduções, mais próximas do original, como *sentença ordenadora* ou *sentença ordenatória,* preferiu PONTES DE MIRANDA o adjetivo *mandamental,* que não era de uso corrente na linguagem jurídica brasileira. Veremos adiante que a locução traduzida na realidade veio a assumir acepção muito mais larga que a da cunhada por KUTTNER.

---

4 *Vide* t. II, Rio de Janeiro, 1ª ed., 1947, p. 440 e s.

5 S. Paulo, 1970, p. 133/4, 211.

6 *Trat. das ações*, t. IV, S. Paulo, 1976, p. 9 (cf. p. 36, onde se alude à "classe estudada por GEORG KUTINER – das sentenças mandamentais").

7 *Urteilswirkungen ausserhalb des Zivilprozesses,* Aalen, 1971 (reimpressão da edição de 1914), p. 21 e s.

3. Em todo caso, convém principiar pelo descobridor da nova categoria. Diga-se logo que, ao escrever sobre ela, não era KUTTNER movido por interesse específico na questão da classificação das sentenças, e ainda menos na das ações. O objeto de sua investigação eram os efeitos produzidos pelas sentenças civis em face de outros órgãos estatais - do próprio Poder Judiciário ou da Administração Pública. Deixam-no bem claro as primeiras palavras do texto, onde se alude a um problema "que, como tal, só muito recentemente tem sido estudado pela ciência processual": o da "significação das sentenças dos juízos civis para outros órgãos do Estado[8]. A pergunta capital a que o jurista procurava responder era a seguinte: "Ficam vinculados às sentenças civis também (isto é, além dos juízes civis) os outros órgãos do Estado, nomeadamente os órgãos da jurisdição voluntária, os órgãos administrativos, inclusive os tribunais administrativos, e os órgãos da justiça penal?"[9].

Acontece que, ao empreender a pesquisa, topou KUTTNER com efeitos desse tipo que, em sua opinião, não podiam ser vistos como próprios nem das sentenças declaratórias, nem das constitutivas, nem das condenatórias; daí o alvitre de destacar as que os produziam e compor com elas uma quarta classe. É particularmente interessante o ponto relativo às sentenças condenatórias, porque o autor aceitava da condenação o conceito então (e ainda hoje) predominante na Alemanha, como *ordem* - em outras palavras, esposava a chamada *Befehlstheorie,* não obstante a severa crítica que ela já sofrera e o repúdio de uma parte da doutrina[10]. Ora, se na sentença condenatória se continha uma ordem, surge espontânea a pergunta: por que não seria bastante a existência

8 *"Die Bedeutung der Urteile der Zivilgerichte fur andere Organe der Staatsgewalt bildet ein Problem, das von der Prozesswissenschaft erst in jungster Zeit als solches erkannt worden ist"* (ob. cit., p. 1).

9 *"Sind an die Zivilurteile auch die andere Organe der Staatsgewalt, nämlich die Behörden der freiwilligen Gerichtsbarkeit, die Verwaltungshehörden einschliesslich der Verwaltlllzgsgerichte und die Behörden der Strafjustiz 'gebunden'?"* (ob. cit., p. 5).

10 A manifestação expressa de KUTTNER a favor da Befehlstheorie está na nota 18 à p. 23, ob. cit. Quanto à crítica, *vide* sobretudo KISCH, *Beiträge zur Urteilslehre*, Aalen, 1969 (reimpressão da edição de 1903), p. 25 e s., a despeito de cuja argumentação viria a preponderar o entendimento criticado: cf. por todos, na mais moderna literatura, ROSENBERG-SCHWAB-GOTTWALD, ob. cit., p. 510: "Das Urteil enthält aher stets (...) einen Leistungsbefehl an den Beklagten", isto é: "A sentença [condenatória], todavia, sempre contém (...) uma ordem de prestar dirigida ao réu".

dessa classe, nem possível acomodar aí os casos para os quais se sugeria a criação de outra?

A resposta consiste na diferença, que KUTINER descobria, entre os *destinatários* da ordem. Na condenação, a ordem dirigia-se *ao réu vencido;* mas existiam hipóteses em que ela não se endereçava a este, e sim *a outro órgão estatal,* distinto do que sentenciara – e não seria razoável misturar os dois grupos de casos[11].

4. Vale a pena abrir tópico específico para pôr em realce o pensamento de KUTTNER sobre aquilo que constituía, a seu ver, a essência da *Anordnungsurteil,* o traço que a individuava e a distinguia das restantes sentenças. Vejamos, textualmente, o conceito por ele forjado: "Por *Anordnungsurteile* entendem-se neste trabalho as sentenças em que o juiz, sem proferir decisão com força de coisa julgada sobre a própria relação jurídica básica de direito privado, dirige imediatamente a outro órgão estatal, a uma autoridade pública ou a um funcionário público a ordem determinada de praticar ou omitir um ato oficial, mais precisamente designado na sentença e contido no âmbito das atribuições desse órgão, e isso mediante requerimento especial e novo da parte vencedora"[12].

Nesse passo, entretanto, omite-se nota de grande importância para a caracterização da classe, tal como então identificável no sistema jurídico alemão: o órgão a que se dirigia a ordem do juiz civil era *estranho ao processo,* não podia influir de modo algum no respectivo curso[13]. Um

11 Ob. cit., p. 23/4.

12 No original: "*Unter Anordnungsurteile versteht diese Abhandlung solche Urteile, in denen der Prozessrichter; ohne uber das zugrunde liegende privatrechtliche Rechtsverhältnis selbst eine rechtskräftige Entscheidung zu treffen, unmittelbar an die Adresse eines underen Staatsorgans, einer* öffentlichen Behörde *oder eines* öffentlichen *Beamten, die bestimmte Anordnung richtet, eine im Urteil näher bezeichnete, in den Bereich der Amtsbefugnise dieses Staatsorgans fallende Amtshandlung vorzunehmen oder zu unterlassen, und zwar auf besonderes, neues Verlangen der siegreichen Prozesspartei*" (ob. cit., p. 22).

13 *Vide* p. 24: "*dieses wird publizistisch verpflichtet, auf Verlangen der siegreichen Prozesspartei eine amtliche Handlung in Befolgung der richterlichen Anordnung vorzunehmen, ohne auf den Gang des Prozessverfahrens irgendeinen Einfluss gehabt zu haben* (...)"; ou, em vernáculo: "este [o órgão estatal], mediante requerimento da parte vitoriosa, fica publicisticamente obrigado a praticar um ato oficial, em cumprimento da ordem judicial, sem haver tido influência alguma sobre a marcha do processo".

exemplo: o órgão do registro, na hipótese de dissolução de sociedade a este sujeita[14]. Atente-se bem: para KUTTNER, a *Anordnungsurteil* era proferida em face de entidade *que não fora parte no processo.* Admitia o autor, porém - o ponto é relevante -, que noutros ordenamentos o conceito se pudesse aplicar a figuras diversas no particular; e aludia em termos expressos aos *writs of mandamus* e às *injunctions* do direito anglo-saxônico[15].

5. Na primeira metade do século, juristas houve que aderiram à sugestão de KUTTNER. Entre eles, ninguém menos que GOLDSCHMIDT, que anunciou a adesão em sua obra mais famosa[16] e a reiterou em exposição do direito processual civil de seu país[17]. Aí o assunto se viu enquadrado na parte referente *às ações.* Compreensivelmente - porquanto se ocupava de efeitos *das sentenças* -, KUTTNER só de passagem aludira a *Anordnungsklagen;* já GOLDSCHMIDT começa por estas, e a propósito delas é que trata das *Anordnungsurteile.*

A princípio, GOLDSCHMIDT afastava-se de KUTTNER no esquema da classificação das sentenças, visto que incluía as condenatórias entre as *Anordnungsurteile,* por enxergar a essência daquelas em ordem dirigida *não ao réu,* mas *ao órgão da execução*[18]. No livro mais recente, todavia, voltaram as sentenças condenatórias a merecer tratamento em classe autônoma[19].

Seja como for, a proposta de KUTTNER não tirou grande proveito desse apoio. A doutrina das *Anordnungsurteile* teve curta vida. Na moderna literatura alemã, praticamente menção alguma se encontra à categoria. Os processualistas de nosso tempo não lhe dedicam atenção sequer para refutá-la: o tema caiu no esquecimento puro e simples. Não

---

14 Ob. cit., p. 48/9.

15 Ob. cit., p. 50, onde se emprega a designação *Anordnungsurteile* com referência a semelhantes figuras.

16 *Der Prozess als Rechtslage,* Aalen, 1962 (reimpressão da edição de 1925), p. 496, nota 2.615.

17 *Zivilprozessrecht,* Aalen, 1969 (reimpressão da edição de 1932), p. 61/2.

18 *Der Prozess ais Rechtslage,* lug. cit. (nota 15); cf. p. 116, nota 638a: "*das Leistungsurteil enthält nur einen Vollstreckungsbefehl an die Vollstreckungsorgane*" (a sentença condenatória só contém uma ordem de execução aos órgãos executivos).

19 *Zivilprozessrecht,* p. 54/6.

deixa de ser interessante que ele haja vindo a reflorescer, volvidos anos, nesta margem do Atlântico.

6. Ao retomar o estudo do tema, entre nós, PONTES DE MIRANDA empregou o *nomen iuris* "sentença mandamental" num sentido bem diferente, em ponto vital, daquele que os alemães haviam dado à expressão *Anordnungsurteil.* Recorde-se que lá se cuidava de ordem dirigida a *órgão público,* e mais: *estranho ao processo.* O jurista pátrio desprezou ambos os traços: o caráter público do destinatário da ordem e a estraneidade ao feito. Cunhou, assim, conceito muito mais amplo que o forjado por KUTTNER.

Para bem compreender o pensamento de PONTES DE MIRANDA, cumpre ter em mente que em sua obra a classificação das sentenças toma por base o elemento *preponderante* na respectiva eficácia. Segundo PONTES DE MIRANDA, não haveria sentença "pura"[20]: todas conteriam pesos heterogêneos de eficácia. O critério classificatório deveria fundar-se no peso que sobressai dentre todos, no tipo predominante de eficácia – "força da sentença", na terminologia do autor[21].

Pois bem: a sentença mandamental assim se qualifica em razão da preponderância, nela, de determinado peso, ou tipo de eficácia, consistente em que alguém deva atender, imediatamente, ao que o juiz *manda*[22]. O "imediatamente" é de capital importância: existem sentenças de outras espécies (isto é, com diferentes pesos de eficácia preponderante), das quais também decorre *ordem* emitida pelo juiz; mas apenas como *posterius,* como resultado *mediato*[23]. Percebe-se aí um eco da concepção kuttneriana, consoante a qual a *Anordnung* sobreviria em atenção a "re-

20 Assim, enfaticamente, *Trat. das* ações, t. I, p. 124.

21 *Vide,* entre muitos passos, ob. ult. cit., t. I, p. 118. A tese da classificação de acordo com o elemento preponderante é basicamente correta, sem prejuízo das restrições que se possam fazer a outros aspectos da construção do autor.

22 Ob. ult. cit., t. VI, p. 3.

23 "Há sempre mandado, que se pede depois. Quando o juiz sentencia não manda: a eficácia é da sentença, mas para que se exerça depois a pretensão mandamental" (ob. ult. cit., t. I, p. 134; grifado no original). Longa a exemplificação, que vai desde a ação de renovação de contrato de locação até as habilitações incidentes, passando pela nunciação de obra nova, pela demarcação de terras, pelas ações modificativas do estado civil, pela interdição, pela homologação do penhor legal e por outras várias figuras, reunidas em lista onde nem todos enxergarão a desejável homogeneidade.

querimento especial e novo da parte vencedora" *(supra,* nº 4); o curioso, no entanto, é que na construção de PONTES DE MIRANDA tais casos *não* se encaixam na classe das sentenças mandamentais, por ser diverso o peso preponderante de eficácia. Mandamental é unicamente a sentença em que *predomina* o elemento típico; não basta que possa haver peso menor de mandamentalidade, nem eficácia mandamental *mediata.*

7. Ficou dito que o jurista brasileiro, ao contrário do que sucedeu na Alemanha, não se ateve, na caracterização da sentença mandamental, à natureza do destinatário da ordem. A exposição não deixa dúvida sobre o ponto: "O mandado pode ser dirigido a outro órgão do Estado, ou a algum sub-órgão da justiça, ou a alguma pessoa física ou jurídica"[24]. Apesar da "premonição" de KUTTNER, aos processualistas alemães não lhes ocorreu dar tamanho elastério ao conceito de *Anordnungsurteil.*

Não surpreende que fosse considerável o número de ações arroladas por PONTES DE MIRANDA entre as mandamentais. Incluíam-se aí o *habeas corpus,* o mandado de segurança, a ação de manutenção de posse, o interdito proibitório, os embargos de terceiro e outras tantas, inclusive não poucas de índole cautelar[25]. Em algumas delas, a ordem, se concedida, dirige-se a órgão público; em outras, não; em outras, ainda, conforme o caso.

Por outro lado, não há supor que o destinatário da ordem permaneça, antes dela, na impossibilidade de influir no processo, que KUTTNER lhe atribuía à vista do ordenamento de seu país. Essa é sem dúvida a posição, *v.g.,* do órgão do registro, com relação a uma ação de que possa resultar modificação deste; aí, porém, de acordo com PONTES DE MIRANDA, a eficácia mandamental seria só *mediata,* e por conseguinte ação e sentença encontrariam lugar apropriado noutra classe.

8. Sem embargo do patrocínio sumamente prestigioso com que contou entre nós, a recepção da classe das ações e sentenças mandamentais, durante certo tempo, ficou longe de despertar entusiasmo na doutrina brasileira. LOPES DA COSTA, excelente conhecedor da literatura alemã, manteve silêncio no ponto ao tratar quer da classificação das ações, quer

24 Ob. ult. cit., t. VI, p. 9.

25 Ob. ult. cit., t. VI, p. 15 e s.

da classificação das sentenças[26]. Houve quem chegasse, com grande autoridade, a repelir a inovação em termos expressos[27].

Em data mais próxima, viria a ressuscitar o assunto OVÍDIO A. BAPTISTA DA SILVA[28]. "A ação mandamental" - diz esse autor, logo no começo da exposição concernente à matéria - "tem por fim obter, como eficácia preponderante da respectiva sentença de procedência, que o juiz emita uma ordem a ser observada pelo demandado, ao invés de limitar-se a condená-lo a fazer ou não fazer alguma coisa. É da essência, portanto, da ação mandamental que a sentença que lhe reconheça a procedência contenha uma ordem para que se expeça um mandado. Daí a designação de sentença mandamental. Neste tipo de sentença, o juiz *ordena* e não simplesmente *condena*. E nisto reside, precisamente, o elemento eficacial que a faz diferente das sentenças próprias do Processo de Conhecimento"[29]. O conceito é, em substância, o mesmo de PONTES DE MIRANDA; e o aumento da respectiva extensão, com a travessia do Atlântico, vem assinalado em termos expressos: ficaram para trás as "tímidas tentativas dos primeiros juristas que se dedicaram ao estudo das ações mandamentais, para os quais a particularidade que as distinguia das demais classes de sentenças residia no fato de conterem elas uma *ordem* emitida por um órgão do Estado (o magistrado) contra outro órgão público, que seria necessariamente seu destinatário"[30]. Daí a escolha, à guisa de "mode-

---

26 *Direito Processual Civil Brasileiro*, 2ª ed., Rio de Janeiro, 1959, v. I, p. 119, e v. III, p. 292, respectivamente.

27 Assim JOSÉ FREDERICO MARQUES, *Instituições de Direito Processual Civil*, 2ª ed., Rio de Janeiro, 1962, v. II, p. 57/8 (a propósito da classificação das ações), e v. III, p. 528 quanto à das sentenças).

28 O pensamento de OVÍDIO A. BAPTISTA DA SILVA está cumpridamente exposto no v. II do *Curso de processo civil*, Porto Alegre, 1990, p. 247 e s. Note-se que em anteriores escritos (*vide Sentença mandamental e Eficácias da sentença e coisa julgada*, na coletânea *Sentença e coisa julgada*, Porto Alegre, 1979, p. 35 e s. e 93 e s., respectivamente) já tomara o autor posição favorável à individualização da classe, embora sem desenhar-lhe o perfil com traços tão nítidos e minuciosos.

29 *Curso*, v. II, p. 247 (destaques do original).

30 Ob. ult. cit., v. II, p. 319 (cf. p. 269: "as fronteiras da mandamentalidade não mais se limitam, como supunham seus primeiros teóricos, a ordens dirigidas a órgãos e servidores do Estado, mas, ao contrário, tanto podem ter uma autoridade quanto um particular como destinatários da ordem sentencial!").

los", do mandado de segurança, de um lado, e das ações de manutenção de posse e de interdito proibitório, de outro[31].

9. Recrudesceria o interesse dos estudiosos pelo tema com o advento do Código de Defesa do Consumidor (Lei nº 8.078, de 11-9-1990). Aí estatui o art. 83: "Para a defesa dos direitos e interesses protegidos por este Código são admissíveis todas as espécies de ações capazes de propiciar sua adequada e efetiva tutela". No art. 84, *caput*, lê-se: "Na ação que tenha por objeto o cumprimento da obrigação de fazer ou não fazer, o juiz concederá a tutela específica da obrigação ou determinará providências que assegurem o resultado prático equivalente ao do adimplemento"; e no § 5º do mesmo dispositivo: "Para a tutela específica ou para a obtenção do resultado prático equivalente, poderá o juiz determinar as medidas necessárias, tais como busca e apreensão, remoção de coisas e pessoas, desfazimento de obra, impedimento de atividade nociva, além da requisição de força policial".

O exame conjunto dessas normas sugeriu à doutrina a ideia de que, entre as "espécies de ações" referidas no art. 83, não se devia cogitar apenas da tendente à condenação do réu a fazer ou a abster-se - com a consequente formação de título suscetível de dar margem a execução nos termos do Livro II, Título II, Capítulo III, do estatuto processual. Mereceria também um lugar ao sol a ação que ensejasse, no caso de acolhimento do pedido, pronunciamento de outro teor, por parte do órgão judicial, a saber: a determinação das medidas destinadas a assegurar "o resultado prático equivalente ao do adimplemento", como as indicadas, em enumeração meramente exemplificativa, no § 5º do art. 84. Visto tratar-se de *ordens* emanadas do juiz, era natural que se enxergasse aí mais um tipo de ações (e de sentenças) mandamentais[32].

É oportuno registrar que o art. *85* da Lei nº 8.078, vetado pelo Presidente da República, empregava a locução "ação mandamental".

31 Ob. ult. cit., v. II, p. 319. Caberia um reparo: no mandado de segurança, nem sempre a impetração visa ato de órgão do poder público (*vide* Lei nº 1.533, de 31-12-1951, art. 12, *fine*, e Constituição da República de 1988, art. 52, nº LXIX, fine), e as ações possessórias podem ser intentadas em face de entidade dessa natureza (*vide*, no tocante à manutenção de posse, o art. 928, parágrafo único, do Código de Processo Civil), de modo que é relativo o alcance da contraposição.

32 Assim KAZUO WATANABE, *in Código Brasileiro de Defesa do Consumidor comentado pelos autores do anteprojeto*, 5ª ed., Rio de Janeiro, 1998, p. 614, 650, 651,655.

Rezava o texto: "Contra atos ilegais ou abusivos de pessoas físicas ou jurídicas que lesem direito líquido e certo, individual, coletivo ou difuso, previsto neste Código, caberá ação mandamental que se regerá pelas normas e lei do mandado de segurança". O veto invocou o argumento de que, à luz da Constituição, o mandado de segurança só caberia contra atos de agentes do Poder Público e não poderia ser estendido a outras situações ou relações jurídicas. À vista de semelhante entendimento, é compreensível que *não* se haja negado sanção, pouco antes, ao art. 212, § 2º, do Estatuto da Criança e do Adolescente (Lei nº 8.069, de 13-7-1990), *verbis:* "Contra atos ilegais ou abusivos de autoridade pública ou agente de pessoa jurídica no exercício de atribuições do Poder Público, que lesem direito líquido e certo previsto nesta lei, caberá ação mandamental, que se regerá pelas normas da lei do mandado de segurança". Aí se encontra a primeira referência textual, na legislação brasileira, à categoria – haja ou não tido o legislador vontade e consciência de chancelar oficialmente uma proposta científica.

10. A importância prática do tema viria naturalmente a crescer com a posterior incorporação da disciplina acima retratada ao Código de Processo Civil, *ex vi* da Lei nº 8.952, de 13-12-1994, que – entre outras coisas – deu nova redação ao art. 461. (Registre-se de passagem que no transplante se cuidou de aprimorar a redação, substituindo-se no *caput* *"o* cumprimento *da* obrigação" pela expressão, decerto mais adequada, "o cumprimento *de* obrigação"; foi pena que não se aproveitasse a oportunidade para suprimir o artigo "o" antes de "resultado", com o que ganharia o texto, sem dúvida, em elegância.)

Entretanto, forçoso é reconhecer que as obras de maior vulto, dentre as que se têm dedicado a comentar a reforma do Código, não extraíram muito da redação atual do art. 461, no que respeita ao tópico objeto do presente estudo. Ressaltou-se a importância prática da inovação, mas em geral não se fez dela trampolim para um mergulho em profundidade nas águas da classificação das ações e das sentenças[33]. Existirá funda-

33 CÂNDIDO DINAMARCO, A reforma do Código de Processo Civil, 3ª ed., S. Paulo, 1996, p. 154 e 161, alude, sem contudo subscrevê-la em termos explícitos, à opinião segundo a qual a adoção de medidas do gênero das previstas no art. 461 (e, antes, no Código de Defesa do Consumidor) teria aberto caminho para a consagração, no Brasil, da ação mandamental. Permitimo-nos observar que o trecho transcrito entre aspas na p. 161 é de KAZUO WATANABE (in ob. cit., p. 650), e não

mento bastante para a convicção de que o direito positivo brasileiro consagrou novas figuras de sentenças e ações mandamentais? Para tomar posição no particular, impõe-se ao nosso ver uma análise mais cuidadosa da problemática suscitada pelo § 5º do art. 461, tal qual resultou da Lei nº 8.952.

11. Convém atacar o problema pelo ângulo que a elaboração doutrinária até agora desenvolvida aponta como principal. A premissa básica é a de que a mandamentalidade tem que ver com a existência de uma *ordem.* Partindo daí, a pesquisa deve articular-se, ao que nos parece, em torno de algumas indagações:

(a) Qual o possível objeto (ou quais os possíveis objetos) da ordem a ser emitida pelo juiz, nos termos do art. 461 e seu § 5º?

(b) É indispensável, na sentença, a presença de semelhante ordem? Não se concebe que o juiz, ao sentenciar, deixe de emiti-la?

(c) A eficácia da ordem predomina sobre quaisquer outras atribuíveis à sentença?

(d) Qual é (ou quais são) o(s) destinatário(s) da ordem? O réu vencido? Algum terceiro? Ambos?

(e) Em relação ao (eventual) terceiro destinatário, a eficácia da ordem é imediata ou mediata?

Não estamos dando a entender – fique bem claro – que a legitimidade da qualificação de mandamental, aplicada à sentença do art. 461 (fazemos aqui abstração da hipótese do § 3º, que não é de *sentença),* dependa necessariamente de assumirem este ou aquele teor as respostas a serem dadas a todas as perguntas acima. Trata-se de conceito eminentemente convencional: é o que explica as oscilações perceptíveis em seu *curriculum vitae.* Nada obsta a que se pretenda encaixar na moldura conceptual uma figura que nela não caberia *se estivéssemos obrigados a respeitar a arrumação dogmática preferida pelo jurista A ou pelo jurista*

de ADA PELLEGRINI GRINOVER, como por engano se diz aí; de resto, a posição dessa autora se afigura, pelo menos agora, mais categórica: *vide* o artigo Tutela jurisdicional nas obrigações de fazer e não fazer, in *Rev. For.,* v. 333, p. 11, onde se afirma que a sentença mandamental é "hoje realidade incorporada ao processo civil comum".

B. Decididamente não é o caso: já se mostrou que, ao lidar com a matéria, a doutrina brasileira desde o início rompeu amarras postas do outro lado do Atlântico.

Cumpre, isso sim, que possamos saber com certeza *de que se está falando* cada vez que alguém aluda a sentença (ou ação) mandamental. Terminologia equívoca é praga fatal em qualquer ciência, no direito não menos que nas outras. Portanto, se se quer prescindir de tal ou qual nota, até agora indicada como típica da classe, para fazê-la abranger outras figuras, impende que se esclareça o ponto: isto é, que se torne explícita a operação tendente a diminuir a compreensão do conceito e, correlatamente, aumentar-lhe a extensão.

12. Vamos, então, à primeira pergunta: qual o possível objeto (ou quais os possíveis objetos) da ordem a ser emitida pelo juiz? O *caput* do art. 461 ministra informação genérica: o órgão judicial determinará "providências que assegurem o resultado prático equivalente ao adimplemento" (da obrigação de fazer ou não fazer). No § 5º depara-se enumeração exemplificativa: "tais como a busca e apreensão, remoção de pessoas e coisas, desfazimento de obras, impedimento de atividade nociva, além de requisição de força policial". (A última cláusula, logo se vê, quebra a homogeneidade da lista: requisita-se força policial à guisa de mero instrumento para assegurar a efetividade de alguma outra medida, para vencer possível resistência à respectiva execução.) Em doutrina têm-se lembrado outras hipóteses: a colocação de filtro numa fábrica, para evitar ou diminuir a poluição do ambiente; a interdição da atividade de uma empresa; a entrega da respectiva administração a terceiro incumbido de fazer cessar o ilícito[34].

Em termos gerais, pode-se dizer que estão aí abrangidas quaisquer providências idôneas para permitir ou facilitar a efetivação do julgado, a concretização da norma sentencial – em linguagem carneluttiana, a pas-

---

34 Exemplos colhidos em LUIZ GUILHERME MARINONI, *Tutela inibitória*, S. Paulo, 1998, p. 120/1, 124, 129, 187, 188. Podem acrescentar-se outros, apontados em comentário ao Código de Defesa do Consumidor: o fechamento de estabelecimento comercial ou industrial, o impedimento da circulação de veículo de publicidade, a interrupção da transmissão de anúncio pela televisão, a retirada do mercado de produtos e serviços danosos à vida, saúde e segurança dos consumidores (KAZUO WATANABE, in ob. cit., p. 651).

sagem do dever-ser ao ser[35]. E isso, dispensando até, eventualmente, a utilização dos meios executivos tradicionais (Código de Processo Civil, arts. 632 e s., com ressalva dos arts. 639 a 641, atinentes ao caso especialíssimo da "execução" das obrigações de emitir declaração de vontade). Nessa ordem de ideias, já se taxou de "residual" o âmbito de cabimento de tais meios, reservados para os casos em que não seja possível aplicar "o regime das providências sub-rogatórias" ou não produzam elas o efeito prático visado[36].

13. Passemos à letra *b,* com dupla indagação. É indispensável, na sentença, a presença da ordem prevista no § 5º? Não se concebe que o juiz, ao sentenciar, deixe de emiti-la? (É óbvio que nos referimos aqui, exclusivamente, às hipóteses de procedência do pedido, como aliás ressalta da redação do art. 461, *caput.)*

Uma primeira abordagem dessa questão poderia buscar arrimo no teor literal dos dispositivos relevantes, tratando de averiguar se dele se extrai mera *faculdade,* conferida ao órgão judicial, de ordenar as providências sob exame, ou autêntico *dever* de proceder assim. Mas não parece muito animadora a perspectiva que tal caminho oferece. Com efeito: ainda sem levar em conta as deficiências inerentes, no consenso da melhor doutrina, a esse método hermenêutico, o intérprete acabará por verificar que o texto não lhe ministra orientação segura. Com efeito, enquanto o *caput* usa o futuro do indicativo ("determinará"), a sugerir *imposição* dirigida ao juiz, o § 5º prefere dizer que este *"poderá,* (...) de ofício ou a requerimento, determinar as medidas necessárias".

Por outro lado, antes de tomar partido acerca do caráter *imperativo* da norma, seria preciso responder a esta pergunta: existirá sempre a *possibilidade* de "providências sub-rogatórias" que desempenhem a função prática da execução no caso de recalcitrância do devedor vencido? Pois salta aos olhos que, se e quando a resposta porventura houver de ser negativa, nenhum sentido terá cogitar de *obrigatoriedade* para o juiz: *ad impossibilia nemo tenetur.*

---

35 CARNELUTTI, *Diritto e processo,* Nápoles, 1958, p. 285, atribuía ao processo executivo a função de *"fare che quello che deve essere sia".*

36 ADA PELLEGRINI GRINOVER, art. cit., p. 12. Procuraremos, no item subsequente (nº 13), precisar o alcance que em nossa opinião se deve reconhecer a essa ideia.

Ora, conforme facilmente se percebe, em certas hipóteses não há supor que medida alguma ordenada pelo órgão judicial seja capaz de assegurar ao vencedor "resultado prático equivalente ao adimplemento". É o que sucede todas as vezes que a obrigação do vencido se caracterize pela infungibilidade da prestação *(rectius:* do prestador). Assim se dá em todas as obrigações de *não* fazer: se o devedor descumpre obrigação dessa espécie, praticando o ato do qual tinha de abster-se, nada adiantará para o credor que outra(s) pessoa(s) - ou mesmo *a totalidade* das outras pessoas! - se abstenha(m) da prática. O que talvez aconteça é que se possa desfazer o que foi feito *(v.g.,* demolir o que indevidamente se construiu), ou pelo menos impedir que se continue a fazer o que se está fazendo, e aí então se concebe a eventual aplicação do regime do art. 461, § 5º. Já não se cuidará, porém, da (originária) obrigação de *não fazer,* e sim da obrigação (derivada) de *fazer o contrário*[37]. Também se mostra impossível o recurso a qualquer "providência sub-rogatória" quando a obrigação *de fazer* haja sido pactuada *intuitu personae* (como no clássico exemplo do artista contratado, por motivos personalíssimos, para pintar o retrato do credor), ou por outra razão só possa ser cumprida pelo próprio devedor *(v.g.,* a obrigação de prestar informação que ninguém mais tenha, ou de realizar atividade que a ninguém mais a lei permita). Nesses casos, nem terá lugar a execução nos termos tradicionais, nem a determinação de "providências sub-rogatórias". O único recurso capaz, em tese, de proporcionar ao credor o gozo efetivo da tutela específica será a imposição de multa (art. 461, § 4º), que baste para vencer a resistência do devedor.

Resta voltar a indagar se, na ausência de empecilho, o juiz *deve* ou apenas *pode,* a seu critério, incluir na sentença alguma ordem do gênero das contempladas no § 5º do art. 461. Atenta a *ratio* da norma, parece mais razoável optar pelo segundo termo da alternativa. A consagração do expediente em foco visou a facilitar a satisfação do credor; ora, é concebível que ao órgão judicial, sob determinadas circunstâncias, o

37 Por isso, não vemos a necessidade, suposta por ADA PELLEGRINI GRINOVER, art. cit., p. 5, de "tomar *cum grano salis* a afirmação corrente de que as obrigações de não fazer seriam sempre infungíveis". A afirmação é exatíssima; não a infirma, nem a restringe, o possível nascimento de obrigação de fazer (esta, com prestação fungível) em consequência do descumprimento da obrigação de abster-se. São duas situações inconfundíveis, embora o Código de Processo Civil adote a rubrica "Da obrigação de não fazer" para a seção composta dos arts. 642 e 643, ambos concernentes, na verdade, à obrigação de desfazer - que é um *facere.*

respectivo emprego se afigure desnecessário, ou praticamente difícil, ou demasiado gravoso, e assim por diante. Impõe o princípio da proporcionalidade que não se coloque em movimento o mecanismo senão quando - e na medida em que - o justifique a necessidade e o legitime o balanceamento dos interesses em jogo[38]. Ocioso frisar que, se não houver ordem, a sentença de procedência não será mandamental, mas simplesmente condenatória.

14. Cabe agora enfrentar a terceira pergunta (letra *c)*, limitadamente, é claro, às hipóteses em que o juiz de fato inclui na sentença a determinação de alguma medida do tipo das previstas no § 5º. Supondo-se que a providência ordenada se destine a *substituir* o processo de execução, tornado desnecessário, afigura-se evidente que o efeito da ordem se sobrepõe ao efeito típico da condenação, que consistiria justamente na criação do título executivo. Aí não há dúvida de que a sentença assume eficácia *preponderantemente* mandamental.

Considere-se, no entanto, a possibilidade de que o julgador adote o alvitre de condenar o réu ao cumprimento da obrigação, e se cinja a aditar a isso a determinação de medidas tendentes a *facilitar* a execução[39]. O núcleo vital da sentença residirá então no elemento

38 Com razão CÂNDIDO DINAMARCO, ob. cit., p. 161, quando pondera que as "medidas de apoio" devem ser "prudentemente desencadeadas pelo juiz em casos tão extremos quanto a gravidade de cada uma", e adverte: "É necessário dar equilíbrio à situação de ambos os litigantes no processo, dimensionando riscos de modo adequado". Igualmente LUIZ GUILHERME MARINONI, ob. cit., p. 188: "o juiz, na determinação da modalidade executiva capaz de fazer cessar o ilícito, deve estar atento ao princípio da necessidade, ou à denominada proibição de excesso". Esse autor deixa transparente, em mais de um trecho, sua preferência pela tese da facultatividade da ordem prevista no § 5º do art. 461: assim, na p. 187, ao escrever que "o juiz (...) tem a possibilidade de determinar as medidas necessárias para que seja obtida a tutela específica da obrigação ou um resultado prático equivalente" (grifamos "possibilidade"). Parece idêntico o entendimento de SERGIO BERMUDES, *A reforma do Código de Processo Civil*, 2ª ed., S. Paulo, 1996, p. 66/7, quando fala "das medidas que o juiz poderá conceder para efetivar a tutela específica, ou para assegurar o resultado prático equivalente" (sem grifo no original). Outro tanto é lícito asseverar de KAZUO WATANABE, que, em contexto distinto (comentário ao Código de Defesa do Consumidor, in ob. cit., p. 524), mas a propósito do mesmo ponto, usa igual forma verbal ("poderá").

39 É a segunda hipótese a que se refere CÂNDIDO DINAMARCO, ob. cit., p. 157, quando explica que do emprego de providências *ex* art. 461, § 52, "se esperam resulta-

condenatório, e seu efeito preponderante consistirá na formação do título executivo.

Para quem, seguindo PONTES DE MIRANDA, aceite o critério de classificação fundado na carga preponderante de eficácia, exclusivamente no primeiro caso calhará à sentença o epíteto de mandamental. Falar de sentença mandamental também no segundo significa optar por diferente critério, isto é, acolher diferente conceito.

15. Voltemos os olhos para a quarta pergunta (letra *d),* relativa ao(s) destinatário(s) da ordem acaso contida na sentença e tendente a produzir "resultado prático equivalente ao do adimplemento". A quem se dirige ela: ao réu vencido, a terceiro(s), àquele e a este(s)?

Que o destinatário *pode ser* o próprio réu parece intuitivo. Resta saber se é *somente* a ele que o juiz tem a possibilidade de determinar alguma providência da classe das autorizadas pelo § 5º[40].

Em nosso entender, a resposta é negativa[41]. Antes de mais nada, é concebível que haja ocorrido revelia, ou que o réu, depois de oferecer defesa, se tenha ausentado do lugar, ou mesmo do país. Ordem endereçada a um ausente, com toda a probabilidade, cairia no vazio. Ademais, haverá casos em que se afigure ilógico, ou talvez absurdo, determinar ao próprio vencido a prática do ato idôneo para surtir o efeito almejado. Note-se que tal ato nem sempre terá configuração coincidente com a daquele a que se obrigara o réu: o "resultado prático equivalente", por hipótese, é atingível *de outro modo.*

De resto, a exemplificação constante do texto legal já aponta nitidamente no sentido que nos parece correto. Não se compreende, por exemplo, que a ordem de "busca e apreensão" se dirija ao próprio litigante vencido. O mesmo se dirá, com frequência, da ordem de "remoção

dos capazes de encurtar o árduo caminho do credor, evitando talvez a necessidade de utilizar-se do processo de execução ou imprimindo-lhe novo ritmo e nova eficiência" (grifas nossos).

40 Dá a impressão de pensar assim ADA PELLEGRINI GRINOVER, a julgar pelo seguinte passo: "Por outro lado, o destinatário da sentença não é mais exclusivamente a entidade pública ou o agente de pessoa jurídica no exercício das atribuições do Poder Público (...), mas sim *qualquer demandado titular da obrigação de fazer ou não fazer* (art. cit., p. 11; sem grifo no original).

41 Certo, LUIZ GUILHERME MARINONI, ob. cit., p. 117.

de pessoas e coisas". Quanto à "atividade nociva", *impedi-la* há de ser normalmente obra de outrem.

Em certos casos, bastará ao julgador dirigir a ordem a auxiliares do juízo; noutros, terá de endereçá-la a algum órgão da Administração Pública, competente para executar o ato *(v.g.,* interditar estabelecimento industrial ou comercial). Não fica excluída, porém, a hipótese de determinação feita a terceiro, pessoa física ou pessoa jurídica de direito privado (por exemplo: empresa jornalística, de radiodifusão ou de televisão, à qual se ordene suspender a publicação ou a transmissão de anúncio encomendado pelo réu).

Aqui também a inclusão (ou a não inclusão) da sentença na classe das mandamentais dependerá do contorno que se dê ao respectivo conceito. A conclusão variará conforme a premissa de que se parta, ou seja, conforme se julgue ou não necessária, para caracterizar como mandamental a sentença, a existência nela de ordem dirigida ao réu, ou a terceiro.

16. Chegamos à quinta pergunta (letra *e*), que obviamente só tem cabimento uma vez admitida a possibilidade de figurar terceiro qual destinatário da ordem. Concebe-se, aí, que a determinação se enderece *imediatamente* a este, ou que apenas surja como *posterius.* A ordem de interditar estabelecimento industrial ou comercial, ante a omissão continuada do cumprimento de obrigação *(lato sensu)* de fazer, dirige-se *imediatamente* ao órgão administrativo competente. É por tal meio que se buscará proporcionar ao autor "resultado prático equivalente ao do adimplemento", prescindindo-se de processo executivo. Mas igualmente se concebe que a ordem ao terceiro constitua simples acessório ou complemento da disposição principal da sentença: *v.g.,* o juiz condena o réu a desmontar instalação destinada à propaganda comercial de certo produto e desde logo ordena a cessação da atividade de terceiros contratados para ali distribuir ao público material de publicidade do mesmo produto.

Aqui também, qualificar de mandamental a sentença, ou negar-lhe semelhante qualificação, depende de entender-se ou não indispensável que a eficácia de que se cogita seja imediata.

17. De quanto se expôs é fácil concluir: primeiro, que a incorporação de mecanismos como os do art. 84 do Código de Defesa do Consumidor e do art. 461 do Código de Processo Civil (este na redação dada pela Lei nº 8.952) ao nosso direito positivo realmente sugere, ou impõe, nova reflexão sobre a questão da sentença mandamental; depois, que essa reflexão pode conduzir a resultados diversos no que tange à inclusão (ou não inclusão) de sentenças proferidas à luz daqueles dispositivos na classe das mandamentais; que semelhante diversidade refletirá, como é lógico, a possibilidade de tomar posições igualmente diversas quanto à compreensão do conceito. Se nos ativermos à construção proposta pelos que, entre nós, versaram anteriormente o assunto, enriquecerá decerto menos a casuística das sentenças mandamentais. Preferido que seja outro modelo, teremos maior abundância de exemplos novos.

No segundo caso, estaremos assistindo a mais uma etapa do itinerário descrito ao longo dos anos pela figura da sentença mandamental. O conceito já foi modificado por ocasião da viagem do Velho ao Novo Mundo; não será de espantar que sofra novas modificações. Imprescindível, sim, é que a opção, seja qual for, se manifeste em termos explícitos e claros. Não parece aconselhável dizer apenas, genericamente, que é mandamental a sentença *ex* art. 84 do Código de Defesa do Consumidor, ou *ex* art. 461 do Código de Processo Civil. As hipóteses, conforme se viu, são várias e heterogêneas. Cumpre analisar se merecem todas, ou não, ver-se arrumadas juntas, sob o mesmo rótulo; e, em qualquer hipótese, pôr em realce o conceito que total ou parcialmente as irmana.

Adite-se uma observação derradeira, esta referente à correspondência entre a sentença e a ação. A inclusão de ordem na sentença independe de pedido do autor: deixa-o expresso o art. 461, § 5º, do estatuto processual, *verbis* "de ofício ou a requerimento". O autor de modo nenhum precisa pleiteá-la para que o juiz a emita. Não fica excluída, portanto, a possibilidade de figurar o elemento mandamental (e até como preponderante) em sentença que acolha pedido de natureza diversa – condenatório, por exemplo. Será uma exceção à regra clássica da identidade entre a natureza da ação e a da sentença de procedência.

Dezembro de 1998.

COMENTÁRIOS DO ATUALIZADOR

A SENTENÇA MANDAMENTAL - DA ALEMANHA AO BRASIL

Sérgio Ricardo de Arruda Fernandes

O artigo envolvendo a classificação das sentenças (tendo como parâmetro a sua eficácia) e a conceituação da sentença mandamental revela a percepção de Barbosa Moreira a respeito da maior importância que o tema vinha conquistando ao longo da década de 1990, tecendo o autor observações interessantes sobre a sua evolução na doutrina brasileira.

O ponto de partida repousa na constatação de que a tradicional classificação tripartite (ações e sentenças declaratórias, constitutivas e condenatórias) tem como norte a preponderância dos efeitos do ato decisório que se pretende alcançar; mas não em caráter de exclusividade. Isto é, a referida classificação leva em consideração a eficácia preponderante da sentença, porquanto o ato decisório tem, em geral, aptidão para produzir variados efeitos. É o caso, por exemplo, da sentença condenatória que, antes de impor ao vencido o cumprimento de uma obrigação, apresenta carga declaratória ao reconhecer a existência da relação obrigacional em questão. Ou mesmo uma sentença que anula determinado ato jurídico há de conter, em capítulo acessório, a condenação da parte vencida nos ônus da sucumbência.

Aborda o autor a tendência moderna de se ampliar o rol das espécies de sentenças (com base no critério da sua eficácia preponderante), introduzindo-se a figura da sentença mandamental. E descreve que a introdução dessa categoria na doutrina brasileira deve-se à obra de Pontes de Miranda, inspirando-se inicialmente em fonte germânica (Georg Kuttner).

A sentença mandamental seria aquela dotada de uma eficácia peculiar e distinta da sentença condenatória, traduzindo-se numa ordem judicial dirigida a alguém para fins de seu cumprimento imediato. Na origem dessa acepção na literatura alemã, aponta Barbosa Moreira que o destinatário da ordem judicial tinha importância para o fim de sua conceituação. Para Kuttner, a especificidade estava no fato da ordem judicial ser dirigida a outro órgão estatal, a uma autoridade pública ou funcionário público – não integrante da relação processual – impondo-lhe a prática de ato oficial (ou a omissão de fazê-lo). Ou seja, a distinção não estava propriamente no elemento mandamental da sentença; mas no fato de estar endereçado a terceiro.

No campo da literatura nacional, Pontes de Miranda adotou o *nomem iuris* de "sentença mandamental" e, na sua conceituação, não levou em consideração a figura do destinatário da ordem judicial. Diversamente, adotou como critério classificatório o efeito contido na sentença de impor a alguém o imediato atendimento do comando judicial. E servem de exemplos, na lição de Pontes de Miranda, o interdito proibitório, o mandado de segurança, os embargos de terceiro, entre outros.

Mais à frente, relata Barbosa Moreira que, na doutrina brasileira, Ovídio Baptista da Silva dedicou-se ao estudo da ação mandamental, destacando que a sua característica estaria no fato da sentença impor uma ordem cujo cumprimento se alcança por meio de mandado judicial (daí a adjetivação *mandamental*). Ou seja. Sem a necessidade de deflagração da atividade específica de execução.

A importância dessa classificação incrementou-se a partir da década de 90, por força de importante movimento de evolução legislativa no intuito de se emprestar maior agilidade e efetividade à prestação jurisdicional.

Com efeito, no sistema originário do Código de Processo Civil de 1973, a tutela jurisdicional de conhecimento não era dotada, ordinariamente, de maior eficácia prática, porquanto idealizada apenas como instrumento para fins de solução do litígio mediante a prolação de uma sentença.

Vale como exemplo a regra original do artigo 287 do Código ab-rogado que, nas ações visando ao cumprimento de obrigação de fazer ou não fazer, exigia do autor a inclusão na sua petição inicial do pleito de cominação de multa cominatória para a hipótese de descumprimento. Mas o preceito cominatório somente se tornaria efetivo se, no futuro processo de execução (após o término do processo de conhecimento com êxito), o devedor citado não viesse a cumprir espontaneamente a obrigação.

Esse panorama veio se alterando, notadamente a partir da vigência da Lei nº 8.078/90, que instituiu o Código de Proteção e Defesa do Consumidor. Em seu artigo 84, previu o legislador inclusive a possibilidade de concessão liminar da tutela específica da obrigação de fazer ou não fazer ou a determinação de medidas visando alcançar resultado equivalente ao do adimplemento:

> Art. 84. Na ação que tenha por objeto o cumprimento da obrigação de fazer ou não fazer, o juiz concederá a tutela específica da obrigação ou determinará providências que assegurem o resultado prático equivalente ao do adimplemento.
>
> (...)
>
> § 3° Sendo relevante o fundamento da demanda e havendo justificado receio de ineficácia do provimento final, é lícito ao juiz conceder a tutela liminarmente ou após justificação prévia, citado o réu.
>
> § 4° O juiz poderá, na hipótese do § 3° ou na sentença, impor multa diária ao réu, independentemente de pedido do autor, se for suficiente ou compatível com a obrigação, fixando prazo razoável para o cumprimento do preceito.
>
> § 5° Para a tutela específica ou para a obtenção do resultado prático equivalente, poderá o juiz determinar as medidas necessárias, tais como busca e apreensão, remoção de coisas e pessoas, desfazimento de obra, impedimento de atividade nociva, além de requisição de força policial.

O que, pouco tempo mais tarde, veio a ser incorporado no Código de Processo Civil de 1973, na disciplina da tutela das obrigações de fazer e não fazer:

> Art. 461. Na ação que tenha por objeto o cumprimento de obrigação de fazer ou não fazer, o juiz concederá a tutela específica da obrigação ou, se procedente o pedido, determinará providências que assegurem o resultado prático equivalente ao do adimplemento. (Redação dada pela Lei n° 8.952, de 13.12.1994)
>
> (...)
>
> § 3° Sendo relevante o fundamento da demanda e havendo justificado receio de ineficácia do provimento final, é lícito ao juiz conceder a tutela liminarmente ou mediante justificação prévia, citado o réu. A medida liminar poderá ser revogada ou modificada, a qualquer tempo, em decisão fundamentada. (Incluído pela Lei n° 8.952, de 13.12.1994)

> § 4º O juiz poderá, na hipótese do parágrafo anterior ou na sentença, impor multa diária ao réu, independentemente de pedido do autor, se for suficiente ou compatível com a obrigação, fixando-lhe prazo razoável para o cumprimento do preceito. (Incluído pela Lei nº 8.952, de 13.12.1994)
>
> § 5º Para a efetivação da tutela específica ou a obtenção do resultado prático equivalente, poderá o juiz, de ofício ou a requerimento, determinar as medidas necessárias, tais como a imposição de multa por tempo de atraso, busca e apreensão, remoção de pessoas e coisas, desfazimento de obras e impedimento de atividade nociva, se necessário com requisição de força policial. (Redação dada pela Lei nº 10.444, de 7.5.2002)

Acrescente-se que essa disciplina está incorporada ao texto do atual Código de Processo Civil:

> Do Cumprimento de Sentença que Reconheça a Exigibilidade de Obrigação de Fazer ou de Não Fazer
>
> Art. 536. No cumprimento de sentença que reconheça a exigibilidade de obrigação de fazer ou de não fazer, o juiz poderá, de ofício ou a requerimento, para a efetivação da tutela específica ou a obtenção de tutela pelo resultado prático equivalente, determinar as medidas necessárias à satisfação do exequente.
>
> § 1º Para atender ao disposto no caput, o juiz poderá determinar, entre outras medidas, a imposição de multa, a busca e apreensão, a remoção de pessoas e coisas, o desfazimento de obras e o impedimento de atividade nociva, podendo, caso necessário, requisitar o auxílio de força policial.
>
> (...)
>
> § 3º O executado incidirá nas penas de litigância de má-fé quando injustificadamente descumprir a ordem judicial, sem prejuízo de sua responsabilização por crime de desobediência.

Nesse novo contexto de maior e mais eficiente arsenal de medidas judiciais para a tutela das obrigações de fazer ou não fazer, adverte

Barbosa Moreira que a qualificação da sentença mandamental ganha relevo. E a sua conceituação, com valor científico, vai depender das premissas que venham a ser aceitas e difundidas na literatura nacional, como a identificação do destinatário da ordem judicial (público ou particular; parte ou terceiro em relação ao processo); o cabimento ou não de alguma medida sub-rogatória (que prescinda da atuação do próprio obrigado – ex: mandado de busca e apreensão); o direcionamento da ordem judicial (cumprimento imediato a cargo do obrigado ou medidas que visem a dar suporte e facilitar a execução da obrigação).

O fato é que o emprego do conceito de ação ou sentença mandamental vem ganhando maior penetração ne legislação processual. Na mesma medida em que cresce a preocupação em dotar a prestação jurisdicional de maior carga de efetividade.

Primeira referência legislativa à ação mandamental, permitindo a ideia de sua aceitação como categoria específica, ao lado das tradicionais ações declaratórias, constitutivas e condenatórias, encontramos na Lei nº 8.060/90 (Estatuto da Criança e do Adolescente), cujo artigo 212, § 2°, adotou o emprego da terminologia:

> Art. 212. Para defesa dos direitos e interesses protegidos por esta Lei, são admissíveis todas as espécies de ações pertinentes.
>
> § 1º Aplicam-se às ações previstas neste Capítulo as normas do Código de Processo Civil.
>
> § 2º Contra atos ilegais ou abusivos de autoridade pública ou agente de pessoa jurídica no exercício de atribuições do poder público, que lesem direito líquido e certo previsto nesta Lei, caberá **ação mandamental**, que se regerá pelas normas da lei do mandado de segurança.

E, desde então, o uso da expressão "mandamental" está cada vez mais presente no ordenamento processual.

No Código de Processo Civil atual, há várias passagens acerca do efeito mandamental dos atos decisórios:

> Art. 139. O juiz dirigirá o processo conforme as disposições deste Código, incumbindo-lhe:

> (...)
>
> IV – determinar todas **as medidas** indutivas, coercitivas, **mandamentais** ou sub-rogatórias necessárias para assegurar o cumprimento de ordem judicial, inclusive nas ações que tenham por objeto prestação pecuniária;
>
> Art. 380. Incumbe ao terceiro, em relação a qualquer causa:
>
> I – informar ao juiz os fatos e as circunstâncias de que tenha conhecimento;
>
> II – exibir coisa ou documento que esteja em seu poder.
>
> Parágrafo único. Poderá o juiz, em caso de descumprimento, determinar, além da imposição de multa, outras **medidas** indutivas, coercitivas, **mandamentais** ou sub-rogatórias
>
> Art. 400. Ao decidir o pedido, o juiz admitirá como verdadeiros os fatos que, por meio do documento ou da coisa, a parte pretendia provar se:
>
> I – o requerido não efetuar a exibição nem fizer nenhuma declaração no prazo do art. 398;
>
> II – a recusa for havida por ilegítima.
>
> Parágrafo único. Sendo necessário, o juiz pode adotar **medidas** indutivas, coercitivas, **mandamentais** ou sub-rogatórias para que o documento seja exibido.
>
> Art. 403. Se o terceiro, sem justo motivo, se recusar a efetuar a exibição, o juiz ordenar-lhe-á que proceda ao respectivo depósito em cartório ou em outro lugar designado, no prazo de 5 (cinco) dias, impondo ao requerente que o ressarça pelas despesas que tiver.
>
> Parágrafo único. Se o terceiro descumprir a ordem, o juiz expedirá mandado de apreensão, requisitando, se necessário, força policial, sem prejuízo da responsabilidade por crime de desobediência, pagamento de multa e outras **medidas** indutivas, coercitivas, **mandamentais** ou sub-rogatórias necessárias para assegurar a efetivação da decisão.

Assim também na jurisprudência. Veja-se:

> PROCESSUAL CIVIL E TRIBUTÁRIO. **EXECUÇÃO DE SENTENÇA MANDAMENTAL.** PRAZO PRESCRICIONAL QUINQUENAL. JURISPRUDÊNCIA PACÍFICA. MANIFESTA IMPROCEDÊNCIA. MULTA.
>
> 1. O prazo prescricional da pretensão executiva contra a Fazenda Pública é de cinco anos, contados do trânsito em julgado do título executivo judicial, independente de a ação de conhecimento ter sido ajuizada antes da vigência da LC nº 118/2005.
>
> 2. Hipótese em que a decisão agravada se apoia em pacífico entendimento jurisprudencial de ambas as Turmas que compõem a Primeira Seção.
>
> 3. "Quando o agravo interno for declarado manifestamente inadmissível ou improcedente em votação unânime, o órgão colegiado, em decisão fundamentada, condenará o agravante a pagar ao agravado multa fixada entre um e cinco por cento do valor atualizado da causa" (art. 1.021, § 4º, do CPC/2015).
>
> 4. Agravo interno não provido, com aplicação ao agravante de multa de 1% sobre o valor atualizado da causa.
>
> (STJ, AgInt nos EDcl nos EDcl no REsp 1509279/DF, Rel. Ministro GURGEL DE FARIA, PRIMEIRA TURMA, julgado em 22/05/2018, DJe 29/06/2018)

Por fim, cabe aditar que a preocupação com a maior eficiência da prestação jurisdicional tem conduzido ao entendimento de se emprestar, sempre que possível, maior força às medidas de sub-rogação (que asseguram a satisfação do direito do autor sem a participação do devedor), no lugar das medidas coercitivas ou mandamentais.

Veja-se o exemplo tirado na Súmula de jurisprudência do Tribunal de Justiça do Rio de Janeiro:

> Enunciado nº. 144 "Nas ações que versem sobre cancelamento de protesto, de indevida inscrição em cadastro restritivo de crédito e de outras situações similares de cumprimento de obrigações de fazer fungíveis, a antecipação da tutela específica e a sentença serão efetivadas através de simples expedição de ofício ao órgão responsável pelo arquivo dos dados."

ALGUMAS INOVAÇÕES DA LEI Nº 9.756 EM MATÉRIA DE RECURSOS CIVIS[1]

1. A disciplina dos recursos vem sendo um dos terrenos de eleição das reformas do nosso processo civil, empreendidas ao longo da última década. No Código, o texto original do Título X do Livro I, dedicado à matéria, continha 70 artigos (de 496 a 565). A esses cumpria acrescentar mais dois (464 e 465), extraviados no Título VIII, mas na realidade atinentes a uma figura - a dos embargos de declaração - tratada pela lei como recurso[2], independentemente de controvérsias doutrinárias, pretéritas e presentes, sobre a respectiva "natureza". Pois bem: dos 72 artigos, se nossas contas estão corretas, só 30 (menos da metade, portanto) - os de números 499, 501, 502, 503, 504, 505, 507, 509, 510, 512, 513, 515, 517, 521, 530, 534, 547, 548, 549, 552, 553, 554, 555, 556, 559, 560, 561, 562, 564 e 565 - conservam o teor original; todos os restantes foram atingidos, em tal ou qual medida, e alguns mais de uma vez, pelas sucessivas modificações que o texto codificado sofreu, a partir da Lei nº 8.038, de 28-5-1990.

Em nenhum outro título do estatuto processual se concentrou com tanta intensidade o fogo da artilharia reformadora. Uma conjectura alternativa não pode deixar de ocorrer aqui ao espírito do observador. Com efeito: ou se vem enxergando no Título X do Livro I a parte do Código mais inçada de defeitos - quando nada pelo ângulo prático, que predominou, em linha de princípio, na escolha dos alvos de ataque -, ou então os promotores das reformas, sobretudo das mais recentes, têm razões especialíssimas para vivenciar com maior ansiedade os problemas, reais ou supostos, da atividade judicante em grau superior, e em consequência para atropelar-se no afã de dar-lhes soluções - igualmente reais ou supostas.

Seja como for, ao que tudo indica, está longe de haver-se enfraquecido o ímpeto renovador no campo recursal. Na agonia da legislatura,

---

1 Publicado no volume coletivo *Aspectos polêmicos e atuais dos recursos cíveis de acordo com a Lei nº 9.756/98*, S. Paulo, 1999; também na *Revista Forense*, v. 346, e na *Revista de Direito da Procuradoria-Geral do Estado* (do Rio de Janeiro), v. 52.

2 Embora com notável ambiguidade: *vide* BARBOSA MOREIRA, *COMENTÁRIOS DO ATUALIZADOR Código de Processo Civil*, 7ª ed., Rio de Janeiro, 1998, p. 246, 533/4.

achou ainda forças o Congresso Nacional para adicionar mais um à longa série de diplomas referentes à matéria: a Lei nº 9.756, de 17-12-1998. E a torrente não dá sinais de amainar em dia próximo, a julgar pelos anteprojetos que se vêm anunciado.

2. Antes de comentar alguns aspectos da substância da nova lei – com brevidade e cautela, segundo convém a exame feito na fumaça da pólvora –, arriscaremos um reparo genérico acerca da técnica empregada pelo legislador. Pondo de lado escrúpulos diplomáticos, lamentamos dizer que ela nos parece extremamente defeituosa.

Uma coisa chama desde logo a atenção de qualquer leitor, inclusive dos leigos em direito: a numeração dos parágrafos do art. 557. Só um (adequadamente batizado de "único") tinha esse dispositivo; passou a ter mais dois. Engana-se, contudo, quem cuidar que os três são designados pela maneira lógica e tradicional: 1º, 2º e 3º. Nada disso: preferiu-se a extravagância de atribuir a um deles a designação de § 1º-A. Bem, com certeza àquele que vem depois do primeiro – é o que ocorre pensar a quem quer que tenha um mínimo de bom senso. Novo engano: o § 1º-*A* precede o § 1º! Nada se pode querer, realmente, de mais esdrúxulo: no quesito "originalidade", que tempos atrás valia pontos em concursos de fantasias carnavalescas, o texto faz jus, sem favor, à pontuação máxima.

O prato, no entanto, tem outros temperos. Na redação modificada do art. 545, a cláusula final remete a dois dos parágrafos do art. 557. Quando se publicou a lei no *Diário Oficial* de 18-12-1998, a remissão indicava os §§ 2º e 3º. Isso levava a crer que engano havia na publicação do *art. 557:* aí, o parágrafo denominado 1º-*A* seria na verdade o 1º, *tout court,* ao passo que os dois subsequentes, em vez de 1º e 2º, deveriam ser entendidos como 2º e 3º, respectivamente. Se assim fosse, o conjunto faria sentido, e bastaria pôr na ordem costumeira a numeração dos parágrafos, dispensando-se no inicial a inútil e deslocada muleta do *"A"*.

Ora, realmente se tratou de retificar o texto, mediante republicação dos dispositivos em foco, no *Diário Oficial* de 5-1-1999. Só que se puxou o fio pela ponta errada. O que se impunha corrigir era, repita-se, a numeração dos parágrafos do art. 557: assim se harmonizaria com o teor desse dispositivo a remissão do art. 545, no qual de modo algum se mostrava necessário ou conveniente mexer. Mas esperar que se optasse pela solução intuitiva e simples era, obviamente, esperar demais[3]... Deixou-se tal qual o que bradava aos céus por alteração, e alterou-se o que disso em absoluto não precisava, substituindo-se, na remissão do art. 545 ao art. 557, os §§ 2º e 3º, respectivamente, pelos §§ 1º e 2º. Teremos de aguentar, por conseguinte, no último artigo citado, a esquisitice do § 1º-A - *anterior* ao § 1º! Note-se, enfim, que a publicação "retificadora", a rigor, exigiria ainda correção: no lugar de "§§ 1º e 2º, o que saiu foi "§§ 1º e 2º"; destarte, tomada ao pé da letra a republicação, e transportada para o art. 557, o texto atual deste conteria: um § 12-A, *depois dele* um § 1º *(sic)* e, por fim, um § 2º. Convenhamos: é difícil imaginar mais desastrada sequência de operações...

3. Vamos a outra observação, também genérica, conquanto de índole mais substancial. Na tradição da Justiça brasileira, sempre coube ao relator (de recurso ou de causa da competência originária de tribunal) processar o feito e prepará-lo para o julgamento; não, porém, julgá-lo. Essa era tarefa que de ordinário se confiava por inteiro ao colegiado.

O texto primitivo do Código abria uma exceção à regra. Consoante dispunha o art. 557, *caput* e parágrafo único, se o agravo de instrumento fosse "manifestamente improcedente", podia o relator "indeferi-lo por despacho", do qual caberia um recurso inominado para o colegiado. Não era das melhores a técnica: o indeferimento de forma alguma constituía simples "despacho", à luz das definições do art. 162; e mal se entendia que a autorização dada ao relator - a considerar-se, em todo caso, justificável - valesse unicamente para a hipótese de agravo *improcedente* e não alcançasse a de agravo *inadmissível*. De qualquer sorte, parece haver sido rara a utilização do dispositivo na prática judiciária.

Sobreveio a Lei nº 8.038, de 28-5-1990, cujo art. 38 atribuiu ao relator, no Supremo Tribunal Federal e no Superior Tribunal de Justiça, competência para decidir pedido ou recurso que houvesse perdido o objeto, assim como para negar seguimento "a pedido ou recurso manifestamente intempestivo, incabível ou improcedente", ou, ainda, a pedido ou recurso que contrariasse, "nas questões predominantemente de direi-

3 *"On ne pense jamais à ce qui est simple"*, lamentava PÉGUY, *Le porche du mystère de la deuxiéme vertu, in Oeuvres poétiques complêtes*, Bibliothéque de la Pléiade, Paris, 1954, p. 197. O legislador pátrio, neste e noutros episódios, tem fornecido um sem-número de achegas (bem prosaicas, al de nós!) à queixa do excelso poeta.

to, Súmula do respectivo Tribunal". Note-se que, das várias espécies de inadmissibilidade, só se mencionavam duas (intempestividade e descabimento), embora por via hermenêutica se pudesse ampliar às restantes (deserção, falta de legitimação ou de interesse para recorrer etc.) a área de incidência da disposição. Por outro lado, já aparecia aí a referência à Súmula, que iria adquirir relevo cada vez maior. Já se manifestava outrossim o mau jeito do legislador para lidar com o assunto: é evidente que contrariedade do pedido ou recurso à Súmula *(rectius:* contradição entre a tese jurídica do pedido ou do recurso e alguma das compendiadas na Súmula) apenas se concebia a respeito de questão *exclusivamente* de direito: não pode haver *teses* contraditórias sobre fato! Devia entender-se que o texto, na sua meia-língua, queria aludir não a "questões", e sim a "causas" em que se discutissem, predominantemente, questões de direito; nem por isso deixaria a redação de merecer cotação baixa.

Esse mesmo diploma legal, no alto 28, § 2º, consagrou a possibilidade do julgamento de um recurso, em qualquer sentido, pelo relator: era o agravo de instrumento contra o indeferimento do extraordinário ou do especial. Acrescentava o § 3º que, na hipótese de provimento do agravo, se o instrumento contivesse os elementos necessários ao julgamento do recurso especial, o relator, por assim dizer, converteria neste aquele recurso, determinando desde logo a respectiva inclusão em pauta, com observância, daí em diante, do procedimento peculiar ao especial. O § 4º mandava aplicar, em princípio, regime análogo ao agravo manifestado contra o indeferimento de recurso extraordinário. Tais normas viriam a reincorporar- se ao Código, *ex vi* da Lei nº 8.950, de 13-12-1994; o novo § 3º do art. 544, por sinal, empregou a palavra "conversão", ausente do texto da Lei nº 8.038, se bem que perfeitamente adequada.

Teve continuação o processo evolutivo com a Lei nº 9.139, de 30-11-1995, que, mediante alteração do art. 557 do Código, estendeu aos tribunais em geral a atribuição de competência ao relator para negar seguimento a (qualquer) "recurso manifestamente inadmissível, improcedente, prejudicado ou contrário à súmula do respectivo tribunal ou tribunal superior". "Recurso contrário à súmula" era ainda locução de discutível propriedade: a rigor, insista-se, o que pode ocorrer é contradição entre a tese jurídica sustentada pelo recorrente e a consagrada em algumas das proposições da súmula. Tampouco soava bem o "respectivo": melhor se diria "súmula do tribunal competente para o julgamento ou de tribunal superior". Em todo caso, comparada com a da Lei nº 8.038, a redação decerto melhorou: com proveito para a clareza, substituíram-se as insuficientes denominações específicas ("intempestivo", "incabível") pela genérica (inadmissível).

A Lei nº 9.756 dá novos (e largos) passos no mesmo sentido. Um deles, ao modificar o § 3º do art. 544: até então, conforme se expôs, podia o relator converter em recurso especial (e, nos termos do § 4º, em extraordinário) o agravo de instrumento interposto contra a respectiva denegação. Não lhe era lícito, entretanto, ir além, para julgar *por si* o recurso denegado, em que se convertesse o agravo: semelhante recurso necessariamente se submeteria à apreciação do colegiado. Eis que agora, sob determinadas circunstâncias, o relator se torna competente até para *Julgar* o próprio recurso especial (ou extraordinário, de acordo com o § 4º) revigorado pela conversão. Abre-se-lhe essa via quando "o acórdão recorrido estiver em confronto com a súmula ou jurisprudência dominante do Superior Tribunal de Justiça" (no concernente ao extraordinário, entenda-se: "do Supremo Tribunal Federal"). Fora daí, subsiste, com o mesmo pressuposto de antes, a possibilidade da conversão do agravo no recurso indeferido.

4. Alguns leitores devem ter percorrido com explicável tédio o retrospecto acima; outros, menos pacientes, haverão pura e simplesmente saltado por cima dele – e quem terá a coragem de censurá-los por isso? Tedioso ou não, pareceu-nos que recapitular a evolução recente do direito brasileiro seria útil para pôr em evidência uma constante, que a Lei nº 9.756 reafirma e prestigia: *a tendência progressiva a transferir para o relator atribuições judicantes tradicionalmente reservadas ao órgão colegiado.* Não se afigura temerário conjecturar que, mais dia, menos dia, a manter-se inalterado o rumo, o relator se verá investido do poder de decidir, por si, *qualquer recurso.* O julgamento monocrático, antes característico, entre nós, do primeiro grau de jurisdição, vai-se impondo também nos superiores, em detrimento da colegialidade.

É certo que a decisão do relator admite impugnação, e portanto sempre fica aberta a via para o julgamento colegiado: atente-se nos agravos que agora contemplam o art. 545, especificamente no que tange aos pronunciamentos do relator sobre o agravo do art. 544, e o § 1º (ou será § 1º) do art. 557, em termos genéricos. Ao nosso ver, não era nem é eliminável tal possibilidade. O "juiz natural" do recurso é o órgão colegiado; não há bloquear totalmente o caminho até ele. Pode-se equiparar o papel do relator ao de um "porta-voz avançado": o que ele diz, supõe-se que o diga "antecipando" a decisão do colegiado. Ao interessado ressalva-se o direito de desencadear um mecanismo de controle, capaz de mostrar se a "antecipação" correspondeu ou não ao entendimento "antecipado"; em outras palavras, se merece realmente crédito o "porta-voz"[4].

Explicado está por que ousamos pensar que esse tipo de recurso (melhor: de expediente destinado a provocar a "integração" do julgamento) deve ser admitido, nas circunstâncias, até *sem expressa previsão legal*[5]. Onde quer que se principie por dar ao relator a oportunidade de manifestar- se sozinho, tem-se de permitir que à sua voz venham juntar-se, desde que o requeira o interessado, as dos outros integrantes do órgão.

5. Passemos a outra observação, ainda de caráter genérico. Consoante registrado nos momentos oportunos, as Leis ns. 8.038 e 9.139 já haviam começado a ligar a ampliação dos poderes judicantes do relator ao intuito de prestigiar a jurisprudência. Mas em ambas só se cogitava de proposições incluídas nas Súmulas: a incompatibilidade da tese sustentada pelo recorrente com alguma daquelas é que autorizava a rejeição "antecipada" do recurso. Agora, no § 3º do art. 544, no *caput* e no § 1º-A do art. 557, investe-se o relator da atribuição de julgar, por si, quando a seu juízo houver "confronto" com Súmula *ou* com "jurisprudência dominante" – conforme o caso, do Supremo Tribunal Federal, do Superior Tribunal de Justiça, de Tribunal Superior ou do próprio tribunal competente para o feito. A conjunção alternativa evidencia que não é mister a prévia consagração da tese em Súmula: basta que esta seja adotada pela "jurisprudência dominante" para legitimar o uso do cutelo. Em última análise, nada que discorde da "jurisprudência dominante" deve sequer chegar (com a ressalva da impugnabilidade mediante agravo) ao patamar do colegiado.

---

4 De acordo com ensinamento sempre válido de MONIZ DE ARAGÃO, *Do agravo regimental, in Rev. de Dir. Proc. Civ.*, 2º v., p. 76, é "necessário permitir à parte, quando esta tenha razões fundadas para crer que o dito isolado de um só membro, extravasado no despacho que lhe é desfavorável, não espelhe a vontade do próprio tribunal a que ela se dirigira, promova a colheita dos demais votos, a fim de que se verifique o agrupamento de opiniões, característica primordial do julgamento nos juízos colegiados".

5 Nessa ordem de ideias, vimos sustentando a impugnabilidade da decisão do relator que indefira (não apenas da que defira) o requerimento de suspensão nos termos do art. 558: BARBOSA MOREIRA, ob. e v. cit., p. 647. Em sentido contrário, na jurisprudência: TJRS, 14-3-1996, Ag. Reg. no A.I. n. 596.024.075, *in Rev. For.*, v. 338, p. 310; TJPR, 17-9-1997, Ag. Reg. n. 60.443, *in Rev. de Proc.*, nº 89, p. 339.

É fácil de compreender – sobretudo por quem haja exercido, como o autor destas linhas, função judicante em segundo grau de jurisdição – o enfado com que os tribunais encaram a necessidade de ocupar-se, pela enésima vez, de questões jurídicas cuja solução já se pacificou na crônica jurisprudencial. A própria exigência de racionalização do serviço recomenda que se coíba a reiteração *ad infinitum* de tentativas de ressuscitar, sem qualquer motivo sério, discussões mortas e enterradas. Não há vantagem prática em obrigar, por exemplo, o Supremo Tribunal Federal a gastar tempo e energias, que poderiam ser mais bem aproveitados, na incessante repetição de coisas ditas e reditas a propósito de um mesmo assunto.

Aqui como alhures, porém, cumpre determinar o justo ponto de equilíbrio entre os interesses contrapostos, a fim de não lançar a barra longe demais. As teses prevalecentes, de maneira tranquila, na jurisprudência de um tribunal, é de supor que hajam sido incorporadas à respectiva Súmula. Quanto às que ainda não o foram, o que se presume é que o terreno permanece instável, sem o grau de consolidação suficiente para que salte aos olhos, bem definido, o perfil da paisagem. Incorreria em excesso de afoiteza quem se precipitasse a cortar cerce evolução em curso, que a rigor não se sabe aonde conduzirá. Tenha-se em mente que, às vezes, sucessivas decisões tomadas *numa única* sessão bastam para converter em majoritária, no tribunal, tese a cujo favor, até então, falava número menor de precedentes.

Eis por que ousamos aconselhar aos relatores boa dose de comedimento na aplicação das disposições que os autorizam a julgar com base no "confronto" com a "jurisprudência dominante". (Aliás, com a devida vênia, estenderíamos o conselho até às hipóteses de "confronto" com a Súmula, que – felizmente! – tampouco é imutável.) De resto, antes de mais nada, pode haver razões ponderáveis para colocar em dúvida a existência mesma de uma tese claramente "dominante"; nessa perspectiva, assume feição didática, por assim dizer, o adjetivo "manifesto" com que o § 1º-A (à diferença dos dispositivos análogos) faz questão de qualificar o substantivo "confronto". Pode havê-las, ademais, mesmo em casos nítidos, para não barrar *automaticamente* o acesso ao colegiado a quem se anime a prolongar o debate. Preferível tolerar algum excesso de trabalho a contribuir para a fossilização da jurisprudência.

Não pingaremos aqui o ponto final deste item sem um reparo de ordem terminológica. O legislador dá a impressão de haver empregado a palavra "confronto" no sentido de contraste, oposição, contradição, conflito. Ora, confronto significa mera comparação. É óbvio que de um confronto pode decorrer a conclusão de que as coisas confrontadas (isto é, comparadas) contrastam entre si, se opõem, se contradizem, conflitam uma com a outra; mas esse é apenas *um* dos resultados concebíveis. EUCLIDES DA CUNHA não receou incorrer em redundância ao dar a uma de suas obras o título *Contrastes e confrontos;* vê-se que o famoso escritor cultivava um hábito provavelmente estranho aos redatores da Lei nº 9.756: o de consultar dicionários antes de pegar da pena...

6. É hora de descer ao exame de questões específicas; e a leitura do novo diploma legal suscita várias. Ocioso advertir que não podemos esgotá-las todas: a atinente ao recurso extraordinário e/ou especial retido (art. 542, § 3º), por exemplo, reclamaria só para si um estudo específico. Vamos limitar-nos, pois, a dois ou três tópicos dentre os mais importantes.

A decisão do relator sobre o recurso a ele distribuído, já ficou dito, é sempre impugnável para o órgão colegiado. Tal impugnação terá por veículo novo recurso, a que o texto legal chama também "agravo" (arts. 545, *caput,* e 557, § 1º - ou § 1?). A Lei nº 9.756, todavia, não cuidou de disciplinar minuciosamente o procedimento desse agravo, ao qual se deve reconhecer efeito suspensivo. Cingiu-se ela às indicações lacônicas do § 1º (ou § 1?) do art. 557, aplicáveis à espécie do art. 545 mercê da remissão constante da parte final, *verbis:* "observado o disposto nos §§ 1º (aliás, 1, conforme se lê na publicação "retificadora") e 2º do art. 557". O texto esclarece que é de cinco dias o prazo de interposição, que o órgão *ad quem* é o competente para julgar o recurso decidido pelo relator, que há lugar para o juízo de retratação (isto é, que pode o relator reformar seu próprio pronunciamento) e que, caso não se retrate, deve ele apresentar o feito «em mesa, proferindo voto».

Da leitura infere-se, pelo menos à primeira vista, que não se dá ensejo ao agravado para responder; que não há revisão (traço este, por sinal, comum aos agravos *in genere);* que o recurso não precisa ser incluído em pauta de julgamento, e portanto se julga sem prévia comunicação às partes; que o relator sobre ele profere voto. Não se diz que providência é lícito à outra parte tomar, na hipótese de retratação do relator; a suposição intuitiva é a de que ao agravado corre o ônus de interpor *novo* agravo. Na falta de disciplina em lei, tocará ao regimento interno regular a matéria. O que em absoluto não se concebe é que o agravado fique impedido de impugnar o pronunciamento pelo qual o relator se retratou.

Mas o ponto crucial é outro. Se se apresenta o feito "em mesa", sem inclusão em pauta, e por conseguinte sem cientificação oficial das partes, poderia em tese acontecer que, provido o agravo, viesse o agravado a receber, com total surpresa, e talvez até sem possibilidade de reação, a notícia de fato consumado que lhe transforma, sem mais aquela, a vitória em derrota. Ao nosso ver, semelhante eventualidade mal se compadece com a garantia constitucional do contraditório. Será preciso construir interpretação capaz de harmonizar com a Lei Maior a sistemática do agravo em foco, por exemplo entendendo implícita no texto legal a obrigatoriedade da intimação do agravado para responder ao recurso.

7. Como é notório, a Lei nº 8.950, de 13-12-1994, ao modificar a redação do art. 511 do Código, introduziu inovação relevante na sistemática do preparo. Esse requisito de admissibilidade dos recursos tinha a singularizá-lo uma característica: era o único que só se precisava satisfazer *depois* da interposição. Com a alteração, desapareceu a particularidade: o preparo passou, ao menos em princípio, a ter de ser efetuado *antes,* cumprindo ao recorrente comprová-lo no ato mesmo de interpor o recurso.

O rigor da norma tem sofrido, em sede de doutrina e de jurisprudência, atenuações sobre as quais não nos deteremos aqui. Problema que desde o início causou preocupação foi o da eventualidade de mostrar-se insuficiente o preparo anterior à interposição. Por boas ou más razões, o recorrente, ao preparar o recurso, paga menos do que devia. *Quid iuris?* Há de ser inexoravelmente decretada a deserção, ainda quando mínima a diferença?

Adotou a Lei nº 9.756, aqui, posição menos intransigente, já tomada nesse meio-tempo em decisões judiciais[6]. Verificada a diferença entre o que se pagou e o que se tinha de pagar, de ofício ou mediante provocação da outra parte, deve o órgão perante o qual se interpõe o recurso, em vez de decretar ato contínuo a deserção, fazer intimar o recorrente para, em cinco dias, proceder à complementação necessária. Ao fim do quinquídio, suprida que seja a falta, o recurso terá seguimento; se o recorrente se houver omitido, ou se o pagamento ainda não for satisfatório, então, sim, decretar-se-á a deserção. Não se contempla a possibilidade de nova complementação: é ônus do recorrente suprir a

---

6 *V.g.*: STJ, 16-5-1996, Ag. Reg. no A. I. nº 98.082, in *Rev. do STJ*, v. 88, p. 25 (com citação de precedentes).

falta *por inteiro* no prazo. Ressalve- se, entretanto, que não fica preexcluída a incidência do art. 183.

A autoridade judiciária competente profere decisão para, considerando bem efetuado o preparo, dar seguimento ao recurso, ou, no caso contrário, declará-lo deserto. Em primeiro grau, tal decisão é, naturalmente, impugnável pelo agravo do art. 522. Se o juiz decidiu a favor do apelante, nos termos do art. 523, § 4º, 1ª parte, faz-se obrigatório, para o agravo do apelado, o regime da retenção nos autos. A declarar-se deserta a apelação, incide a ressalva final daquele dispositivo: reter o agravo seria torná-lo inútil, logo o agravante há de interpô-lo por instrumento.

8. Acerca desse conjunto de inovações – aqui apreciado exclusivamente no que interessa de modo direto aos recursos civis, com abstração de outras modificações do ordenamento processual, trazidas igualmente pela Lei nº 9.756 – é chegado o momento da indagação: como avaliá-lo? Algumas questões comportam resposta fácil. Assim, *v.g.*, é decerto louvável a solução dada ao problema da insuficiência do preparo. Não há duvidar, por outro lado, da dificuldade que gera, quanto à garantia do contraditório (e, portanto, do ponto de vista constitucional), a disciplina literalmente consagrada para o procedimento do agravo no art. 557, § 1º (ou 1?). Noutros aspectos, o veredicto ou seria agora prematuro, ou dependerá da atitude do observador com referência à premissa em que se baseou a reforma.

Está no primeiro caso a questão do aumento dos poderes judicantes conferidos ao relator. Que ele caminha ao arrepio da tradição nacional é asserto ainda substancialmente verdadeiro, embora hoje mais sujeito a restrições que algum tempo atrás; mas, de qualquer maneira, insuficiente para justificar uma condenação categórica. Terá sido decisiva para a opção do legislador a consideração do assunto pelo ângulo da simplificação do procedimento recursal, e particularmente da diminuição da carga de trabalho dos colegiados de grau superior. Nessa perspectiva, parece-nos aleatória a sorte da empresa. Ela dará bons frutos na medida em que os litigantes demonstrem a disposição de conformar-se com o pronunciamento do relator. Fora daí, em vez de simplificar, complicará as coisas: a sequência "decisão do relator – agravo – julgamento colegiado", com eventuais ramificações, é obviamente mais complexa que o itinerário observado quando o relator se cinge a estudar o recurso e a levá-lo à apreciação do colegiado. Ensina a geometria, com efeito, que a reta é a menor distância entre dois pontos.

Qual das duas hipóteses virá a preponderar na prática? A Lei nº 9.756 muniu-se de arma destinada a fazer pesar mais que o outro o seu prato predileto da balança: no § 2º do art. 557 (aplicável, repita-se, à esfera de incidência do art. 545, em virtude da remissão), comina ao agravante sanção de multa, a ser fixada entre um e dez por cento do valor corrigido (?) da causa, se o agravo for "manifestamente inadmissível ou infundado"; e condiciona a interposição de qualquer outro recurso ao depósito do respectivo valor. A disposição, porém, é criticável por mais de um prisma: *a)* sanções pecuniárias têm sempre algo de odioso, porque discriminatórias em razão da fortuna: são irrelevantes para os muito ricos, que não se incomodam de pagar, e ineficazes para os muito pobres, que não têm mesmo como fazê-lo, golpeando apenas, de modo significativo, as classes médias; *b)* não se afigura próprio o critério fundado no valor da causa, dada a escassíssima - se existente! - relação entre os assuntos; c) à semelhança do que sucede alhures, a aplicação da sanção, por erro técnico do advogado, vai atingir o litigante, que de ordinário em nada terá concorrido para a interposição de agravo infundado ou, *a fortiori,* inadmissível (basta pensar na hipótese de intempestividade).

A rigor, só há um jeito de descobrir que resultado produzirá a inovação: colher elementos objetivos na prática judicial, para apurar, entre outras coisas, o percentual de agravos no universo das decisões de relator, o tempo gasto no respectivo julgamento, a maior ou menor duração desse procedimento em confronto (aqui, é "confronto" mesmo!) com o dos casos em que o relator não decida por si, e assim por diante. Claro, claríssimo, a julgar pelos precedentes, que nada disso se vai fazer, e que daqui a meses ou anos cada comentador terá de contentar-se, para opinar, com suas "impressões" pessoais, as mais das vezes colhidas ao acaso, em conversas de corredor ou de bar de tribunal...

9. Resta o tema da adoção não somente das Súmulas, senão também da "jurisprudência dominante", como elemento de aferição do relator, instado a comparar as teses jurídicas sustentadas nos recursos com as incluídas nas Súmulas e com as esposadas pela "jurisprudência dominante". Jamais nos animaríamos a encetar, a esta altura, uma discussão séria a respeito da crescente tendência a valorizar ao máximo as soluções jurisprudenciais de questões controvertidas. É assunto para outro artigo, que não sabemos se teremos forças para escrever, nem leitores dispostos a ler.

Vamos aqui limitar-nos a uma reflexão irônica. Quanta tinta se tem gasto (a imagem, reconhecemos, é obsoleta na era da informática, em que ninguém mais usa tinta para escrever...) no debate entre os partidários e os adversários de reforma constitucional destinada a atribuir eficácia vinculante a proposições inspiradoras de precedentes nos mais altos tribunais do país! Pois bem: sem precisão de emenda, a vinculação, para fins práticos, em boa medida vai-se insinuando, pé ante pé, sorrateiramente, como quem não quer nada, e não apenas em benefício de teses "sumuladas", senão até das simplesmente bafejadas pela preferência da maioria dos acórdãos.

Emenda constitucional, para estabelecer que as Súmulas, sob certas condições, passarão a vincular os outros órgãos judiciais? Ora, mas se já vamos além, e ao custo – muito mais baixo – de meras leis ordinárias (será que somente na acepção técnica da palavra?). O mingau está sendo comido pelas beiradas, e é duvidoso que a projetada emenda constitucional ainda encontre no prato o bastante para satisfazer seu apetite...

Janeiro de 1999.

COMENTÁRIOS DO ATUALIZADOR

ALGUMAS INOVAÇÕES DA LEI N° 9.756 EM MATÉRIA DE RECURSOS CIVIS

Sérgio Ricardo de Arruda Fernandes

Em seu artigo, Barbosa Moreira lança luzes sobre a evolução legislativa empreendida na vigência do Código de Processo Civil de 1973, por meio de reformas setoriais, destacando que um dos pontos que mereceu maior atenção no trabalho de atualização foi o sistema recursal.

De fato, uma análise formal do texto do Código ab-rogado leva à constatação de que, por ocasião de sua revogação pelo atual Código de Processo Civil, pouca coisa de original no campo dos recursos havia sobrevivido à publicação de diversas leis, a partir da década de 1990.

Pode-se inferir das reformas parciais do Código de 1973 a intenção de se trazer maior agilidade e eficiência nos instrumentos processuais. E não se pode negar que o sistema recursal, tal como desenhado pela versão original do Código de 1973, era mais apegado ao formalismo e, assim, mais demorado. Incompatível, pois, com a crescente preocupação no sentido da celeridade na prestação jurisdicional, notadamente a partir dos anos 90, quando se experimentou um aumento progressivo na demanda pela prestação jurisdicional, além das profundas modificações experimentadas pela sociedade em termos de rápido acesso à informação pelos meios virtuais.

A título de exemplo, cite-se a disciplina vetusta do agravo de instrumento contra decisões preferidas na primeira instância, que previa sua interposição perante o juízo de origem, no qual se dava morosa formação do instrumento e do contraditório, para somente então vir a ser distribuído junto ao tribunal competente. Com o incremento da adoção de medidas provisórias iniciais (antecipação da tutela, tutela específica das obrigações de fazer e não fazer *etc.*), a necessidade de sua imediata revisão pelo tribunal *ad quem* deixou às claras a ineficiência do regime de então, quando, via de regra, impunha-se lançar mão da ação de mandado de segurança, em paralelo à interposição do agravo de instrumento, para efeito de desempenhar esse papel.

O que veio a ser corrigido por intermédio da Lei nº 9.139, de 1995, que alterou sua disciplina e o agravo de instrumento passou a ser interposto diretamente no tribunal. E sua disciplina ainda veio a sofrer mais ajustes ao longo dos anos seguintes.

Pois bem. Nesse processo de constante evolução legislativa, notadamente na seara recursal, examina o autor em seu artigo a edição da Lei nº 9.756, de 17 de dezembro de 1998.

E começa Barbosa Moreira, com seu tradicional toque de crítica e humor irreverente, ao destacar o erro formal do legislador ao criar mais dois parágrafos para o artigo 557 do Código ab-rogado e, de forma peculiar, denominando o primeiro deles como "§ 1º-A", seguido do "§1º". Do que tachou o autor de "originalidade" capaz de auferir pontos em "concursos de fantasias carnavalescas".

A partir de então, Barbosa Moreira passa a analisar o conteúdo das modificações empreendidas pela Lei nº 9.756, especialmente a ampliação dos poderes do relator do recurso para decidi-lo isoladamente, mediante a nova sistemática introduzida no artigo 557.

A migração de competência para julgamento recursal dos órgãos colegiados para o relator iniciou-se, basicamente, com a edição da Lei nº 8.038/90, ocasião em que se atribuiu ao relator, no âmbito do Supremo Tribunal Federal e do Superior Tribunal de Justiça, a competência para negar seguimento a recurso inadmissível ou negar provimento a recurso manifestamente improcedente ou em contrariedade a enunciado de Súmula. E a Lei nº 9.139/95 veio a estender essa ampliação de poderes ao relator para os tribunais em geral.

Nesse cenário é que sobrevém a edição da Lei nº 9.756/98, dando continuidade a essa tendência de ampliação do campo para julgamento monocrático pelo relator.

Conforme descreve o autor, no âmbito do Supremo Tribunal Federal e do Superior Tribunal de Justiça, o relator passou a poder, além de determinar a conversão do agravo de instrumento no recurso principal (extraordinário ou especial), a julgar monocraticamente – em determinadas condições (acórdão recorrido em contrariedade a súmula ou jurisprudência dominante naquela Corte) – o próprio mérito do recurso.

Essa é a tendência, registrada por Barbosa Moreira, àquela altura: *"a tendência progressiva a transferir para o relator atribuições judicantes tradicionalmente reservadas ao órgão colegiado"*.

E da redação do artigo 557 do Código de 1973, com a modificação introduzida pela Lei nº 9.756/98, o relator do recurso passou a ter competência para, isoladamente, negar seguimento ao mesmo (nos casos de sua inadmissibilidade) ou de negar-lhe ou dar-lhe provimento (sob certas condições evidenciadas nos *caput* do artigo 557 e em seu § 1º-A).

Como era de se esperar, a tendência apontada por Barbosa Moreira revelou-se incontornável e encontra-se hoje presente no Código de Processo Civil em vigor, cujo artigo 932 disciplina a matéria, nestes termos:

> Art. 932. Incumbe ao relator:
>
> I – dirigir e ordenar o processo no tribunal, inclusive em relação à produção de prova, bem como, quando for o caso, homologar autocomposição das partes;

> II – apreciar o pedido de tutela provisória nos recursos e nos processos de competência originária do tribunal;
>
> III – não conhecer de recurso inadmissível, prejudicado ou que não tenha impugnado especificamente os fundamentos da decisão recorrida;
>
> IV – negar provimento a recurso que for contrário a:
>
> a) súmula do Supremo Tribunal Federal, do Superior Tribunal de Justiça ou do próprio tribunal;
>
> b) acórdão proferido pelo Supremo Tribunal Federal ou pelo Superior Tribunal de Justiça em julgamento de recursos repetitivos;
>
> c) entendimento firmado em incidente de resolução de demandas repetitivas ou de assunção de competência;
>
> V – depois de facultada a apresentação de contrarrazões, dar provimento ao recurso se a decisão recorrida for contrária a:
>
> a) súmula do Supremo Tribunal Federal, do Superior Tribunal de Justiça ou do próprio tribunal;
>
> b) acórdão proferido pelo Supremo Tribunal Federal ou pelo Superior Tribunal de Justiça em julgamento de recursos repetitivos;
>
> c) entendimento firmado em incidente de resolução de demandas repetitivas ou de assunção de competência;
>
> VI – decidir o incidente de desconsideração da personalidade jurídica, quando este for instaurado originariamente perante o tribunal;
>
> VII – determinar a intimação do Ministério Público, quando for o caso;
>
> VIII – exercer outras atribuições estabelecidas no regimento interno do tribunal.

Como se pode extrair da leitura do artigo 932 do Código atual, manteve-se o poder decisório do relator para não conhecer dos recursos inadmissíveis, bem como para dar-lhes ou negar-lhes provimento, nas hipóteses em que a matéria versada na impugnação recursal já tiver sido objeto de exame em súmulas, em julgamento de recursos repetitivos ou nos incidentes de resolução de demandas repetitivas ou de assunção de competência.

É possível verificar uma guinada em direção ao que o autor denomina de "justo ponto de equilíbrio". Não mais se utiliza do parâmetro "jurisprudência dominante". Segundo Barbosa Moreira, as teses jurídicas prevalecentes, de forma pacífica, na jurisprudência de um tribunal devem ser incorporadas à sua respectiva Súmula. Até então, não havendo ainda essa consolidação de entendimento, defende o autor "boa dose" de prudência na aplicação da regra que autoriza o julgamento monocrático em cotejo com a "jurisprudência dominante".

Na versão atual do Código de Processo Civil, essa recomendação parece ter sido levada em conta, porquanto o artigo 932 não se utiliza do parâmetro "jurisprudência dominante" para autorizar o julgamento monocrático do recurso.

A seguir, destaca o autor que as decisões isoladas do relator são naturalmente impugnáveis mediante recurso dirigido ao próprio órgão colegiado. Afinal de contas, é o órgão colegiado o juízo natural ao qual se dirige o recurso. O papel do relator é, podemos dizer, equiparável a de um primeiro filtro, visando evitar que matérias desnecessárias sejam examinadas pelo órgão colegiado em sessão de julgamento.

O recurso cabível contra as decisões monocráticas, segundo a disciplina do Código ab-rogado, era o de agravo, conforme os artigos 544 e 557, § 1°. Tratava-se de recurso denominado simplesmente de agravo (sem adjetivação) e passível de interposição no prazo de cinco dias. A sua disciplina, que não foi feita de maneira minuciosa pela Lei nº 9.756/98, mereceu críticas de Barbosa Moreira, pois dava a entender que, mantida a decisão pelo relator – em sede de juízo de retratação – o agravo deveria ser colocado "em mesa" para julgamento, sem se referir à necessidade de intimação da parte agravada para apresentar sua resposta.

Decerto, as críticas eram procedentes, conduzindo, no atual cenário legislativo, à apresentação de melhor disciplina no contexto do Código de Processo Civil em vigor.

Eis a sua normatização atual:

> CAPÍTULO IV
>
> DO AGRAVO INTERNO
>
> Art. 1.021. Contra decisão proferida pelo relator caberá agravo interno para o respectivo órgão colegiado, observadas, quanto ao processamento, as regras do regimento interno do tribunal.

> § 1º Na petição de agravo interno, o recorrente impugnará especificadamente os fundamentos da decisão agravada.
>
> § 2º O agravo será dirigido ao relator, que intimará o agravado para manifestar-se sobre o recurso no prazo de 15 (quinze) dias, ao final do qual, não havendo retratação, o relator levá-lo-á a julgamento pelo órgão colegiado, com inclusão em pauta.
>
> § 3º É vedado ao relator limitar-se à reprodução dos fundamentos da decisão agravada para julgar improcedente o agravo interno.
>
> § 4º Quando o agravo interno for declarado manifestamente inadmissível ou improcedente em votação unânime, o órgão colegiado, em decisão fundamentada, condenará o agravante a pagar ao agravado multa fixada entre um e cinco por cento do valor atualizado da causa.
>
> § 5º A interposição de qualquer outro recurso está condicionada ao depósito prévio do valor da multa prevista no § 4º, à exceção da Fazenda Pública e do beneficiário de gratuidade da justiça, que farão o pagamento ao final.

E podemos acrescentar que o julgamento do agravo interno deve ser incluído na pauta, ao invés de ser julgado "em mesa":

> Art. 934. Em seguida, os autos serão apresentados ao presidente, que designará dia para julgamento, ordenando, em todas as hipóteses previstas neste Livro, a publicação da pauta no órgão oficial.

Ou seja, a regra atual é a de que os recursos em geral sejam julgados mediante prévia publicação da pauta da sessão de julgamento, salvo se houver alguma norma especial em sentido diverso (como ocorre, por exemplo, com os embargos de declaração, quando puderem ser julgados na sessão seguinte à sua interposição – artigo 1.024, § 1º).

Vale acenar, ainda, para a regra do atual Código que prevê a possibilidade de se admitir os embargos declaratórios opostos contra decisão monocrática do relator como agravo interno (artigo 1.024, § 3º), utilizando-se aí do princípio da fungibilidade e visando maior agilidade no seu julgamento.

Consequentemente, voltando os olhos ao artigo *sub studio,* temos que os defeitos apontados por Barbosa Moreira em relação ao procedimento do agravo contra decisão do relator, inclusive com a gravidade de flagrante inconstitucionalidade (por ofensa ao contraditório diante da ausência de manifestação do agravado), foram sanados pela disciplina em vigor no Código de 2015.

O autor também comenta a evolução que mereceu o tratamento do preparo do recurso, destacando que a Lei nº 8.950/94, alterando o sistema originário do Código ab-rogado, passou a exigir, no ato de sua interposição, a comprovação do pagamento das custas relativas à impugnação recursal.

Faltava, contudo, dispor sobre a questão da insuficiência do valor recolhido para efeito de preparo. Destacava o autor o problema causado pelo recolhimento a menor, ainda que ínfima a diferença, e a possível consequência de decretação da deserção do recurso.

A questão foi solucionada pela Lei 9.756, que modificou a redação do artigo 511 do Código de 1973, passando a prever a possibilidade de complementação da diferença apurada, a cargo do recorrente, no prazo de cinco dias.

Essa solução encontra-se atualmente incorporada ao texto do Código em vigor, como se infere do seu artigo 1.007:

> Art. 1.007. No ato de interposição do recurso, o recorrente comprovará, quando exigido pela legislação pertinente, o respectivo preparo, inclusive porte de remessa e de retorno, sob pena de deserção.
>
> § 1º São dispensados de preparo, inclusive porte de remessa e de retorno, os recursos interpostos pelo Ministério Público, pela União, pelo Distrito Federal, pelos Estados, pelos Municípios, e respectivas autarquias, e pelos que gozam de isenção legal.
>
> § 2º A insuficiência no valor do preparo, inclusive porte de remessa e de retorno, implicará deserção se o recorrente, intimado na pessoa de seu advogado, não vier a supri-lo no prazo de 5 (cinco) dias.
>
> § 3º É dispensado o recolhimento do porte de remessa e de retorno no processo em autos eletrônicos.

> § 4º O recorrente que não comprovar, no ato de interposição do recurso, o recolhimento do preparo, inclusive porte de remessa e de retorno, será intimado, na pessoa de seu advogado, para realizar o recolhimento em dobro, sob pena de deserção.
>
> § 5º É vedada a complementação se houver insuficiência parcial do preparo, inclusive porte de remessa e de retorno, no recolhimento realizado na forma do § 4º.
>
> § 6º Provando o recorrente justo impedimento, o relator relevará a pena de deserção, por decisão irrecorrível, fixando-lhe prazo de 5 (cinco) dias para efetuar o preparo.
>
> § 7º O equívoco no preenchimento da guia de custas não implicará a aplicação da pena de deserção, cabendo ao relator, na hipótese de dúvida quanto ao recolhimento, intimar o recorrente para sanar o vício no prazo de 5 (cinco) dias.

Importante ressaltar que, no sistema atualmente em vigor, a falta de preparo não implica imediatamente a deserção, tendo sido criada a oportunidade para o recorrente suprir-lhe a falta, desde que, contudo, proceda ao recolhimento em dobro de seu valor (cf. § 4º).

Na sua avaliação, aponta Barbosa Moreira que a Lei nº 9.756, a par de trazer modificações para o aperfeiçoamento do sistema recursal, suscita reflexão acerca da opção tomada na direção da ampliação dos poderes do relator. Segundo o autor, teve aqui maior peso o objetivo de simplificar o procedimento recursal e evitar, em alguma medida, a sobrecarga de trabalho dos órgãos colegiados. Mas trata-se de questão cuja solução exige prudência, porquanto as decisões do relator serão naturalmente impugnáveis, podendo o recorrente levar a matéria à apreciação do órgão colegiado mediante agravo interno. O que, na prática, pode trazer mais complicações do que simplicidade, inaugurando-se um novo procedimento recursal no âmbito do próprio recurso principal. De qualquer modo, aponta que somente o tempo e a utilização prática dessa ferramenta é que poderão comprovar o acerto da opção legislativa.

Por fim, igualmente acerta Barbosa Moreira na sua percepção de que, cada vez mais, o sistema recursal caminha no sentido de emprestar maior valor à jurisprudência consolidada nos tribunais, inclusive atribuindo aos enunciados de suas súmulas eficácia vinculante.

Com efeito, no sistema constitucional em vigor, o Supremo Tribunal Federal passou a ter competência para editar enunciados de sua Súmula com força vinculante, a partir da Emenda Constitucional n° 45/2004, consoante a disciplina da Lei nº 11.417/2006:

> Art. 103-A. O Supremo Tribunal Federal poderá, de ofício ou por provocação, mediante decisão de dois terços dos seus membros, após reiteradas decisões sobre matéria constitucional, aprovar súmula que, a partir de sua publicação na imprensa oficial, terá efeito vinculante em relação aos demais órgãos do Poder Judiciário e à administração pública direta e indireta, nas esferas federal, estadual e municipal, bem como proceder à sua revisão ou cancelamento, na forma estabelecida em lei. (Constituição Federal)

E essa tendência, atribuindo-se às decisões dos tribunais, sob determinadas condições, eficácia vinculante e *erga omnes,* veio a ser mais fortemente incorporada ao Código de Processo Civil em vigor, cujas diretrizes básicas, nessa seara, estão nos seus artigos 926 e 927:

> Art. 926. Os tribunais devem uniformizar sua jurisprudência e mantê-la estável, íntegra e coerente.
>
> § 1º Na forma estabelecida e segundo os pressupostos fixados no regimento interno, os tribunais editarão enunciados de súmula correspondentes a sua jurisprudência dominante.
>
> § 2º Ao editar enunciados de súmula, os tribunais devem aterse às circunstâncias fáticas dos precedentes que motivaram sua criação.
>
> Art. 927. Os juízes e os tribunais observarão:
>
> I – as decisões do Supremo Tribunal Federal em controle concentrado de constitucionalidade;
>
> II – os enunciados de súmula vinculante;
>
> III – os acórdãos em incidente de assunção de competência ou de resolução de demandas repetitivas e em julgamento de recursos extraordinário e especial repetitivos;

> IV – os enunciados das súmulas do Supremo Tribunal Federal em matéria constitucional e do Superior Tribunal de Justiça em matéria infraconstitucional;
>
> V – a orientação do plenário ou do órgão especial aos quais estiverem vinculados.

Portanto, precisas são as conclusões a que chega o autor, após a análise da Lei nº 9.756, avaliando as tendências que se firmavam àquela altura, projetando-as para o futuro cenário da lei processual civil.

LEI Nº 9.756: UMA INCONSTITUCIONALIDADE FLAGRANTE E UMA DECISÃO INFELIZ[1]

1. Dentre as inovações trazidas a nosso ordenamento processual pela Lei nº 9.756, de 17-12-1998, ressalta a introduzida no § 12-A *(sic)* do art. 557 do Código de Processo Civil. Esse dispositivo reforça a tendência, que já se vinha manifestando há tempos, a conferir ao relator do recurso a atribuição de julgá-lo *ex auctoritate propria*, independentemente do pronunciamento do órgão colegiado de que ele faz parte. A ideia básica, sem dúvida, é a de tentar aliviar a sobrecarga de trabalho de tal órgão. No particular, cuida-se de recurso interposto contra decisão que se afigure "em manifesto confronto *(rectius:* conflito) com súmula ou jurisprudência dominante do Supremo Tribunal Federal, ou de Tribunal Superior". Desde que ao relator pareça existente a divergência, "poderá" ele (a norma não é imperativa, deixa margem para certa discrição) "dar provimento ao recurso" - com o que, à evidência, reformará a decisão impugnada, substituindo-a por outra de diferente conteúdo.

Tendo em vista que o "juiz natural" do recurso é o órgão colegiado, não seria possível subtrair a este, em termos definitivos, o conhecimento da matéria: estaria violada a regra do art. 52, nº LIII, da Carta da República. O relator pronuncia-se, por assim dizer, na qualidade de "porta-voz" do colegiado, mas não é lícito negar ao interessado o direito de exigir que o julgamento se integre com a manifestação dos outros membros do órgão. Nada assegura, com efeito, que o pronunciamento "adiantado" do relator reflita com fidelidade o entendimento do colegiado, que será o decisivo. Por isso mesmo, o legislador dispôs *expressis verbis*, no § 1º do art. 557 (o qual, estranhamente, *sucede* ao § 12-A), que "da decisão [do relator] caberá agravo, no prazo de cinco dias, ao órgão competente para o julgamento do recurso".

Acontece, porém, que, na disciplina do processamento desse recurso, não se faz qualquer referência à audição da outra parte. Ao contrário: reza o texto (sempre o do art. 557, § 1º) que, "se não houver retratação, o relator apresentará o processo em mesa, proferindo voto". Ao agrava-

1 Publicado no *Informativo ADV*, nº 45/99, e no *Informativo INCIJUR*, nº 4.

do, portanto, não se concede a oportunidade de manifestar-se. E mais: nem sequer se lhe dá, antes do julgamento do agravo, notícia oficial do ato que se vai realizar. Com efeito: apresentar o processo "em mesa" significa, na linguagem forense, levá-lo à apreciação do colegiado com dispensa de inclusão em pauta previamente publicada. Quer dizer: o agravado, a quem beneficiara a decisão do relator, arrisca-se a passar de vencedor a vencido sem prévio conhecimento de tal possibilidade – a não ser que haja tomado a iniciativa particular de proceder a uma permanente fiscalização, pessoalmente ou por preposto, junto ao órgão competente, para verificar se se interpôs agravo ou não. E, em princípio, só ficará sabendo da eventual mudança de sua situação – quiçá relativa ao mérito da causa – quando se vier a publicar o acórdão do colegiado sobre o agravo. Até esse momento, queda-se o agravado em total isolamento, na completa ignorância do fato de estar em jogo seu destino; e, em consequência, na impossibilidade de fazer o que quer que seja para influenciar o desfecho do lance.

Ora, nos termos do art. 5º, nº LV, da Constituição da República, "aos litigantes, em processo judicial ou administrativo, e aos acusados em geral são assegurados o contraditório e ampla defesa, com os meios e recursos a ela inerentes". A garantia do contraditório desdobra-se em várias faculdades elementares; uma delas é certamente a possibilidade, que por força se há de conceder a qualquer das partes, de pronunciar-se sobre argumentos, provas *e recursos* do adversário. "Ampla defesa", por sua vez, é conceito que não pode deixar de abranger a cientificação prévia de todo ato processual de que eventualmente decorra a modificação (máxime para pior) da situação do litigante no pleito. O regime consagrado pela Lei nº 9.756 transgride, pois, duplamente a norma do art. 5º, nº LV, da Carta Federal.

2. A dupla inconstitucionalidade é tão flagrante, que dificilmente se conceberia pudessem existir, a respeito, duas opiniões. É vício que se percebe, para usar expressão clássica, *primo ictu oculi.*

Surpreende, assim, e muito, que lhe haja negado a ocorrência o Supremo Tribunal Federal, ao julgar, em 11-5-1999, o Agravo Regimental no Recurso Extraordinário nº 227.030, decisão de que primeiro tomamos conhecimento pelo *Diário Oficial* do Estado do Rio de Janeiro, Parte III, p. 6, de 21-5-1999; e, mais tarde, pela amável remessa do texto integral do acórdão por parte do respectivo relator, o eminente Ministro CARLOS

VELLOSO, magistrado de invulgares qualidades, atual Presidente daquela Excelsa Corte. A leitura da peça, diga-se logo, trouxe-nos o alívio de verificar que não partira do relator um argumento salientado naquela publicação, que, segundo parece, impressionou sobremodo os restantes Ministros, nenhum dos quais tomou a iniciativa de discuti-lo, muito menos de refutá-lo como cumpria.

O argumento seria o seguinte: dispensável a inclusão em pauta do agravo "em face da natureza dinâmica da Lei nº 9.756/98". Foi, praticamente, quanto se disse acerca do ponto. Mas, para considerar-se dispensável a inclusão em pauta, a rigor, bastava apontar o texto do art. 557, § 1º, do Código, que claramente a afasta, na medida em que determina ao relator apresentar "em mesa" o feito. A questão estava em verificar se tal determinação se compadece com a norma constitucional; e, negativa a resposta, que outra não podia ser, se apesar disso há de aplicá-la o Judiciário. Não fez assim o Supremo Tribunal Federal.

Houve, é certo, um voto divergente: o do eminente Ministro NÉRI DA SILVEIRA, que, "em face do sistema legal que assegura às partes a sustentação oral nos recursos extraordinários e diante do princípio constitucional da ampla defesa, concluía pela necessidade de se incluir em pauta o agravo". Louve-se a sensibilidade do votante, que o levou a refugar o absurdo. Dir-se-ia, contudo, que o Ministro se deixou tolher por tal ou qual timidez. Concluir pela necessidade da inclusão do agravo em pauta é concluir com absoluta correção; mas, visto que a lei aponta no sentido oposto, impunha-se, ao nosso ver, afirmar categoricamente a inconstitucionalidade dela, para recusar-lhe aplicação. Quanto à primeira parte da argumentação do voto vencido, francamente nos parece de valor secundário e, para nada calar, discutível: até caberia invocar em contrário o art. 131, § 2º, do Regimento Interno, que exclui a sustentação oral nos agravos. A inclusão em pauta, essa sim, é que não se pode dispensar, diga o que disser qualquer norma regimental ou mesmo legal, que, ao dispensá-la, invalidamente dispõe, porque ao arrepio da Constituição.

3. Voltemos, no entanto, ao fundamento em que se pretendeu apoiar um voto – com o presumível assentimento, silencioso embora, dos outros julgadores *(Qui tacet...)*. A dispensa da inclusão do agravo em pauta estaria justificada pela "natureza dinâmica da Lei nº 9.756/98". Livre-nos Deus da tentação de usar qualquer dose de ironia ao comentar pronunciamento vindo de tão alto. Acima, muito acima do gosto polêmico, que a esta altura da vida já em grande parte se nos desvaneceu, está o enorme respeito que dedicamos ao Supremo Tribunal Federal e a cada um dos seus Ministros. Mas não conseguimos refrear a exteriorização de duas ou três dúvidas que nos assomam, insidiosas, à mente.

Diz respeito a primeira à atribuição de "natureza dinâmica" à Lei nº 9.756. Confessamos desconhecer a classificação das leis que as divide em "leis de natureza dinâmica" e "leis de natureza não dinâmica (estática?)". Ademais, tampouco logramos vislumbrar, no texto constitucional, a sugerida distinção entre a disciplina aplicável a uma e a aplicável à outra dessas duas classes, do ponto de vista da garantia do contraditório e da ampla defesa. A Constituição refere-se genérica e simplesmente, sem diferenciação alguma, a "processo judicial ou administrativo"; de jeito nenhum insinua, de leve sequer, que a garantia não prevaleça caso se trate de processo regido por lei "de natureza dinâmica". Não vemos exceção desse tipo, nem de qualquer outro, na Carta da República. Não há nela ressalva de espécie alguma.

É por isso que, com os mais humildes pedidos de vênia, ousamos qualificar de flagrante a inconstitucionalidade do regime adotado e de infeliz a decisão que o prestigiou. Daremos tranquilamente a mão à palmatória se nos convencerem do contrário, com argumentos revestidos de seriedade.

Dezembro de 1999.

COMENTÁRIOS DO ATUALIZADOR

LEI N° 9.756: UMA INCONSTITUCIONALIDADE FLAGRANTE E UMA DECISÃO INFELIZ

Sérgio Ricardo de Arruda Fernandes

Neste outro artigo de Barbosa Moreira analisando a Lei nº 9.756, de 17.12.1998, que trouxe alterações ao Código de Processo Civil de 1973 em matéria recursal, detém-se o autor, mais precisamente, na análise da disciplina do agravo cabível contra as decisões monocráticas do relator, na segunda instância, consoante as disposições do artigo 557 do Código ab-rogado, modificado pela Lei nº 9.756/98.

Eis a disciplina a que se refere o texto, ensejando as críticas que serão a seguir analisadas:

> Art. 557. O relator negará seguimento a recurso manifestamente inadmissível, improcedente, prejudicado ou em confronto com súmula ou com jurisprudência dominante do respectivo tribunal, do Supremo Tribunal Federal, ou de Tribunal Superior.
>
> § 1º-A. Se a decisão recorrida estiver em manifesto confronto com súmula ou com jurisprudência dominante do Supremo Tribunal Federal, ou de Tribunal Superior, o relator poderá dar provimento ao recurso.
>
> § 1º. Da decisão caberá agravo, no prazo de cinco dias, ao órgão competente para o julgamento do recurso, e, se não houver retratação, o relator apresentará o processo em mesa, proferindo voto; provido o agravo, o recurso terá seguimento.
>
> § 2º. Quando manifestamente inadmissível ou infundado o agravo, o tribunal condenará o agravante a pagar ao agravado multa entre um e dez por cento do valor corrigido da causa, ficando a interposição de qualquer outro recurso condicionada ao depósito do respectivo valor.

Nos termos do § 1º do artigo 557, das decisões do relator que não conhecer, negar ou dar provimento ao recurso, caberá agravo (que até então não era batizado expressamente pela lei processual como agravo interno), no prazo de cinco dias, ao órgão colegiado competente para apreciar a impugnação recursal.

E nesse mesmo parágrafo, em sua segunda parte, há um arremedo de disciplina acerca do seu processamento, estabelecendo que o relator, não se retratando da decisão agravada, irá apresentar o agravo em mesa.

A primeira falha – e grave – apontada por Barbosa Moreira está no fato de não haver previsão de oportunidade para a parte contrária responder ao agravo interposto por seu adversário. Diversamente, consta do texto legal que, se o relator mantiver sua decisão monocrática, o agravo será apresentado em mesa para julgamento pelo órgão colegiado, sem que tenha havido anterior oportunidade para o agravado apresentar contrarrazões.

Em outras palavras, aponta o autor que essa sistemática permite a reversão do resultado do julgamento em segunda instância, sem que se tenha colhido a prévia manifestação da parte contrária.

Naturalmente, procedimento assim desenhado, que permite a revisão de decisões na instância superior sem que antes seja dada oportunidade à parte contrária para se manifestar, afasta-se a larga distância dos princípios constitucionais do contraditório e da ampla defesa.

Veja-se, por simetria, no caso da disciplina do agravo de instrumento, na jurisprudência do Superior Tribunal de Justiça:

> RECURSO ESPECIAL Nº 1.148.296 – SP (2009/0004347-5)
>
> RELATOR : MINISTRO LUIZ FUX
>
> PROCESSUAL CIVIL. TRIBUTÁRIO. RECURSO ESPECIAL REPRESENTATIVO DE CONTROVÉRSIA. ART. 543-C, DO CPC. AGRAVO DE INSTRUMENTO. ART. 527, V, DO CPC. **AUSÊNCIA DE INTIMAÇÃO DO AGRAVADO PARA RESPOSTA. OBRIGATORIEDADE. NULIDADE.** O PRINCÍPIO DO PREJUÍZO IMPEDE A APLICAÇÃO DA REGRA MATER DA INSTRUMENTALIDADE. VIOLAÇÃO DO ART. 535 DO CPC. NÃO-OCORRÊNCIA.
>
> 1. A intimação da parte agravada para resposta é procedimento natural de preservação do princípio do contraditório, nos termos do art. 527, V,do CPC, *in verbis*:
>
> "Art. 527. Recebido o agravo de instrumento no tribunal, e distribuído "incontinenti", o Relator:
>
> (...)
>
> V – mandará intimar o agravado, na mesma oportunidade, por ofício dirigido ao seu advogado, sob registro e com aviso de recebimento, para que responda no prazo de dez (10) dias(art. 525, § 2º), facultando-lhe juntar a documentação que entender conveniente, sendo que, nas comarcas sede de tribunal e naquelas em que o expediente forense for divulgado no diário oficial, a intimação far-se-á mediante publicação no órgão oficial."

2. A dispensa do referido ato processual ocorre tão-somente quando o relator nega seguimento ao agravo (art. 527, I), uma vez que essa decisão beneficia o agravado, razão pela qual conclui-se que a intimação para a apresentação de contra-razões é condição de validade da decisão que causa prejuízo ao recorrente. (Precedentes: REsp 1187639/MS, Rel. Ministra ELIANA CALMON, SEGUNDA TURMA, julgado em 20/05/2010, DJe 31/05/2010; AgRg nos EDcl nos EDcl no REsp 1101336/RS, Rel. Ministro HERMAN BENJAMIN, SEGUNDA TURMA, julgado em 02/02/2010, DJe 02/03/2010; REsp 1158154/RS, Rel. Ministro CASTRO MEIRA, SEGUNDA TURMA, julgado em 19/11/2009, DJe 27/11/2009; EREsp 882.119/RS, Rel. Ministro HUMBERTO MARTINS, PRIMEIRA SEÇÃO, julgado em 13/05/2009, DJe 25/05/2009; EREsp 1038844/PR, Rel. Ministro TEORI ALBINO ZAVASCKI PRIMEIRA SEÇÃO, julgado em 08/10/2008, DJe 20/10/2008)

3. **Doutrina abalizada perfilha o mesmo entendimento**, *verbis*:

"Concluso o instrumento ao relator, nas 48 horas seguintes à distribuição (art. 549, caput), cabe-lhe, de ofício, se configurada qualquer das hipóteses do art. 557 caput, indeferir liminarmente o agravo (inciso I). Não sendo esse o caso, compete-lhe tomar as providências arroladas nos outros incisos do art. 527.

(...)

A subsequente providência – cuja omissão acarreta nulidade – consiste na intimação do agravado." (**José Carlos Barbosa Moreira**, *in* COMENTÁRIOS DO ATUALIZADOR Código de Processo Civil, Vol. V, 15ª ed., Ed. Forense, p. 514)

4. *In casu*, o acórdão recorrido deu provimento ao agravo de instrumento do Município de São Paulo, causando evidente prejuízo aos agravados, ora recorrentes, por isso que merece ser reformado.

5. O art. 535 do CPC resta incólume se o Tribunal de origem, embora sucintamente, pronuncia-se de forma clara e suficiente sobre a questão posta nos autos. Ademais, o magistrado não está obrigado a rebater, um a um, os argumentos trazidos pela parte, desde que os fundamentos utilizados tenham sido suficientes para embasar a decisão.

> 6. Recurso especial provido, determinando-se o retorno dos autos à instância de origem, para que proceda à intimação do recorrente para apresentação de contra-razões ao agravo de instrumento. Prejudicadas as demais questões suscitadas. Acórdão submetido ao regime do art. 543-C do CPC e da Resolução STJ 08/2008.
>
> (STJ, Corte Especial, julgamento em 01 de setembro de 2010)

O mesmo raciocínio se aplica ao agravo interno. Vejamos a seguinte hipótese. A parte autora interpõe agravo de instrumento contra determinada decisão interlocutória que lhe fora desfavorável. Interposto o agravo de instrumento, o seu relator, entendendo que a tese recursal era manifestamente infundada, nega-lhe provimento de plano. A parte autora interpõe agravo, dirigido ao órgão colegiado competente, apresentando-o em mesa. No julgamento do agravo, o órgão colegiado dá-lhe provimento, possivelmente sem que a parte contrária sequer esteja acompanhando o julgamento.

Enfim, visualiza Barbosa Moreira evidente inconstitucionalidade nessa disciplina, porquanto não há previsão de prévia oportunidade de manifestação da parte agravada e, com o seu julgamento em mesa (e não em pauta), não se dá prévia ciência às partes de seu julgamento. O que vai de encontro com o disposto no artigo 5°, inciso LV da Constituição Federal.

A despeito do vício flagrante de inconstitucionalidade, a disciplina do agravo, sob a égide do Código de 1973, sobreviveu até sua revogação, quando o Código de 2015 trouxe nova sistemática que prestigia os princípios do contraditório e da ampla defesa.

Vejamos o que dispõe o Código de Processo Civil em vigor:

> CAPÍTULO IV – DO AGRAVO INTERNO
>
> Art. 1.021. Contra decisão proferida pelo relator caberá agravo interno para o respectivo órgão colegiado, observadas, quanto ao processamento, as regras do regimento interno do tribunal.
>
> § 1° Na petição de agravo interno, o recorrente impugnará especificadamente os fundamentos da decisão agravada.
>
> § 2° O agravo será dirigido ao relator, que intimará o agravado para manifestar-se sobre o recurso no prazo de 15 (quinze)

> dias, ao final do qual, não havendo retratação, o relator levá-lo-á a julgamento pelo órgão colegiado, com inclusão em pauta.
>
> § 3º É vedado ao relator limitar-se à reprodução dos fundamentos da decisão agravada para julgar improcedente o agravo interno.
>
> § 4º Quando o agravo interno for declarado manifestamente inadmissível ou improcedente em votação unânime, o órgão colegiado, em decisão fundamentada, condenará o agravante a pagar ao agravado multa fixada entre um e cinco por cento do valor atualizado da causa.
>
> § 5º A interposição de qualquer outro recurso está condicionada ao depósito prévio do valor da multa prevista no § 4º, à exceção da Fazenda Pública e do beneficiário de gratuidade da justiça, que farão o pagamento ao final.

A leitura do § 2° do artigo 1.021 revela claramente que os vícios existentes na disciplina anterior foram expressamente corrigidos.

Consoante a disposição atual, interposto o agravo interno, o relator determinará a intimação do agravado para responder ao recurso, no prazo de quinze dias. Observa-se aqui – como não deveria ser diferente – o princípio do contraditório.

E o agravo interno será julgado mediante inclusão na pauta da sessão de julgamento; o que assegura a prévia intimação das partes. E, assim, tudo caminha em harmonia com o princípio da ampla defesa.

Cabem aqui duas últimas observações.

A primeira, no sentido de que a disciplina atual prestigia a segurança e a isonomia ao prever, em respeito ao contraditório, a oportunidade para a prévia manifestação da parte contrária, quer antes da decisão monocrática do relator (quando for o caso, nos termos do art. 932 do CPC/2015) como depois da interposição do agravo interno (nos termos do art. 1021, § 2°).

De acordo com o artigo 932, IV e V do Código atual, o relator poderá negar ou dar provimento ao recurso, nestas hipóteses:

> Art. 932. Incumbe ao relator:
>
> (...)

> IV – negar provimento a recurso que for contrário a:
>
> a) súmula do Supremo Tribunal Federal, do Superior Tribunal de Justiça ou do próprio tribunal;
>
> b) acórdão proferido pelo Supremo Tribunal Federal ou pelo Superior Tribunal de Justiça em julgamento de recursos repetitivos;
>
> c) entendimento firmado em incidente de resolução de demandas repetitivas ou de assunção de competência;
>
> V – **depois de facultada a apresentação de contrarrazões, dar provimento ao recurso** se a decisão recorrida for contrária a:
>
> a) súmula do Supremo Tribunal Federal, do Superior Tribunal de Justiça ou do próprio tribunal;
>
> b) acórdão proferido pelo Supremo Tribunal Federal ou pelo Superior Tribunal de Justiça em julgamento de recursos repetitivos;
>
> c) entendimento firmado em incidente de resolução de demandas repetitivas ou de assunção de competência;

Percebe-se o cuidado do legislador ao dispor que o relator, nos casos em que aferir que a hipótese é de provimento do recurso (cf. inciso V), deverá adotar a providência de, antes, determinar a intimação do recorrido para apresentar resposta.

Naturalmente, cabe aqui uma exceção. Pode ocorrer que se trate de decisão proferida liminarmente na primeira instância, antes da formação do contraditório (isto é, da citação do réu), em questões de urgência. Nesse caso, o agravo de instrumento interposto contra a decisão de indeferimento *inaudita altera parte* da tutela de urgência poderá ser provido pelo relator, sem a resposta do agravado. Porque aqui o relator coloca-se na mesma situação em que se encontrava o órgão julgador de primeiro grau, o qual estava dispensado do prévio contraditório para conhecer e decidir a questão *in limine litis*. Nessas circunstâncias, diante de situações de urgência, faz-se necessário postergar o contraditório, de modo que, após a decisão, a parte contrária poderá impugná-la, quando vier a integrar a relação processual, requerendo a revogação da medida de urgência perante o juízo de origem.

Assim:

> PROCESSUAL CIVIL. MANDADO DE SEGURANÇA. ATO ATACADO: DECISÃO JUDICIAL. CONTRARRAZÕES. PRÉVIA INTIMAÇÃO. AUSÊNCIA. RELAÇÃO PROCESSUAL AINDA NÃO EFETIVADA. JULGAMENTO. POSSIBILIDADE.
>
> 1. A impetração de writ contra decisão judicial é admitida somente nos casos de manifesta ilegalidade ou abuso de poder.
>
> 2. Em tese, a ausência de oportunização do contraditório é causa de nulidade absoluta do julgado, o qual, porque violador de garantia constitucional, revela teratologia suficiente a autorizar a impetração do mandado de segurança.
>
> **3. Hipótese em que, não efetivada a relação processual pela citação, a ausência de intimação da parte *ex adversa* para apresentar resposta ao agravo de instrumento não resulta em violação dos princípios do contraditório e da ampla defesa.**
>
> 4. Agravo interno não provido.
>
> (STJ, AgInt no RMS 49.705/PR, Rel. Ministro GURGEL DE FARIA, PRIMEIRA TURMA, julgado em 01/12/2016, DJe 06/02/2017)

A segunda observação é no sentido de que a disciplina atual prestigia a celeridade e a eficiência, porquanto, uma vez interposto o agravo interno e colhida a resposta do agravado, o órgão colegiado poderá julgar a própria questão objeto do recurso principal; e não, como acenava o § 1° do artigo 557 do Código anterior, apenas determinar o prosseguimento do recurso principal ("...provido o agravo, o recurso terá seguimento.").

Exemplificando. Nos termos atuais, interposto agravo de instrumento contra decisão que indeferiu a inversão do ônus da prova, o relator vem a negar-lhe provimento, na forma do artigo 932, IV. Interposto agravo interno e colhida a resposta do agravado, o órgão colegiado já poderá enfrentar e decidir a questão objeto do recurso principal (inversão do ônus da prova), para efeito de negar provimento ao agravo interno (e confirmar o desprovimento do agravo de instrumento) ou dar-lhe provimento para reverter a decisão proferida na instância de origem. Exatamente porque, observada a atual sistemática, terá havido a prévia oportunidade para manifestação da parte contrária e, dessa forma, o respeito ao princípio do contraditório.

Cenário esse que não se extraia da leitura do disposto no artigo 557 do Código ab-rogado, com a redação que fora dada pela Lei nº 9.756/98, cujas críticas lançadas por Barbosa Moreira eram absolutamente precisas e fundadas, as quais, possivelmente, tiveram forte poder de persuasão na redação da atual disciplina legal.

JUIZO DE RETRATAÇAO E REEXAME OBRIGATÓRIO EM SEGUNDO GRAU[1]

1. Foi pontilhada de episódios curiosos a tramitação, no Congresso Nacional, do projeto nº 4.293, de 1993, que se converteria na Lei nº 9.139, de 30-11- 1995. Um deles teve como protagonista o ilustre Deputado HÉLIO BICUDO, a quem coube relatar a matéria na Comissão de Constituição e Justiça da Câmara dos Deputados. Ao opinar contra a aprovação do projeto, invocou o parlamentar, entre outros, o argumento segundo o qual a inovação central ali proposta – a saber, a interposição direta do agravo de instrumento perante o órgão *ad quem* – impediria o imediato juízo de retratação, típico do instituto.

Havia, por parte do deputado, manifesto equívoco, que oportunamente cuidamos de apontar em breve escrito[2]. Ao contrário do que dizia o parecer, o texto projetado contemplava de modo inequívoco a possibilidade de reforma da decisão agravada pelo juízo *a quo,* e até dispunha sobre um de seus efeitos, tal como hoje se vê no art. 529 do Código de Processo Civil: "Se o juiz comunicar que reformou inteiramente a decisão, o relator considerará prejudicado o agravo". E mais: cortando em definitivo dúvidas e controvérsias então ainda recorrentes[3], consagrava a tese do cabimento do juízo de retratação também para a modalidade *retida* do agravo (art. 523, § 2º, na redação atual)[4].

2. A subsistência do juízo de retratação, com as alterações fisionômicas impostas pela nova sistemática do agravo de instrumento, não deixa de

---

1 Publicado no volume coletivo *Doutrina*, nº 4; na *Rev. da ABLJ*, nº 12; na *Rev. de Dir. da PRG do Est. (RJ)*, v. 50.

2 BARBOSA MOREIRA, A reforma do agravo (Ligeiras observações sobre o projeto de lei nº 14.293, de 1993, e o parecer do Deputado Hélio Bicudo), *in ADV Informativo*, Boletim nº 32, de 13-8-1995, p. 345.

3 Para a discussão do problema, no regime anterior à Lei nº 9.139, *vide* BARBOSA MOREIRA, *COMENTÁRIOS DO ATUALIZADOR Código de Processo Civil*, v. V, 6ª ed., Rio de Janeiro, 1993, p. 464-6, com outras indicações doutrinárias e jurisprudenciais.

4 Curiosamente, sustenta MARCOS AFONSO BORGES, *Recursos cíveis*, 2ª ed., Goiânia, 1996, p. 32, que o juízo de retratação é hoje exclusivo do agravo retido, não tem lugar no de instrumento. Cuida-se, porém, de opinião isolada e, ao nosso ver, incompatível com o disposto no art. 529.

suscitar problemas, para os quais nem sempre se encontra solução clara na lei. Alguns são igualmente novos: por exemplo, o referente à via que ora se abre ao agravado para impugnar a decisão reformadora. Antes, o art. 527, § 6º, facultava-lhe requerer ao juiz a remessa do instrumento ao tribunal, a fim de que, invertidas as posições das partes, revisse aquela decisão, restaurando porventura a anterior, reformada. No regime vigente, não há cogitar de semelhante providência: o instrumento já foi apresentado diretamente ao tribunal quando da interposição do recurso pelo primitivo agravante (art. 524, *caput).* Daí a afirmação, encontradiça na literatura posterior à Lei nº 9.139, de que a parte contrária, prejudicada pela segunda decisão, precisa por sua vez interpor outro agravo para submetê-la ao reexame do órgão *ad quem*[5].

Não é nosso propósito opinar aqui sobre esse e outros tópicos de problemática extensa, cuja análise demandaria mais vagar. Vamos limitar-nos a examinar uma questão, provavelmente de ocorrência não muito frequente na prática judiciária, mas que nem por isso se despe de interesse, sobretudo para os órgãos incumbidos de representar a Fazenda Pública em juízo. A questão, diga-se logo, não é nova: punha-se em termos substancialmente iguais sob o regime anterior. Não atraiu, contudo, naquela época, a atenção da doutrina, nem parece que a venha atraindo no presente[6].

3. É bem sabido que, em certos casos, da retratação do juiz resulta decisão de natureza diversa da reformada, e sujeita por isso a disciplina recursal diferente. Particularizando o discurso: se o órgão judicial havia rejeitado preliminar capaz de acarretar, na hipótese de acolhimento, a extinção do feito *(v.g.,* falta de legitimidade para a causa, de interesse processual. litispendência, coisa julgada), a reforma de tal decisão, extin-

5 Diversamente, CÂNDIDO DINAMARCO, A reforma do Código de Processo Civil, 3ª ed., S. Paulo, 1996, p. 196, para quem bastará "mero pedido endereçado ao relator" pelo primitivo agravado. A posição preponderante pode ser ilustrada, a título exemplificativo, com a lição de HUMBERTO THEODORO JÚNIOR, *Curso de Direito Processual Civil,* 18ª ed. Rio de Janeiro, 1996, p. 577.

6 Se o texto contém crítica, ela se aplica, antes de mais nada, ao próprio autor destas linhas, que silenciou sobre o ponto nas seis primeiras edições do volume V dos *Comentários* e nas dezoito de *O novo processo civil brasileiro,* das quais a última já posterior à reforma do agravo. Mea culpa, mea maxima culpa...

guindo-o, corporifica *sentença* (art. 162, § 1º), passível de apelação (art. 513). Não teria sentido, aí, que o primitivo agravado requeresse a remessa do instrumento ao tribunal (consoante a sistemática anterior), ou interpusesse novo agravo (na linha do pensamento hoje predominante). O que lhe cabe (e sempre lhe coube) fazer é *apelar* da sentença agora proferida[7].

Pode acontecer, todavia, que essa sentença deva submeter-se *ex vi legis* a reexame necessário em segundo grau de jurisdição, conforme ocorre nos casos do art. 475 e de outras disposições análogas, insertas em leis extravagantes. Detenhamo-nos no do art. 475, nº II, a saber, da sentença "proferida contra a União, o Estado e" *(rectius:* ou) "o Município"[8].

4. Não é pacífica, vem a pelo registrar, a doutrina relativa ao ponto. Há quem opine que o dispositivo em foco não se aplica às hipóteses de extinção, sem julgamento do mérito, de processo instaurado por alguma das mencionadas pessoas jurídicas de direito público: não se estaria diante de sentença proferida *contra* o autor[9]. Trata-se, contudo, de opinião isolada, que não merece apoio.

Cabe lembrar que se tem interpretado e aplicado o art. 20, *caput,* segundo o qual deve o juiz condenar *o vencido* ao pagamento de despesas processuais e honorários advocatícios, como abrangente dos casos em que o feito se extingue sem apreciação do mérito[10]. Da parte final do art. 28 ressalta com absoluta clareza que, extinto o processo sem tal

---

7 Para o regime anterior à Lei nº 9.139, *vide* BARBOSA MOREIRA, *Coment.* cit., v. V, p. 462, com abonações de doutrina e jurisprudência na nota 55. Para o vigente, entre outros, CÂNDIDO DINAMARCO, ob. cit., p. 197; ATHOS GUSMÃO CARNEIRO, O novo recurso de Agravo e outros estudos, Rio de Janeiro, 1996, p. 41; VICENTE GRECO FILHO, *COMENTÁRIOS DO ATUALIZADOR procedimento sumário, ao agravo e à ação monitória*, S. Paulo, 1996, p. 39; CARREIRA ALVIM, *Novo agravo*, Belo Horizonte, 1996, p. 114; FREDERICO RICARDO DE ALMEIDA NEVES, Agravo – Nova sistemática, Recife, 1996, p. 62-3.

8 Cumpre entender abrangidos pela norma o Distrito Federal e os Territórios: PONTES DE MIRANDA, *COMENTÁRIOS DO ATUALIZADOR Código de Processo Civil*, t. V, Rio de Janeiro, 1974, p. 215; WELLINGTON MOREIRA PIMENTEL, *COMENTÁRIOS DO ATUALIZADOR Código de Processo Civil*, v. III, 2ª ed., S. Paulo, 1979, p. 614.

9 Assim, NELSON NERY JÚNIOR e ROSA MARIA ANDRADE NERY, *Código de Processo Civil comentado*, 2ª ed., S. Paulo, 1996, p. 851.

10 Vejam-se os acórdãos coligidos por ALEXANDRE DE PAULA, *O processo civil à luz da jurisprudência*, v. I, novo suplemento, Rio de Janeiro, 1995, ns. 38.433, 38.436, 38.437, 38.438, 38.441, 38.444-A, p. 261-3, e por THEOTONIO NEGRÃO, *Código de Processo Civil e legislação processual em vigor*, 27ª ed., S. Paulo, 1996, p. 90, nota 23 ao art. 20.

julgamento, o autor é condenado a pagar aquelas verbas, tanto que, sem pagá-las ou depositá-las em cartório, "não poderá intentar de novo a ação". É certo que no texto do art. 28 figura cláusula literalmente limitativa ("a requerimento do réu"), à vista da qual se poderia supor que o dispositivo não incide quando o juiz decreta a extinção *ex officio;* entretanto, a infeliz cláusula, incompatível às escâncaras com o sistema, vem sendo com razão desprezada[11].

Ora, se é fora de dúvida que o autor, nas hipóteses de extinção do processo sem exame do mérito, assume, na óptica do Código, a posição de "vencido", choca-se com o bom senso afirmar que a sentença não foi proferida *contra* ele. *A seu favor* é que evidentemente não o terá sido!

5. De resto, basta refletir um pouco para perceber que a *ratio legis* do art. 475, nº II, não se restringe aos casos de sucumbência da União, do Estado ou do Município no plano do *meritum causae.* O que se quer é assegurar o controle da decisão de primeiro grau por órgão hierarquicamente superior, a fim de evitar que a pessoa jurídica de direito público – e, portanto, a coletividade – seja prejudicada sem fundamento sólido. Ao ver do legislador, está em jogo relevante interesse público. Mas esse interesse pode ser injustamente ferido tanto nas hipóteses de sentença de mérito desfavorável à União, ao Estado ou ao Município, quanto naquelas em que o processo iniciado por algum desses entes se vê extinto sem apreciação da lide em sua substância.

É verdade que, salvo quando a extinção se baseie na ocorrência de perempção, litispendência ou coisa julgada, não fica a União, o Estado ou o Município impedido de intentar de novo (frutiferamente, talvez) a ação (art. 268, *caput,* 1 ª parte, combinado com o art. 267, nº V). Mesmo aí, no entanto – e ainda a fazer-se abstração do tempo gasto –, a pessoa jurídica de direito público se sujeita às condenações em custas e honorários, e tem o ônus de provar o pagamento ou depósito do respectivo montante, como pressuposto do deferimento da nova inicial (art. 268, *caput,* 2ª parte). Não se pretende que isso *jamais* haja de acontecer; pretende-se, sim, que não aconteça sem especial segurança de ser correto o

11 *Vide* os próprios NELSON NERY JÚNIOR e ROSA MARIA ANDRADE NERY, ob. cit. p. 394, nota I, *verbis* "sempre que o processo for extinto sem conhecimento do mérito". Categórica a lição de PONTES DE MIRANDA, ob. cit., t. I, 4ª ed., Rio de Janeiro, 1995, p. 411: "A referência a 'requerimento do réu ' tem de ser posta de parte, porque a extinção declarada de ofício é o princípio".

desfecho do pleito – segurança que resultará, se for o caso, da confirmação necessária da sentença pelo tribunal.

6. Vale a pena abrir aqui um parêntese para refutar o asserto, repetido amiúde, de que a sujeição obrigatória de sentenças à revisão em segundo grau constitui peculiaridade exclusiva do direito brasileiro[12]. Na América hispânica, não são poucos – inclusive entre os mais modernos, das três últimas décadas – os ordenamentos que a consagram, sob a denominação de "consulta": assim, na Argentina, o *Código procesal civil y comercial de la Nación,* art. 633, *5ª* alínea, para a sentença de interdição por alienação mental; o *Código de Procedimiento Civil* colombiano, art. 386, quanto às *"sentencias de primera instancia adversas a la Nación, los departamentos, las intendencias, las comisarías, los distritos especiales y los municipios",* bem como às de interdição e às contrárias a litigante representado por curador *ad litem;* o *Código de Procedimiento Civil* boliviano, art. 197, com relação às *"sentencias dictadas contra el Estado o entidades públicas en general";* o *Código Judicial* panamenho, art. 1.210, para *"las resoluciones dictadas en primera instancia adversas al Estado, los Municípios o cualquier entidad política-administrativa o que contra las mismas liquiden perjuicios"* (cf. art. 1.963, nº 5). O mais recente diploma processual hispano-americano, o *Código Procesal Civil* do Peru, de 1992, art. 408, além de contemplar diversas hipóteses de "consulta" com referência a sentenças de primeiro grau (interdição, sucumbência de parte representada por curador processual, recusa do juiz a aplicar lei considerada inconstitucional e *"las demás que la ley señala"),* chega a submeter à revisão obrigatória da Corte Suprema as decisões de segundo grau, não impugnadas pelo recurso de cassação, nas quais se haja deixado de aplicar lei havida por inconciliável com a Constituição.

Como se verifica, estamos longe de defrontar-nos com uma excentricidade do legislador pátrio. Sem dúvida, nem sempre coincidem com as do nosso Código as hipóteses previstas noutras legislações; mas ele não é o único que sujeita à revisão obrigatória as sentenças contrárias às entidades político-administrativas.

---

12 "Trata-se de instituto sem parâmetros na legislação comparada", lê-se em monografia ainda recente: ORESTE NESTOR DE SOUZA LASPRO, *Duplo grau de jurisdição no direito processual civil,* S. Paulo, 1995, p. 169.

7. Retomemos o fio principal da exposição e imaginemos um exemplo: em feito instaurado pela União, por Estado ou por Município, a contestação arguira a falta de *legitimatio ad causam* da autora (ou autor); o órgão judicial, em decisão interlocutória, repelira a arguição, mas vem a retratar-se ante o agravo do réu, e por conseguinte põe termo ao processo sem julgar o mérito (art. 267, nº VI). A pessoa jurídica de direito público foi indubitavelmente vencida, deve ser condenada em custas e honorários. Incidem os arts. 20 e 28; incide também, por igualdade de razão, o art. 475, nº II.

No comum dos casos, a União, o Estado ou o Município apelará. Não há supor que, pelo fato de submeter-se a sentença, *ex vi legis,* a reexame obrigatório pelo tribunal, careça a parte sucumbente de interesse em apelar. É certo que, ainda na ausência de apelação, poderá acontecer que no julgamento de segundo grau ela passe, total ou parcialmente, de vencida a vencedora. Mas, apelando, terá a oportunidade de arrazoar, de criticar a sentença, de expor argumentos tendentes a convencer o órgão *ad quem* de que aquela merece reforma ou anulação. A posição de apelante abre-lhe melhores perspectivas de modificar o resultado desfavorável. Daí o interesse que se lhe tem de reconhecer, embora falte o pressuposto da *necessidade* da interposição. Aliás, o texto mesmo do art. 475, parágrafo único, não deixa margem a dúvida sobre a admissibilidade do recurso, quando determina que os autos subam ao tribunal "haja ou não apelação voluntária da parte vencida" – cláusula redigida com má técnica, pois no sistema do Código *só* existe apelação *voluntária.* Aqui, porém, a hipótese de que se cuida é a de *inércia* da pessoa jurídica de direito público.

8. A situação figurada é concebível tanto no caso de haver-se interposto o agravo por instrumento (art. 524) quanto no de retenção do recurso (art. 523). De acordo com o art. 475, parágrafo único, *principio,* ao proferir a decisão de retratação (sentença, visto que extingue o feito), incumbe ao juiz apor-lhe a ordem de que, uma vez decorrido o prazo de interposição da apelação, se remetam os autos ao tribunal. Se não ordenar a remessa na própria sentença, poderá fazê-lo ao fim do prazo, tão logo verifique que não se apelou, ou suprir a qualquer tempo a omissão. Esta, em todo caso, é irrelevante: seja como for, os autos terão de ser remetidos.

Até o pronunciamento de grau superior, a sentença não produz efeito, consoante os dizeres do art. 475, *caput.* A rigor, ela está em princípio destinada a jamais produzi-lo, assim como a jamais transitar em julgado. Realmente: se o órgão *ad quem* rejulga a matéria decidida, quer se pronuncie do mesmo modo, quer diferentemente do órgão *a quo,* sua decisão substitui a de primeiro grau (art. 512, aplicável por analogia), e o acórdão é que poderá produzir efeito e passar em julgado[13]; se o tribunal se cinge a anular a sentença, outra será proferida pelo juízo inferior, com consequências semelhantes. Numa única hipótese será a sentença reconhecida como eficaz: na de que (pressuposta sempre a inexistência de apelação) o tribunal entenda *não ter cabimento* a revisão *ex vi legis* e restitua os autos ao órgão de origem sem reapreciar a matéria.

9. No caso de retenção do agravo nos autos (art. 523), uma vez reformada a interlocutória pelo juiz, simplesmente se procede como se houvesse proferido de início a nova decisão (sentença); isto é, como se se houvesse desde logo acolhido a preliminar tendente à extinção do processo sem apreciação do mérito. Findo o prazo legal sem interposição de apelação pela parte vencida, os autos serão remetidos ao juízo de segundo grau; não o sendo, "poderá o presidente do tribunal avocá-los" (art. 475, parágrafo *único, fine).* O "poderá" vale aí por "deverá": não se concede discrição ao presidente do tribunal.

A hipótese mais provável é a de que o presidente tome ciência da situação mediante requerimento que lhe dirija a União, o Estado ou o Município, ou por provocação do Ministério Público. Se o requerimento vier instruído com provas cabais, o presidente avocará os autos sem outras formalidades. Tendo dúvida sobre algum pressuposto da remessa obrigatória' poderá requisitar informações ao juiz *a quo.* Em seguida, decidirá, no prazo de dez dias (art. 189, nº II), determinando a avocação ou indeferindo-a, se a entender incabível; contra a decisão de indeferimento disporá o interessado do remédio previsto no regimento interno do tribunal. Os autos serão oportunamente distribuídos ao órgão fracionário competente, nos termos regimentais.

10. Se o agravo houver sido interposto por instrumento (art. 524), deve o juiz, ao retratar-se, comunicar o fato, incontinenti, ao relator do recurso no tribunal. Cabe ao próprio relator declarar prejudicado o agravo

13 Cf. AMARAL SANTOS, *COMENTÁRIOS DO ATUALIZADOR Código de Processo Civil,* v. IV, 7ª ed., Rio de Janeiro, 1994, p. 462.

(art. 529, *fine).* Essa atribuição de competência visa a evitar a demora que resultaria da inútil continuação do processamento do recurso; nesse ponto, a regra do art. 529, *fine,* não é mais que uma aplicação particular da contida no art. 557.

Se o órgão de primeiro grau deixa de fazer a comunicação, ou a retarda, nada impede que a parte interessada, ou o Ministério Público, tome a iniciativa de suprir a omissão[14]. Todavia, embora seja pouco provável não é inconcebível que chegue o momento de julgar-se o agravo, sem que o tribunal haja tido ciência da reforma da decisão. O julgamento, que eventualmente se consume, não terá objeto: a decisão agravada já não existe. Seja qual for o sentido em que se pronuncie o órgão *ad quem,* nenhuma influência sofrerá o desfecho do pleito, tal como o configurou a sentença terminativa. Quanto à remessa dos autos ao tribunal, aplica-se o que ficou dito no item anterior.

Março de 1997.

COMENTÁRIOS DO ATUALIZADOR

JUIZO DE RETRATAÇAO E REEXAME OBRIGATÓRIO EM SEGUNDO GRAU

Sérgio Ricardo de Arruda Fernandes

No artigo em referência, Barbosa Moreira aborda a questão relativa ao exercício do juízo de retratação, em sede de agravo interposto contra decisão interlocutória proferida no primeiro grau de jurisdição, após a profunda alteração provocada na disciplina dessa espécie recursal, por força da Lei nº 9.139/95.

---

14 CLITO FORNACIARI JÚNIOR, *A reforma processual civil*, S. Paulo, 1996, p. 122, alude à iniciativa da parte interessada, explicando que a esta incumbe juntar "cópia do novo entendimento acerca da questão recorrida".

Com efeito, na versão original do Código de Processo Civil de 1973, o agravo de instrumento era interposto perante o juízo prolator da decisão interlocutória impugnada. E, a partir daí, operava-se procedimento complexo, com várias etapas, incluindo a formação do instrumento, prazo para o recolhimento das custas relativas ao preparo, resposta do agravado para efeito de contraditório, o exercício do juízo de retratação do órgão julgador e, ainda, o aproveitamento do autos do agravo de instrumento em favor da parte contrária, caso houvesse a reforma da decisão recorrida.

Realmente, tratava-se de procedimento moroso e incapaz de levar ao Tribunal o imediato conhecimento da matéria objeto da impugnação, de modo que, à época de sua vigência, era usual a utilização da ação de mandado de segurança, em paralelo à interposição do agravo de instrumento, para aquele fim. Realmente, um modelo que nem de longe seria admissível em tempos modernos, dada a incessante busca da sociedade por respostas rápidas, inclusive em termos de prestação jurisdicional.

Esse cenário foi radicalmente alterado pela Lei nº 9.139/95, estabelecendo que o agravo de instrumento passaria a ser interposto diretamente no Tribunal, alterando-se a sua dinâmica procedimental.

Sob essa ótica passa o autor a analisar a questão do exercício do juízo de retratação, uma vez que não mais interposto o agravo de instrumento perante o próprio órgão prolator da decisão recorrida.

Na hipótese de agravo interposto na sua modalidade retida nos próprios autos, não sobrevinha maior dificuldade, porquanto o seu processamento dava-se perante o mesmo juízo.

E a Lei nº 9.139/95 tratou expressamente do ponto:

> Art. 523 – Na modalidade de agravo retido o agravante requererá que o tribunal dele conheça, preliminarmente, por ocasião do julgamento da apelação.
>
> (...)
>
> § 2º – Interposto o agravo, o juiz poderá reformar sua decisão, após ouvida a parte contrária, em 5 (cinco) dias.

Em relação ao procedimento do agravo de instrumento, assevera Barbosa Moreira que o legislador também não deixou espaço a dúvida, ao estabelecer:

> Art. 529 – Se o juiz comunicar que reformou inteiramente a decisão, o relator considerará prejudicado o agravo.

No Código de Processo Civil atual, foi mantida a mesma dinâmica em relação ao agravo de instrumento no tocante à sua interposição diretamente no Tribunal. Foi mantida, também, a possibilidade do exercício do juízo de retratação pelo órgão judicial de primeira instância, à luz do que dispõe o seu artigo 1.018, § 1°:

> Art. 1.018. O agravante poderá requerer a juntada, aos autos do processo, de cópia da petição do agravo de instrumento, do comprovante de sua interposição e da relação dos documentos que instruíram o recurso.
>
> § 1° Se o juiz comunicar que reformou inteiramente a decisão, o relator considerará prejudicado o agravo de instrumento.
>
> § 2° Não sendo eletrônicos os autos, o agravante tomará a providência prevista no *caput*, no prazo de 3 (três) dias a contar da interposição do agravo de instrumento.
>
> § 3° O descumprimento da exigência de que trata o § 2°, desde que arguido e provado pelo agravado, importa inadmissibilidade do agravo de instrumento.

Porém, convém destacar que a disciplina do agravo sofreu importante alteração no Código de 2015, sendo eliminada a figura do agravo retido nos autos. Em linhas gerais, adotou-se o cabimento de agravo de instrumento para determinadas decisões interlocutórias previstas no seu artigo 1.015, sendo que as demais passaram a ser impugnáveis somente após a prolação da sentença, por intermédio do recurso de apelação:

> Art. 1.009. Da sentença cabe apelação.
>
> § 1° As questões resolvidas na fase de conhecimento, se a decisão a seu respeito não comportar agravo de instrumento, não são cobertas pela preclusão e devem ser suscitadas em preliminar de apelação, eventualmente interposta contra a decisão final, ou nas contrarrazões.
>
> 2° Se as questões referidas no § 1° forem suscitadas em contrarrazões, o recorrente será intimado para, em 15 (quinze) dias, manifestar-se a respeito delas.

> § 3º O disposto no caput deste artigo aplica-se mesmo quando as questões mencionadas no art. 1.015 integrarem capítulo da sentença.

Pois bem. Voltando ao texto em exame, observa Barbosa Moreira que, uma vez exercido o juízo de retratação e proferido novo ato decisório em direção oposta ao anterior, a parte recorrida torna-se, então, a sucumbente, nascendo para si o interesse em impugnar a nova decisão.

No sistema original do Código ab-rogado, a parte agravada poderia aproveitar-se dos mesmos autos do instrumento formado na instância de origem e neles prosseguir com a sua impugnação.

Contudo, no sistema estruturado a partir da Lei nº 9.139/95, sendo o agravo de instrumento interposto diretamente no Tribunal, essa opção já não mais seria possível, surgindo a necessidade da interposição de outro recurso pela parte que, com o resultado do exercício da retratação, tornou-se sucumbente. E, quanto ao primitivo, não mais seria o agravo examinado pelo Tribunal diante da perda de seu objeto (cf. art. 529, CPC/73).

Inclusive, aponta Barbosa Moreira que, por lapso, não sendo comunicada a reforma da decisão impugnada e vindo o Tribunal a julgar o agravo de instrumento (que ficara prejudicado pela alteração do resultado primitivo), nenhuma influência prática teria a sua decisão, porquanto não mais teria objeto o julgamento. Nas suas palavras, o "julgamento, que eventualmente se consume, não terá objeto: a decisão agravada já não existe".

A partir daí, o autor observa, com bastante precisão, que o exercício do juízo de retratação pode resultar na prolação de ato decisório com natureza diversa do anterior. E cita o exemplo da decisão interlocutória que rejeita uma questão preliminar atinente ao regular exercício do direito de ação. No juízo de retratação do respectivo agravo interposto pela parte ré, o seu resultado positivo deverá conduzir à prolação de uma sentença terminativa, pondo termo ao processo sem exame de mérito.

Nesse caso, soa como natural que a parte autora, vencida no juízo de retratação e diante da prolação da sentença terminativa, deva impugná-la por meio de apelação; e não de agravo de instrumento.

E segue o autor em direção ao exame do cerne de suas considerações: e se a sentença, proferida após o juízo de retratação, estiver sujeita a reexame obrigatório?

Nas suas elucidações, adverte Barbosa Moreira que a natureza terminativa da sentença, desde que desfavorável ao Poder Público, não afastava a regra do artigo 475 do Código ab-rogado. Assim porque, sendo o ente público o autor da ação, a sua extinção, sem exame de mérito, significaria a prolação de sentença contra si.

Vale apontar que, em relação ao universo das execuções fiscais, diante da regra prevista no inciso II do artigo 475 do Código de 1973, fazendo alusão à sentença de procedência proferida nos embargos à execução, formou-se o sólido entendimento de que a sentença terminativa da execução fiscal, sem apreciação meritória, não está sujeita a reexame obrigatório. Veja-se:

> EMBARGOS DE DIVERGÊNCIA EM RESP Nº 251.841 - SP (2000/0088146-5)
>
> RELATOR MINISTRO EDSON VIDIGAL
>
> PROCESSUAL CIVIL. FAZENDA PÚBLICA ESTADUAL. EMBARGOS À EXECUÇÃO REJEITADOS. REEXAME NECESSÁRIO. INAPLICABILIDADE.
>
> 1. O CPC, art. 475, ao tratar do reexame obrigatório em favor da Fazenda Pública, incluídas as Autarquias e Fundações Públicas, no tocante ao processo de execução, limitou o seu cabimento apenas à hipótese de procedência dos embargos opostos em execução de dívida ativa (inciso II). Não há, pois, que estendê-lo aos demais casos.
>
> 2. Precedentes (Eresp 241959, Corte Especial, Rel. Min. Sálvio de Figueiredo, DJ de 18.08.2003).
>
> 3. Embargos de divergência não conhecidos.
>
> (STJ, Corte Especial, 25 de março de 2004)

> PROCESSUAL CIVIL. AGRAVO INTERNO NO AGRAVO REGIMENTAL NO RECURSO ESPECIAL. EXCEÇÃO DE PRÉ-EXECUTIVIDADE ACOLHIDA PARA EXTINGUIR A EXECUÇÃO FISCAL SEM RESOLUÇÃO DE MÉRITO DIANTE DO RECONHECIMENTO DA LITISPENDÊNCIA. REEXAME NECESSÁRIO. INAPLICABILIDADE. AGRAVO INTERNO DA CONTRIBUINTE A QUE SE DÁ PROVIMENTO.
>
> 1. A jurisprudência reconhece o cabimento de Reexame

> Necessário na hipótese de acolhimento da Exceção de Pré-Executividade para extinguir a Execução Fiscal, uma vez que se trata de sentença desfavorável à Fazenda Pública, que se equipara à sentença de procedência dos Embargos à Execução, incindindo, por analogia, o mesmo regime a que estes seria aplicável.
>
> 2. Também se encontra consolidado o entendimento de que, em sede de Embargos à Execução, a sentença de mérito é a única passível de duplo grau obrigatório, a teor do art. 475, I do CPC/1973, sendo que a condenação no pagamento da verba sucumbencial, por si só, não dá ensejo ao cabimento do Reexame Necessário. Precedentes: AgInt no AREsp. 906.674/SP, Rel. Min. FRANCISCO FALCÃO, DJe 26.2.2018; AgRg no AREsp 601.881/RJ, Rel. Min. BENEDITO GONÇALVES, DJe 24.9.2015; AgRg no AREsp 335.868/CE, Rel. Min. HERMAN BENJAMIN, DJe 9.12.2013.
>
> 3. No caso dos autos, trata-se de acolhimento de Exceção de Pré-Executividade, para extinguir o feito executivo sem resolução de mérito, diante do reconhecimento da litispendência, inexistindo condenação do Ente Fazendário, mas apenas fixação de honorários advocatícios em decorrência do princípio da causalidade. Portanto, a sentença terminativa não se sujeita ao Reexame Necessário, visto que não se enquadra nas hipóteses do art. 475 do CPC/1973.
>
> 4. Agravo Interno da Contribuinte provido, para reconhecer ser incabível o Reexame Necessário na hipótese dos autos.
>
> (AgInt no AgRg no REsp 1349876/PE, Rel. Ministro NAPOLEÃO NUNES MAIA FILHO, PRIMEIRA TURMA, julgado em 09/03/2020, DJe 11/03/2020)

No tocante às sentenças terminativas proferidas em processos de conhecimento, desfavoráveis ao Poder Público, sobrevive o questionamento se a natureza da sentença deve interferir no cabimento da revisão obrigatória.

Essa questão não foi dirimida pelo texto do atual Código de Processo Civil, que, em linhas gerais, mantém a mesma dicção atinente às hipóteses de reexame obrigatório:

> Da Remessa Necessária
>
> Art. 496. Está sujeita ao duplo grau de jurisdição, não produzindo efeito senão depois de confirmada pelo tribunal, a sentença:
>
> I – proferida contra a União, os Estados, o Distrito Federal, os Municípios e suas respectivas autarquias e fundações de direito público;
>
> II – que julgar procedentes, no todo ou em parte, os embargos à execução fiscal.

Enfim, maior reflexão sobre o tema não pode conduzir a resultado diverso daquele apurado pela perspicácia de Barbosa Moreira, que ressalta: "O que se quer é assegurar o controle da decisão de primeiro grau por órgão hierarquicamente superior, a fim de evitar que a pessoa jurídica de direito público – e, portanto, a coletividade – seja prejudicada sem fundamento sólido. (...) Mas esse interesse pode ser injustamente ferido tanto nas hipóteses de sentença de mérito desfavorável à União, ao Estado ou ao Município, quanto naquelas em que o processo iniciado por algum desses entes se vê extinto sem apreciação da lide em sua substância".

De toda sorte, a questão abordada pelo autor em seu artigo subsiste independentemente da natureza da sentença resultante do juízo de retratação, em sede de agravo de instrumento. Pode o caso versar sobre uma questão relativa a prescrição ou decadência, refutada inicialmente pelo juízo de origem e, após o juízo positivo de retratação, resultar em sentença de mérito conduzindo à improcedência do pedido.

Aliás, nos moldes da lei processual atualmente em vigor, tem-se entendido cabível a interposição de agravo de instrumento (cf. art. 1.015, CPC/2015) contra a decisão que rejeita alegação de prescrição ou decadência:

> ADMINISTRATIVO E PROCESSUAL CIVIL. AGRAVO INTERNO NO RECURSO ESPECIAL. DECISÃO QUE DETERMINA PRODUÇÃO DE PROVA PERICIAL E AFASTA PRESCRIÇÃO. INTERPOSIÇÃO DE AGRAVO DE INSTRUMENTO. ART. 1.015 DO CPC/2015. HIPÓTESES DE CABIMENTO.

1. Na espécie, o acórdão proferido pela Corte de origem assentou a inexistência de previsão legal para recorribilidade imediata da decisão que deferiu a realização de prova pericial e afastou a prejudicial de prescrição.

2. Contudo, ao decidir pelo não cabimento do agravo de instrumento, o Tribunal a quo dissentiu da jurisprudência deste Sodalício sobre o tema, segundo a qual "Cabe agravo de instrumento contra decisão que reconhece ou rejeita a ocorrência da decadência ou da prescrição, incidindo a hipótese do inciso II do art. 1.015 do CPC/2015" (REsp 1.772.839/SP, Rel. Ministro Antonio Carlos Ferreira, Quarta Turma, julgado em 14/5/2019, DJe 23/5/2019).

3. Note-se que o mesmo entendimento pelo cabimento do agravo de instrumento é aplicável no que se refere à pretensão relativa à redistribuição do ônus da prova. Precedente.

4 . Agravo interno a que se nega provimento.

(STJ, AgInt no REsp 1863039/RS, Rel. Ministro SÉRGIO KUKINA, PRIMEIRA TURMA, julgado em 14/09/2020, DJe 18/09/2020)

CIVIL. PROCESSUAL CIVIL. AÇÃO DE REPARAÇÃO DE DANOS MATERIAIS E MORAIS. DECISÃO INTERLOCUTÓRIA QUE REJEITA A ALEGAÇÃO DE PRESCRIÇÃO ARGUIDA PELO RÉU. RECORRIBILIDADE IMEDIATA POR AGRAVO DE INSTRUMENTO. POSSIBILIDADE. CABIMENTO DO RECURSO COM BASE NO ART. 1.015, II, DO CPC/2015. PRESCRIÇÃO E DECADÊNCIA. QUESTÕES DE MÉRITO, SEJA NO ACOLHIMENTO, SEJA NA REJEIÇÃO.

1- Ação proposta em 27/10/2007. Recurso especial interposto em 26/09/2017 e atribuído à Relatora em 08/05/2018.

2- O propósito recursal consiste em definir se a decisão interlocutória que afasta a alegação de prescrição é recorrível, de imediato, por meio de agravo de instrumento interposto com fundamento no art. 1.015, II, do CPC/2015.

3- O CPC/2015 colocou fim às discussões que existiam no CPC/73 acerca da existência de conteúdo meritório nas decisões que afastam a alegação de prescrição e de decadência,

> estabelecendo o art. 487, II, do novo Código, que haverá resolução de mérito quando se decidir sobre a ocorrência da prescrição ou da decadência, o que abrange tanto o reconhecimento, quanto a rejeição da alegação.
>
> 4- Embora a ocorrência ou não da prescrição ou da decadência possam ser apreciadas somente na sentença, não há óbice para que essas questões sejam examinadas por intermédio de decisões interlocutórias, hipótese em que caberá agravo de instrumento com base no art. 1.015, II, do CPC/2015, sob pena de formação de coisa julgada material sobre a questão. Precedente.
>
> 5- Provido o recurso especial pela violação à lei federal, fica prejudicado o exame da questão sob a ótica da divergência jurisprudencial.
>
> 6- Recurso especial conhecido e provido.
>
> (STJ, REsp 1738756/MG, Rel. Ministra NANCY ANDRIGHI, TERCEIRA TURMA, julgado em 19/02/2019, DJe 22/02/2019)

Por último, descreve Barbosa Moreira a sistemática pela qual, exercido o juízo de retratação e sobrevindo a prolação de sentença desfavorável ao ente público, o ato decisório será impugnável mediante apelação. E, mesmo que não interposta a apelação, enquadrando-se o caso nas hipóteses legais de revisão obrigatória, deverá o órgão julgador de primeiro grau encaminhar os autos ao Tribunal (cuja omissão pode importar na avocação dos autos pelo Presidente do Tribunal). E, enquanto não reexaminada pelo órgão *ad quem,* a sentença proferida não produzirá quaisquer efeitos.

Não custa acrescentar que esse *modus operandi* não foi alterado na disciplina do Código de Processo Civil em vigor. De modo que, exercido o juízo de retratação em sede de agravo de instrumento e proferindo o órgão julgador uma sentença, a mesma será recorrível por meio de apelação. E nas hipóteses legais de reexame obrigatório, ainda que não interposta a apelação, os autos deverão ser necessariamente submetidos à apreciação do Tribunal.

As principais alterações, nessa seara, ocorreram na amplitude do cabimento da revisão obrigatória, buscando o legislador limitar a sua ocorrência diante dos critérios da importância econômica do litígio e da existência de precedentes coincidentes com o conteúdo da sentença. Veja-se:

> Art. 496. (...)
>
> § 3º Não se aplica o disposto neste artigo quando a condenação ou o proveito econômico obtido na causa for de valor certo e líquido inferior a:
>
> I – 1.000 (mil) salários-mínimos para a União e as respectivas autarquias e fundações de direito público;
>
> II – 500 (quinhentos) salários-mínimos para os Estados, o Distrito Federal, as respectivas autarquias e fundações de direito público e os Municípios que constituam capitais dos Estados;
>
> III – 100 (cem) salários-mínimos para todos os demais Municípios e respectivas autarquias e fundações de direito público.
>
> § 4º Também não se aplica o disposto neste artigo quando a sentença estiver fundada em:
>
> I – súmula de tribunal superior;
>
> II – acórdão proferido pelo Supremo Tribunal Federal ou pelo Superior Tribunal de Justiça em julgamento de recursos repetitivos;
>
> III – entendimento firmado em incidente de resolução de demandas repetitivas ou de assunção de competência;
>
> IV – entendimento coincidente com orientação vinculante firmada no âmbito administrativo do próprio ente público, consolidada em manifestação, parecer ou súmula administrativa.

JULGAMENTO DO RECURSO ESPECIAL *EX* ART. 105, III, *A*, DA CONSTITUIÇÃO DA REPÚBLICA: SINAIS DE UMA EVOLUÇÃO AUSPICIOSA[1]

1. É bem conhecida a questão atinente ao julgamento do recurso especial interposto com invocação do art. 105, nº III, *a,* da Constituição da República. O texto da Carta autoriza a impugnação por essa via "quando a decisão recorrida contrariar tratado ou lei federal, ou negar-lhes vigência". Encontra paralelo a disposição na do art. 102, nº III, *a,* atinente ao recurso extraordinário, em relação ao qual são estes os dizeres: "quando a decisão recorrida contrariar dispositivo desta Constituição". De resto, notoriamente, sob os regimes constitucionais anteriores a 1988, todas as hipóteses diziam respeito ao extraordinário, e o problema de que (mais uma vez) nos ocupamos punha-se nos termos adequados à sistemática então em vigor. Feita abstração da competência para o julgamento, agora bipartida, os dados não mudaram, e toda a discussão pode formular-se indiferentemente para ambos os recursos.

A fim de tornar mais cômoda a exposição, de preferência vamos referir- nos expressamente, em princípio, ao caso de *contrariedade* da decisão a lei federal. É claro, porém, que o que expusermos valerá, *mutatis mutandis,* para os outros casos previstos na Constituição, inclusive para o recurso extraordinário *ex* art. 102, III, *a.*

Dito isso, é possível enunciar como se segue a questão controvertida. Supondo-se que o Superior Tribunal de Justiça chegue à conclusão de que o acórdão impugnado pelo recorrente não contém o alegado erro, isto é, não contrariou a lei mencionada, que decisão deve proferir? A prática por longo tempo reinante vem consistindo em proclamar que *não se conhece* do recurso especial[2] – e o mesmo ocorre, desde a vigência das precedentes Constituições, no Supremo Tribunal Federal, quanto à hipótese análoga do recurso extraordinário. De há muito, contudo, essa ma-

1 Trabalho escrito para o volume comemorativo do 10º aniversário do Superior Tribunal de Justiça (*STJ 10 anos.* Brasília, 1999). Publicado também no volume coletivo *Doutrina,* nº 8, na *Rev. For.*, v. 349, *in AJURIS,* nº 75, na *Rev. da EMERJ*, nº 7, e na *Rev. da ABLJ*, nº 16.

2 *V.g.*, 9-5-1996, Emb. de Decl. no Rec. Esp. nº 23.999, *in DJ* de 3-6-1996, p. 19.232.

neira de julgar é objeto de críticas doutrinárias[3], e no próprio seio da Corte Suprema algumas vozes muito prestigiosas dela discreparam, para afirmar que a solução correta, aí, é *conhecer do recurso e negar-lhe provimento*[4].

2. Recapitulemos, em síntese, os argumentos com que se tem criticado a prática dominante[5]. Em perspectiva técnica, observa-se que:

a) o modo costumeiro de decidir elimina a distinção, inerente ao julgamento de quaisquer recursos, entre o juízo de admissibilidade – concernente aos requisitos que o recurso há de satisfazer para que o órgão *ad quem* possa apreciar o conteúdo da impugnação –, e o juízo de mérito – no qual, depois de reconhecida a admissibilidade, o órgão *ad quem* passa a verificar se a impugnação é fundada, se a decisão na verdade padece do vício apontado, numa palavra: se o recorrente tem razão;

b) de acordo com a técnica tradicionalmente empregada, no recurso especial *ex* art. 105, III, *a*, o resultado do julgamento oscila entre estas duas únicas possibilidades: ou o Tribunal entende que a impugnação tem fundamento, e nesse caso *provê* o recurso, ou entende que não o tem, e nesse caso *não conhece* do recurso. Ora, o esquema assim armado atenta contra a lógica: em primeiro lugar, "não conhecer" de forma alguma é o contrário de "prover", mas apenas o contrário de "conhecer"; e o contrário de "prover" é "desprover", jamais "não conhecer" – tudo de

3 Aqui nos cingiremos a recordar os ensinamentos de PONTES DE MIRANDA, COMENTÁRIOS DO ATUALIZADOR Código de Processo Civil (de 1973), Rio de Janeiro. t. VI, 3ª ed. (atualizada por Sergio Bermudes), 1998, p. 172/3, e t. VIII, 1ª ed., 1975, p. 173, 197; *Tratado da ação rescisória*, 5ª ed., 1976, Rio de Janeiro, p. 154. Outras referências bibliográficas in BARBOSA MOREIRA, *COMENTÁRIOS DO ATUALIZADOR Código de Processo Civil*, v. V, 7ª ed., Rio de Janeiro, 1998, p. 596, nota 68.

4 Assim, por exemplo, EDMUNDO LINS, de quem vale a pena ler o excelente voto vencido no julgamento dos Emb. no Rec. Extr. nº 1.337, de 21-9-1921, *in Rev. do STF*, v. 38, p. 74/6 (cf., antes, o voto no julgamento dos Emb. no Rec. Extr. nº 1.328, de 13-10-1920, *ibid.*, v. 27, p. 76); e PHILADELPHO AZEVEDO, conforme se vê pelos votos na Ação Resc. nº 28, *in Um triênio de judicatura*, v. V, S. Paulo, s.d., p. 116, e no Rec. Extr. nº 9.181, *in Arq. Jud.*, v. 78, p. 299.

5 Cuidamos, em mais de uma ocasião, de expô-los cumpridamente: *vide* nossos artigos Juízo de admissibilidade e juízo de mérito no julgamento do recurso especial, no volume coletivo Recursos no Superior Tribunal de Justiça, ed. por SALVIO DE FIGUEIREDO TEIXEIRA, S. Paulo, 1991, p. 163 e s., ou *in Temas de Direito Processual* (Quinta Série), S.Paulo, 1994, p. 131 e s.; e *Que significa "não conhecer" de um recurso?*, *in Temas de Direito Processual* (Sexta Série). S. Paulo, 1997, p. 125 e s. Cf., em termos mais sucintos, nossos Comem. ao C.P.C. cit. (nota 2), p. 570, 595/7, 600.

acordo com terminologia consagrada e fundamente enraizada na linguagem jurídica brasileira;

c) nos casos em que um tribunal *não conhece* de determinado recurso, na acepção própria da expressão, forçosamente fica por examinar parte da matéria suscitada pelo recorrente (o mérito do recurso), ao passo que, quando se utiliza a fórmula do "não conhecimento" para negar que a decisão impugnada mereça censura, na realidade já se examinou tudo que comportava exame: nada sobrou – o que suscita a pergunta irrespondível: que é, então, que se passaria ainda a examinar, se do recurso se conhecesse?

d) durante o julgamento, se há, no colegiado, quem conclua que o recorrente tem razão e quem conclua que ele não a tem, a prática tradicional dá ensejo a que se profiram, na mesma etapa, com referência ao mesmo *thema decidendum,* votos no sentido do *provimento* e votos no sentido do *não conhecimento* do recurso – o que a rigor deveria configurar este absurdo: um ou alguns dos votantes estão a pronunciar-se sobre preliminar, enquanto outro ou outros já se pronunciam sobre o mérito, com estridente infração dos arts. 560 e 561 do Código de Processo Civil;

e) na hipótese em foco, sempre conforme a técnica usual, o Tribunal nunca dirá que conhece do recurso e lhe nega provimento – possibilidade que em qualquer outro caso se lhe abre, e parece estranho que se exclua aqui *a priori.*

3. A tais argumentos de índole técnica juntam-se outros, extraídos das consequências a que necessariamente leva a aplicação do método habitual. Um deles diz respeito ao recurso especial (ou extraordinário) adesivo. Na conformidade do art. 500, nº III, do diploma de 1973, esse recurso "não será conhecido, se houver desistência do recurso principal, *ou se for ele declarado inadmissível* ou deserto". Pois bem: se o Tribunal declara que "não conhece" do recurso principal, isso quer dizer *(rectius:* deveria querer dizer) que o recurso principal foi declarado inadmissível, logo não se pode conhecer do adesivo. É o que decorre, inexoravelmente, da sistemática adotada no Código – em cujo texto, ninguém duvide, cada uma das expressões com que estamos lidando foi empregada em seu autêntico significado.

Quid iuris, se o Tribunal apreciou toda a matéria suscitada no recurso principal e apurou que não existia o suposto erro, que o recorrente não fazia jus a ser atendido, mas conclui por declarar que "não conhece" daquele recurso? Uma de duas: ou o Tribunal guarda fidelidade à fórmula empregada, e está impedido de conhecer do adesivo; ou então, para deste conhecer, precisa o Tribunal admitir que, ao "não conhecer" do recurso principal, nem por isso o declarou inadmissível: o que na verdade fez foi declará-lo infundado. Mas não há saída airosa em nenhuma das pontas do dilema. Realmente: se o Tribunal não conhece aí do recurso adesivo, viola a lei, manifesto como é que a situação não se enquadra na moldura do art. 500, nº III, do Código, e lesa direito do recorrente adesivo; se o Tribunal conhece do aludido recurso, os dizeres de sua decisão sobre o principal reclamam um esclarecimento cujo artificialismo não escapará ao mais desatento observador: com efeito, que sentido terá negar conhecimento a recurso que não seja inadmissível?

Mais um problema surge: o da eventual propositura de ação rescisória do acórdão proferido sobre o recurso especial. Qual há de ser o objeto do pedido de rescisão? A que órgão competirá julgar a rescisória? A partir de quando correrá o prazo de decadência do art. 495 do estatuto processual? A solução das duas últimas questões, bem se percebe, depende da resposta que se der à primeira. Ora, a tomar-se ao pé da letra a conclusão do julgamento do Superior Tribunal de Justiça, que dissera não conhecer do recurso especial, então rescindível não será o seu acórdão, por não constituir decisão "de mérito", consoante exige o art. 485, *caput,* do Código; rescindível será, sim, o acórdão recorrido, com os corolários inevitáveis quanto à competência e ao prazo decadencial. Acontece que, se o Superior Tribunal de Justiça, embora haja adotado a fórmula do "não conhecimento", na verdade apreciara o conteúdo da impugnação (isto é, o mérito do recurso), o entendimento por ele consagrado vai sujeitar-se à revisão e à eventual correção... do órgão *a quo!*

Para contornar tal dificuldade, sob o regime constitucional anterior, o Supremo Tribunal Federal, a propósito do recurso extraordinário, lançou mão de um subterfúgio: assentou – e incluiu na *Súmula da Jurisprudência Predominante* (nº 249) – a tese de ser ele mesmo competente para a rescisória "quando, embora não tendo conhecido do recurso extraordinário, ou havendo negado provimento ao agravo, tiver apreciado a questão federal". Ora, em boa técnica, a "questão federal" nada mais é que o mérito do recurso: resolvida ela, com efeito, nada mais resta que deva (ou sequer possa) ser examinado; por conseguinte, apreciá-la importa, por definição, conhecer daquele. Assim, a proposição sumulada não resiste à análise: afinal de contas, o que nela se estabelece é que o

Tribunal tem competência para a rescisória sempre que, julgando embora o mérito do recurso, haja dito que não o julgava...

4. Quanto se expôs até agora basta para evidenciar que a crítica dirigida à praxe dominante não traduz simples requinte de preciosismo, nem se lhe pode atribuir a impertinência de desviar para assunto puramente formal a atenção de órgãos judicantes a braços com problemas jurídicos substanciais de alta relevância. O modo por que se julga o recurso, ficou demonstrado, repercute notavelmente no plano prático. Isso impede que se despreze com um dar de ombros, como se de mera nuga se cuidasse, a argumentação de ordem técnica.

A essa argumentação jamais se deu resposta convincente, nem no campo doutrinário, nem no jurisprudencial Naquele, pela singela e óbvia razão de que a doutrina brasileira sempre condenou, em massa, a usual maneira de julgar, não nos constando que jurista algum se haja abalançado a defendê-la. Neste, porque ambos os órgãos – o Supremo Tribunal Federal e, com a ressalva que logo se fará, o Superior Tribunal de Justiça – seguiam simplesmente o itinerário indicado pelo costume, com escassa preocupação de refletir sobre ele, e mais ainda de tentar justificá-lo. A declaração de "não conhecer" do recurso, nas hipóteses de que estamos cogitando, era e é uma reação por assim dizer automática, em que muito pouco de consciente entrava e entra – mal comparando, algo semelhante a um piscar de olhos ou a um bocejo.

Nas poucas vezes em que se tratou, direta ou indiretamente, de sugerir alguma justificação, o esforço resultou baldado. Em certos acórdãos – que o respeito devido à excelsa fonte nos induziria, noutras circunstâncias, a procurar esquecer –, insinuou-se, à guisa de suporte para a conclusão proclamada no julgamento do recurso, a figura do "não conhecimento por motivo de mérito"...[6]. Seria perda de tempo ocuparmo-nos aqui de desmontar esse extravagante artifício.

Em termos mais apurados, buscou-se defender o jeito habitual de julgar invocando uma pretensa peculiaridade dos recursos "extraordinários" – classe em que naturalmente se incluiria o especial. Nessa classe sustentou-se, ao contrário do que sucede alhures, não seria aplicável o critério comum de distinção entre o juízo de admissibilidade e

6 Aparece a expressão aspeada, *ipsis litteris*, no voto do Ministro Relator do Rec. Extr. nº 87.355, *in Rev. Trim. de Jur.*, v. 95, p. 221.

o juízo de mérito[7]. Tampouco essa tentativa podia vingar: primeiro, porque está longe de ser clara e unívoca, no direito pátrio, a própria distinção entre recursos "extraordinários" e "ordinários", à qual não há reconhecer valor científico ou prático; segundo, porque, ainda a aceitar-se a dicotomia, nenhuma base se descobre no ordenamento para legitimar o tratamento diferenciado das duas classes, pelo prisma relevante em nosso contexto.

5. A esta última afirmação poderia alguém objetar com o teor literal da Constituição da República, que outorga competência ao Superior Tribunal de Justiça para julgar o recurso especial "quando a decisão recorrida *contrariar* (...) lei federal" (art. 105, III, *a)*, da mesma forma que dispõe sobre a competência do Supremo Tribunal Federal para julgar o recurso extraordinário "quando a decisão recorrida *contrariar* dispositivo desta Constituição" (art. 102, nº III, *a)*. O raciocínio seria o seguinte: para que se configure, *ad litteram*, a competência do Tribunal, é preciso que a decisão impugnada contrarie *realmente* (e não apenas *supostamente)* a lei. Portanto, ao verificar a existência real da alegada contrariedade, está o Tribunal, ainda, apurando se é ou não competente para julgar o recurso. Está, pois, no plano preliminar; e, se sua conclusão é negativa (= a decisão não contrariou lei), o que ele deve fazer é recusar-se a julgar o recurso – ou seja, não conhecer deste.

Tal objeção não se mantém de pé. Pondo de lado a pouco científica identificação entre a questão da competência e a da admissibilidade do recurso, sempre caberá replicar: muito bem, o Tribunal deu-se por incompetente para julgar o recurso (não conheceu dele, segundo a fórmula inspirada na falsa assimilação das duas questões) porque apurou que a decisão não contrariara a lei; mas, se assim é, brota intuitiva a pergunta: que foi que o Tribunal, por não se achar competente, *deixou de julgar?* Nada: tudo que havia para examinar no recurso foi de fato examinado, não restou parcela alguma por decidir! O que se discutia era justamente, e exclusivamente, se a decisão se compadecia com a lei. O Tribunal deu resposta completa a essa indagação, quando reconheceu a compatibilidade; não o inibiu a ideia de que, inexistindo contrariedade à lei, lhe faltava competência... Destarte, reduz-se a puro sofisma negar

7 Assim se manifestou o Ministro Relator nos Emb. de Decl. no Rec. Esp. nº 45.672, julgados em 24-4-1995.

que o Tribunal tenha julgado o recurso. Julgou-o, sim – e *de meritis* –, diga o que disser o acórdão.

De resto, o raciocínio acima descrito e refutado só o foi por amor à argumentação. Não é nele que se tem fundado a prática tradicional no julgamento do recurso interposto pela letra *a* do dispositivo constitucional. Prova-o à saciedade a circunstância de que essa prática remonta ao tempo da primeira Carta republicana. Com efeito: ao contemplar recurso para o Supremo Tribunal Federal, o art. 59, § 1º, da Constituição de 1891 assim definia a hipótese que aqui interessa: "quando se questionar sobre a validade, ou a aplicação de tratados e leis federais, e a decisão do tribunal do Estado for contra ela". A diferença é gritante: o texto de então não pressupunha erro algum na decisão recorrida, que podia perfeitamente ser correta *apesar* de haver concluído contra a validade ou a aplicação de lei federal – por exemplo, por entendê-la inconstitucional.

6. O confronto entre a fórmula do atual art. 105, nº III, *a,* e a do supracitado dispositivo fornece-nos a deixa para uma consideração importante. À semelhança do art. *59,* § 1º, da Carta de 1891, as outras disposições do próprio art. *105,* nº III, da vigente Constituição têm estrutura nitidamente distinta da adotada na letra *a.* Tanto na letra *b* quanto na letra *c*, o "tipo" descrito é *axiologicamente neutro:* a decisão que "julgar válida lei ou ato de governo local contestado em face de lei federal" (letra *b)* não será, só por isso, incorreta; e o mesmo se dirá da decisão que "der a lei federal interpretação divergente da que lhe haja atribuído outro tribunal". Sem dificuldade se percebe que, ao insurgir-se contra decisão com esta ou aquela característica, pode suceder que o recorrente tenha razão (se a lei ou o ato do governo local devia ter-se por inválido à luz da lei federal, ou se, além de discrepante da esposada por outro tribunal, era errônea a interpretação dada à lei federal), mas igualmente pode suceder que não tenha razão o recorrente (se a lei ou o ato local não padecia do alegado vício, ou se errônea era a diferente interpretação adotada pelo outro tribunal).

Daí ser mais fácil, para o tribunal, acomodar à boa técnica sua atividade, no julgamento de recursos interpostos pelas letras *b* e c. Ao que se saiba, nunca surgiu aí problema algum, no tocante à individualização dos dois juízos, o de admissibilidade e o de mérito. A ninguém ocorreria supor que o Tribunal, todas as vezes que conhece do recurso, deva necessariamente provê-lo, isto é, que fique preexcluída, como inconcebível, decisão de conhecimento e desprovimento.

A essa luz, melhor ressalta a inconsistência do argumento ligado à classificação dos recursos em "ordinários" e "extraordinários" *(supra,* nº 4). Fosse exato que, em cada uma dessas duas classes, se houvesse de pôr e resolver em termos desiguais a questão da admissibilidade e do mérito, a consequência seria, para dizer o menos, esquisitíssima: os recursos especiais interpostos pela letra *a,* a terem realmente a peculiaridade que se lhes atribui, mereceriam a qualificação de "extraordinários"; não assim, todavia, os recursos especiais interpostos pelas letras *b* e c: esses, sujeitando-se como quaisquer outros à distinção comum, teriam de ser relegados à casta dos "ordinários". E mais: idêntica separação seria de rigor com referência ao art. 102, nº III: de um lado, os recursos interpostos pela letra *a;* de outro, os interpostos pelas letras *b* e c – sujeitos estes e subtraídos aqueles à normal diferenciação entre juízo de admissibilidade e juízo de mérito, em operações sucessivas e inconfundíveis. Consequência: dentre os recursos previstos no art. 102, nº III, da Constituição, teríamos de considerar "ordinários" os interpostos pelas letras *b* e *c,* e "extraordinários" os interpostos pela letra *a.* Visto que a todos se refere a Carta com a expressão "mediante recurso extraordinário" (art. 102, nº III, *caput),* inevitável – conquanto esdrúxula – seria a conclusão de que os recursos extraordinários se subdividem em... ordinários e extraordinários!

Não é difícil escapar a tão desconcertante beco sem saída. Basta considerar que o texto do art. 105, nº III, *a,* foi redigido com técnica deficiente. Onde se diz "quando a decisão recorrida contrariar... ", leia-se: "quando a decisão recorrida for acoimada de contrariar... " – e tudo se resolverá. Já não terá o Tribunal por que emaranhar-se nas teias artificialmente elaboradas para enfrentar um pseudoproblema[8]. Deem-se aos bois os nomes adequados, e a paisagem de imediato se aclara. Recurso especial em que se alegue violação de lei federal – presentes todos os outros requisitos de admissibilidade – é recurso de que se conhece, e ao

8 Mostrou haver percebido o ponto com toda a clareza um autor estrangeiro, comentando o art. 101, nº III, a, da Constituição de 1946: "*How is it possible to determine, before the judgment of the Supreme Court is rendered, whether the decision appealed from was 'contrary' to the federal law or not? The constitucional provision should be understood as saying: 'When the decision is alledgedly contrary'*" (WAGNER, *The Federal States and Their Judiciary,* T'Gravenhage, 1959, p. 324, nota 2).

qual, depois, se dá ou se nega provimento, conforme se verifique, respectivamente, que a lei foi ou não foi violada.

7. Pois bem. Julgamentos recentes parecem revelar que o Superior Tribunal de Justiça está começando a persuadir-se de que esse é o verdadeiro caminho. Vamos apontar aqui cinco acórdãos, um de 1997 e quatro de 1998, nos quais o recurso especial fora interposto com invocação do art. 105, nº III, *a,* indicando o recorrente disposições supostamente violadas de leis federais, e o Tribunal, conhecendo dos recursos, com expressa referência à letra *a,* todavia lhes negou provimento, por haver-se convencido da inexistência das alegadas violações. Dois desses recursos estão publicados na *Rev. do STJ,* nº 102, p. 127, e nº III, p. 57; dos outros, não chegamos a apurar publicação em revista ou repertório de jurisprudência, mas tivemos conhecimento dos respectivos textos por nímia gentileza do Ministro JOSÉ DELGADO, que deles nos remeteu cópias, e a quem consignamos aqui nosso mais profundo agradecimento.

Comecemos pelos acórdãos de cuja publicação temos notícia. O mais antigo é o do Recurso Especial nº 140.158, de que foi relator o Ministro MILTON LUIZ PEREIRA. Discutia-se matéria relativa à prescrição em favor da Fazenda Pública; e o Estado de Santa Catarina, ao recorrer, com base no art. 105, nº III, *a,* alegara violação do art. 1º do Decreto nº 20.910, de 1932. Lê-se no voto do relator: "Presentes os requisitos de admissibilidade impõe-se o conhecimento do recurso" (p. 130). Segue-se o exame da questão federal controvertida; e, por entender que não se consubstanciara a suposta violação, assim conclui o Ministro: "... desfigurada contrariedade ou negativa de vigência ao art. 1º, Dec. Federal 20.910/32, voto improvendo o recurso" (p. 133). O voto foi acompanhado unanimemente pelos outros membros do colégio judicante.

A outra decisão que vimos publicada é a do Recurso Especial nº 115.063, julgado em 17-4-1998[9]. Era recorrente a Fazenda Nacional, segundo a qual o acórdão impugnado ofendera vários dispositivos da Lei nº 4.595, de 1964, do Código Tributário Nacional e do Decreto-lei nº 1.718, de 1979, ao negar a possibilidade de quebra de sigilo bancário em procedimento administrativo. Por unanimidade, de acordo com o voto do relator, Ministro GARCIA VIEIRA, proclamou a Turma que só ao

9 Ao eminente processualista e caro amigo MONIZ DE ARAGÃO devemos o ter chamado nossa atenção para esse julgado.

Poder Judiciário é lícito autorizar as instituições financeiras a quebrar o sigilo a que estão obrigadas em relação a bens, negócios e atividades de terceiros. Destarte, não havia erro no acórdão impugnado, isto é, não assistia razão à recorrente. O recurso merecia conhecimento, porque alegada a transgressão de leis federais, mas não devia ser provido, porque na verdade a transgressão não ocorrera. Dá haver dito – e muito bem – o relator, acompanhado sem discrepância: "Conheço do recurso pela letra *a*" (p. 58); e, depois: "Nego provimento ao recurso" (p. 59).

Outro acórdão expressivo é o do Recurso Especial nº 120.668, igualmente relatado pelo Ministro MILTON LUIZ PEREIRA e julgado em 10-2-1998. No dizer do Município de S. Paulo, recorrente, o acórdão recorrido contrariara o art. 27 do Código de Processo Civil e os arts. 62 e 63 da Lei nº 4.320, de 1964, havendo o vice-presidente do tribunal *a quo* admitido o recurso unicamente quanto à alegada violação do primeiro dispositivo citado. A questão de direito controvertida era, pois, a seguinte: podia o Município ser compelido ao adiantamento de verba destinada ao pagamento do salário de perito? O relator, desde logo, e com todo o acerto, deixou claro que não era possível deixar de conhecer do recurso: "Presentes os requisitos de admissibilidade, o recurso merece ser conhecido (art. 105, III, *a,* CF), conforme *o facies* sintetizado no primeiro juízo de verificação". Adiante, após longo exame da *quaestio iuris,* reconheceu a juridicidade da decisão que sujeitara o Município ao pagamento adiantado, ou seja, a sem-razão do recorrente, e concluiu: "voto improvendo o recurso" – no que o seguiram os demais votantes.

Em 5-5-1998, julgou o Tribunal o Recurso Especial nº 165.946, de que foi relator o Ministro JOSÉ DELGADO. Cuidava-se de saber se a gratificação natalina se incorpora ao salário de contribuição para efeitos previdenciários, de modo que a empresa se sujeita à decorrente obrigação tributária. Entendia que não a recorrente, Braslo Produtos de Carne Ltda., e censurava ao acórdão recorrido o ter violado dispositivos do Código Tributário Nacional. O relator votou pelo conhecimento do recurso e, repelindo a tese da recorrente, negou provimento àquele. Tal foi o pronunciamento unânime da Turma.

Enfim, no julgamento do Recurso Especial nº 179.541 – também este relatado pelo Ministro GARCIA VIEIRA –, em 15-9-1998, foram objetos de análise diferentes questões jurídicas, todas resolvidas em sentido contrário ao sustentado pela recorrente, a Caixa Econômica Federal. Conhecido o recurso pelas letras *a* e c do dispositivo constitucional, veio o Tribunal a desprovê-lo, por unanimidade, sempre nos termos do voto do relator.

8. É cedo para assegurar que os exemplos trazidos à colação marquem na realidade um *turning point* na jurisprudência do Superior Tribunal de Justiça. Práticas longamente observadas costumam eternizar-se por força da inércia, ainda quando patente a carência de fundamento. Simplesmente não se pensa muito no assunto, e a marcha das coisas prossegue inalterada, obediente ao impulso inicial. Mas no Superior Tribunal Federal têm assento juristas exímios, inclusive especialistas em direito processual, cuja atenção cedo ou tarde será despertada para o problema em foco; e, desde que nele atentem, com certeza não deixarão de sensibilizar-se.

As decisões acima arroladas sinalizam o rumo correto. É de esperar que outras o sigam, e que a boa técnica prevaleça em definitivo. Seria, ao nosso ver, magnífica forma de comemorar o décimo aniversário do Tribunal. Honrar-se-á ele sobremaneira se se dispuser a retificar o itinerário até há pouco habitualmente trilhado. Em absoluto não diminui uma Corte de Justiça reconhecer que laborava em erro e decidir-se a corrigi-lo; o que pode diminuí-la é nele perseverar. Não receemos o lugar-comum: *Errare humanum est, perseverare autem diabolicum...*

Março de 1999.

COMENTÁRIOS DO ATUALIZADOR

JULGAMENTO DO RECURSO ESPECIAL *EX* ART. 105, III, *A*, DA CONSTITUIÇÃO DA REPÚBLICA: SINAIS DE UMA EVOLUÇÃO AUSPICIOSA

Sérgio Ricardo de Arruda Fernandes

Em seu artigo, Barbosa Moreira relembra antiga crítica endereçada à técnica utilizada no julgamento de recurso extraordinário – e após a Constituição Federal de 1988, também de recurso especial – quando fundada a sua interposição nas hipóteses de cabimento prevista na alínea a do inciso III dos artigos 102 e 105 da Constituição.

Eis as regras constitucionais que dispõem sobre a admissibilidade dos recursos extraordinário e especial, cuja aplicação pelos Tribunais Superiores levaram ao presente estudo crítico:

> Art. 102. Compete ao Supremo Tribunal Federal, precipuamente, a guarda da Constituição, cabendo-lhe:
>
> (...)
>
> III – julgar, mediante recurso extraordinário, as causas decididas em única ou última instância, quando a decisão recorrida:
>
> contrariar dispositivo desta Constituição;

> Art. 105. Compete ao Superior Tribunal de Justiça:
>
> (...)
>
> III – julgar, em recurso especial, as causas decididas, em única ou última instância, pelos Tribunais Regionais Federais ou pelos tribunais dos Estados, do Distrito Federal e Territórios, quando a decisão recorrida:
>
> a) contrariar tratado ou lei federal, ou negar-lhes vigência;

Aponta Barbosa Moreira que se tornou usual, desde a vigência de ordens constitucionais pretéritas, a prática então adotada pelo Supremo Tribunal Federal de, após apreciar a tese recursal de que o acórdão recorrido teria contrariado dispositivo de lei federal ou de norma constitucional, chegar à conclusão de que alegada violação não ocorreu e encerrar o julgamento do recurso... sem a sua apreciação de mérito.

Em outras palavras, a técnica empregada – e criticada no artigo – consiste em não se conhecer do recurso (extraordinário ou especial) ao fundamento de que não houve a alegada contrariedade de tratado, lei federal ou de regra constitucional por parte do acórdão recorrido, quando, na verdade, a hipótese envolveria típico julgamento do mérito recursal, a ensejar o desprovimento do recurso; e não simplesmente dele não se conhecer.

O autor esmiúça as consequências da técnica empregada e os seus efeitos colaterais negativos, diante da confusão entre os juízos de admissibilidade e de mérito dos recursos extraordinário e especial.

Por exemplo, descreve Barbosa Moreira que a confusão pode prejudicar o correto andamento do julgamento colegiado do recurso, se alguns dos membros votantes entenderem que existe a apontada violação de lei federal e concluírem pelo provimento do recurso especial, enquanto outros, abrindo divergência, firmarem convencimento de que o acórdão recorrido não contrariou a legislação federal e votarem pelo seu não conhecimento... Haverá aí tumulto na ordem regular de solução das questões pelo Tribunal, consoante dispõem os artigos 938 e 939 do atual Código de Processo Civil (que reproduzem os artigos 560 e 561 do CPC/73), em indevida unificação dos juízos de admissibilidade e de mérito recursal.

Outrossim, o emprego dessa fórmula traz consigo implicações mais graves, como o possível prejuízo à admissibilidade do recurso especial ou extraordinário adesivo (consoante a regra do artigo 997, III do CPC/2015, que corresponde ao artigo 500, III do CPC/73), diante do não conhecimento do recurso principal, a despeito de, na verdade, ser este cabível e ter tido o seu mérito recursal examinado (ainda que sob a forma de não se ter conhecido do recurso).

Também, e não menos importante, a confusão destacada neste artigo pode comprometer a exata identificação do resultado final do processo, porquanto a decisão do Tribunal Superior somente deverá substituir a decisão recorrida quanto conhecer do recurso e, na apreciação de seu mérito, dar-lhe ou negar-lhe provimento (cf. artigo 1.008 do CPC/2015, correspondente ao artigo 512 do CPC/73).

A correta compreensão do acórdão que definiu a solução do litígio é fundamental para guiar a definição de competência para o julgamento de eventual ação rescisória que venha a ser proposta. De ordinário, se o Tribunal Superior não conheceu do recurso extraordinário ou especial, o acórdão proferido na instância de origem é que deverá ter transitado em julgado e, pois, será esta a decisão passível de impugnação pela via rescisória, influindo na determinação da competência para seu julgamento.

Ressalva Barbosa Moreira que o próprio Supremo Tribunal Federal, reconhecendo a existência desse problema, procurou resolvê-lo de modo indireto: "É competente o Supremo Tribunal Federal para a ação rescisória, quando, embora não tendo conhecido do recurso extraordinário, ou havendo negado provimento ao agravo, tiver apreciado a questão federal controvertida" (enunciado n° 249 da Súmula da Jurisprudência Predominante, editado em 13.12.1963).

Como aponta o autor, se o Supremo Tribunal Federal examinou a questão federal controvertida (quando ainda lhe competia esse controle – anteriormente à Constituição Federal de 1988), é porque simplesmente examinou o mérito do recurso e, assim, não seria mesmo caso de seu não conhecimento.

Tendo em vista que essa prática de misturar os conceitos relativos a juízos distintos (admissibilidade e mérito do recurso) foi absorvida pelo Superior Tribunal de Justiça, tornou-se necessário fazer uso do mesmo expediente. Veja-se:

> PROCESSUAL CIVIL E ADMINISTRATIVO. AÇÃO RESCISÓRIA. COMPETÊNCIA DO STJ. ANÁLISE DO MÉRITO DA AÇÃO ORIGINÁRIA. VIOLAÇÃO DE LITERAL DISPOSIÇÃO DE LEI.
>
> **1. O Superior Tribunal de Justiça é competente para julgar ação rescisória nos casos em que, apesar de não ter sido conhecido o recurso especial com fundamento no óbice das Súmulas 282/STF e 7 e 83/STJ, a decisão rescindenda analisa o mérito da demanda. Precedentes.**
>
> 2. Não há de ser admitida ação rescisória que verse sobre questões que não foram objeto de apreciação no acórdão rescindendo.
>
> 3. Ação rescisória improcedente.
>
> (STJ, AR 3.570/RS, Rel. Ministro SEBASTIÃO REIS JÚNIOR, TERCEIRA SEÇÃO, julgado em 14/05/2014, DJe 28/05/2014)

> AÇÃO RESCISÓRIA – PETIÇÃO INICIAL – ADITAMENTO – PEDIDO REALIZADO APÓS A CITAÇÃO DOS RÉUS – IMPOSSIBILIDADE – INÉPCIA DA PETIÇÃO INICIAL – NÃO CONFIGURAÇÃO – REQUISITOS DE ADMISSIBILIDADE DA AÇÃO RESCISÓRIA – EXISTÊNCIA DE DECISÃO DE MÉRITO E TRÂNSITO EM JULGADO – OCORRÊNCIA, NA ESPÉCIE – ARTIGO 485, INCISO VII, DO CÓDIGO DE PROCESSO CIVIL – DOCUMENTO NOVO APTO A JUSTIFICAR A RESCISÃO DO JULGADO – INEXISTÊNCIA –

AÇÃO RESCISÓRIA IMPROCEDENTE.

I – A modificação do pedido, após a citação dos réus, demandaria, inexoravelmente, sua anuência, o que, in casu, não se demonstra. Precedentes.

(...)

III – É certo que a admissibilidade da ação rescisória está condicionada à verificação de dois requisitos, quais sejam, a existência de decisão de mérito e a ocorrência do trânsito em julgado deste. Nessa hipótese, bem de ver que, a competência para seu julgamento será fixada considerando-se o órgão julgador que proferiu a última decisão de mérito na demanda originária. Observância, in casu.

IV – Apesar da menção ao não conhecimento das razões recursais suscitadas pela ora autora, EMPRESA AUTO ÔNIBUS MOGI DAS CRUZES S.A., efetivamente, seu recurso especial foi conhecido, é dizer, a egrégia Terceira Turma, reconheceu o preenchimento dos pressupostos de admissibilidade recursal, tanto que examinou a questão de fundo – responsabilidade pelo evento danoso – que lhe fora devolvida, pronunciando-se a seu respeito.

(...)

VII – Ação Rescisória julgada improcedente.

(STJ, AR 3.179/SP, Rel. Ministro MASSAMI UYEDA, SEGUNDA SEÇÃO, julgado em 23/03/2011, DJe 20/10/2011)

AÇÃO RESCISÓRIA. PROCESSUAL CIVIL. ART. 485, V, DO CPC. ACÓRDÃO RESCINDENDO QUE NÃO APRECIOU O MÉRITO DA DEMANDA. INADMISSIBILIDADE. NÃO-INCIDÊNCIA DA SÚMULA 249/STF. REMESSA DOS AUTOS AO TRIBUNAL ESTADUAL PARA EXAME DA RESCISÓRIA. IMPOSSIBILIDADE. PROCESSO EXTINTO SEM RESOLUÇÃO DO MÉRITO.

1. Trata-se de ação rescisória ajuizada por SANTO AMARO S/A INDÚSTRIA E COMÉRCIO com fundamento no art. 485, V, do Código de Processo Civil, objetivando desconstituir o acórdão proferido pela Segunda Turma desta Corte nos EDcl no AgRg no Ag 270.036/SP.

2. A admissibilidade da ação rescisória está condicionada à verificação de dois requisitos, quais sejam a existência de decisum de mérito e a ocorrência do trânsito em julgado deste. A competência para seu julgamento será fixada considerando-se o órgão julgador que proferiu a última decisão de mérito na demanda originária. Isso porque, nos termos do art. 512 do CPC, a apreciação da controvérsia pelo Tribunal substitui a decisão anteriormente proferida e, nesses casos, é contra esse pronunciamento judicial que deve ser dirigida a ação rescisória.

(...)

5. A Súmula 249/STF não é aplicável ao caso em apreço. Tal orientação sumular deve incidir nas hipóteses em que, embora o aresto proferido na ação originária tenha decidido sobre as questões meritórias, fica consignado que o recurso não foi conhecido, quando na realidade ele não foi provido, como ocorre, por exemplo, quando este Superior Tribunal de Justiça diz não conhecer do recurso por entender que a parte recorrente não tem razão em suas alegações, ante a inexistência de violação dos dispositivos de lei federal apontados no especial. Portanto, foram superadas as questões preliminares, e houve o exame da matéria meritória suscitada pelo recorrente.

No caso dos autos, o recurso especial sequer ultrapassou o juízo de admissibilidade, haja vista que se entendeu pela ausência de prequestionamento dos artigos apontados, que é requisito indispensável para o conhecimento desta espécie recursal. Dessa forma, repita-se, não há como se acolher a afirmativa de que teria havido apreciação do mérito da demanda por esta Corte, de modo a substituir o acórdão proferido pelo Tribunal de origem.

(...)

7. Processo extinto, sem resolução do mérito.

(AR 3.047/SP, Rel. Ministra DENISE ARRUDA, PRIMEIRA SEÇÃO, julgado em 22/10/2008, DJe 17/11/2008)

Podemos acrescentar ainda que, em relação ao termo inicial do prazo decadencial para o exercício da ação rescisória, o atual Código de Processo Civil traz uma regra que atenua o problema, dispondo que o início do prazo será deflagrado após a última decisão proferida no processo (seja esta decisão de mérito ou não, quando, por exemplo, não se conhece do recurso). Veja-se:

> Art. 975. O direito à rescisão se extingue em 2 (dois) anos contados do trânsito em julgado da última decisão proferida no processo.

Ou seja, a fluência do prazo decadencial não se norteia pelo trânsito em julgado da decisão rescindenda (que pode ser, por exemplo, o acórdão proferido no Tribunal de origem quando o recurso especial ou extraordinário é inadmitido), mas pelo trânsito em julgado da última decisão proferida no processo, encerrando o seu iter (que, *in casu,* seria o trânsito em julgado da decisão proferida pelo Supremo Tribunal Federal não conhecendo do recurso extraordinário).

Dessa forma, resolve-se o problema do início do prazo para ação rescisória, porquanto não se poderia exigir de seu autor que soubesse de antemão qual seria o resultado e o sentido das decisões proferidas pelos Tribunais Superiores em sede de recursos especial e extraordinário.

Expostos os contornos da questão, Barbosa Moreira reitera que inexiste qualquer motivo técnico a ensejar a apontada confusão entre os juízos de admissibilidade e de mérito do recurso especial (assim como do recurso extraordinário), tendo em vista que a hipótese de sua admissibilidade reside na apresentação de tese recursal baseada na assertiva de que o acórdão recorrido contrariou tratado ou lei federal.

Apresentado o recurso especial com essa fundamentação (violação de tratado ou determinado dispositivo de lei federal) e observadas as demais condições para sua admissibilidade, o caso é de conhecimento do recurso. O desate da questão federal (se houve ou não a alegada violação) corresponde exatamente ao mérito do recurso.

E, com toda a sua sabedoria, o autor sugere que simplesmente se leia o artigo 105, III, alínea a da Constituição Federal, para efeito de cabimento do recurso especial, com a seguinte conotação: "quando a decisão recorrida *for acoimada* de contrariar...". Ou seja, para ser admissível, no caso previsto nesse dispositivo constitucional, é suficiente que o recorrente fundamente o seu recurso especial na apontada contrariedade do acórdão recorrido com determinado tratado ou dispositivo de lei federal.

Por fim, e que talvez tenha estimulado a elaboração do presente artigo no qual revisita o tema *, Barbosa Moreira cita alguns acórdãos proferidos no âmbito do Superior Tribunal de Justiça, entre 1997 e 1998, fazendo a distinção técnica entre o conhecimento do recurso especial e o seu desprovimento. E tira desses julgamentos a expectativa de se estar diante de um *turning point* na evolução jurisprudencial da Corte Superior no caminho da precisão científica. Com a sua astúcia costumeira, arremata *"Errare humanum est, perseverare autem diabolicum..."*.

* O autor já apontara para o problema no artigo "Juízo de admissibilidade e juízo de mérito no julgamento do recurso especial", escrito em janeiro de 1990 (*in* Temas de Direito Processual, Quinta Série, 1994).

Devemos acrescentar que os anos se passaram desde a elaboração do artigo. Mais de duas décadas. O que leva à indagação: como anda hoje em dia o emprego da fórmula técnica de distinção dos juízos de admissibilidade e de mérito do recurso especial?

Uma análise panorâmica das decisões proferidas no âmbito do Superior Tribunal de Justiça revela, em primeiro lugar, uma grande quantidade de recursos especiais não conhecidos por sua inadmissibilidade, haja vista que são várias as condições de sua admissibilidade para fins de enfrentamento da questão federal (como, por exemplo, não envolver reexame de situação fática ou análise de disposições contratuais; falta de prequestionamento da matéria objeto da impugnação).

Porém, no tocante aos recursos especiais conhecidos, é possível identificar uma certa tendência no sentido de que o desfecho desfavorável ao recorrente da questão federal conduza ao desprovimento do recurso, e não ao seu não conhecimento. Veja-se:

> RECURSO ESPECIAL. AÇÃO DE COMPENSAÇÃO DE DANO MORAL. JULGAMENTO: CPC/15.
>
> 1. Ação de compensação de dano moral ajuizada em 04/08/2016, da qual foi extraído o presente recurso especial, interposto em 26/06/2016 e atribuído ao gabinete em 05/11/2018.

2. O propósito recursal consiste em decidir sobre a configuração do dano moral pelo uso da imagem de torcedor de futebol para campanha publicitária de automóvel, enquanto ele se encontrava no estádio assistindo à partida do seu time.

3. Em regra, a autorização para uso da imagem deve ser expressa; no entanto, a depender das circunstâncias, especialmente quando se trata de imagem de multidão, de pessoa famosa ou ocupante de cargo público, há julgados do STJ em que se admite o consentimento presumível, o qual deve ser analisado com extrema cautela e interpretado de forma restrita e excepcional.

4. De um lado, o uso da imagem da torcida – em que aparecem vários dos seus integrantes – associada à partida de futebol, é ato plenamente esperado pelos torcedores, porque costumeiro nesse tipo de evento; de outro lado, quem comparece a um jogo esportivo não tem a expectativa de que sua imagem seja explorada comercialmente, associada à propaganda de um produto ou serviço, porque, nesse caso, o uso não decorre diretamente da existência do espetáculo.

5. Se a imagem é, segundo a doutrina, a emanação de uma pessoa, através da qual ela se projeta, se identifica e se individualiza no meio social, não há falar em ofensa a esse bem personalíssimo se não configurada a projeção, identificação e individualização da pessoa nela representada.

6. Hipótese em que, embora não seja possível presumir que o recorrente, enquanto torcedor presente no estádio para assistir à partida de futebol, tenha, tacitamente, autorizado a recorrida a usar sua imagem em campanha publicitária de automóvel, não há falar em dano moral porque o cenário delineado nos autos revela que as filmagens não destacam a sua imagem, senão inserida no contexto de uma torcida, juntamente com vários outros torcedores.

7. Recurso especial conhecido e desprovido.

(REsp 1772593/RS, Rel. Ministra NANCY ANDRIGHI, TERCEIRA TURMA, julgado em 16/06/2020, DJe 19/06/2020)

RECURSO ESPECIAL. PROCESSUAL CIVIL. CONSUMIDOR. PEDIDO DE CUMPRIMENTO INDIVIDUAL DE SENTENÇA COLETIVA. AÇÃO DE CONHECIMENTO INDIVIDUAL. CONCOMITÂNCIA. LITISPENDÊNCIA NÃO CARACTERIZADA. AUSÊNCIA DE TRÍPLICE IDENTIDADE. COISA JULGADA MATERIAL COLETIVA. IMPOSSIBILIDADE DE NOVO JULGAMENTO POSTERIOR. RECURSO ESPECIAL DESPROVIDO.

1. Nos termos do art. 104 do Código de Defesa do Consumidor, adotou-se, no Brasil, o sistema *opt out* para alcance dos efeitos da coisa julgada erga omnes produzida no julgamento de procedência das ações coletivas de tutela de direito individual homogêneo, ao mesmo tempo em que se afastou, expressamente, a caracterização de litispendência, mesmo porque ausente a tríplice identidade dos elementos da ação.

2. Inexistindo pendência de julgamento individual à época do julgamento coletivo, não há que se cogitar de afastamento da coisa julgada por mera aplicação do art. 104 do CDC.

3. A coisa julgada material, além de consistir em importante instrumento de segurança jurídica e pacificação social, obsta ao Poder Judiciário a reapreciação da relação jurídica material acertada.

4. Havendo coisa julgada material, compete ao réu (arts. 301, VI, do CPC/1973 e 337, VII, do CPC/2015) sua alegação perante o Juízo competente para julgamento de mesma relação jurídica material, *in casu*, o Juízo perante o qual tramita a ação de conhecimento.

5. Recurso especial conhecido e desprovido.

(REsp 1620717/RS, Rel. Ministro MARCO AURÉLIO BELLIZZE, TERCEIRA TURMA, julgado em 17/10/2017, DJe 23/10/2017)

RECURSO ESPECIAL. PROCESSUAL CIVIL. NEGATIVA DE PRESTAÇÃO JURISDICIONAL. AFASTAMENTO. APLICAÇÃO DE MULTA AO ARREMATANTE POR NÃO HONRAR O LANÇO NO PRAZO PREVISTO. FORÇA EXECUTIVA EXPRESSAMENTE RECONHECIDA. EXECUÇÃO. DISPOSITIVO PROCESSUAL POSTERIORMENTE

> REVOGADO. DIREITO INTERTEMPORAL. APLICAÇÃO IMEDIATA DA LEI NOVA. PRESERVAÇÃO DOS ATOS PROCESSUAIS CONSUMADOS SOB A ÉGIDE DA LEI ANTERIOR. ALEGAÇÃO DE RETROATIVIDADE DA LEI MAIS BENÉFICA COM BASE NO ART. 106, II, "C", DO CTN. INAPLICABILIDADE AOS CASOS JÁ DEFINITIVAMENTE JULGADOS.
>
> 1. Afasta-se a preliminar de negativa de prestação jurisdicional quando a Corte de origem examinou e decidiu, de forma motivada e suficiente, as questões que delimitaram a controvérsia.
>
> 2. A decisão que aplica multa com base no art. 695, caput, do CPC/1973 tem força executiva reconhecida expressamente no § 1° do mesmo dispositivo.
>
> 3. A nova redação do art. 695 do CPC/1973, dada pela Lei n° 11.382/2006, que deixou de prever o cabimento de multa para o arrematante que não honra o lanço no prazo previsto, tem aplicação imediata aos processos em curso, mas não tem o condão de desconstituir os atos consumados sob a égide da lei anterior. Adoção da teoria dos atos processuais isolados e do princípio tempus regit actum. Aplicação do direito intertemporal consolidada no julgamento de recurso representativo de controvérsia (REsp n° 1.404.796/SP).
>
> 4. A aplicação retroativa da lei mais benéfica de que trata o art. 106, II, "c", do CTN não tem incidência nos casos já definitivamente julgados, sobretudo quando transitados em julgado antes mesmo da alteração legislativa.
>
> 5. Recurso especial conhecido e desprovido.
>
> (REsp 1400774/SP, Rel. Ministro JOÃO OTÁVIO DE NORONHA, TERCEIRA TURMA, julgado em 09/08/2016, DJe 19/08/2016)

Fica, portanto, a expectativa de que a crítica veiculada no artigo de Barbosa Moreira, depois de tantos anos, venha a encontrar solo fértil para germinar uma nova visão dos Tribunais Superiores sobre o ponto, a merecer tratamento mais preciso, do ponto de vista técnico, no tocante à separação dos juízos de admissibilidade e de mérito dos recursos especial e extraordinário.

JULGAMENTO COLEGIADO – MODIFICAÇÃO DE VOTO APÓS A PROCLAMAÇÃO DO RESULTADO?[1]

Tive despertada minha atenção em data recente para respeitável decisão do Egrégio Supremo Tribunal Federal, tomada em 14-10-1993 e publicada na *Revista Trimestral de Jurisprudência,* v. 166 (novembro de 1998), p. 406 e s. Qualifico de respeitável a decisão, de acordo com o costume, mas desde logo me apresso a acrescentar, com os mais reverentes pedidos de vênia, que a considero equivocada e preocupante. Deliberando sobre questão de ordem, assentou a Corte, com três votos vencidos, que seus Ministros "podem, excepcionalmente, modificar os votos que proferiram na resolução da causa, mesmo que já proclamado o resultado da decisão colegiada, desde que o façam, no entanto, no curso da *mesma* Sessão em que efetuado o julgamento do processo" (copiei *ipsis verbis* da ementa, com o grifo nela contido).

A doutrina brasileira, em peso, vem sustentando entendimento diverso. Ela parte da premissa de que o julgamento colegiado se encerra quando, colhidos os votos, o presidente do órgão, ou quem esteja a substituí-lo, anuncia o resultado. Nesse instante, torna-se pública a decisão. Dela tomam ciência, de maneira geral, as pessoas presentes ao julgamento, e em especial os interessados diretos: os advogados e, talvez, as partes mesmas, caso tenham querido comparecer. Pode até suceder, se se tratar de pleito do interesse de largas coletividades, quiçá da inteira nação, que o resultado seja incontinenti divulgado pelos meios de comunicação social. Exigências primárias de segurança requerem que daí em diante se exclua, com a óbvia ressalva dos recursos legais, qualquer possibilidade de retificação de votos, sempre capaz, em princípio, de importar alteração do próprio resultado.

Não faz sentido obrigar partes e/ou advogados a permanecer no recinto até o fim da sessão, para só então ficarem seguros da sorte que a causa teve. Nem haverá como conseguir que, nos casos de grande re-

---

1 Publicado na *Rev. For.*, v. 350, *in ADV – Seleções Jurídicas*, jan. 2000, no *Informativo INCIJUR*, nº 6, *in AMAERJ* – Notícias, nº 48, e no volume coletivo *Aspectos polêmicos e atuais dos recursos* (Coord.: EDUARDO PELLEGRINI DE ARRUDA ALVIM, NELSON NERY JR. e TERESA ARRUDA ALVIM WAMBIER), S. Paulo, 2000.

percussão social, as emissoras de rádio e de televisão se abstenham de dar imediata notícia do julgamento – e é bem fácil imaginar os sentimentos de frustração que hão de decorrer de uma eventual retificação, assim como o dano ao prestígio da Justiça, inevitavelmente atingido pelas interpretações desprimorosas que os interessados não deixarão de dar ao episódio.

No que concerne aos advogados, vale a pena ressaltar, põe-se problema específico. Com efeito: nos termos do art. 72, nº X, da Lei nº 8.906, de 4-7-1994, é direito seu "usar da palavra, pela ordem, em qualquer juízo ou tribunal, mediante intervenção sumária, para esclarecer equívoco ou dúvida surgida em relação a fatos, documentos ou afirmações que influam no julgamento". Situações desse gênero podem configurar-se mesmo em causas ou recursos de cognição limitada a questões de direito: sempre se concebe, *v.g.*, que ocorra alguma dúvida acerca da data da publicação da decisão recorrida, ou da interposição do recurso. Ora, com relação a novos votos proferidos após o encerramento, o advogado ficará impedido dê prestar os esclarecimentos que tenha, a menos que se lhe imponha o ônus nada razoável, de assistir à sessão até o fim. Haverá indisfarçável cerceamento do direito de defesa, constitucionalmente assegurado.

Outra questão: é bem possível que, entre a proclamação do resultado do julgamento e a reabertura deste, se haja ausentado um (ou mais de um dos membros do colégio judicante. Quem assim tenha procedido não se inteirará dos argumentos em que busque(m) amparo o(s) novo(s) pronunciamento(s) – inconcebível que seria uma retificação não justificada ("Mudo meu voto e tenho dito"). Mas é da essência do julgamento colegiado que todos os julgadores possam ouvir e ponderar as razões que cada qual invoca em favor de sua opção. Se alguém retifica o voto ainda no curso do julgamento, tem muito maior probabilidade de ser ouvido pelos outros juízes do que terá em momento posterior, quando, além das eventuais ausências supervenientes, é preciso contar com o afrouxamento da atenção dos restantes membros do colegiado, inevitável quanto a causa ou recurso que já se julgou, talvez horas atrás. Destarte, não será de estranhar que caiam no vazio argumentos que, suscitados oportunamente, poderiam ser acolhidos – ou, ao contrário, rebatidos com vantagem, a ponto de, quem sabe, reconduzir o votante à posição anterior. Não é necessária grande imaginação para perceber o risco de falseamentos e distorções a que se sujeita o resultado do julgamento.

Se formos ao ordenamento processual em vigor, encontraremos com facilidade normas que apontam em sentido diametralmente oposto à decisão do Supremo Tribunal Federal. Reza o art. 556 do Código de Processo Civil: "Proferidos os votos, o presidente anunciará o resultado do julgamento, designando para redigir o acórdão o relator, ou, se este for vencido, o autor do primeiro voto vencedor". Se aí não se proíbe *expressis verbis* a posterior modificação de voto, com certeza é o que se depreende do texto, olhado em seu conjunto. A inexistência de cláusula expressa acha explicação provável no fato de haver-se reputado ocioso dizer com todas as letras o que se afigurava óbvio. Realmente, que utilidade terá a proclamação do resultado pelo presidente, se o panorama ainda é suscetível de alterar-se até o fim da sessão? Devemos entender que se cuida de uma "proclamação provisória" e de um "resultado idem"? É entendimento que a meu ver não se compadece com a seriedade – quase ia escrevendo solenidade – do ato. Caso a retificação superveniente venha a inverter o desfecho da votação, ficará sem efeito a designação do redator do acórdão? Já poderá tê-lo apresentado o relator da causa ou do recurso, se houver prevalecido seu pronunciamento, frequente como é nos tribunais o uso, muito prático, de trazer para a sessão, à guisa de voto, um projeto de acórdão, datilografado ou editado por meio de computador, ao qual se acrescentará apenas, sem dificuldade alguma, o registro de peculiaridades como a de ter sido tomada a decisão por unanimidade ou por simples maioria. A seguir-se a orientação do Supremo Tribunal Federal, há de dar-se, na hipótese considerada, todo esse dito por não dito?

Tratando-se de acórdão enquadrável no conceito lato de "sentença", existe a mais o obstáculo do art. 463, segundo o qual, cumprido e acabado que está, com a publicação, o ofício jurisdicional do órgão judicante, só lhe é lícito alterá-la "para corrigir (...) inexatidões materiais, ou lhe retificar erros de cálculo", ou então no julgamento de embargos de declaração que se venham a interpor. Daí extraio que, ainda a admitir-se a modificação superveniente de voto, jamais poderá ela acarretar mudança do teor do julgamento; fere a vista o impasse. Convém precisar que a decisão do tribunal está juridicamente publicada com o próprio anúncio *coram populo* do resultado. E ajunto que a melhor exegese do dispositivo citado lhe amplia o campo de incidência, literalmente restrito à "sentença de mérito", para fazê-lo compreender as sentenças (e portanto os acórdãos) em geral.

Parece inútil ir adiante. A proibição de retificações de voto após a proclamação do resultado, permito-me observar, antes que decorrência de qualquer texto legal específico, é imposição de princípios básicos e, afinal de contas, do puro e simples bom senso. Nem "excepcionalmente" se deve admitir outra coisa; de resto, como se traçariam as linhas delimitadoras dessa excepcionalidade? Em substância, a qualificação de uma espécie como "excepcional", mencionada como requisito no acórdão, mas deixada à inteira discrição do próprio colégio judicante, nenhuma restrição palpável estabelece à abertura.

Julgamento colegiado não é competição desportiva em que, num "segundo tempo", fique o resultado sujeito a modificar-se, quiçá a inverter-se. Alega-se que a deliberação em foco tem precedentes. Também os há, note-se, em sentido contrário; isso, contudo, não é o essencial. Por enquanto, permanece estranha ao ordenamento pátrio a eficácia vinculativa dos julgados, sem exclusão dos proferidos pela Corte Suprema. De direito, um precedente, mesmo incluído em *Súmula,* tem para qualquer juiz a autoridade que lhe conferir a força persuasiva dos respectivos fundamentos: nem mais, nem menos. E convenhamos: há precedentes que não merecem outro destino que o de serem lançados em bloco, amarrados à mais pesada pedra que se consiga arranjar, ao fundo do lago de Brasília.

Janeiro de 2000.

COMENTÁRIOS DO ATUALIZADOR

JULGAMENTO COLEGIADO – MODIFICAÇÃO DE VOTO APÓS A PROCLAMAÇÃO DO RESULTADO?

Sérgio Ricardo de Arruda Fernandes

No presente artigo, Barbosa Moreira analisa com espírito crítico a decisão proferida pelo Plenário do Supremo Tribunal Federal, no exame de questão de ordem suscitada no julgamento de ação direta de inconstitucionalidade, que entendeu, de forma não unânime, ser possível a retificação do voto já proferido por algum de seus membros, após a proclamação do resultado, desde que se faça o conserto na mesma sessão de julgamento.

No julgamento da ADI n° 903/MG, o Supremo Tribunal Federal, em 14 de outubro de 1993, enfrentou e decidiu a seguinte questão de ordem:

> "(...)
>
> Questão de ordem – Julgamento – Proclamação do resultado – Possibilidade de retificação dos votos já proferidos, desde que na mesma sessão de julgamento – Votos vencidos.
>
> Os Ministros do Supremo Tribunal Federal podem, excepcionalmente, modificar os votos que proferiram na resolução da causa, mesmo que já proclamado o resultado da decisão colegiada, desde que o façam, no entanto, no curso da mesma Sessão em que efetuado o julgamento do processo.
>
> Voto vencido do Relator (Min. Celso de Mello), para quem a retificação dos votos proferidos só se admite dentro de um específico contexto temporalmente delimitado: aquele sob cujo domínio se desenvolveu o julgamento, de tal modo que, concluído este – e anunciado formalmente o respectivo resultado – tornam-se imodificáveis os pronunciamentos decisórios já manifestados pelos membros integrantes do Tribunal. Entendimento que, embora vencido, encontra suporte no magistério de Lopes da Costa, Moniz de Aragão, João Claudino de Oliveira e Cruz, Costa Manso e José Carlos Barbosa Moreira."
>
> (RTJ, vol. 166, p. 406 e ss.)

Aponta Barbosa Moreira que o referido precedente, ao chancelar a tese adotada no julgamento da questão de ordem, não encontra molde harmonioso na lei processual, notadamente diante da regra do artigo 556 do Código de Processo Civil então vigente, e hoje reproduzida no artigo 941, *caput* do Código em vigor:

> Art. 941. Proferidos os votos, o presidente anunciará o resultado do julgamento, designando para redigir o acórdão o relator ou, se vencido este, o autor do primeiro voto vencedor.

Segundo o autor, após o anúncio do resultado do julgamento, somente se tem como possível a modificação da decisão em razão de erro material ou pelo provimento de embargos de declaração. Trata-se, aqui, de simples extensão da regra do artigo 463 CPC/73, que corresponde atualmente ao artigo 494 do CPC/2015:

> Art. 494. Publicada a sentença, o juiz só poderá alterá-la:
>
> I – para corrigir-lhe, de ofício ou a requerimento da parte, inexatidões materiais ou erros de cálculo;
>
> II – por meio de embargos de declaração.

A alteração de votos, após a proclamação do resultado do julgamento, mesmo que realizada no curso da mesma sessão (como entendido pelo Supremo Tribunal Federal no precedente em análise), ofende a segurança jurídica que se espera do anúncio do resultado oficial. Como diz Barbosa Moreira, não faz sentido exigir-se das partes e dos advogados que continuem acompanhando o desenrolar da sessão após o julgamento do caso de seu interesse. Ademais, sendo pública a sessão de julgamento, o anúncio da decisão proferida em determinado caso pode já ter ganho, inclusive, grande repercussão, em casos de maior interesse público.

Outrossim, qualquer etapa do julgamento da causa pelo órgão colegiado exige a presença dos advogados, isto é, faz-se necessário que os mesmos possam estar presentes para suscitar, talvez, alguma questão de ordem para esclarecer dúvidas ou equívocos. Após o término do julgamento da causa, não mais contando com a presença dos advogados, a reabertura do julgamento, ainda que na mesma sessão, ofenderia o direito de defesa e o contraditório.

Da mesma forma, aponta o autor que também é de se admitir que, eventualmente, quando reaberto o julgamento da causa na mesma sessão, algum membro que tenha participado do julgamento não mais esteja presente e, assim, deixe de ter alguma influência na solução da questão a ser examinada.

Sob esse cenário crítico, vale apontar que o pensamento do Superior Tribunal de Justiça tem sido firme nesse mesmo sentido, considerando não mais ser possível a modificação do resultado do seu julgamento após a sua proclamação:

EMBARGOS DE DECLARAÇÃO EM EAG. PROCLAMAÇÃO DE RESULTADO DE JULGAMENTO. MODIFICAÇÃO VIA QUESTÃO DE ORDEM. IMPOSSIBILIDADE. NULIDADE. AUSÊNCIA DO CONTRADITÓRIO. EXAURIMENTO DA COMPETÊNCIA JURISDICIONAL. ALTERAÇÃO SOMENTE PERMITIDA MEDIANTE O USO DOS MEIOS LEGAIS E RECURSAIS DE IMPUGNAÇÃO.

Uma vez concluído o julgamento do feito e proclamado o resultado pelo presidente do colegiado, a Corte julgadora exaure a sua competência jurisdicional, motivo pelo qual, salvo erro material evidente, somente se permite a sua modificação mediante recurso do interessado e resposta respectiva da parte ex-adversa, sob pena de violação ao princípio do contraditório.

No caso, depois de concluído o julgamento do recurso, em que foram realizadas sustentações orais, houve a proclamação do resultado e a posterior publicação da ata da sessão, havendo, posteriormente, alteração do julgado por meio de questão de ordem, o que viola o primado constitucional e impõe considerar a nulidade anunciado na via integrativa, via cabível para se corrigir, a tempo, o vício in procedendo.

Embargos acolhidos para anular o julgamento da questão de ordem.

(STJ, EDcl nos EAg 884.487/SP, Rel. Ministro LUIZ FUX, Rel. p/ Acórdão Ministra MARIA THEREZA DE ASSIS MOURA, CORTE ESPECIAL, julgado em 06/02/2013, DJe 25/06/2013)

AGRAVO REGIMENTAL NO RESP. PROCESSUAL CIVIL. EXECUÇÃO PROVISÓRIA DE TÍTULO EXECUTIVO JUDICIAL CONSTITUÍDO EM AÇÃO RESCISÓRIA. LIQUIDAÇÃO POR ARBITRAMENTO PROCESSADA NO TRIBUNAL DE JUSTIÇA. QUANTUM DEBEATUR. CRITÉRIO UTILIZADO NA PERÍCIA. VOTO DIVERGENTE. EMBARGOS INFRINGENTES CONHECIDOS E PROVIDOS. **IMPOSSIBILIDADE DE MODIFICAÇÃO DO JULGAMENTO APÓS PROCLAMAÇÃO DO RESULTADO. OFENSA AOS ARTIGOS 463 E 556 DO CPC CONFIGURADA.** AGRAVO REGIMENTAL AO QUAL SE NEGA PROVIMENTO.

> 1. Acolhidos os embargos infringentes, por meio dos quais o Tribunal resolveu apreciar a "impugnação", determinando que fosse feita nova perícia por entender que o laudo pericial, que serviu de base para os cálculos de liquidação, não se ateve ao decidido no acórdão da ação rescisória, não poderia o Tribunal recorrido, após a proclamação daquele julgamento, proceder à sua modificação, sob pena de ofensa aos artigos 463 e 556 do CPC.
>
> 2. Agravo regimental a que se nega provimento.
>
> (STJ, AgRg no REsp 704.775/SC, Rel. Ministro LUIS FELIPE SALOMÃO, QUARTA TURMA, julgado em 04/03/2010, DJe 29/03/2010)

Naturalmente, impõe-se diferenciar a hipótese examinada no artigo com a situação em que o erro não está no julgamento (e tampouco se pretende alterá-lo); mas no seu anúncio. Isto é, pode haver, notadamente diante de pautas de julgamento com volumoso número de processos, equívoco no momento de anunciar o resultado do julgamento (a decisão colegiada foi no sentido de dar provimento ao recurso, mas foi anunciado que o recurso foi desprovido).

Nesse caso, a correção pode e deve ser feita a qualquer tempo, de preferência assim que percebido o equívoco.

A propósito:

> EMBARGOS DE DECLARAÇÃO APRESENTADOS POR AMBAS AS PARTES. TENTATIVA DE MODIFICAÇÃO DO JULGADO. IMPOSSIBILIDADE. OMISSÃO. EQUÍVOCO NA PROCLAMAÇÃO DO RESULTADO. CORREÇÃO.
>
> 1. Não há contradição no acórdão que, primeiramente, esclarece ser válido o contrato e, depois, interpreta-o conforme as peculiaridades da situação concreta, reduzindo justificadamente sua eficácia.
>
> 2. Não há motivos para que se esclareçam pontos em que é expresso o acórdão recorrido. Não é possível solicitar explanação acerca de matéria que não havia sido, inicialmente, abordada no recurso especial.
>
> 3. Uma norma jurídica pode ser violada não apenas quando equivocadamente aplicada, mas também quando sua

> vigência é negada em situações nas quais, ordinariamente, ela incide. Não se impõe, em tais situações, o óbice do prequestionamento.
>
> 4. Não se justifica a alegação de má aplicação dos Enunciados de Súmula 5 e 7/STJ em situações nas quais o acórdão recorrido apresenta mais de um fundamento para chegar à mesma conclusão, sendo o segundo independente dos referidos comandos sumulares.
>
> 5. Não é possível que se alegue, em embargos de declaração, uma suposta contradição entre o que restou decidido e a jurisprudência consolidada da Corte, no julgamento de outros processos.
>
> **6. É necessária a correção do julgado na hipótese em que se constata erro material na proclamação do julgado.**
>
> 7. Embargos de MIGUEZ DE MELLO rejeitados. Embargos de LIGHT parcialmente providos, para o fim de corrigir a proclamação do julgamento do recurso especial, consignando-se que seu recurso foi parcialmente provido.
>
> (STJ, EDcl no REsp 1344678/RJ, Rel. Ministra NANCY ANDRIGHI, TERCEIRA TURMA, julgado em 27/11/2012, DJe 29/11/2012)

Barbosa Moreira finaliza seu artigo criticando a tese adotada no julgamento da questão de ordem pelo Supremo Tribunal Federal, apontando que *"há precedentes que não merecem outro destino que o de serem lançados em bloco, amarrados à mais pesada pedra que se consiga arranjar, ao fundo do lago de Brasília"*.

Atualmente, pode-se dizer que o Código de Processo Civil em vigor é mais eloquente sobre o tema, tratando de forma amiúde a questão e estabelecendo que os votos somente podem ser alterados até o anúncio do resultado do julgamento:

> Art. 941. Proferidos os votos, o presidente anunciará o resultado do julgamento, designando para redigir o acórdão o relator ou, se vencido este, o autor do primeiro voto vencedor.
>
> § 1º O voto poderá ser alterado até o momento da proclamação do resultado pelo presidente, salvo aquele já proferido por juiz afastado ou substituído.

Por fim, vale apontar a questão continua, de certa forma, aberta no âmbito do Supremo Tribunal Federa, como se pode inferir do seguinte julgamento:

> AG.REG. NO RECURSO EXTRAORDINÁRIO 602.922 CEARÁ
>
> RELATOR:MIN. LUIZ FUX
>
> QUESTÃO DE ORDEM NO AGRAVO REGIMENTAL NO RECURSO EXTRAORDINÁRIO. ADMINISTRATIVO. SERVIDOR PÚBLICO. JULGAMENTO POR LISTA. INCLUSÃO INDEVIDA. CANCELAMENTO DA PROCLAMAÇÃO DO RESULTADO PROFERIDO NA SESSÃO.
>
> A C Ó R D Ã O
>
> Vistos, relatados e discutidos estes autos, acordam os Ministros da Primeira Turma do Supremo Tribunal Federal, sob a Presidência da Senhora Ministra Rosa Weber, na conformidade da ata de julgamento e das notas taquigráficas, por maioria de votos, em tornar sem efeito a decisão proferida na Sessão Ordinária de 24.11.2015, nos termos do voto do Relator, vencido o Senhor Ministro Marco Aurélio.

O Ministro Marco Aurélio, que já havia divergido da solução encontrada pelo Supremo Tribunal Federal no julgamento do caso apreciado neste artigo (ADI 903/MG), relembrou sua posição, consignando:

> O SENHOR MINISTRO MARCO AURÉLIO – Entendo que, proclamado o resultado, apenas pode ocorrer modificação se houver provocação da parte.
>
> Lembro-me de que, certa vez, isso aconteceu, considerado pronunciamento do Pleno. Um grande mestre processualista – não fui aluno de Sua Excelência, mas gostaria de ter sido – disse que aquele precedente de revisão do julgado merecia ser amarrado em pedra bem pesada e jogado na parte mais funda do Lago Paranoá.
>
> Deve haver segurança jurídica, e ela fica afastada – é a minha óptica, não é a dos Colegas, admito – toda vez que, numa sessão subsequente, se tenha a revisão de julgamento pretérito.
>
> Por isso, creio que não cabe o desfazimento do que assentamos em 24 de novembro de 2015.

EXECUÇÃO SUJEITA A CONDIÇÃO OU A TERMO NO PROCESSO CIVIL BRASILEIRO[1]

1. Para a pessoa legitimada a instaurar processo de execução, uma pergunta fundamental é a relativa ao momento a partir do qual lhe é lícito fazê-lo. A tal indagação dá resposta básica o Código de Processo Civil brasileiro no art. 580 e seu parágrafo único, *verbis:* "Art. 580. Verificado o inadimplemento do devedor, cabe ao credor promover a execução. Parágrafo único. Considera-se inadimplente o devedor, que não satisfaz espontaneamente o direito reconhecido pela sentença, ou a obrigação, a que a lei atribuir a eficácia de título executivo".

A redação, observe-se, não é um primor de técnica. Para começar, a lei não atribui "eficácia de título executivo" a obrigação alguma. O que ela faz, na verdade, é atribuir eficácia executiva *a determinados títulos,* judiciais (art. 584) e extrajudiciais (art. 585), representativos de *créditos,* conforme aliás ressalta da letra de pelo menos dois incisos do art. 585: o nº IV, *princípio* ("o crédito decorrente de foro, laudêmio, aluguel ou renda de imóvel") e o nº V ("o crédito de serventuário de justiça, de perito, de intérprete, ou de tradutor, quando as custas, emolumentos ou honorários forem aprovados por decisão judicial").

Pior: o empenho de abranger no mesmo dispositivo as hipóteses de execução fundada em título judicial e de execução fundada em título extrajudicial forçou o legislador a empregar de maneira equívoca a palavra "inadimplemento". Percebe-se com facilidade que ela não tem sentido igual nas duas cláusulas do parágrafo. Na segunda, referente aos títulos executivos extrajudiciais, inadimplemento significa omissão em cumprir a obrigação regularmente, a saber, no devido tempo, modo e lugar: é, como bem se percebe, a acepção do direito material. Já na primeira cláusula, atinente aos títulos executivos judiciais, a palavra designa o fato de o devedor não cumprir regularmente *a sentença* (ou, quando for o caso, a decisão antecipatória da tutela, nos termos do art. 273 e seu § 3º). Com efeito: se há título judicial, em linha de princípio o direito foi "reconhecido", no processo de conhecimento, e "reconhecida" foi a respectiva violação – ou, em outras palavras, o inadimplemento, visto quer como

---

1 Trabalho destinado ao volume em homenagem a ENRIQUE VESCOVI, a sair no Uruguai. Publicado, aqui, no volume coletivo *Doutrina*, nº 9.

certo (sentença de condenação), quer como verossímil a ponto de justificar a antecipação da tutela. De um ou de outro jeito, aqui o inadimplemento, no sentido material, configurado em ocasião pretérita, *por* si só não basta para tornar possível, desde logo, a execução: é necessário um pronunciamento judicial, de natureza condenatória, que o "reconheça". Talvez não seja impróprio falar, ao propósito, de um "inadimplemento em sentido processual".

Bem compreendida, a regra do art. 580 mostra-se, afinal de contas, simples. O que ela estabelece é que a execução pode ser instaurada desde o instante em que o devedor deixe de cumprir regularmente o disposto no título executivo – seja este de que tipo for, judicial ou extrajudiciaL A rigor, não havia mister de utilizar a palavra "inadimplemento", que al mais confunde que esclarece.

2. A matéria, porém, comporta especificações. A uma delas dedicaremos o presente estudo: à constante do art. 572 do estatuto processual, assim redigido: "Quando o juiz decidir relação jurídica sujeita a condição ou termo, o credor não poderá executar a sentença sem provar que se realizou a condição ou que ocorreu o termo".

"Condição" é figura definida no art. 114 do Código Civil: "Considera-se condição a cláusula que subordina o efeito do ato jurídico a evento futuro e incerto"; será suspensiva ou resolutiva a condição, segundo o respectivo implemento faça começar ou cessar a eficácia do ato jurídico. Não se encontra no Código Civil definição de "termo", mas o conceito ressalta do contexto: é o acontecimento futuro *e certo* do qual depende o começo (termo inicial) ou o fim (termo final) da eficácia do ato jurídico.

Impõem-se duas observações preliminares. Primeira: por motivos óbvios, aqui somente se cuida de condição *suspensiva* e de termo *inicial*[2]: trata-se de execução *diferida,* não de execução sujeita a resolver-se. Segunda: não obstante o teor literal do art. 572, que sugere limitação do campo de incidência aos títulos judiciais, a norma aplica-se igualmente aos títulos extrajudiciais, em vários dos quais perfeitamente se concebe a inserção de condição suspensiva[3].

2 Cf. PONTES DE MIRANDA, *COMENTÁRIOS DO ATUALIZADOR Código de Processo Civil,* t. IX, Rio de Janeiro-S. Paulo, 1976, p. 137.

3 *Vide,* entre outros, PONTES DE MIRANDA, *COMENTÁRIOS DO ATUALIZADOR Código de Processo Civil,* t. IX, cit., p. 138, e t. X, Rio de Janeiro-S. Paulo, 1976, p. 17; HUMBERTO THEODORO JÚNIOR, *Curso de Direito Processual Civil,* v. II, 25ª ed., Rio de Janeiro, 1999, p. 140.

3. Acerca da execução de sentença, merece agora esclarecimento um ponto importante. De acordo com o art. 460 do Código de Processo Civil, "a sentença deve ser certa, ainda quando decida relação jurídica condicional". Cumpre ver de que maneira se casa essa norma com a do art. 572. À primeira vista, parece que estamos diante de um enigma: se a sentença condenatória não pode ficar pendente de condição, como poderá assim ficar a respectiva execução?

A esse respeito há que ter em mente uma distinção. O que a lei não admite é condenação que, como tal, se subordine à verificação de evento futuro e incerto. É indispensável que, à vista da sentença, os interessados *(rectius:* quaisquer pessoas) saibam com segurança se o réu foi ou não foi condenado. Vamos a um exemplo intencionalmente caricatural: o juiz, na conclusão, diz: "Condeno o réu, se o Brasil vencer o Uruguai na próxima partida de futebol". A doutrina costuma lembrar casos menos esdrúxulos, *v.g.* o de subordinar-se a condenação à prova de algum fato que a pressuponha, e portanto já deveria estar provado no curso do processo de conhecimento, extinto pela sentença[4].

Se, contudo, a eficácia da relação jurídica de direito material foi posta, ela mesma, sob condição, em negócio celebrado entre as partes, não é dado ao órgão judicial deixar de levar em consideração a cláusula, para proferir condenação suscetível de executar-se independentemente do acontecimento indicado. A sentença, aí, nada perde em certeza; o efeito executivo é que vai depender da ocorrência do evento. O juiz não dirá: "Condeno o réu, se tal fato suceder", mas sim "Condeno o réu, com execução subordinada à realização de tal fato".

4. O que acabamos de expor soará estranho a quem se atenha a *id quod plerumque accidit.* No comum dos casos, com efeito, o implemento da condição suspensiva não só precederá a condenação, senão que até constituirá *pressuposto* dela. Se ainda não ocorreu o evento a que se subordinou a eficácia do ato jurídico, a consequência lógica parece con-

---

4 Na literatura mais recente, exemplifica-se com a existência do dano, em ação tendente a obter o respectivo ressarcimento: ARAKEN DE ASSIS, *COMENTÁRIOS DO ATUALIZADOR Código de Processo Civil,* v. VI. Rio de Janeiro, 1999, p. 75, com citação (na nota 169) de julgado do Superior Tribunal de Justiça, de 16-5-1994, relativo a lucro cessante, no Recurso Especial nº 38.465.

sistir na impossibilidade, para o credor, de fazer condenar o devedor, enquanto aquele não se concretizar. Não será a *execução,* mas a própria *condenação,* que esbarrará no obstáculo.

Textos como os dos arts. 572, 614, nº III, e 618, nº III, do Código de Processo Civil (aos dois últimos havemos de referir-nos em breve) colocam em evidência que não é rígido, no particular, o sistema do direito brasileiro. Sem dúvida, a regra geral é a de que só cabe condenação se já eficaz o ato jurídico de que a obrigação se originou. Mas a regra não é absoluta. Caso o fosse, não se conceberia situação alguma a que se aplicassem os dispositivos supracitados: ficariam eles pairando no espaço, sem ter onde aterrissar. A conclusão é tão absurda, que faz saltar aos olhos o desacerto da premissa.

Naturalmente, serão raras as hipóteses de condenação *anterior* ao implemento da condição suspensiva. É preciso que as circunstâncias demonstrem ter o autor interesse em demandar o réu antecipadamente[5]. A vantagem que disso lhe poderá advir deve ser legítima e suficientemente relevante para justificar o tratamento excepcional. Em determinadas hipóteses, essa vantagem torna-se óbvia e bastante; por exemplo, há sinais veementes de que sucederá o fato previsto na cláusula contratual e, ao mesmo tempo, de que o réu não mostra disposição alguma – antes ao contrário – de cumprir a obrigação nessa eventualidade[6]. Se o credor tivesse de aguardar o implemento da condição para propor a ação condenatória, o tempo obraria contra seu interesse. É verdade que, embora proferida, a condenação não será exequível desde logo; mas o mero fato de dispor dela – talvez com o selo da coisa julgada – já representará benefício ponderável para o autor. Entre outras coisas, bem pode acontecer que o réu, condenado, se resolva a adimplir: com toda a probabilidade, a condenação vencerá sua resistência mais facilmente do que a simples perspectiva de uma demanda.

---

5 O Superior Tribunal de Justiça, em 21-11-1997, no Recurso Especial nº 108.116, admitiu a existência de tal interesse em favor de membro de um consórcio que, tendo desistido, postulava a restituição dos valores pagos; a condenação, à evidência, só se tornaria exequível após o termo contratualmente previsto (apud ARAKEN DE ASSIS, ob. e lug. cit. na nota anterior).

6 Na Alemanha, a propósito da *Klage auf kunftige Leistung* (ação para exigir prestação futura), lê-se em ROSEMBERG-SCHWAB-GOTTVALD, *Zivilprozessrecht,* 15ª ed., Munique, 1993, p. 513, que ela é admissível "*falls das Verfahren des Schuldners die Besorgnis rechtfertigt, dass er sich der rechtzeitigen Leistung entziehen werde* (caso o comportamento do devedor justifique o receio de que ele se furte a prestar no tempo devido)".

Resta ajuntar que as observações precedentes se aplicam, *mutatis mutandis,* ao caso de relação jurídica sujeita a termo.

5. Acode ao espírito indagar se a antecipação da tutela não representaria uma alternativa interessante para o autor. Proposta uma ação de cobrança, poderia ele valer-se da franquia introduzida no ordenamento processual pela Lei nº 8.952, de 13-12-1994, que deu nova redação ao art. 273 do Código de Processo Civil. Reza hoje o *caput* do dispositivo: "O juiz poderá, a requerimento da parte, antecipar, total ou parcialmente, os efeitos da tutela pretendida no pedido inicial, desde que, existindo prova inequívoca, se convença da verossimilhança da alegação e: I – haja fundado receio de dano irreparável ou de difícil reparação; II – fique caracterizado o abuso de direito de defesa ou o manifesto propósito protelatório do réu". Concorrendo tais pressupostos, caberia uma decisão que antecipasse os efeitos da condenação pleiteada.

No entanto, é intuitivo que a antecipação aqui em nada aproveitaria ao autor. O máximo a que lhe seria dado aspirar era uma decisão de exequibilidade *também diferida.* Nem sequer em caráter provisório se concebe que a execução fosse instaurada desde logo. Ter-se-ia de aguardar o implemento da condição ou a ocorrência do termo, exatamente como sucede na hipótese de sentença. Nada se extrai da antecipação dos efeitos da tutela definitiva, porquanto eles se antecipariam *como são,* isto é, dependentes do acontecimento posto à guisa de condição ou termo. A única diferença prática seria uma espera mais longa.

6. Do exposto acima, vale registrar, nascem considerações de relevo para a teoria da sentença. Um setor da doutrina resiste a admitir que seja possível verdadeira condenação na pendência de condição suspensiva. A recalcitrância, em certos casos, está ligada à ideia que se forma da sentença condenatória, cuja essência residiria numa *aplicação de sanção:* é difícil aceitar que se aplique sanção a quem *ainda não* descumpriu a obrigação. Não reproduziremos aqui, porque alheia ao tema do presente estudo, a crítica que fizemos a tal concepção, em trabalho já antigo, mas a cuja substância permanecemos fiéis[7]. Vamos abordar

7 A tese da aplicação de sanção como traço distintivo da condenação foi sustentada por LIEBMAN: *vide*, entre muitos lugares, *Manuale di diritto processuale civile*, v. I,

unicamente aspectos que se relacionam de perto com a problemática ora enfrentada.

Em face do ordenamento brasileiro, não há negar a possibilidade de sentenças como estas de que estamos cuidando. Caso não se queira, por outro lado, reconhecer-lhes direitos de cidadania no território da condenação, a única saída é entender que são exequíveis *apesar de meramente declaratórias*[8]. Ora, no plano dos princípios, nada impede que se atribua efeito executivo a sentenças declaratórias: trata-se, com certeza, de posição estranha às noções correntes, mas isso é tudo que contra ela se pode arguir. Mudam as coisas de figura, entretanto, na perspectiva do direito positivo. O art. 584 do Código de Processo Civil, ao enumerar os títulos executivos judiciais, alude, no inciso I, à "sentença *condenatória* proferida no processo civil"; e em lugar nenhum fala de sentença *declaratória.* Contravém à lei, por conseguinte, sustentar a exequibilidade, diferida ou não, de qualquer sentença dessa espécie.

Na realidade, mal se justifica a repulsa à ideia de que é possível condenar *para o futuro.* O ordenamento alemão consagra em termos expressos semelhante possibilidade, e na Itália, mesmo sem base textual ampla, tem ela sido acolhida por doutrina prestigiosa[9]. Nenhuma dificuldade ex surge para quem, como nós, põe de lado a tese da *aplicação de sanção* e outras mais, para identificar a diferença essencial entre as duas classes de sentenças - a das meramente declaratórias e a das condenatórias - no objeto formal da declaração: enquanto, na primeira classe (pressupondo-se a procedência de pedido de declaração *positiva),* o juiz declara *existente* o crédito, na segunda ele o declara, além de existente,

4ª ed., Milão, 1980, p. 163. O nosso ensaio a que se refere o texto intitula-se *Reflexões críticas sobre uma teoria da condenação civil* e está incluído na Primeira Série dos *Temas de Direito Processual,* 2ª ed., S. Paulo, 1988, p. 72 e s.

8 Assim, na doutrina de nossos dias, TEORI ALBINO ZAVASCKI, *Título executivo e liquidação,* S. Paulo, 1999, p. 139.

9 *Vide,* na Alemanha, as disposições dos §§ 257 e 258 da *Zivilprozessordnung,* que regem hipóteses específicas, e a regra genérica do § 259. No ordenamento italiano, onde inexiste norma equiparável a esta última, nem por isso faltam pronunciamentos autorizados "*a favore dell' ammissibilità in via generale della condanna in futuro, salvo la necessità di verificare, in concreto, la sussistenza del requisito dell'interesse ad agire*" (PROTO PISANI, *Lezioni di diritto processuale civile,* 3ª ed., Nápoles, 1999, p. 179/80). A monografia clássica, na península, é a de ROGNONI, *La condanna in futuro,* Milão, 1958.

exigível, atual ou potencialmente. À declaração da exigibilidade *potencial* corresponde precisamente a condenação para o futuro. É claro que, assim, estamos admitindo um fundo comum (declaração) a ambas as classes – no que, de resto, nada se descobre de original.

7. Olhado de perto o fenômeno, faz-se evidente a íntima vinculação entre ele e a questão dos atributos imprescindíveis à caracterização do título executivo, consoante o art 596, *caput, verbis:* "A execução para cobrança de crédito fundar-se-á sempre em título líquido, certo e exigível". Em boa técnica, as notas de certeza, liquidez e exigibilidade dizem respeito não propriamente *ao título,* senão *ao crédito*[10]; aqui, contudo, para não complicar a exposição com um desvio de rota, preferimos conformar-nos à dicção da lei.

Pois bem: a condenação para o futuro, enquanto não verificada a condição ou não atingido o termo, carece de exigibilidade. A rigor, a sentença, por si só, não constitui título executivo: este se formará no momento em que se realizar a condição ou sobrevier o termo. Não é outra a razão pela qual o art 614 impõe ao credor o ônus de, ao promover a execução, instruir a petição inicial com a prova de que se realizou a condição ou sobreveio o termo. Intuitivamente, se constar da sentença a indicação exata do dia em que se fixou o termo, não haverá necessidade de documento comprobatório: bastará que o órgão da execução confronte a sentença com o calendário...

Com a ressalva feita acima, a prova é um dos "documentos indispensáveis à propositura da execução", mencionados no art. 616[11]. Por isso, se o juiz der pela respectiva falta, incumbe-lhe, de acordo com esse dispositivo, determinar que o credor a supra no prazo de dez dias, sob pena de indeferimento da petição inicial. Sublinhe-se que a omissão do órgão judicial, nesse primeiro contacto com a postulação do credor, não cria preclusão alguma, nem obsta pois a que se formule a exigência a qualquer tempo e se tire do respectivo descumprimento a consequência devida.

10 Com razão CÂNDIDO DINAMARCO, *Execução civil,* 5ª ed., S. Paulo, 1997, p. 487.

11 Segundo JOSÉ FREDERICO MARQUES, *Manual de Direito Processual Civil,* v. IV, 4ª ed., S. Paulo, 1981, p. 63, caso não seja suficiente a mera juntada de documento, pode o credor, para concretizar a prova, recorrer a procedimento preparatório (*v.g.,* justificação) e com os respectivos autos instruir a petição inicial.

8. Resta ver qual é essa consequência. A tomar-se ao pé da letra o art. 618, nº III, a hipótese será de nulidade do processo executivo; aí se lê, com efeito: «É nula a execução... se instaurada antes de se verificar a condição ou de ocorrido o termo, nos casos do art. 572". Por sinal, à luz do exposto no item anterior, ainda que não existisse referência específica a tais casos, incidiria o nº I do mesmo artigo, *verbis* "se o título executivo não for líquido, certo e exigível"[12].

Igualmente neste passo, entretanto, o legislador desprezou a melhor opção técnica. Bem vistas as coisas, não é que a execução seja *nula:* afigura- se mais apropriado reputá-la *inadmissível*[13]. O título ainda não é exigível; melhor dizendo: *ainda não há título executivo.*

O devedor pode impugnar a execução mediante embargos. Se de título extrajudicial se cogita, socorre-o a disposição genérica do art. 745, que lhe permite alegar nos embargos qualquer matéria de defesa. Se se trata de sentença condenatória, ele invocará o art. 741, pouco importando que faça menção ao inciso II ("inexigibilidade do título") ou - caso queira ater-se à dicção legal - prefira invocar o inciso V ("excesso de execução, ou sua *nulidade* até a penhora").

Mesmo, porém, que o devedor não embargue a execução, o defeito é passível de conhecimento *ex officio* pelo órgão judicial. Caso não seja corrigido, o juiz extinguirá a execução, embora a hipótese não se inclua entre as de extinção, previstas no art. 794: a enumeração aí não é taxativa[14].

Janeiro de 2000.

---

12 Procedente a crítica de ARAKEN DE ASSIS, ob. e v. cit., p. 344, que fala em "surpreendente tautologia".

13 Para CÂNDIDO DINAMARCO, ob. cit., p. 411, "pendente de termo ou de condição, o direito é inexigível e, pelas razões expostas, falta o interesse-necessidade e o credor carece de ação" (cf. p. 422, onde se atribui "manifesta impropriedade" à dicção do art. 618, nº I - censura extensível, por igualdade de razão, ao inciso III). No mesmo sentido, LEONARDO GRECO, *O processo de execução*, v. I, Rio de Janeiro, 1999, p. 326.

14 Ponto pacífico entre os expositores do tema: *vide*, na doutrina mais recente, entre muitos outros, HUMBERTO THEODORO JÚNIOR, ob. e v. cit., p. 349/50.

COMENTÁRIOS DO ATUALIZADOR

EXECUÇÃO SUJEITA A CONDIÇÃO OU A TERMO NO PROCESSO CIVIL BRASILEIRO

Sérgio Ricardo de Arruda Fernandes

Barbosa Moreira analisa nesse estudo a execução de obrigação sujeita a condição ou a termo, à luz da lei processual civil. E destaca inicialmente que a execução se torna possível ao credor a partir do instante em que o devedor descumpre a obrigação prevista no título executivo.

Nesse sentido, o autor criticava a versão original do artigo 580 do Código de Processo Civil de 1973, em vigor à época, por veicular duas expressões pouco apropriadas. Em primeiro lugar, quanto à força executiva direcionada à obrigação, quando seria o título executivo o destinatário da eficácia prevista na lei. Em segundo, por se referir indistintamente a "inadimplemento". O que, a seu ver, seria mais pertinente à execução de título extrajudicial, uma vez que, na execução de título judicial, tem-se o descumprimento do comando judicial que exsurge da decisão.

É importante consignar que a procedência de suas críticas acompanhou a evolução legislativa desde então, à medida que o artigo 580 passou a comportar nova redação, a partir de 2006, por força da Lei nº 11.382. Redação essa que foi, inclusive, mantida no atual Código de Processo Civil:

> Art. 580. A execução pode ser instaurada caso o devedor não satisfaça a obrigação certa, líquida e exigível, consubstanciada em título executivo. (Redação dada pela Lei nº 11.382, de 2006).
>
> Art. 786. A execução pode ser instaurada caso o devedor não satisfaça a obrigação certa, líquida e exigível consubstanciada em título executivo. (CPC/2015)

Feitas as anotações críticas ao teor da redação original do artigo 580, o autor passa a abordar o tema central do estudo, no tocante às obrigações sujeitas a condição ou a termo e à sua execução.

A condição, enquanto modalidade do ato jurídico, tem seu conceito na lei civil. O Código Civil em vigor, em seu artigo 121, traz sua conceituação:

> Art. 121. Considera-se condição a cláusula que, derivando exclusivamente da vontade das partes, subordina o efeito do negócio jurídico a evento futuro e incerto.

E esclarece Barbosa Moreira que, para efeito de exequibilidade, o assunto aqui encerra apenas a condição suspensiva e o termo inicial. Ou seja, são as modalidades que podem levar ao diferimento do início da execução, isto é, a depender do implemento do termo ou da condição. E acrescenta que a sujeição do início da execução ao implemento da condição ou do termo pode aplicar-se indistintamente aos títulos executivos judiciais e extrajudiciais.

A matéria encontra-se atualmente assim disposta no Código de Processo Civil em vigor:

> Art. 514. Quando o juiz decidir relação jurídica sujeita a condição ou termo, o cumprimento da sentença dependerá de demonstração de que se realizou a condição ou de que ocorreu o termo.
>
> Art. 798. Ao propor a execução, incumbe ao exequente:
> I – instruir a petição inicial com:
> (...)
> c) a prova de que se verificou a condição ou ocorreu o termo, se for o caso;

Considerando a expressa previsão legal da execução de título judicial encontrar-se eventualmente sujeita ao implemento de condição suspensiva, Barbosa Moreira traça importante distinção com situação absolutamente distinta: a "sentença condicional".

A sentença, como todo ato decisório, precisa ser um ato de certeza. Em outras palavras, não pode haver dúvida do quanto se decidiu acerca da relação jurídica controvertida e de suas consequências. Como diz o autor, a lei não admite a prolação de sentença na qual a condenação em si fique pendente de alguma condição.

É o que prescreve o artigo 492 do Código atual, seguindo a linha do artigo 460, parágrafo único da lei ab-rogada:

> Art. 492. É vedado ao juiz proferir decisão de natureza diversa da pedida, bem como condenar a parte em quantidade superior ou em objeto diverso do que lhe foi demandado.
> Parágrafo único. A decisão deve ser certa, ainda que resolva relação jurídica condicional.

Por conseguinte, estando a relação jurídica material sujeita a condição prevista em negócio celebrado entre as partes, a sentença de procedência deverá reconhecer a obrigação a cargo do devedor, ainda que a sua execução fique a depender, mais à frente, da demonstração do implemento da condição suspensiva. Mas a decisão precisa ser certa e não, eventual.

A título de mero exemplo, podemos pensar na ação de cobrança de saldo devedor de aquisição de bem imóvel, na qual, apreciados os termos e cláusulas do contrato, venha o órgão judicial a condenar o devedor ao pagamento do valor residual quando for apresentado pelo credor o *habite-se* do imóvel. Nesse caso, a condenação do devedor é certa; mas o credor somente poderá exigir-lhe o cumprimento quando apresentar ao devedor o *habite-se* do imóvel concedido pela autoridade administrativa.

Diante desse cenário, o autor traz reflexões sobre a decisão cuja obrigação encontra-se sujeita a condição ou termo ainda não implementados, concluindo, *de lege lata,* que inexiste óbice à sua prolação. Principalmente à luz dos artigos 514, 798, I e 803, III do Código em vigor (reproduzindo os artigos 572, 614, III e 618, III do Código de 1973):

> Art. 514. Quando o juiz decidir relação jurídica sujeita a condição ou termo, o cumprimento da sentença dependerá de demonstração de que se realizou a condição ou de que ocorreu o termo.

> Art. 798. Ao propor a execução, incumbe ao exequente:
> I – instruir a petição inicial com:
> c) a prova de que se verificou a condição ou ocorreu o termo, se for o caso;

> Art. 803. É nula a execução se:
> III – for instaurada antes de se verificar a condição ou de ocorrer o termo.

Ainda que se trate de hipóteses raras no cotidiano, não se descarta a prolação de ato decisório anterior ao implemento da condição suspensiva, notadamente porque, mesmo que não possa o credor ainda promover-lhe a execução, estará bem mais próximo desse desiderato do que aguardá-lo para só então dar início à sua ação de cobrança. Como assevera o autor: "*Se o credor tivesse de aguardar o implemento da condição para propor a ação condenatória, o tempo obraria contra seu interesse. É verdade que, embora proferida, a condenação não será exequível desde logo; mas o mero fato de dispor dela – talvez com o selo da coisa julgada – já representará benefício ponderável para o autor.*"

No tocante à natureza da sentença proferida diante de obrigação sujeita ao implemento de condição, Barbosa Moreira não enxerga obstáculo à identificação de sua eficácia condenatória, ainda que projetada para o futuro, haja vista a sua exigibilidade potencial (e não imediata).

Outro caminho que poderia também ser admitido, aponta o autor, seria reconhecer a natureza declaratória da sentença, à qual a lei processual atribui força executiva. E, para tanto, não haveria mais a dificuldade de interpretação hermenêutica, uma vez que fora abandonada (no ano de 2006) a redação original do Código de 73 (art. 584, I) que restringia à sentença condenatória proferida no processo civil a sua qualificação como título executivo (vide art. 475-N, inciso I, por força da Lei nº 11.232/2005).

De acordo com o artigo 515, I do Código em vigor, é título executivo judicial a decisão proferida no processo civil que reconheça a exigibilidade de uma obrigação. Portanto, tenha a sentença eficácia condenatória ou apenas declaratória, não haverá qualquer empecilho ao seu enquadramento como título executivo judicial.

A propósito:

> RECURSO ESPECIAL. AÇÃO DECLARATÓRIA DE INEXIGIBILIDADE DE DÉBITOS. SENTENÇA DE IMPROCEDÊNCIA. AUSÊNCIA DOS ELEMENTOS DO TÍTULO EXECUTIVO NA HIPÓTESE. EFICÁCIA EXECUTIVA

> NÃO RECONHECIDA. DIVERGÊNCIA JURISPRUDENCIAL. ANÁLISE PREJUDICADA. JULGAMENTO: CPC/2015.
>
> 1. Ação declaratória de inexigibilidade de débitos ajuizada em 2013, atualmente na fase de cumprimento de sentença, da qual foi extraído o presente recurso especial, interposto em 20/05/2019 e atribuído ao gabinete em 05/05/2020.
>
> 2. O propósito recursal é dizer sobre a eficácia executiva da sentença que julga improcedente o pedido de declaração de inexigibilidade de débitos.
>
> **3. No julgamento do REsp 1.261.888/RS (julgado em 09/11/2011, DJe 18/11/2011), pela sistemática dos recursos especiais repetitivos, a Primeira Seção, reafirmando a jurisprudência desta Corte, fixou a seguinte tese: "Atribuiu-se 'eficácia executiva' às sentenças 'que reconhecem a existência de obrigação de pagar quantia'".**
>
> 4. A aplicação da tese, na linha da jurisprudência desta Corte, impõe a ponderação de que a eficácia executiva da sentença declaratória exige que ela contenha todos os elementos de um título executivo, ou seja, que identifique uma obrigação certa, líquida e exigível.
>
> 5. Hipótese em que não se reconhece a eficácia executiva da sentença de improcedência do pedido de declaração de inexigibilidade de débitos em que se reconheceu a existência da obrigação, sem decisão quanto ao seu valor.
>
> 6. Recurso especial conhecido e desprovido.
>
> (STJ, REsp 1872253/SP, Rel. Ministra NANCY ANDRIGHI, TERCEIRA TURMA, julgado em 23/03/2021, DJe 26/03/2021)

Dessa forma, a sentença que reconhece a obrigação a cargo do devedor, ainda que sujeita a condição ou termo, apresenta-se inegavelmente como título executivo, sendo que a deflagração do procedimento executivo, por sua vez, dependerá da demonstração do seu implemento.

Como assevera Barbosa Moreira, enquanto não verificada a condição ou atingido o termo, o crédito consubstanciado no título não será exigível. E a exigibilidade é um dos atributos indispensáveis à execução, como se infere do artigo 783 do Código atual (que corresponde ao art. 586 do CPC/73):

> Art. 783. A execução para cobrança de crédito fundar-se-á sempre em título de obrigação certa, líquida e exigível.

Por fim, enquanto não demonstrado o implemento da condição ou termo, a obrigação não se revestirá da sua indispensável exigibilidade, de modo que eventual execução precipitada não terá êxito. Não se cuida propriamente de nulidade da execução, como esclarece o autor, mas de sua inadmissibilidade, impedindo que ela possa prosseguir em seu desiderato de ver satisfeita em favor do credor a obrigação.

Nesse sentido, o artigo 798, I, letra c do Código atual (reproduzindo o art. 614 do Código ab-rogado) estabelece como documento indispensável à propositura da execução a prova do implemento da condição ou termo.

Verificando o órgão judicial que a petição inicial não se mostra devidamente instruída, compete-lhe determinar o seu suprimento, sob pena de indeferimento:

> Art. 801. Verificando que a petição inicial está incompleta ou que não está acompanhada dos documentos indispensáveis à propositura da execução, o juiz determinará que o exequente a corrija, no prazo de 15 (quinze) dias, sob pena de indeferimento.

> Art. 924. Extingue-se a execução quando:
> I – a petição inicial for indeferida;

Trata-se de controle sujeito à iniciativa *ex officio* do juízo da execução de título judicial ou extrajudicial. Por sua vez, a parte executada poderá suscitar a ocorrência do vício por simples petição (impugnação), como se infere da disciplina do Código em vigor:

> Art. 803. É nula a execução se:
> III – for instaurada antes de se verificar a condição ou de ocorrer o termo.
> Parágrafo único. A nulidade de que cuida este artigo será pronunciada pelo juiz, de ofício ou a requerimento da parte, independentemente de embargos à execução.

> Art. 525. Transcorrido o prazo previsto no art. 523 sem o pagamento voluntário, inicia-se o prazo de 15 (quinze) dias para que o executado, independentemente de penhora ou nova intimação, apresente, nos próprios autos, sua impugnação.
>
> **§ 1º Na impugnação, o executado poderá alegar:**
>
> III – inexequibilidade do título ou inexigibilidade da obrigação;

O que não impede, em sede de execução de título extrajudicial, que a matéria também seja veiculada por meio de embargos à execução:

> Art. 917. Nos embargos à execução, o executado poderá alegar:
>
> I – inexequibilidade do título ou inexigibilidade da obrigação;

Temos, portanto, que as precisas observações lançadas neste estudo caminharam no mesmo sentido da evolução da nossa lei processual, quer por ocasião das reformas pelas quais passou o Código de 1973, como na edição do atual Código de Processo Civil.

EXCEÇAO DE PRÉ-EXECUTIVIDADE: UMA DENOMINAÇÃO INFELIZ[1]

Vem-se generalizando na linguagem processual o emprego da locução "exceção de pré-executividade" a propósito dos casos em que, conforme se tem admitido, o devedor *(rectius:* o executado) pode opor-se à execução sem necessidade de oferecer embargos e, portanto, de submeter- se ao gravame da penhora ou do depósito (Código de Processo Civil, art. 737). A expressão, que aparece com frequência crescente em obras doutrinárias e em decisões judiciais, ao nosso ver é extremamente infeliz. Tentaremos explicar por quê.

Comecemos pelo complemento ("de pré-executividade"). O substantivo abstrato "executividade" – pedindo-se desculpas pela incidência no óbvio – indica a qualidade daquilo que é executivo. Ora, que é que se concebe, neste contexto, que seja executivo? Naturalmente, o processo, ou o título em que ele busca fundamento. Sem temer a redundância, diremos que "processo executivo" e "título executivo" significam, respectivamente, processo e título dotados de executividade.

O prefixo "pré", por sua vez, expressa, como é notório, anterioridade, precedência, anteposição. "Pré-contrato" é ato jurídico que se realiza antes de um contrato. Diz-se "pré-adolescente" o ser humano que ainda não atingiu, embora esteja para atingir, a adolescência. "Pré-história" é o nome que se dá ao período de desenvolvimento temporal do nosso planeta anterior àquele outro, caracterizado pela existência de documentos *(lato sensu),* ao qual se convencionou chamar "história". E assim por diante.

Pois bem. Logicamente, "pré-executividade" deveria designar algo anterior, precedente, anteposto à executividade. Como entender a noção, aplicada ao processo e ao título? Teremos de conceber, em vez de um processo executivo, um processo "pré-executivo" e, em vez de um título executivo, um título "pré-executivo"? Mas que sentido poderão ter semelhantes locuções? Se o título é judicial, o que existe antes da execução é, em regra, a sentença condenatória, proferida em processo de conhecimento. Fará sentido, por isso, apelidar tal processo de "pré-executivo"? E que existirá, antes de instaurar-se a execução, se se trata de título extrajudicial? Poderá haver o próprio título; mas esse ou já é executivo (não

1 Publicado no *Informativo ADV*, nº 5/2000, e *in Mundo Jurídico*, nº II.

simplesmente "pré-executivo"), ou nada será que interesse diretamente à execução.

A verdade é que o adjetivo "pré-executivo" não convive harmoniosamente nem com o substantivo "processo", nem com o substantivo "título". Não há cogitar, pois, de uma "pré-executividade" referida a qualquer dos dois. Se não pode referir-se nem ao processo, nem ao título, porém, é o caso de perguntar-se: *A que se referirá ela?* "Exceção de pré-executividade" será "exceção de pré-executividade" *de quê?* Ao suscitá-la, *o que* estará o devedor qualificando de "pré-executivo"?

Mirando através do inoportuno biombo verbal, percebemos o que se quer sustentar aí: é que o processo, instaurado sob vestes executivas, não preenche os requisitos indispensáveis para usar essa indumentária; ou, em outra perspectiva, que o título apresentado pelo exequente não constitui passaporte regular para o ingresso na via da execução. Em palavras diferentes: o que se pretende é *negar* à executividade, aí, direitos de cidadania. Não se está pensando em qualquer coisa que a preceda, que lhe seja anterior: o que se pretende dizer, em última análise, é que ela, apesar das aparências, *não existe.* Melhor seria, então, falar em "não executividade" que em "pré-executividade" – locução desprovida de força negativa e impregnada de uma conotação temporal capaz de induzir em falsa pista o comum dos mortais. O problema não é de "antes" ou "depois": é de "sim" ou "não", e é *essa* alternativa, não a outra, que tem de refletir-se na nomenclatura.

Passemos ao substantivo "exceção". Sem dúvida, cuida-se de palavra equívoca, que no correr dos anos tem sido empregada em sentidos diversos, para designar ora o *gênero* "defesa", ora a *espécie* dotada de tal ou qual característica. A equivocidade, porém, é um mal, e tudo aconselha a que evitemos contribuir para perpetuá-la – ou, pior, para agravá-la. Incumbe à doutrina, ao contrário, esforçar-se por "purificar", na medida do possível, a terminologia, até para incentivar o legislador a corrigir, em eventuais reformas dos textos, ambiguidades em que haja incorrido.

Acontece que, das várias acepções atribuídas ao vocábulo "exceção" uma faz jus, até por motivos históricos, à preferência dos estudiosos: o que denota a impossibilidade de conhecimento *ex officio* pelo juiz, com a correspondente criação, para o interessado, do ônus da alegação. Há defesas, com efeito, de que o órgão judicial pode e deve conhecer ainda que não alegadas: é o que ocorre, por exemplo, com a "ausência de pressupostos de constituição e de desenvolvimento válido e regular do processo", com a perempção, a litispendência ou a coisa julgada, e com a falta de qualquer das "condições da ação" (art. 267, ns. IV, V e VI, c/c o § 3º). Já outras só podem ser tomadas em consideração se as suscitar o interessado: assim, *v.g.*, a incompetência relativa e, no plano substancial, a prescrição em matéria patrimonial, a exceção de contrato não cumprido. A estas é que convém reservar o *nomen iuris* em foco.

Ora, das hipóteses que se apontam como suscetíveis de ensejar a reação do executado independentemente do oferecimento de embargos, a grande maioria consiste em defeitos que, segundo entendimento generalizado, o juiz, se os encontrar, deve levar em conta ainda que não alegados. Assim, a inexigibilidade do título (por exemplo: a sentença, sujeita obrigatoriamente ao duplo grau de jurisdição, não foi revista pelo tribunal), a ilegitimidade ativa ou passiva das partes, a cumulação indevida de execuções etc. Há quem amplie, é certo, o rol das possibilidades, para admitir que o devedor impugne a execução sem embargá-la até em casos de feição diversa; mas, para fundamentar o nosso argumento, basta considerar os que mais comumente se arrolam, e são, sem sombra de dúvida, os de possível conhecimento *ex officio*. Já é razão suficiente para que não se aplique indiscriminadamente a todo o gênero o nome de exceção.

Não nos estamos pronunciando, neste ensejo, sobre o mérito da questão. Não se cuida, aqui e agora, de saber se realmente merece adesão, e em que medida, a tese da impugnabilidade da execução pelo devedor, fora do âmbito dos embargos. Preocupa-nos tão-só o aspecto terminológico do problema: queira-se ou não se queira aceitar a proposta, convém adotar outra nomenclatura. "Exceção de pré-executividade" é expressão, para dizer o menos, gritantemente inadequada. Está claro que o ponto não interessará a quem não dê importância à terminologia – a quem suponha, digamos, que em geometria tanto faz chamar triângulo ou pentágono ao polígono de três lados, e que em anatomia dá na mesma atribuir ao fígado a denominação própria ou a de cérebro... Mas – digamos com franqueza – tampouco interessará muito o que esses pensem ou deixem de pensar.

Outubro de 1999.

COMENTÁRIOS DO ATUALIZADOR

EXCEÇÃO DE PRÉ-EXECUTIVIDADE: UMA DENOMINAÇÃO INFELIZ

Sérgio Ricardo de Arruda Fernandes

No presente artigo, Barbosa Moreira aborda o cenário em que, antecedendo às reformas empreendidas no Código de Processo Civil de 1973, tornou-se usual a apresentação pelo executado da chamada "exceção de pré-executividade" para se opor à execução contra si endereçada, no lugar do ajuizamento da ação de embargos à execução.

Com efeito, à luz do artigo 737 do Código de 1973 (que foi revogado pela Lei nº 11.382/2006), cabia ao executado oferecer resistência à execução, quer aparelhada por título executivo judicial ou extrajudicial, após a garantia do juízo, por meio de embargos à execução.

Para evitar os ônus da propositura da ação de embargos, além da prévia garantia do juízo mediante a efetivação da penhora, tornou-se frequente a resistência do executado manifestada por simples petição, sustentando a existência de algum defeito que, passível mesmo de ser constatado *ex officio,* impedisse o prosseguimento da execução.

E essa manifestação, que foi se tornando cada vez mais corriqueira, ganhou a denominação cotidiana de "exceção de pré-executividade". E Barbosa Moreira justamente se dedica em seu estudo a criticar tecnicamente o emprego dessa expressão.

Com muita razão, o autor aponta que o sentido de "pré-executividade" deveria estar atrelado a algum aspecto cronológico em torno da execução (o que vem antes...), quando, na verdade, a questão concerne à presença – ou não – dos pressupostos indispensáveis para o regular desenvolvimento da execução. Daí porque Barbosa Moreira conclui que a situação envolve a existência de força executiva ou não; o que recomendaria o emprego do termo "não executividade".

O autor também critica a utilização da palavra "exceção" para designar essa atitude do executado, uma vez que, por tradição, a sua acepção estaria atrelada à matéria defensiva não passível de ser conhecida de ofício pelo órgão julgador. Como melhor exemplo tirado da lei processual ab-rogada, temos a exceção de incompetência (relativa).

É verdade que não havia maior rigor no emprego da palavra "exceção" nessa acepção, porquanto o Código de 1973 colocava ao lado da exceção de incompetência as exceções de impedimento ou suspeição do juiz; as quais versavam sobre matérias que deveriam ser apreciadas *ex officio*.

Vale acrescentar que, no âmbito do Código de Processo Civil em vigor, não mais subsiste o emprego do termo "exceção" para designar a via apropriada para a alegação de incompetência relativa do juízo ou de suspeição ou impedimento do juiz.

No que concerne à incompetência relativa, a mesma passou a ser passível de arguição no corpo da contestação; e não mais em separado. Veja-se:

> Art. 336. Incumbe ao réu alegar, na contestação, toda a matéria de defesa, expondo as razões de fato e de direito com que impugna o pedido do autor e especificando as provas que pretende produzir.
>
> Art. 337. Incumbe ao réu, antes de discutir o mérito, alegar:
>
> II – incompetência absoluta e relativa;
>
> § 5º Excetuadas a convenção de arbitragem e a incompetência relativa, o juiz conhecerá de ofício das matérias enumeradas neste artigo.

Por sua vez, em relação à arguição de impedimento ou suspeição, a lei processual em vigor não mais alude à exceção; apontando que a parte interessada poderá alegar o vício por meio de simples petição, deflagrando o respectivo incidente. Logo, atualmente será mais apropriado referir-se a incidente de suspeição ou impedimento do que exceção.

A propósito, no Código atual:

> Art. 146. No prazo de 15 (quinze) dias, a contar do conhecimento do fato, a parte alegará o impedimento ou a suspeição, em petição específica dirigida ao juiz do processo, na qual indicará o fundamento da recusa, podendo instruí-la com documentos em que se fundar a alegação e com rol de testemunhas.

> § 1º Se reconhecer o impedimento ou a suspeição ao receber a petição, o juiz ordenará imediatamente a remessa dos autos a seu substituto legal, caso contrário, determinará a autuação em apartado da petição e, no prazo de 15 (quinze) dias, apresentará suas razões, acompanhadas de documentos e de rol de testemunhas, se houver, ordenando a remessa do incidente ao tribunal.
>
> § 2º Distribuído o incidente, o relator deverá declarar os seus efeitos, sendo que, se o incidente for recebido:
>
> (...)

Em suma, Barbosa Moreira ressalta a importância de utilização da nomenclatura adequada em âmbito científico, tal como importa a diferenciação, para fins de geometria, entre triângulo e pentágono...

O que leva à sugestão de utilização da expressão "objeção de não executividade" como bem mais apropriada para designar a manifestação do executado apontando para a existência de algum vício, passível de ser reconhecido *ex officio,* que impeça o regular avanço da execução.

O fato é que, não obstante carecer de precisão técnica, a expressão "exceção de pré-executividade" conquistou popularidade no vocabulário jurídico e encontra-se consagrada na terminologia forense, como se pode anotar, por exemplo, do enunciado nº 393 da Súmula de jurisprudência do Superior Tribunal de Justiça:

> Súmula 393: A exceção de pré-executividade é admissível na execução fiscal relativamente às matérias conhecíveis de ofício que não demandem dilação probatória.
>
> (Súmula 393, PRIMEIRA SEÇÃO, julgado em 23/09/2009, DJe 07/10/2009)

Além de ser a expressão utilizada em cinco julgamentos realizados pelo Superior Tribunal de Justiça em sede de recursos repetitivos: REsp 1104900/ES (julg. 25/03/2009); REsp 1110925/SP (julg. 22/04/2009); REsp 1136144/RJ (julg. 09/12/2009); REsp 1185036/PE (julg. 08/09/2010); REsp 1134186/RS (julg. 01/08/2011).

Ainda que a utilização da expressão esteja absolutamente espraiada pela jurisprudência de nossos Tribunais, é possível encontrar-se a expressão "objeção de não executividade" em seu lugar (ou mesmo *a latere* para talvez demonstrar que seria a terminologia mais adequada). Veja-se:

> DIREITO PROCESSUAL CIVIL. AGRAVO REGIMENTAL NO AGRAVO EM RECURSO ESPECIAL. **EXCEÇÃO DE PRÉ-EXECUTIVIDADE (OBJEÇÃO DE NÃO EXECUTIVIDADE)**. PAGAMENTO. SUPERVENIENTE AUSÊNCIA DE CONDIÇÃO DA AÇÃO EXECUTIVA. INTERESSE DE AGIR. QUESTÃO DE ORDEM PÚBLICA. AUSÊNCIA DE ARGUMENTOS APTOS A INFIRMAR OS FUNDAMENTOS DA DECISÃO AGRAVADA. AGRAVO REGIMENTAL IMPROVIDO.
>
> 1. **A exceção de pré-executividade (objeção de não executividade)** é cabível em qualquer tempo e grau de jurisdição, quando a matéria nela invocada seja suscetível de conhecimento de ofício pelo juiz e a decisão possa ser tomada sem necessidade de dilação probatória.
>
> Precedentes da Primeira e Segunda Seções.
>
> 2. Admite-se a exceção de pré-executividade (objeção de não executividade) nas hipóteses em que é apresentada para alegar fato que caracteriza superveniente ausência de condição da ação executiva, como o interesse de agir. Nessas hipóteses, não se rediscute questão preclusa pela imutabilidade da coisa julgada material, mas se examina matéria de ordem pública.
>
> 3. Se o agravante não traz argumentos aptos a infirmar os fundamentos da decisão agravada, deve-se negar provimento ao agravo regimental. Precedente.
>
> 4. Agravo regimental a que se nega provimento.
>
> (AgRg no AREsp 647.896/SP, Rel. Ministro MARCO AURÉLIO BELLIZZE, TERCEIRA TURMA, julgado em 04/08/2015, DJe 17/08/2015)

> PROCESSUAL CIVIL E TRIBUTÁRIO. MEDIDA CAUTELAR. EFEITO SUSPENSIVO AO RECURSO ESPECIAL. DEPÓSITO JUDICIAL. DECISÃO QUE REJEITOU A **EXCEÇÃO DE PRÉ-EXECUTIVIDADE**, CONSIDERANDO QUE FALTA PROVA EFICIENTE DE SUA INTEGRALIDADE E QUE É IMPRESCINDÍVEL DILAÇÃO PROBATÓRIA.
>
> 1. Trata-se de Medida Cautelar ajuizada para obter atribuição de efeito suspensivo ao acórdão proferi-

> do em Agravo de Instrumento que rejeitou Exceção de Pré-Executividade.
>
> 2. O agravante afirma que a Execução Fiscal é nula, pois os tributos encontram-se garantidos por depósito judicial realizado em Ação de Conhecimento, o que implica suspensão da exigibilidade da exação.
>
> 3. O Tribunal de origem afirmou não haver prova robusta de que o depósito judicial corresponde à integralidade do crédito tributário; pelo contrário, a prova juntada demonstraria apenas o depósito da quantia principal. Asseverou que os depósitos realizados abrangem inúmeros Autos de Infração, e que a comprovação da suficiência dos depósitos somente pode ser feita mediante dilação probatória (perícia técnica), **o que inviabiliza o manejo da objeção de não executividade.**
>
> 4. A decisão proferida nas instâncias de origem segue a orientação do STJ, adotada na Súmula 393/STJ e no Resp 1.104.900/ES, julgado no rito do art. 543-C do CPC, razão pela qual faltam fundamentos para deferir a pretensão acautelatória.
>
> 5. Agravo Regimental não provido.
>
> (AgRg na MC 18.647/SP, Rel. Ministro HERMAN BENJAMIN, SEGUNDA TURMA, julgado em 03/05/2012, DJe 22/05/2012)

Por fim, afigura-se oportuno contextualizar o emprego da objeção de não executividade ("exceção de pré-executividade") no Código de Processo Civil de 2015.

Como dito ao início, o emprego pelo executado da tática de questionar a regularidade da execução mediante a "exceção de pré-executividade" estava ordinariamente ligada às desvantagens de se valer da ação de embargos à execução, quer pelos ônus atinentes à deflagração do processo, quer pela necessidade de prévia garantia do juízo.

Sem dúvida, presente algum vício que autorize a sua análise pelo juízo da execução por simples petição, tem-se como muito mais cômodo e menos oneroso ao executado valer-se dessa via impugnativa, do que recorrer à ação de embargos à execução.

A lei processual civil, em matéria de execução, sofreu profundas mudanças nos últimos quinze anos, de modo que o espaço aberto ao executado para utilizar a "objeção de não executividade" perdeu bastante terreno, em termos de vantagens práticas.

Assim porque, na execução fundada em título judicial, a defesa do executado já não se faz por embargos à execução há tempos, ainda sob a vigência do Código ab-rogado (a partir da Lei nº 11.382/2006). Atualmente, a defesa do executado se faz por meio de simples petição (impugnação conforme o art. 525 do CPC/2015), independentemente de penhora.

Por conseguinte, para arguir qualquer vício que comprometa a admissibilidade e o desenvolvimento da execução, o executado deverá simplesmente apresentar sua impugnação, por meio de petição, sem os ônus de ajuizamento de ação desconstitutiva (embargos à execução) e de prévia garantia do juízo.

Mais correto será denominar essa petição do executado como impugnação (que é o termo adotado na lei processual em vigor) do que exceção ou objeção de "pré-executividade".

E no campo da execução fundada em título extrajudicial, os embargos à execução serão apresentados após a citação do executado, não sendo mais necessária a prévia garantia do juízo (art. 914 do CPC/2015). A ação de embargos à execução pode perfeitamente veicular eventuais vícios que comprometam a exequibilidade do título extrajudicial (art. 917, I do CPC/2015).

De qualquer modo, não pretendendo arcar com os ônus da propositura da ação de embargos, o executado poderá, por meio de simples petição, arguir ao juízo da execução a existência de algum óbice que impeça o seu regular desenvolvimento. Exatamente onde entra em cena a "objeção de não executividade".

Para concluir, a defesa do executado mediante simples petição continua presente no ordenamento processual. Em sede de execução de título judicial, seria mais adequado falar-se em impugnação, por retratar a terminologia empregada na lei.

E, no campo da execução de título extrajudicial, essa defesa por simples petição corresponde à objeção de não executividade. Valendo destacar que continua válida na atualidade a delimitação firmada no âmbito do Superior Tribunal de Justiça acerca das balizas para o seu cabimento: alegação de matérias apreciáveis de ofício pelo órgão julgador e cuja solução não exija dilação probatória. Veja-se:

> PROCESSO CIVIL. RECURSO ESPECIAL REPRESENTATIVO DE CONTROVÉRSIA. ARTIGO 543-C, DO CPC. EXECUÇÃO FISCAL. EXCEÇÃO DE PRÉ-EXECUTIVIDADE. ARGUIÇÃO DE PRESCRIÇÃO FUNDADA NA INCONSTITUCIONALIDADE

DA LEI ORDINÁRIA (ARTIGO 46, DA LEI 8.212/91) QUE AMPLIOU O PRAZO PRESCRICIONAL (SÚMULA VINCULANTE 8/STF). POSSIBILIDADE.

1. A exceção de pré-executividade é servil à suscitação de questões que devam ser conhecidas de ofício pelo juiz, como as atinentes à liquidez do título executivo, aos pressupostos processuais e às condições da ação executiva, desde que não demandem dilação probatória (exceção *secundum eventus probationis*) (REsp 1.110.925/SP, Rel. Ministro Teori Albino Zavascki, Primeira Seção, julgado em 22.04.2009, DJe 04.05.2009).

2. O espectro das matérias suscitáveis através da exceção tem sido ampliado por força da exegese jurisprudencial mais recente, admitindo-se a arguição de prescrição e de ilegitimidade passiva do executado, que prescindam de dilação probatória.

3. A prescrição, causa extintiva do crédito tributário, é passível de ser veiculada em exceção de pré-executividade, máxime quando fundada na inconstitucionalidade do artigo 46, da Lei 8.212/91, reconhecida, com efeitos ex tunc, pelo Supremo Tribunal Federal, para as demandas ajuizadas até 11.6.2008 (RE 559.943, Rel. Ministra Cármen Lúcia, Tribunal Pleno, julgado em 12.06.2008, Repercussão Geral – Mérito, DJe-182 DIVULG 25.09.2008 PUBLIC 26.09.2008; RE 560.626, Rel. Ministro Gilmar Mendes, Tribunal Pleno, julgado em 12.06.2008, Repercussão Geral – Mérito, DJe-232 DIVULG 04.12.2008 PUBLIC 05.12.2008; e RE 556.664, Rel. Ministro Gilmar Mendes, Tribunal Pleno, julgado em 12.06.2008, Repercussão Geral – Mérito, DJe-216 DIVULG 13.11.2008 PUBLIC 14.11.2008), e que culminou na edição da Súmula Vinculante 8/STF, verbis: "São inconstitucionais o parágrafo único do artigo 5° do Decreto-Lei n° 1.569/1977 e os artigos 45 e 46 da Lei n° 8.212/1991, que tratam de prescrição e decadência de crédito tributário." 4. Recurso especial provido para determinar o retorno dos autos à instância ordinária para que aprecie a exceção de pré-executividade oposta pelo ora recorrente. Acórdão submetido ao regime do artigo 543-C, do CPC, e da Resolução STJ 08/2008.

(REsp 1136144/RJ, Rel. Ministro LUIZ FUX, PRIMEIRA SEÇÃO, julgado em 09/12/2009, DJe 01/02/2010)

O *HABEAS DATA* BRASILEIRO E SUA LEI REGULAMENTADORA[1]

1. Os direitos humanos na Constituição de 1988

A Constituição brasileira de 5-10-1988 reservou o Título II para o tratamento dos "direitos e garantias fundamentais". No respectivo Capítulo I, cuida-se dos "direitos e deveres individuais e coletivos". Acusa a rubrica duas diferenças interessantes em confronto com as partes correspondentes das anteriores Cartas Políticas: de um lado, junto da alusão a "direitos", aparece a menção a "deveres"; de outro, não se emprega unicamente, como era da nossa tradição, o adjetivo "individuais", acrescentando-se-lhe o "coletivos". Ambas as diferenças revelam celta evolução ideológica (talvez fosse melhor dizer cultural), sobre cujo significado, em nossa opinião profundo, não é este o momento próprio para debruçar-nos.

Importa assinalar por ora que, no Capítulo I, o dispositivo inicial (art. 52) – após declarar, no *caput,* que "todos são iguais perante a lei, sem distinção de qualquer natureza, garantindo-se aos brasileiros e aos estrangeiros residentes no País a inviolabilidade do direito à vida, à liberdade, à igualdade, à segurança e à propriedade" – se desdobra em numerosos incisos, dedicados na maioria à especificação dos direitos assegurados e à indicação dos remédios utilizáveis contra a respectiva violação. Aí se compreendem praticamente todas aquelas prerrogativas a que uma terminologia discutível do ponto de vista doutrinário, mas já agora (e em definitivo) internacionalmente consagrada, aplica a denominação de "direitos humanos". Assim é que a Constituição alude, por exemplo, à liberdade de manifestação do pensamento (inciso IV), à de consciência e de crença, com o livre exercício dos cultos religiosos (inciso VI), à expressão da atividade intelectual, artística, científica e de comunicação (inciso IX), à inviolabilidade da intimidade, da vida privada, da honra e da imagem das pessoas (inciso X), ao sigilo da correspon-

---

1 Trabalho escrito para o *Liber Amicorum Héctor Fix-Zamudio,* v. II, San José, 1998. Publicado também no volume coletivo *Doutrina,* nº 5, na *Revista de Direito Administrativo,* v. 211, *in Genesis,* nº 7, na *Revista de Informação Legislativa,* nº 138, na *Rev. da ABLJ,* nº 13/14, na *Rev. de Dir. Comp.*, nº 2, na *Rev. da EMERJ,* nº 1, e na *Revista da Ordem dos Advogados de Portugal,* jan. 1998.

dência e das comunicações telegráficas, de dados e telefônicas (inciso XII), à liberdade de locomoção (inciso XV), de associação para fins lícitos (inciso XVII), ao respeito da integridade física e moral dos presos (inciso XLIX), à necessária observância do devido processo legal (inciso LIV) e assim por diante.

2. Restrições de direito e de fato à proteção dos direitos humanos

Duas observações cabem aqui. A primeira, trivialíssima, é a de que nenhum dos direitos contemplados goza (nem pode gozar) de tutela irrestrita e absoluta. Não se concebe, na vida da sociedade, que direito algum seja compreendido e exercitado como se não existissem outros que, sob tais ou quais circunstâncias, sem determinadas limitações e compressões, inevitavelmente com ele entrariam em choque. A interpretação da Constituição rejeita contradições que nulifiquem qualquer de seus preceitos. Mas, para preservar a todos o espaço devido, é imprescindível levar em conta as interferências que decorrem, para o exercício de cada qual, da necessidade de preservar o dos restantes. O verdadeiro sistema constitucional de proteção de direitos não é aquele que resulta, pura e simplesmente, da leitura isolada de um ou de outro texto: reclama a ponderação atenta dos interesses em jogo e a prudente flexibilização de linhas divisórias, para permitir o convívio tão harmonioso quanto possível de valores igualmente relevantes e ocasionalmente contrastantes. Basta atentar, *v.g.*, nos conflitos que podem surgir, e com frequência surgem, entre a liberdade de manifestação do pensamento e a obrigatória preservação da intimidade e da honra alheias.

Outra observação, não menos óbvia, diz respeito à distância que lamentavelmente se interpõe entre o conjunto normativo e o quotidiano concreto. Seria ocioso demorar-nos em ilustrar com exemplos o reparo, cujo alcance. de resto, provavelmente transcende quaisquer fronteiras nacionais. É pelo menos extremamente duvidoso que em algum Estado, de ontem ou de hoje. o dia a dia da vida social haja refletido ou reflita com inteira fidelidade a imagem desenhada nos textos de Cartas Políticas, no que tange – e não só nisso – à reverência para com os direitos humanos. Haverá, é claro, diferenças de grau no descompasso; todavia, será difícil, quiçá impossível, apontar país qualificado, sem nenhuma hipocrisia, para atirar a primeira pedra. A perfeição, bem se sabe, decididamente não é do mundo terreno.

Esta segunda observação comporta um adendo, concernente à origem das violações dos chamados direitos humanos. Ao tratarem do assunto, os meios de comunicação social, e por influência deles muitíssimas pessoas, têm em vista exclusivamente, por assim, os abusos e violências perpetrados pelas polícias e por outras entidades ligadas, direta ou indiretamente, às estruturas oficiais. É uma tendência que predomina até nas manifestações de quase todas as organizações internacionais que se ocupam da matéria. Ela denota uma visão indevidamente restritiva e unilateral do fenômeno. Sem minimizar a importância do aspecto comumente posto em relevo, tudo aconselha a que não se despreze outro: em certas áreas e em certos momentos, a atuação de grupos privados pode assumir gravidade tão grande (ou maior) do que a de aparelhos estatais, como razão de ameaça para a integridade dos mencionados direitos - a começar pelo mais elementar de todos, o direito à vida. Basta pensar na expansão e no fortalecimento da criminalidade organizada, a multiplicar e a alargar, em regiões urbanas e rurais, mormente no terceiro mundo, as "zonas cinzentas"[2], onde impera sem peias o arbítrio do chefe de quadrilha ou do mais bem armado traficante de drogas, autoinvestido de poderes para determinar o que se pode e o que se não pode fazer no território controlado, ordenar o fechamento de vias públicas e escolas, ocupar a seu talante espaços "estratégicos", reduzir ao silêncio, pela intimidação, os moradores vizinhos e justiçar sumariamente quaisquer suspeitos de desobediência.

3. O direito ao conhecimento e à retificação de dados pessoais

Sob regimes políticos de exceção, e muito especialmente a partir do instante em que se desencadeia o processo de retomo ao Estado de direito, costuma aguçar-se a sensibilidade para este ou aquele problema relacionado com a preservação de direitos. Episódios em curso ou já encerrados, mas vivos na memória popular, põem em evidência dificuldades e carências que até ali talvez não houvessem despertado maior

2 A expressão *zones grises* (ou *zones de non-droit*) vê-se empregada por autores franceses para designar as áreas em que o ordenamento oficial, sem força para impor-se, é substituído, de facto, pela "lei da selva": *vide*, por exemplo, MINC, *Le nouveau moyen âge*, Paris, 1993, que alude, *v.g.*, à América do Sul, "*dont des régions entieres sont sous la domination des rois du pavot, des empereurs de la cocaïne et autres trafiquants*" (p. 70).

atenção. A humanidade aprende com a história: menos, com certeza, do que seria de desejar – mas aprende...

No Brasil, durante os governos discricionários que se sucederam ao longo de duas décadas, razões bem fundadas fizeram surgir, ou aumentar, uma inquietação relativamente nova, ou quando menos revestida de nova forma. Informações aleatoriamente colhidas, em fontes de discutível idoneidade e por meios escusos, não raro manipuladas sem escrúpulos, ou mesmo fabricadas pela paranoia de órgãos repressivos, viram-se incorporadas a registros oficiais ou paraoficiais e passaram a fornecer critérios de avaliação para a imposição de medidas punitivas ou discriminatórias. Tais critérios eram insuscetíveis de objeção e discussão, até pelo simples e óbvio motivo de que os interessados não tinham acesso aos dados constantes dos registros. Ninguém pode sequer tentar demonstrar a falsidade ou incorreção de algo que ignora em que consiste... Situação desse gênero foi literariamente imortalizada pela pena de MFKA.

O problema tem ligação manifesta com o da preservação do direito à intimidade[3]; na coleta e armazenamento indiscriminado de dados atinentes a uma pessoa, à revelia dela e sem controle de sua parte, não há como deixar de ver uma invasão da privacidade. A rigor, porém, o que avulta aqui é uma ideia mais particularizada, suscetível de expressão sintética nos seguintes termos: a ninguém se deve negar o conhecimento do que outros sabem ou supõem saber a seu respeito, nem a possibilidade de contestar a exatidão de tais noções e, sendo o caso, retificar o respectivo teor, principalmente quando a utilização dos elementos coligidos seja capaz de causar dano material ou moral[4]. É a essa específica preocupação que corresponde, na Constituição de 1988, o instituto de que nos vamos ocupar[5].

---

3 CELSO RIBEIRO BASTOS, in CELSO RIBEIRO BASTOS-IVES GANDRA MARTINS, *Comentários à Constituição do Brasil*, 2º v., S. Paulo, 1989, p. 361; MANOEL GONÇALVES FERREIRA FILHO, *Comentários à Constituição brasileira de 1988*, S. Paulo, 1990, p. 82.

4 Expressivamente fala MANOEL GONÇALVES FERREIRA FILHO, ob. cit., p. 81, de "um direito à verdade a respeito de si próprio".

5 Nada do que ficou dito é incompatível com o fato de que também em Estados de instituições democráticas mais longamente consolidadas haja o legislador sentido a conveniência ou a necessidade de regular a matéria. *Vide*, por exemplo, na Alemanha, a Bundesdatenschutzgesetz (Lei federal sobre proteção de dados), de 27-1-1977; na França, a Lei nº 78-17, de 6-1-1978, *"relative à l'informatique, aux*

4. A garantia processual

O Capítulo "dos direitos e deveres individuais e coletivos" não se limita, em nossa Carta Política, a definir posições jurídicas situadas no plano material: contempla igualmente uma série de remédios processuais cujo emprego se destina a assegurar praticamente, a um tempo, a integridade ou a reintegração dos direitos e o cumprimento dos deveres ou a imposição de sanções a quem os descumpra. Algumas dessas figuras já estavam incorporadas, desde época mais ou menos recente, ao repertório tradicional do ordenamento pátrio. Assim, por exemplo, o *habeas corpus* - instrumento de proteção contra "violência ou coação", atual ou iminente, à liberdade de locomoção, isto é, ao direito de ir e vir (art. 5º, nº LXVIII) - e o mandado de segurança - cabível para proteger "direito líquido e certo" lesado ou ameaçado de lesão por ato ilegal ou abusivo de "autoridade pública ou agente de pessoa jurídica no exercício de atribuições do Poder Público" (art. 5º, nº LXIX) - são institutos consagrados de longa data em sucessivos textos constitucionais brasileiros.

A esse rol vê-se agora acrescentado o *habeas data*, por sugestão, ao que consta[6], de José Afonso da Silva. Parece dever-se ao ilustre professor da Universidade de S. Paulo não só o acolhimento da matéria no bojo da Constituição, senão também o *nomen iuris* dado ao remédio processual, com inspiração em terminologia usada na doutrina espanhola, em sentido diverso mas correlato[7]. Eis o teor do dispositivo pertinente (art. 5º, nº LXXII): "Conceder-se-á *habeas data: a)* para assegurar o conheci-

---

fichiers et aux libertés"; na Itália, a recente Lei nº 675, de 31-12-1996, sobre a "*tutela delle persone e di altri soggetti rispetto al trattamento dei dati personali*". Cf., em nível constitucional, as disposições do texto espanhol (arts. 18, nº 4, e 105, letra *b*) e do português (arts. 26, nº 2, e 35). Outros dados comparatísticos em ROGÉRIO LAURIA TUCCI-JOSÉ ROGÉRIO CRUZ E TUCCI, *Constituição de 1988 e processo*, S. Paulo, 1989, p. 175 e s.; e em OSVALDO ALFREDO GOZAÍNI, *Habeas data*, *in Revista Peruana de Derecho Procesal*, v. I, p. 239 e s.

---

6 Há quem aponte antecedentes mais distantes: J. M. OTHON SIDOU, *Habeas data, mandado de injunção, habeas corpus, mandado de segurança, ação popular - As garantias ativas dos direitos coletivos*, 4ª ed., Rio de Janeiro, 1992, refere-se à "Proposta de Constituição Democrática para o Brasil", resultante do Congresso Pontes de Miranda, Porto Alegre, 1981, e à Lei estadual nº 842, de 28-12-1984, do Rio de Janeiro.

7 Veja-se o que informa o jurista mesmo, no artigo *Habeas data*, *in O São Paulo* de 26-9/2-10-1986, e no *Curso de Direito Constitucional positivo*, 14ª ed., S. Paulo, 1997, p. 431.

mento de informações relativas à pessoa do impetrante, constantes de registros ou bancos de dados de entidades governamentais ou de caráter público; *b)* para a retificação de dados, quando não se prefira fazê-lo por processo sigiloso, judicial ou administrativo".

Antes de passarmos adiante, cabe assinalar que, ao ver de alguns, não teria sido preciso criar remédio processual novo para tutelar o direito em foco. Consagrado que fosse este em termos substanciais, a respectiva proteção em juízo poderia utilizar, pura e simplesmente, a via já conhecida do mandado de segurança[8]. A experiência, de certo modo, abona esse pensamento: com efeito, desde a entrada em vigor da Constituição, entendeu-se que era imediatamente aplicável, sem necessidade de aguardar-se regulamentação por lei ordinária, o inciso LXXII do art. 5º[9]; e, na falta de disciplina legal específica, utilizaram-se[10] as normas referentes ao mandado de segurança no processamento e julgamento dos *habeas data* (por sinal, escassos) impetrados. Seja como for, o fato é que, já completado o nono aniversário da Carta de 1988, produziu o Congresso Nacional a Lei nº 9.507, de 12-11-1997, que, nos termos da ementa, "regula o direito de acesso a informações e disciplina o rito processual do *habeas data*" - e na qual, diga-se logo, se vieram a chancelar, consoante se frisará nos momentos oportunos, soluções anteriormente propostas em sede doutrinária e, ao menos em parte, acolhidas pela jurisprudência.

5. Sujeitos passivos

Uma das questões básicas que o legislador teve de enfrentar foi a de saber *em face de quem* se asseguram o acesso aos dados armazenados e o direito à eventual retificação. Prende-se o problema à expressão

8 Assim, *v.g.*, ROGÉRIO LAURIA TUCCI-JOSÉ ROGÉRIO CRUZ E TUCCI, ob. cit., p. 171/2; MANOEL GONÇALVES FERREIRA FILHO, ob. cit., p. 81; JOSÉ CRETELLA JÚNIOR, *Comentários à Constituição brasileira de 1988*, v, II, 2ª ed., Rio de Janeiro, 1991, p. 773/4; J. M. OTHON SIDOU, ob. cit., p. 431. No dizer de Luís ROBERTO BARROSO, *O Direito Constitucional e a efetividade de suas normas*, 2ª ed., Rio de Janeiro, 1993, p. 217, a valia do remédio "é, no fundo, essencialmente simbólica".

9 *V.g.*: CELSO RIBEIRO BASTOS, ob. e v. cit., p. 365/6, com apoio em parecer normativo do então Consultor-Geral da República SAULO RAMOS, *in Diário Oficial*, Seção 1, de 11-10-1988, p. 19.804 e s., especialmente 19.810/12; JOSÉ CRETELLA JÚNIOR, ob. e v. cit., p. 770; JOSÉ DA SILVA PACHECO, *O mandado de segurança e outras ações constitucionais típicas*, 2ª ed., S. Paulo, 1991, p. 279/80.

10 Conforme sugerira, de resto, o próprio JOSÉ AFONSO DA SILVA, no art. cit. na nota 6.

"caráter público", empregada na parte final do art. 5º, nº LXXII. letra *a*, da Constituição, onde se fala em "registros ou bancos de dados de entidades governamentais ou de caráter público". É fora de dúvida que a cláusula derradeira, sob pena de tornar-se supérflua e redundante, só pode aludir a entidades *não governamentais*[11].

Nessa linha, vários autores propuseram para o texto entendimento amplo, que o fizesse abranger, ao lado dos órgãos integrantes das estruturas estatais, essas outras entidades suscetíveis de enquadrar-se na locução final. As fórmulas, compreensivelmente, variaram. Houve quem conceituasse "entidade de caráter público" como "aquela que possui registros de assentamentos pessoais e os fornece a terceiros, isto é, não os detém para seu uso exclusivo, com vistas a definir suas opções e tomar decisões"[12]; quem se referisse às "pessoas privadas que prestem serviços públicos ou de utilidade pública, ou prestem serviços ao público"[13]; quem, de maneira mais sintética, fizesse residir a marca do "caráter público" na mera circunstância de poder a entidade, "através de registros públicos ou banco de dados, fornecer informações sobre a pessoa"[14].

O legislador, com acerto, deixou-se guiar por semelhante orientação, Nos termos do parágrafo único do art. 1º, «considera-se de caráter público todo registro ou banco de dados contendo informações que sejam ou possam ser transmitidas a terceiros ou que não sejam de uso privativo do órgão ou entidade produtora ou depositária das informações». A ideia essencial, como se vê, é a da comunicabilidade a terceiros: se a entidade se cinge a coligir e armazenar os dados *para seu próprio e exclusivo uso,* não infringirá a Constituição caso negue à pessoa de quem se trata o acesso ao conteúdo dos registros ou bancos. Note-se, porém, que a lei não reclama a transmissão *atual:* contenta-se com a *possibilidade* dela. Isso reduz consideravelmente a área excluída

11 Com razão CALMON DE PASSOS, *Mandado de segurança coletivo - Mandado de injunção - Habeas data*, Rio de Janeiro, 1989, p. 140/1; OTHON SIDOU, ob. cit., p. 437; JOSÉ AFONSO DA SILVA, *Curso* cit., p. 453. Inaceitável a opinião que pretendeu excluir da área de proteção do *habeas data*, pura e simplesmente, as entidades privadas: assim VICENTE GRECO FILHO, *Tutela constitucional das liberdades*, S. Paulo, 1989, p. 177.

12 CALMON DE PASSOS, ob. cit., p. 141.

13 Luís ROBERTO BARROSO, ob. cit., p. 218.

14 ERNANE FIDÉLIS DOS SANTOS, *Manual de direito processual civil*, v. 3, 4ª ed., S. Paulo, 1996, p. 208.

da proteção, na qual só acharão espaço as situações em que fique clara a *impossibilidade* da comunicação a terceiros pela entidade depositária das informações.

Exemplos típicos de entidades "de caráter público" são os serviços de proteção ao crédito, cujos registros naturalmente se destinam à orientação dos respectivos usuários. Já assim se ensinava antes mesmo do advento da Lei nº 9.507[15].

6. O pré-requisito da tentativa extrajudicial

Outra questão relevante consiste em saber se deve ou não exigir-se, como pressuposto de admissibilidade da ação de *habeas data,* que aquele que pretende inteirar-se do conteúdo do registro ou banco de dados se dirija, antes de mais nada, à própria entidade que o mantém. Afirmativa que seja a resposta, parece lógico que unicamente se abra a via judicial na hipótese de recusa ao acesso ou à retificação cabível.

O ponto foi objeto de controvérsia no período anterior à Lei nº 9.507. Parte da doutrina considerou dispensável a provocação prévia da entidade supostamente depositária da informação[16]. A jurisprudência, entretanto, inclinou-se para a tese contrária[17]. Não configurada a resistência da entidade, faltaria ao impetrante interesse processual.

---

15 *V.g.*: JOSÉ CRETELLA JÚNIOR, ob. e v. cit., p. 774; CALMON DE PASSOS, ob. cit., p. 141; Luís ROBERTO BARROSO, ob. cit., p. 218; JOSÉ AFONSO DA SILVA, Curso cit., p. 433; DIOMAR ACKEL FILHO, *Writs constitucionais*, S. Paulo, 1988, p. 124.

16 Nesse sentido, CELSO RIBEIRO BASTOS, ob. e v. cit., p. 365; enfaticamente, OTHON SIDOU, ob. cit., p. 440/2 (admitindo embora que a lei regulamentadora viesse a formular a exigência - o que em todo caso, ao ver do autor, desvirtuaria o instituto "enquanto garantia constitucional célere"). *Aliter* CÉLIO BORJA, *O mandado de injunção e o habeas data, in Revista Forense*, v. 306, p. 47, o qual, todavia, se contentava com a "negativa (...) tácita do fornecimento da informação" - e, ajunte-se, levava em conta exclusivamente o caso de registros ou bancos de dados mantidos peja Administração Pública. Igual limitação, compreende-se (*vide, supra*, a nota 9), em VICENTE GRECO FILHO, ob. cit., p. 177, que porém chegava à conclusão oposta: "A impetração não depende de prévio pedido administrativo".

17 Assim, *v.g.*, o extinto Tribunal Federal de Recursos, 16-3-1989, H.D. nº 7, *in Diário da Justiça* de 15-5-1989; o Tribunal Regional Federal da 5ª Região, 6-10-1994, A.C. nº 94.05.57164, *in A Constituição na visão dos tribunais*, v. 1, S. Paulo, 1997, p. 168; o Superior Tribunal de Justiça, Súmula da Jurisprudência Predominante, nº 2. Em

Optou o legislador pela solução restritiva. Com efeito: antes de disciplinar o processo do *habeas data,* cuida a Lei nº 9.507, nos arts. 2º a 4º, do requerimento a ser feito pelo interessado "ao órgão ou entidade depositária do registro ou banco de dados"; e, ao tratar da petição inicial da ação, no art. 8º, preceitua que ela seja instruída com prova da recusa em atender a tal requerimento, sob pena de – com a ressalva que adiante se fará *(infra,* nº 10) – indeferi-la o juiz *in limine* (art. 10, *caput).* É certo que não se exige manifestação *expressa* do órgão ou entidade: basta ao impetrante provar que se escoou o prazo legal sem decisão sobre o requerimento, o que caracterizará recusa tácita.

7. Procedimento da tentativa extrajudicial

Convém descrever sumariamente o procedimento dessa medida extrajudicial arvorada pelo legislador em pré-requisito da admissibilidade da ação de *habeas data.* De acordo com o art. 2º e seu parágrafo único da Lei nº 9.507, uma vez apresentado o requerimento, deve o órgão ou entidade destinatária deferi-lo ou indeferi-lo no prazo de 48 horas e comunicar a decisão ao requerente em 24 horas (nas 24 horas subsequentes, entende-se). O contexto mostra que, em princípio, o escopo desse requerimento é o acesso do interessado ao conteúdo do registro ou banco de dados. Bem se compreende, aliás, que normalmente não possa ele, até então, requerer outra coisa, por ignorar o que consta ali. Se, contudo, em hipótese especial, o interessado já tiver ciência daquele conteúdo (por exemplo, mediante certidão que lhe haja sido expedida pela repartição administrativa), afigura-se evidente a possibilidade, que desde logo se lhe abre, de requerer diretamente a retificação a seu ver cabível.

No comum dos casos, repita-se, pedirá o requerente que se lhe exibam os elementos constantes do registro ou do banco de dados. É para a decisão sobre esse pedido que o art. 2º, *fine,* marca o prazo de 48 horas. Não diz a lei, porém, que consequência acarreta a inobservância de tal prazo, nem a do prazo de 24 horas fixado para a comunicação da decisão ao requerente. Note-se que para caracterizar a recusa tácita, e por conseguinte abrir a via judicial ao interessado, é mister que decorram "mais

---

igual sentido já decidiu o Supremo Tribunal Federal, em 19-9-1991, Rec. de H.D. nº 22, *in Diário da Justiça* de 12-9-1995, p. 27.378. Preconizava essa orientação, em sede doutrinária, JOSÉ CRETELLA JÚNIOR, ob. e v. cit., p. 772/3, o qual formulava o voto (atendido) de que viesse a esposá-la a "futura norma regulamentadora".

de dez dias sem decisão" (art. 8º, parágrafo único, nº I). O art. 6º do texto aprovado pelo Congresso Nacional cominava multa para "o descumprimento do disposto nos artigos anteriores", entre os quais certamente se incluía o art. 22; mas semelhante dispositivo veio a ser vetado pelo Presidente da República[18].

Deferido o requerimento de acesso ao registro ou banco de dados, o depositário "marcará dia e hora para que o requerente tome conhecimento das informações" (art. 3º, *caput*). Então, uma de duas: ou estas se afiguram exatas, ou não. No primeiro caso, *tollitur quaestio;* no segundo, "o interessado, em petição acompanhada de documentos comprobatórios, poderá requerer sua retificação" (art. 4º, *caput*). Fazendo-a, no decêndio seguinte à entrega do requerimento, a entidade ou órgão disso dará ciência ao interessado (art. 4º, § 1º). Concebe-se que este, embora não descubra propriamente inexatidão, queira fazer constar do registro ou do banco de dados "explicação ou contestação" a respeito, justificando possível pendência sobre o fato objeto do dado". Em tal hipótese, a explicação "será anotada no cadastro do interessado" (art. 4º, § 2º).

A recusa da entidade ou órgão depositário, em qualquer caso – indeferindo o requerimento de acesso ao registro ou banco de dados, ou rejeitando o pedido de retificação, ou ainda negando-se a inserir a "explicação ou contestação" – justifica o exercício, pelo interessado, da ação de *habeas data.*

8. A ação de *habeas data*

De tal remédio judicial tratam os arts. 7º e seguintes da Lei nº 9.507. O primeiro dispositivo enumera, em três incisos. os casos de cabimento, correspondentes às três hipóteses de recusa, acima discriminadas, da entidade ou órgão depositário. Pode exercitar-se a ação de *habeas data* com o fito de compelir o impetrado a dar conhecimento ao impetrante de informações a este relativas (inciso I), a retificar os dados inexatos (inciso II) ou a fazer a anotação pleiteada nos respectivos assentamentos (inciso III).

Esse texto conjuga-se com o do art. 8º, parágrafo único, também desdobrado em três incisos, que impõem ao impetrante instruir a petição inicial com a prova da recusa expressa ou tácita da entidade ou

18 *Vide* o *Diário Oficial*, Seção I, de 13-11-1997, p. 26.158.

órgão a atender ao requerimento de acesso (inciso I), ou de retificação (inciso II), ou de anotação (inciso III). Caracteriza recusa tácita o decurso, sem decisão, de "mais de dez dias" no primeiro caso, e de "mais de quinze dias" nos outros dois.

Observe-se que a Lei nº 9.507 ampliou em certa medida o âmbito do remédio previsto no art. 5º, nº LXXII, da Constituição da República. Só se refere esse dispositivo ao "conhecimento de informações" (letra *a)* e à "retificação de dados" (letra *b)*. O legislador ordinário aditou uma terceira possibilidade: a da anotação, nos assentamentos da entidade ou órgão da "contestação ou explicação" do interessado. Por via indireta, alargou a franquia constitucionalmente deferida: não se reconhece apenas um direito *ao conhecimento* de dados ou *à retificação* dos inexatos, mas também à *anotação de contestações ou explicações*. Sublinhe-se que *anotar* contestação ou explicação não é o mesmo que *retificar* dado constante do banco ou registro: na retificação, modifica-se (ou, eventualmente, *cancela-se)*[19] algo; na anotação, *acrescenta-se* algo ao que consta do banco ou registro.

A ampliação não merece censura do ponto de vista constitucional: o que a lei ordinária não poderia fazer é estreitar, diminuir, restringir o campo de atuação do *habeas data,* delimitado na Carta Política. De resto, apesar da diferença ontológica, se o remédio se presta à consecução de providência *mais intensa* (retificação de dados), é razoável admitir, *a fortiori,* que se preste à de providência *menos intensa* (simples anotação de explicações fornecidas pelo requerente, sem alteração dos assentamentos existentes).

9. Legitimação ativa para a causa

Importa precisar *quem* se habilita a pleitear o conhecimento e, eventualmente, a retificação (ou complementação) dos dados constantes de registros ou bancos. É o problema que, na linguagem científica do processo, se designa pela expressão "legitimação ativa para a causa".

19 CELSO RIBEIRO BASTOS, ob. e v. cit., p. 364, já sustentava, à vista do texto constitucional, que a locução "retificação de dados" devia "ser entendida amplamente para incluir a própria supressão quando se tratar de informações pertinentes à vida íntima da pessoa".

O art. 5º do texto constitucional ministra um primeiro dado relevante, quando, na letra *a* do inciso LXXII, alude a "informações relativas à pessoa do impetrante". Daí se tira imediatamente que não é lícito a quem quer que seja utilizar o *habeas data* para obter informações (menos ainda para tentar retificá-las) que digam respeito a *outrem*[20]. Entretanto, não se há de interpretar a palavra "pessoa" como adstrita a indicar características somáticas ou psíquicas, físicas ou espirituais do interessado: pode tratarse igualmente de sua situação patrimonial, de sua condição jurídica, de sua participação em sociedades ou associações, de sua filiação (atual ou pretérita) a entidades políticas, a clubes, a agremiações de qualquer natureza, e assim por diante[21]. Em suma: não se compreende apenas aquilo que distingue o impetrante, em sua singularidade ontológica, de todos os outros indivíduos da espécie, mas também os mais variados aspectos de sua vida de relação na sociedade.

---

20 Afirma JOSÉ AFONSO DA SILVA, *Curso*, cit., p. 432, que "o direito de conhecer e retificar os dados, assim como o de interpor o *habeas data* para fazer valer esse direito quando não espontaneamente prestado, é personalíssimo do titular dos dados" (grifos do autor). Em igual sentido: ROGÉRIO LAURIA TUCCI-JOSÉ ROGÉRIO CRUZ E TUCCI, ob. cit., p. 180; CALMON DE PASSOS, ob. cit., p. 144/5 (onde se repele até, expressamente, a possibilidade da substituição processual do interessado por sindicato ou entidade de classe, bem como a sucessão na pendência do feito); ERNANE FIDÉLIS DOS SANTOS, ob. e v. cit., p. 208; VICENTE GRECO FILHO, ob. cit., p. 176; DIOMAR ACKEL FILHO, ob. cit., p. 121 (o qual, todavia, abre exceção para o herdeiro legítimo e o cônjuge supérstite no que tange a dados concernentes à pessoa falecida); menos categórico, LUÍS ROBERTO BARROSO, ob. cit., p. 218. Mais flexível que a predominante é a posição de OTHON SIDOU, ob. cit., p. 436, para quem as informações pretendidas não se restringem necessariamente "ao indivíduo *uti singuli*", senão que podem abranger "as demais pessoas sob sua dependência familiar"; registre-se, aliás, que também JOSÉ AFONSO DA SILVA, ob. cit., p. 282, inclui entre as informações pessoais "as dos familiares ". *Vide*, na jurisprudência: recusando legitimidade a sindicatos, TRF – 1ª R., 3-9-1990, RHD nº 0117170, *in DJ* de 24-9-1990, p. 22.052, e TRF – 4ª R., 28-6-1991, AHD nº 0409595, *in DJ* de 21-8-1991, p. 19.494; afirmando o caráter personalíssimo da garantia e excluindo a possibilidade de seu exercício por substituto processual ou por ação coletiva, TRF -4ª R., 15-8-1991, HD nº 0409112, *in DJ* de 11-9-1991, p. 21.820; negando a legitimação de parente de pessoa desaparecida, TRF 1ª R., 25-10-1994, Apel. em MS nº 0102148, *in DJ* de 24-11-1994, p. 67.984.

21 Mais restritiva a opinião de JOSÉ DA SILVA PACHECO, ob. cit., p. 278.

Nada importa que se cogite de pessoa física ou jurídica[22]: o texto constitucional não distingue, e com referência ao mandado de segurança foi sempre esse o entendimento dominante. Ademais, não obstante a letra à primeira vista limitativa do art. 5º, *caput (verbis* "aos brasileiros e aos estrangeiros residentes no País"), a melhor interpretação, ao nosso ver, é a que estende a franquia inclusive aos estrangeiros *não* residentes. Já sob regimes constitucionais anteriores, negava a doutrina mais autorizada que ficassem tais estrangeiros totalmente a descoberto da proteção assegurada por esse tipo de garantias[23]; e não é outro, hoje, o ensinamento mais prestigioso[24].

10. As espécies de pedido e a estrutura do processo

Consoante se explicou *(supra,* nº 7), ao dispor sobre o procedimento prévio perante a entidade ou órgão depositário das informações, contemplou a Lei nº 9.507. em termos expressos, a possibilidade do respectivo desdobramento em duas fases: uma destinada a dar a conhecer ao requerente o teor dos dados constantes do registro ou banco (art. 3º); outra, eventual, em que se tratará da retificação dos dados porventura inexatos, ou da anotação de "explicação ou contestação" fornecida pelo interessado (art. 4º, *caput* e § 2º). Ressalvou- se, então, a hipótese de já ter o requerente ciência do teor dos assentamentos, e por isso interessar-lhe exclusivamente a retificação e/ou a anotação – caso em que, como é intuitivo, nada mais precisará requerer que uma dessas últimas providências, ou ambas.

Na disciplina do processo judicial, não se enxerga a previsão de desdobramento análogo. O art. 13, atinente à sentença que julga procedente o pedido, cuida em separado de duas hipóteses, ordenando ao juiz marcar dia e hora para que o impetrado "apresente ao impetrante

22 Contra a segunda possibilidade, sem fundamentação convincente: CELSO RIBEIRO BASTOS, ob. e v. cit., p. 363. Corretamente, HELY LOPES MEIRELLES, *Mandado de segurança – Ação popular – Ação civil pública – Mandado de injunção – Habeas data,* 17ª ed., atualizada por ARNALDO WALD, S. Paulo, 1996, p. 186; na jurisprudência, TRF – 2ª R., 8-11-1995, Apel. Cív. nº 0218225, *in DJ* de 30-1-1996, p. 3.224.

23 *V.g.*, PONTES DE MIRANDA, *Comentários à Constituição de 1967,* t. IV, S. Paulo, 1967, p. 700.

24 Assim: PINTO FERREIRA, *Comentários à Constituição brasileira,* 1º v., S. Paulo, 1989, p. 59; CELSO RIBEIRO BASTOS, ob. e v. cit., p. 4.

as informações a seu respeito" (inciso I) *ou* (atente-se na conjunção alternativa) "apresente em juízo a prova da retificação ou da anotação feita nos assentamentos do impetrante" (inciso II; melhor seria dizer: "nos assentamentos relativos ao impetrante"). O legislador, tem-se a impressão, pressupôs que a este por força interessará, alternativamente, uma de duas providências: o acesso aos dados *ou então* a retificação ou anotação.

Quid iuris, no entanto, se o interessado, ignorante do teor dos assentamentos, quiser tomar ciência deles, *e mais,* sendo o caso, promover-lhes a retificação (ou, ajunte-se, fazer inserir sua "explicação ou contestação")? Antes da Lei nº 9.507, sustentava doutrina autorizada[25] que um único e mesmo processo bastaria para perseguir ambas as finalidades. Do ponto de vista procedimental, dois caminhos seriam viáveis: ou *(a)* impor-se ao impetrante pleitear, *ab initio* e desde logo, o acesso aos dados *e,* se inexatos ou incompletos, a retificação ou anotação cabível; ou então *(b)* abrir-se-lhe, após a exibição dos assentamentos, nova oportunidade para, querendo, pedir a retificação ou anotação. A preferência pelo segundo caminho implicaria desdobramento do processo judicial em duas fases, à semelhança do previsto nos arts. 3º e 4º do diploma regulamentador, quanto ao procedimento da tentativa prévia de solução extrajudicial.

O assunto não recebeu do legislador ordinário a devida atenção. Suponhamos que o juiz, dando pela procedência do pedido de acesso aos dados, marque dia e hora para a respectiva apresentação e, cumprida a ordem, venha o impetrante a verificar a existência de inexatidões até ali ignoradas. Não esclarece a lei como se há de acudir a tal emergência. Seria manifesto despropósito atribuir ao interessado o ônus de impetrar novo *habeas data,* para pedir, dessa vez, a retificação e/ou a anotação. Por outro lado, nem sempre lhe será fácil, ou sequer possível, demandar desde o começo a exibição *e* a retificação ou anotação: o conhecimento do teor dos dados, em regra, constituirá pressuposto necessário do interesse na alteração ou no aditamento *(supra,* nº 7). Nada no texto legal autoriza a ilação de que o impetrante precise, na inicial, *cumular* os pedidos: ele fica livre, sem dúvida, de cumulá-los, se quiser e puder; é o máximo que cabe dizer.

Subsiste, pois, o problema: como proceder na hipótese de, julgado procedente o pedido de acesso aos dados, e exibidos estes, parecer

25 Vide, por todos, JOSÉ AFONSO DA SILVA, *Curso*, cit., p. 432/3.

ao impetrante necessário que se retifiquem, ou que se insira nos assentamentos "explicação ou contestação"? Não vemos outra saída senão o prosseguimento do processo, para esse outro fim, com repetição das providências destinadas a assegurar o contraditório sobre o novo *thema decidendum* (art. 9º; *vide, infra,* o nº 11). Há desvantagens óbvias, entre elas a de gerar a possibilidade de duas sentenças, à feição do que ocorre no processo da ação de prestação de contas *ex* art. 915 do Código de Processo Civil; mas não nos ocorre alternativa melhor[26].

---

26 Em trabalho anterior à Lei nº 9.507, escrevia CALMON DE PASSOS, ob. cit., p. 153 "(...) no particular do *habeas data* para retificação, a única peculiaridade que vislumbramos é a da possibilidade de seu ajuizamento conexo ao *habeas data* impetrado para obter as informações. Segundo já esclarecido, prestadas as informações pelo impetrado, pode o impetrante discordar delas, pedindo sua retificação (aditamento, eliminação, correção do que nelas consta etc.), e isso em verdade não é mais do que o *habeas data* da alínea *b*, embutido no processo relativo à hipótese da alínea *a*, possível pela conexão, que reclama simultâneo processamento e julgamento, dado o reflexo do *habeas data* retificador sobre o conteúdo da decisão no *habeas data* ajuizado para obter as informações" (grifas de original). O primeiro período transcrito sugere a ideia de cumulação originária dos pedidos – em nossa opinião, como ficou dito no texto, viável, mas pouco provável. Quanto à eventualidade da discordância do impetrante com o teor dos assentamentos exibidos, parece difícil, para dizer o menos, o cogitado "simultâneo processamento e julgamento". Com efeito: a discussão acerca da retificação – e, *a fortiori*, a respectiva decisão – pressupõem já decidido favoravelmente ao impetrante o pedido de informações (o único até então formulado, ao que tudo faz crer), e até já "prestadas" aquelas, conforme assinala o próprio autor. Tampouco soa compreensível a alusão ao "reflexo do *habeas data* retificador sobre o conteúdo da decisão no habeas data ajuizado para obter as informações". O contrário é que se nos afigura verdadeiro: cabe à decisão sobre o pedido de informações a prioridade lógica sobre a outra; antes de mais nada se decide se o impetrante tem o direito de acesso aos dados, depois se examinam as possíveis objeções à respectiva exatidão. Acrescente-se que a segunda decisão não fica condicionada à primeira em seu conteúdo, senão em sua existência mesma: rejeitado o pedido de informações, nem sequer se vai adiante; acolhido, passa-se ao resto, sem que fique em absoluto predeterminado o sentido em que se julgará a pretensão à retificação (o impetrante pode ter razão em querer conhecer os dados e não a ter em querer retificá-los). A questão primeiramente decidida caracteriza-se como preliminar, não como prejudicial, da outra (sobre a distinção entre os conceitos, *vide* BARBOSA MOREIRA, *COMENTÁRIOS DO ATUALIZADOR Código de Processo Civil*, v. V, 6ª ed., Rio de Janeiro, 1993, p. 599/600).

11. Procedimento

O procedimento estabelecido pelos arts. 8º e seguintes da Lei nº 9.507 segue, em linhas gerais, o padrão do mandado de segurança, tal como configurado na Lei nº 1.533, de 31-12-1951. Somando-se à patente afinidade entre os dois institutos, isso autoriza a fácil inferência de que, em princípio, as lacunas do novo diploma legal devem ser complanadas mediante aplicação analógica das disposições do anterior. Naturalmente, não se exclui – do mesmo modo que no mandado de segurança – a aplicabilidade subsidiária das regras comuns, contidas no Código de Processo Civil, em tudo que não tiver disciplina específica na Lei nº 9.507 e for compatível com sua sistemática.

Da escolha do modelo decorre a simplicidade e (espera-se) a celeridade do rito. A petição inicial, que preencherá os requisitos habituais (arts. 282 e 283 do Código de Processo Civil), será apresentada em duas vias, e os documentos que instruírem a primeira serão reproduzidos por cópia junta à segunda (art. 82, *caput).* Entre os documentos indispensáveis, como já se disse *(supra,* nº 6), figura – conforme a hipótese – a prova da recusa expressa do impetrado ao acesso às informações, à retificação, à anotação, ou a prova do decurso *in albis* do prazo legalmente marcado (recusa tácita) (art. 8º, incisos I a III).

Sujeita-se a petição inicial, como a de qualquer ação, ao controle liminar do juiz, que a indeferirá "quando não for o caso de *habeas data,* ou se lhe faltar algum dos requisitos previstos" (art. 10, *caput).* Não deve o órgão judicial, entretanto, indeferir a inicial sem antes conceder ao impetrante o prazo de dez dias, para suprir deficiências ou corrigir outros defeitos sanáveis (Código de Processo Civil, art. 284). Nos termos do art. *10, caput,* "do despacho de indeferimento caberá recurso previsto no art. 15" (a publicação oficial omitiu, à evidência, o artigo "o" antes de "recurso"). Infeliz a redação: chama "despacho" a ato que, pondo fim ao processo no nascedouro, a observar-se a terminologia do Código (art. 162, § 1º) sem dúvida constitui "sentença", tanto quanto a decisão concessiva ou denegatória do *habeas data,* de que fala o art. 15.

Deferida que seja a petição, *ab initio* ou após a emenda ou complementação tempestiva, "o juiz ordenará que se notifique o coator do conteúdo da petição, entregando-lhe a segunda via apresentada pelo impetrante, com as cópias dos documentos, a fim de que, no prazo de dez dias, preste as informações que julgar necessárias" (art. 9º). "Feita a notificação, o serventuário em cujo cartório corra o feito juntará aos autos cópia autêntica do ofício endereçado ao coator, bem como a prova da sua entrega a este ou da recusa, seja de recebê-lo, seja de dar recibo" (art. 11). Ao cabo do decêndio fixado no art. 9º, haja sido apresentada ou não a resposta (que a lei denomina "informações"), encaminham-se os autos ao Ministério Público, para que emita parecer em 5 dias, e em seguida ao juiz, para que decida, também num quinquídio (art. 12).

12. Sentença

A sentença, concessiva ou denegatória do *habeas data* em primeiro grau de jurisdição, é impugnável por apelação (art. 15, *caput,* aliás supérfluo: no silêncio da lei, incidiria de qualquer jeito o art. 513 do Código de Processo Civil). Há uma peculiaridade: no caso de acolhimento do pedido, o recurso é desprovido de efeito suspensivo – ou, consoante preferiu dizer o legislador, "terá efeito meramente devolutivo" (art. 15, parágrafo único). Significa isso que o impetrado deve cumprir a sentença incontinenti, tão logo lhe seja comunicado o respectivo teor, "por correio [passe o cacófato!], com aviso de recebimento, ou por telegrama, radiograma ou telefonema, conforme o impetrante o requerer" (art. 14, *caput),* exigido o reconhecimento da firma do juiz nos originais apresentados à agência expedidora, no caso de transmissão telegráfica, radiofônica ou telefônica (art. 14, parágrafo único).

Diversamente do que se dá com o mandado de segurança, *ex vi* do art. 12, parágrafo único, da Lei nº 1.533, não existe, para o *habeas data,* determinação legal de que a sentença concessiva da medida fique obrigatoriamente sujeita à revisão em segundo grau de jurisdição; mas, se o impetrado vencido for órgão da União, do Estado ou do Município, será de rigor o reexame, por aplicação subsidiária da regra do art. 475, nº II, do Código de Processo Civil.

Isso não obsta, convém ressaltar, a que o órgão tenha de cumprir desde logo a sentença. Parece impróprio falar em "execução", no sentido técnico: não há, a rigor, *condenação* cujo descumprimento dê ensejo à instauração de processo executivo. Julgado procedente o pedido, o órgão judicial emite uma *ordem* dirigida ao coator, para que, no dia e hora fixados, apresente as informações requeridas ou a prova da retificação ou anotação (art. 13; cf., *supra,* o nº 9). À luz da classificação adotada por parte expressiva da doutrina brasileira, estamos aqui diante de sentença tipicamente *mandamental*[27]. A omissão voluntária e injustificada em cumprir a ordem pode configurar crime de desobediência por parte do agente responsável (Código Penal, art. 330). Não fica afastada a imposição de multa diária ao impetrado, com base no art. 461, § 4º, do Código de Processo Civil: induvidosa, ao nosso ver, a analogia, pois aqui também se cogita de ação cujo objeto é o cumprimento de obrigação *(lato sensu)* de fazer.

13. Suspensão provisória do cumprimento da ordem

No tocante ao mandado de segurança, inovação introduzida pela Lei nº 4.348, de 26-6-1964, abriu à pessoa jurídica de direito público interessada a faculdade de requerer ao presidente do tribunal competente para julgar o recurso a suspensão provisória da "execução" da ordem favorável ao impetrante, por hipótese concedida quer *in limine litis,* quer na sentença. Talvez haja, com efeito, ponderáveis razões de interesse público a desaconselhar o cumprimento imediato, visto como causador de dano irreparável ou de difícil reparação, a mostrar-se afinal injusto se porventura provido o recurso e denegada a segurança na instância superior. Tomou-se a louvável cautela de restringir expressamente a possibilidade da suspensão aos casos em que necessária para "evitar grave lesão à ordem, à saúde, à segurança e à economia públicas". Tal disposição seria reproduzida, no que tange à concessão *in limine litis,* na disciplina da chamada ação civil pública, exercitável para promover a responsabilidade por danos ao meio ambiente, ao consumidor, a bens e direitos de valor artístico, estético, histórico, turístico e paisagístico, a qualquer outro interesse difuso ou coletivo, e ainda por infração da ordem econômica (Lei nº 7.347, de 24-7-1985, art. 1º). O requisito da

27 Cf. JOSÉ DA SILVA PACHECO, ob. cit., p. 273. VICENTE GRECO FILHO, ob. cit., p. 175, distingue: a ação de *habeas data* – e, por conseguinte, entende-se, a sentença de procedência – seria mandamental na hipótese da letra *a* do dispositivo constitucional (direito ao conhecimento dos dados), mas constitutiva na da letra *b* (direito à retificação), porque neste segundo caso se pleiteia "a modificação do mundo jurídico". O argumento seria convincente se a sentença concessiva, por virtude própria, lograsse concretizar a modificação, pô-la em ato, como fazem as verdadeiras sentenças constitutivas (de anulação de casamento ou testamento, de divórcio etc.). Aqui, é outra coisa que sucede: tal qual na hipótese da letra *a*, o juiz (rectius: a sentença) não modifica por si assentamento algum: ordena, isso sim, que o impetrado proceda à modificação.

"grave lesão à ordem, à saúde, à segurança e à economia públicas" aparece igualmente no art. 4º, *caput,* da Lei nº 8.437, de 30-6-1992, o qual dispõe sobre a suspensão de liminares concedidas contra atos do Poder Público ou seus agentes; aí se acrescenta a exigência de ser o caso "de manifesto interesse público ou de flagrante ilegitimidade".

Afigurou-se ao legislador que emergências do mesmo tipo seriam concebíveis no *habeas data.* E realmente se imagina com facilidade que a infundada concessão da medida por erro do juiz venha a ser cassada em grau de recurso, sem que se torne possível, a essa altura, restaurar o primitivo estado de coisas. Uma retificação de assentamentos é, em princípio, suscetível de ser desfeita, mas não haverá como desfazer a revelação ao impetrante de dado constante de registro ou banco: aí, *quod factum est infieri nequit.* Compreende-se, por conseguinte, que também a Lei nº 9.507 haja tratado de consagrar, no art. 16, mecanismo semelhante ao descrito acima.

Ao fazê-lo, porém, desprezou o cuidado de indicar as hipóteses que legitimam a suspensão, afastando-se do modelo inspirador. Lido à pressa, o art. 16 da Lei nº 9.507 sugere que se pode requerer a providência *em qualquer caso,* exista ou não exista relevante interesse público em jogo. E, ao contrário dos outros diplomas mencionados, nem sequer se impõe ao presidente do tribunal que fundamente a decisão suspensiva. É verdade que, a partir da entrada em vigor da Carta de 1988, preceitos desse gênero se tomaram supérfluos: a exigência da fundamentação está hoje posta em nível constitucional (art. 93, nº IX) e prevalece mesmo no silêncio da lei ordinária. Contudo, a presença da cláusula nos textos mencionados acima tem a utilidade prática de pôr em relevo que o requerimento de suspensão só pode ser deferido com base na efetiva ocorrência, inequivocamente comprovada e demonstrada na motivação da sentença, de uma ou mais de uma daquelas situações previstas (perigo de grave lesão à ordem pública, ou à saúde pública etc.).

Não soa razoável que se tenha querido deixar a suspensão da ordem à inteira discrição do presidente do tribunal. Pensamos que também no particular há lacuna da Lei nº 9.507, a ser complanada mediante a aplicação das disposições análogas correspondentes[28]. Impende ajuntar que

---

28 Há precedente judicial: o TRF – 4ª R., em 22-9-1993, Agr. Reg. na Susp. de Seg. nº 0430502, *in DJ* de 17-11-1993, p. 49.087, entendeu aplicável ao *habeas data* a norma do art. 42 da Lei n. 8.437.

a decisão do presidente do tribunal comporta impugnação por meio de agravo para o próprio tribunal (art. 16, *fine).*

14. Coisa julgada

De acordo com o art. 18 da Lei nº 9.507, "o pedido de *habeas data* poderá ser renovado se a decisão denegatória não lhe houver apreciado o mérito". Aqui se depara, igualmente, disposição mutuada da Lei nº 1.533 (art. 16), relativa ao mandado de segurança. A esse respeito, superadas incertezas iniciais, a jurisprudência do Supremo Tribunal Federal veio a firmar-se no sentido de que, se denegada a segurança por entender-se *inexistente* o direito alegado pelo impetrante, a decisão é suscetível de produzir coisa julgada material, a impedir qualquer nova apreciação judicial da lide[29].

É o entendimento que sem dúvida prevalecerá quanto ao *habeas data.* Suponhamos, por exemplo, que alguém pleiteie, por essa via, a retificação de dado constante de registro ou banco, mas o juiz, examinando a matéria, não descubra a suposta inexatidão. A sentença denegará a ordem, declarando que o assentamento é inexato e, portanto, o impetrante não tem o direito de vê-lo modificado. Inexiste motivo para recusar a tal sentença a aptidão para revestir-se da *auctoritas rei iudicatae* no sentido material[30]. É essa autoridade, e não qualquer *aliud,* que impedirá o órgão judicial, noutro eventual processo, de rejulgar a lide.

Diferentemente se passam as coisas quando a sentença puser termo ao feito sem apreciação do mérito. Por exemplo: o *habeas data* foi impetrado por pessoa diversa daquela a quem dizem respeito as informações a que se pretende ter acesso. Falece ao impetrante legitimação ativa para

---

29 *Vide* referências em THEOTONIO NEGRÃO, *Código de Processo Civil e legislação processual em vigor*, 28ª ed., S. Paulo, 1997, p. 1.139, nota 1 ao art. 16 da Lei nº 1.533.

30 Pouco persuasiva a argumentação (antes da Lei nº 9.507) de CALMON DE PASSOS, ob. cit., p. 154, o qual parece levar em conta apenas a hipótese de concessão da ordem. Escreve esse autor: "Renovado um pedido de *habeas data* a respeito da mesma pessoa e em relação ao mesmo sujeito passivo, o que há e opera com força obstativa do *bis in idem* não é a coisa julgada, sim o adimplemento, como a prova do pagamento extingue a execução que se renove com base no mesmo título executivo». Deixando de lado outros aspectos da questão, objetaríamos que, no exemplo figurado em nosso texto, não há cogitar de adimplemento. Tanto basta para infirmar o asserto, feito sic et simpliciter, de que é «inadequado falar-se em coisa julgada material no *habeas data*".

a causa (cf., *supra*, nº 9). O caso é de extinção do processo sem julgamento *de meritis*, e não haverá coisa julgada material. A disciplina da matéria não discrepa, em suma, da consagrada no Código de Processo Civil.

15. Competência – A) originária

Está regulada, em grande parte, na própria Constituição a competência para conhecer de *habeas data* e julgá-lo. No grau inferior de jurisdição, ela se reparte entre a Justiça federal e a Justiça dos Estados. São competentes os juízes federais para os *habeas data* impetrados contra autoridade federal, excetuados os casos de competência originária de tribunais federais (art. 109, nº VIII). Os juízes estaduais têm competência residual: exercem-na quando não haja disposição que a atribua ou aos juízes federais ou, originariamente, a algum tribunal.

A competência originária pertence: a cada um dos Tribunais Regionais Federais, para os *habeas data* contra o próprio tribunal ou órgão inferior da Justiça federal (art. 108, nº I, letra *c*); ao Superior Tribunal de Justiça, para os *habeas data* contra Ministro de Estado ou o próprio tribunal (art. 105, nº I, letra *b*); ao Supremo Tribunal Federal, para os *habeas data* contra o Presidente da República, a Mesa da Câmara dos Deputados ou do Senado Federal, o Tribunal de Contas da União, o Procurador-Geral da República ou o próprio tribunal (art. 102, nº I, letra *d*).

Todas essas regras foram reproduzidas no art. 20, nº I, letras *a, b, c, d, j*, da Lei nº 9.507. A letra *e* trata de hipótese não contemplada *expressis verbis* na Carta Política da União: a da competência originária de tribunal estadual. Na conformidade da cláusula final, a matéria ficará sujeita ao "disposto na Constituição do Estado" – o que se harmoniza com a norma do art. 125, § 1º, da Constituição Federal: "A competência dos tribunais [estaduais] será definida na Constituição do Estado, sendo a lei de organização judiciária da iniciativa do Tribunal de Justiça".

16. Competência – B) recursal

Também se encontram na Carta da União regras sobre a competência para conhecer de recurso interposto contra decisão em *habeas data*. Se ela emanar de juiz federal, competente para julgar a apelação será o Tribunal Regional Federal (art. 108, nº II, onde a palavra "causas" abrange, à evidência, a de que estamos cuidando, objeto de menção específica, quanto ao primeiro grau, no art. 109, nº VIII); a Lei nº 9.507 repete a disposição no art. 20, nº II, letra c. Sendo a decisão proferida em única instância por qualquer dos tribunais superiores, *e denegatória*[31], o recurso cabível é o ordinário, e a competência recursal é do Supremo Tribunal Federal (art. 102, nº II, *a*, reproduzido no art. 20, nº II, letra *a*, da Lei nº 9.507). Pode ainda caber a competência recursal aos tribunais estaduais e ao do Distrito Federal e Territórios, "conforme dispuserem a respectiva Constituição e a lei que organizar a Justiça do Distrito Federal" (Lei nº 9.507, art. 20, nº II, letra *d*).

Falta aludir a um caso peculiar. Na enumeração das hipóteses de competência recursal do Superior Tribunal de Justiça (art. 105, ns. II e III), a Constituição da República nada contém de específico acerca do *habeas data*. No que toca a recursos contra decisões proferidas pelos Tribunais Regionais Federais, há apenas duas referências: a do nº II, letra *b*, atinente ao recurso ordinário em "mandados de segurança decididos em única instância" por esses tribunais, "quando denegatória a decisão"; e a do nº III, concernente ao recurso especial cabível, em determinadas hipóteses, nas "causas decididas, em única ou última instância", pelos mesmos Tribunais Regionais Federais (em ambos os textos se faz menção a outros tribunais, que aqui não interessam). No entanto, lê-se no art. 20, nº II, letra *b*, da Lei nº 9.507, que o julgamento do *habeas data* compete, em grau de recurso, ao Superior Tribunal de Justiça, "quando a decisão for proferida em única instância pelos Tribunais Regionais Federais".

O dispositivo gera problema hermenêutico de difícil solução. Não se sabe se pretendeu somente – à semelhança de vários outros do art. 20 – reiterar previsão constitucional, ou se visou a abrir via recursal não contemplada na Lei Maior. Neste último caso, expõe-se à arguição de inconstitucionalidade, desde que se adote a premissa de que a competência do Superior Tribunal de Justiça se acha *exaustivamente* definida na

---

31 Na interpretação dos arts. 102, nº II, letra *a*, e 105, nº II, letra *b*, da Carta da República, que usam o adjetivo com relação a decisões em mandado de segurança, os tribunais têm atribuído à expressão sentido largo, a compreender não só as decisões desfavoráveis *de meritis* ao impetrante, mas também as que extinguem o processo do mandado de segurança sem apreciação do mérito: *vide* as referências jurisprudenciais em THEOTONIO NEGRÃO, ob. cit., p. 436, nota 8 ao art. 539 do Código de Processo Civil, e p. 1.229, nota 3 ao art. 247 do Regimento Interno do Superior Tribunal de Justiça. Tudo faz crer que igual entendimento prevalecerá em matéria de *habeas data*.

Constituição e não pode ser ampliada por lei ordinária[32]. No primeiro, a única possibilidade consiste em entendê-lo como referente ao recurso especial; mas os pressupostos de cabimento, tais como enunciados na Lei nº 9.507, não coincidem com os constitucionalmente estabelecidos.

Com efeito. De um lado, o recurso especial, segundo a Constituição (art. 105, nº III), não cabe apenas contra decisões proferidas em *"única* instância" por Tribunal Regional Federal, senão também contra decisões por qualquer deles proferidas "em *última* instância"; de outro lado, para que caiba o recurso especial, sempre de acordo com o art. 105, nº III, da Constituição, é imprescindível que se configure alguma das hipóteses catalogadas nas letras *a, b* e c, a saber: que a decisão impugnada contrarie tratado ou lei federal; julgue válida lei ou ato de governo local contestado em face de lei federal; ou dê a lei federal interpretação divergente da que lhe haja atribuído outro tribunal. Ora, ao propósito é de todo em todo silente o art. 20, nº II, letra *b,* da Lei nº 9.507. Resta verificar como desatará a jurisprudência o nó dado pelo legislador.

Para terminar, anote-se que o nº III do mesmo art. 20 faz alusão ao "recurso extraordinário ao Supremo Tribunal Federal", cabível em matéria de *habeas data* (como em qualquer outra!) "nos casos previstos na Constituição", isto é: nas causas decididas em única ou última instância, quando a decisão recorrida contrariar dispositivo da própria Constituição, declarar a inconstitucionalidade de tratado ou lei federal ou julgar válida lei ou ato de governo local contestado em face da Constituição (art. 103, nº III, letras *a, b,* e *c,* respectivamente).

Janeiro de 1998.

32 Nesse sentido, por exemplo, JOSÉ CRETELLA JÚNIOR, ob. cit., v. VI, Rio de Janeiro, 1992, p. 3.119: "A Constituição vigente explicita de modo exaustivo a competência do Superior Tribunal de Justiça, no que diz respeito ao processamento e julgamento de causas, quer em caráter originário, quer em via recursal" (sem grifo no original).

COMENTÁRIOS DO ATUALIZADOR

O HABEAS DATA BRASILEIRO E SUA LEI REGULAMENTADORA

Humberto Dalla Bernardina de Pinho

No momento em que começamos esses breves COMENTÁRIOS DO ATUALIZADOR texto de Barbosa Moreira, o Brasil vive os primeiros dias de vigência da Lei Geral de Proteção de Dados. Trata-se de uma nova dimensão na tutela desses direitos, resguardados no art. 5º, LXXII da Carta de 1988 e regulamentados pela Lei nº 9.507, de 12 de novembro de 199, que dispôs sobre o rito processual do *habeas data.*

Curioso observar que, no passado, discutiu-se a necessidade ou não de uma lei regulamentadora para esse remédio constitucional, seja em função da sua similaridade com o mandado de segurança, regulamentado pela Lei n° 1.533/51 e, posteriormente, pela Lei n° 12.016/2009, seja porque o art. 5º, § 1º, da CF prevê que os direitos e garantias fundamentais têm aplicação imediata.

Hoje podemos testemunhar o acerto do legislador. Contudo, a Lei nº 9.507/97 não só implementou a forma de obter os direitos assegurados constitucionalmente, como também o procedimento do *habeas data*, caso seja necessário o ingresso no Poder Judiciário, ampliando, inclusive, sua previsão também para os casos de necessidade de complementação de informações.

Nesse texto, José Carlos Barbosa Moreira se dedica a fazer um verdadeiro raio X do instituto. Inicia pelo exame do tema à luz dos direitos humanos, a partir da perspectiva da evolução política do Brasil. Nesse ponto, temos que lembrar que o momento histórico era bem diverso do atual.

De forma cirúrgica, o autor traz essa "preliminar histórica" à sua narrativa e coteja o instituto do habeas data com as demais garantias constitucionais, para, então, abordar os institutos de natureza procedimental.

Como sabemos, o *habeas data*, como garantia fundamental, pode ser utilizado por pessoas físicas ou jurídicas, podendo dele se valer quem desejar informações adequadas de seu interesse ou para a retificação de dados a ela atinentes. Podem, então, impetrar *habeas data* todos aqueles que pretendem tutelar os bens materiais descritos no art. 7º da Lei nº 9.507/97. Tratase de legitimação ordinária, ou seja, aquela em que o interessado ajuíza a ação em nome próprio para obter a tutela de seu próprio interesse. Isso porque, em regra, o direito de se conhecer os dados e retificálos ou complementálos é personalíssimo.

Em relação ao polo passivo, figurará aquele que detém a informação que se pretende obter, retificar ou anotar. É irrelevante, para tal finalidade, a natureza da pessoa, se pública ou privada, mas apenas que detenha a informação. Contudo, a lei não se preocupou em dizer quem será réu, se aquele que pratica o ato impugnado ou a pessoa jurídica a que está vinculado. As dificuldades derivadas daí são inúmeras, remetendo-nos ao mesmo problema existente à época da Lei nº 1.533/51.

Atualmente, com a Lei nº 12.016/2009, tal questão se tornou menos tormentosa no mandado de segurança. Embora nunca tenha se chegado a um consenso sobre quem seria o legitimado passivo, para não deixar dúvida quanto à posição da pessoa jurídica dentro da relação processual, a Lei nº 12.016 exige do impetrante que indique a pessoa jurídica a que a autoridade coatora se acha integrada. Dessa forma, no *habeas data*, melhor será adotar raciocínio semelhante, indicandose, na petição inicial, também a pessoa jurídica a que a autoridade que negou as informações se acha integrada.

Um ponto que mereceu especial atenção de Barbosa Moreira foi o que ele denominou de "pré-requisito da tentativa extrajudicial" da obtenção ou retificação do dado ou informação em questão.

Dessa forma, o interesse de agir do *habeas data* só nasce quando frustradas as tentativas do interessado de obter, retificar ou anotar as informações na fase préjudicial. A partir dessa previsão, surgiu discussão sobre a constitucionalidade dessa etapa, mas que acabou sendo esvaziada por ocasião da edição da Súmula n° 2 do STJ. O enunciado estabelece o não cabimento do *habeas data* caso não seja demonstrada a recusa da autoridade administrativa. Observe-se, contudo, que essa recusa também pode ser entendida como o decurso do prazo sem resposta ao pleito do requerente.

Visto isso, na forma dos art. 2º a 4º, sempre que se pretender obter, retificar ou anotar informações complementares a seu respeito, o interessado deverá se dirigir à autoridade pública ou privada que as detém, protocolando requerimento a demonstrar seu intuito. O pedido deverá ser deferido ou indeferido em 48 horas (art. 2º, *caput*), notificandose o interessado da resposta de seu pleito nas 24 horas seguintes. Caso o pleito seja deferido, deverá ser marcado dia e hora para que o interessado tome conhecimento das informações, requerendo sua correção com base em elementos justificadores para o pleito ou a inserção de alguma informação complementar.

A fase judicial é tratada por Barbosa Moreira a partir do item 8 do texto. Aqui o autor anota, com propriedade que o legislador infraconstitucional acresceu uma terceira finalidade à ferramenta, se observada a redação constitucional. Nesse sentido, é possível "a anotação, nos assentamentos da entidade ou órgão da contestação ou explicação do interessado".

Contudo, não custa lembrar que sempre que a pretensão for além da apresentação ou retificação de informações, o *habeas data* é via inadequada, tanto que já foi considerado incabível[33], no âmbito do STJ, para cópia de procedimento administrativo, devendo o interessado se valer, nesse caso, do mandado de segurança.

Na dimensão judicial, chamou a atenção de Barbosa Moreira o momento e o teor da sentença, tendo em vista o pedido formulado pelo impetrante, que poderá ser isolado ou cumulado. Especificamente, no texto ora em exame, o autor nos traz instigante questão: imaginemos que o impetrante, ao ter acesso às informações, o impetrante verifica que elas estão erradas ou que é conveniente que seja feito apontamento complementar. O que fazer?

Com efeito, a Lei nº 9.507/97 não previu essa hipótese. O art. 13 dá a impressão de que o *habeas data* deve ser impetrado para a obtenção de informações, para sua retificação ou para sua complementação, o que demandaria, no caso de erro nas informações, que se valesse novamente da via, só que para retificar as informações.

---

33 A título de exemplo, inadmitindo a utilização do habeas data para cópia de procedimento administrativo a que o impetrante não tinha conhecimento: STJ, REsp 904.447RJ, 1ª T., rel. Min. Teori Albino Zavascki. DJU, 2452007, p. 333. Porém, essa via já foi admitida para compelir a Caixa Econômica a prestar informações sobre descontos na conta dos interessados: STJ, REsp 929.381AL 1ª T., rel. Min. Francisco Falcão, *DJU*, 25102007, p. 137.

Essa, porém, não é a melhor interpretação para uma garantia constitucional, como concluiu Barbosa Moreira. Com efeito o princípio da economia processual recomenda o afastamento dessa solução.

Dessa forma, prestadas as informações, se o impetrante se satisfizer, será extinto o processo. Porém, o impetrante, uma vez tendo ciência das informações e não ficando satisfeito, poderá formular novo pedido requerendo sua retificação ou complementação, aproveitandose da base procedimental até então desenvolvida. Sendo o caso, tão logo se dê ciência da procedência da ação, deve ser iniciada uma nova etapa, relativa à implementação das correções ou anotações pretendidas.

EVOLUZIONE DELLA SCIENZA PROCESSUALE LATINO-AMERICANA IN MEZZO S ECOLO[1]

1. Introduzione

La prima difficoltà in cui s'imbatte ogni tentativo di parlare dell'America Latina, qualunque sia il tema, consiste nella necessità di prevenire la tendenza molto diffusa a concepire quella parte del pianeta come un insieme compatto ed omogeneo sul piano culturale in genere e su quello giuridico in particolare. E un pregiudizio che va subito confutato, tanto gravi sono gli equivoci cui può indurre gli osservatori meno attenti. In verità, diversamente da quanto si possa supporre, il concetto "America Latina" non si limita ad una serie di paesi accomunati dalla colonizzazione spagnola (ma, si badi, non perciò suscettibili di considerazione indistinta sotto qualsiasi aspetto) ed un paese di colonizzazione lusitana – il Brasile, che pero conta più di tanti altri per l'estensione territoriale e per la popolazione. Vi sono pure comprese alcune regioni storicamente legate alla Francia, ed ancor oggi attaccate per qualche verso alia tradizione giuridica francese, come l'Haiti, la provincia canadese di Québec e, in misura più ristretta, lo stato nordamericano di Louisiana. Dovrebbe quindi tenerne conto una valutazione meno rozza delle vicende processuali dell'ultimo mezzo secolo.

Per ovvie ragioni, non possiamo qui passare in rivista, sia pure sommariamente, tutti gli angoli di questa multiforme realtà. Ci limiteremo al due settori più importanti, soprattutto dal punto di vista scientifico: quello ispanofono e quello di lingua portoghese. E ancora, per quanto riguarda l'ambiente ispano-americano – del quale, ben s'intende, sarebbe insensato vantarci di una conoscenza paragonabile a quella che abbiamo del mondo brasiliano – è d'uopo qui tralasciarne i particolari, per metterne a fuoco le grandi linee, da cui risulteranno più netti i punti di convergenza. In tale prospettiva si farà meno arduo il nostro compito, nella misura in cui ci sia permesso di concentrare la nostra attenzione sui pa-

---

1 Texto de conferência pronunciada em 27-9-1997, em Florença, no simpósio comemorativo do 50º aniversário da *Associazone fra gli studiosi dei processo civile.* Publicado no volume coletivo *Cinquanta anni di studi sul processo civile,* Milão, 1998, na *Rivista di diritto processuale,* 1998, nº 1, e na *Rev. de Proc.,* nº 88.

esi dove l'attività scientifica ha attinto un livello più alto: infatti da una ricerca superficiale si ricava l'impressione, forse non totalmente ingannevole, che altrove la dottrina si e sovente accontentata di "importare" le elaborazioni compiute in quei paesi, senza nulla aggiungere di originale.

D'altronde la situazione diventa alquanto più imbarazzante se si cerca di tracciare simultaneamente l'itinerario percorso dalla scienza processuale in Ispano-america ed in Brasile. Qui difatti occorre prendere atto di una spiccata differenza nell'evoluzione storica di queste due zone dell'America Latina.

I paesi di lingua spagnola hanno mantenuto in genere con l'antica metropoli vincoli culturali abbastanza stretti, nel campo giuridico non meno che in altri, il che ha probabilmente agevolato il prolungarsi di una certa omogeneità, senza esclusione di quanto concerne il diritto processuale. Ciò è spiegato, tra l'altro, dal fatto che tutte le codificazioni processuali ispano-americane si sono schiettamente ispirate – non soltanto dapprincipio, ma in certi casi per molti anni – alla legislazione spagnola e di conseguenza sono state interpretate e studiate sotto l'influenza della dottrina di quel paese. (Qualche precisazione sarebbe qui opportuna rispetto a Cuba, che per ragioni ideologiche ben conosciute ha preso nei tempi moderni una via separata, quantunque non del tutto opposta.) La cultura giuridica brasiliana, dal canto suo, nonostante le note radici lusitane del nostro ordinamento, si e mossa più presto e con maggior disinvoltura verso altri orizzonti. Non sarebbe esagerato affermare che per qualche tempo ci siamo addirittura allontanati dalla scienza processuale portoghese; né lo smentisce un fenomeno indubbiamente eccezionale quale e stato il considerevole prestigio, tra noi, del gran rinnovatore del processo civile in Portogallo, JOSÉ ALBERTO DOS REIS.

Queste distanze tra l'Ispano-america ed il Brasile, da un lato, e tra il Brasile ed il Portogallo, dall'altro, si sono venute poi sensibilmente accorciando, specie negli ultimi due o tre decenni. Su tal e evoluzione, che del resto oggigiorno trascende i limiti regionali e linguistici per assumere, sotto forme variabili, una portata universale, avremo occasione di tomare.

2. La situazione mezzo secolo fa

Il termine iniziale fissato per questo resoconto segnala un'interessante coincidenza. Mezzo secolo fa, cioè negli anni quaranta, si fondava l'Associazione Italiana fra gli Studiosi del Processo Civile.

Ebbene, proprio a quell'epoca si può far risalire approssimativamente una svolta notevole nella traiettoria della scienza processuale d'oltre oceano.

Menzioniamo qualche dato di rilievo. Nel 1939 sorge in Brasile il primo codice di procedura civile nazionale dell'epoca repubblicana, dopo la lunga vigenza di un regime di pluralità di competenze legislative in materia processuale, nel quale all'Unione spettava regolare soltanto il funzionamento della giustizia federale, mentre si riservava agli Stati il potere di disciplinare il processo (civile e penale) nei loro propri codici. Tale avvenimento, preceduto ed incentivato da un forte movimento di idee rinnovatrici, suscito a sua volta un'abbondante produzione dottrinale, il cui livello scientifico non di rado pervenne ad altezze solo eccezionalmente attinte prima d'allora. Basterà ricordare qui alcuni volumi di commenti al nuovo codice, ad esempio quelli di PONTES DE MIRANDA – il più rinomato giurista brasiliano del suo tempo –, di MACHADO GUIMARÃES, di AMÍLCAR DE CASTRO...

Frattanto si operava in Argentina una trasformazione somigliante, anche se non ugualmente contrassegnata da un mutamento legislativo immediato. Ne furono pietre miliari il Primo Congresso di Scienze Processuali tenutosi a Córdoba nel 1939 e la pubblicazione del primo volume del *Tratado teórico-práctico de derecho procesal civil y comercial* di HUGO ALSINA nel 1941. Ancora più importante, sempre nella stessa area, fu la prima edizione, a Buenos Aires, nel 1942, dei *Fundamentos del derecho procesal civil, del* giurista uruguaiano EDUARDO COUTURE, opera destinata a godere di un immenso prestigio in tutta l'Ispano-america, nonché in Brasile ed altrove, e tuttora spesso citata in libri ed articoli di dottrina.

Questi successi ed altri simili segnarono il tramonto, nell'America Latina, di un periodo in cui era prevalso il meto do puramente esegetico nello studio del processo. Difatti la stragrande maggioranza degli autori dell'Ottocento e dell'inizio del nostro secolo si dedicava quasi esclusivamente alla semplice esposizione dei riti previsti nelle leggi per lo svolgimento dei processi e la decisione delle liti. Era perlopiù assente dal loro scritti ogni preoccupazione sistematica, e addirittura eccezionale qualsiasi tentativo di approfondire l'analisi di questo o quell'istituto. I nostri storici del diritto processuale sogliono parlare di "procedimentalismo" quando si riferiscono a quel periodo; e per la verità era al procedimento, anziché al processo, che allora ponevano mente gli studiosi.

Il passaggio ad una tappa diversa fu certo conseguenza di una maturazione che prima o poi doveva produrre i suoi frutti naturali. Nondimeno sarebbe profondamente ingiusto tacere il portentoso contributo che a siffatto cambiamento reco la diffusione nei nostri paesi di idee ed aspirazioni propagate da parecchio in Europa, seppure non ancora riflettutesi abbastanza, fino a quel momento, in molte legislazioni processuali del vecchio continente. Bisogna soprattutto mettere in risalto la circostanza del trasferimento all'altra riva dell'Atlantico, in seguito a vicende politiche notorie, di insigni maestri europei, come fu il caso di LIEBMAN in Brasile, di GOLDSCHMIDT nel *Rio de la Plata* e di ALCALÁ-ZAMORA y CASTILLO nel Messico. La loro presenza tra noi apportò uno stimolo decisivo all' aggiornamento degli studi scientifici.

3. La costruzione dogmatica del diritto processuale

Superata la fase esegetica e procedimentalista, la cura principale dei processualisti latino-americani fu quella di metter mano alla costruzione dogmatica della nostra disciplina. E comprensibile che si siano lasciati impregnare di un concettualismo magari eccessivo, e più ancora che si siano dedicati piuttosto all' esame di temi e questioni di carattere prevalentemente tecnico. In tale campo, del resto, furono tutt'altro che trascurabili i risultati delle loro fatiche, come dimostrano una massa imponente di monografie sui più svariati argomenti e, a suo tempo, una serie di esposizioni sistematiche dell'ordinamento processuale – anche, ma non solo, a scopo didattico.

In questa linea s'inseriscono, in Brasile, i numerosi volumi pubblicati da ALFREDO BUZAID (che poi sarebbe stato l'autore dell'avamprogetto del codice del 1973) e varie trattazioni sistematiche, tra cui spiccano per l'estensione e per la chiarezza le *Instituições de Direito Processual Civil* di JOSÉ FREDERICO MARQUES, precedute peraltro dall'opera di LOPES DA COSTA, in cui e molto sensibile l'influsso, raro in quei giorni, della dottrina tedesca. In Argentina risaltano tra altri RAMIRO PODETTT, RICARDO RETMUNDÍN e, in data più recente, LINO PALACIO, autore della migliore esposizione sistematica dei diritto processuale civile di quel paese. Vanno pure citati qui i nomi di LUÍS LORETO, in Venezuela, e di HERNANDO DEVIS ECHANDÍA, in Colombia. Conviene osservare che non rimangono affatto estranee a tutti questi autori certe preoccupazioni che già oltrepassano i confini della pura tecnica e vanno ad anticipare sotto alcuni aspetti il cambiamento di prospettiva che caratterizzerà il periodo susseguente.

L'epoca di cui stiamo parlando si fece notare per un'intensa attività legislativa sul terreno processuale. Diversi paesi latino-americani, approfittando del progresso tecnico, intrapresero la riforma delle loro legislazioni, secondo indirizzi attualizzati. Tra i nuovi codici entrati in vigore allora vanno ricordati quello guatemalteco del 1964, il *Código* nazionale argentino del 1967 ed il codice colombiano dei 1970. Come c'era da aspettarsi, questa ondata innovatrice ebbe un effetto stimolante sugli studi dottrinali, donde la pubblicazione di pregevoli commenti e manuali di stampo moderno, senza contare un numero elevato di monografie.

In Brasile sono stati abbondanti i frutti di siffatto movimento, al quale il codice del 1973 ha dato un'energica spinta. Varie collane di commenti sono venute alla luce, tra le quali una redatta ancora da PONTES DE MIRANDA, altre da diversi autori, come quella cui personalmente abbiamo antecipato con un volume relativo al mezzi d'impugnazione ed in genere al processo di secondo grado (gli altri volumi sono dovuti a CELSO AGRÍCOLA BARBT, MONIZ DE ARAGÃO, CALMON DE PASSOS, AMARAL SANTOS, MENDONÇA LIMA, CELSO NEVES, GALENO LACERDA, CARLOS ALBERTO ÁLVARO DE OLIVEIRA, ADROALDO FURTADO FABRÍCIO, HAMILTON DE MORAES E BARROS e JOSÉ OLYMPIO DE CASTRO FILHO). È apparsa pure una quantità di esposizioni sistematiche del nuovo ordinamento processuale, scritte, tra altri, da JOSÉ FREDERICO MARQUES, AMARAL SANTOS, più recentemente da ARRUDA ALVIM, HUMBERTO THEODORO JÚNIOR, ERNANE FIDÉLIS DOS SANTOS e così via. Alcune di queste opere recano già l'impronta delle tendenze che, come fra poco si spiegherà, avrebbero predominato negli anni successivi.

La costruzione dogmatica del diritto processuale civile brasiliano e stata un'impresa di enorme portata. Nel giro di meno di vent'anni, il Brasile ha fatto un salto decisivo, tale da avvicinare il livello della nostra produzione dottrinale a quello di non pochi paesi di antica cultura giuridica. E si badi: non avevamo a sostegno del lavoro una salda tradizione nazionale, poiché questa – con le classiche eccezioni, e diversamente da quanto accadeva per esempio nel campo del diritto civile – offriva piuttosto una base di inoccultabile debolezza. Con l'aiuto, bisogna riconoscerlo, di insegnamenti ricevuti dall'estero (e in certi casi addirittura recapitati a domicilio), i processualisti di quel periodo hanno saputo formare un ricco patrimonio scientifico e legare alla generazione successiva questo retaggio prezioso: un complesso di strumenti concettuali raffinati, espressi in un linguaggio di ineccepibile rigore tecnico e combinati in un sistema coerente. Senza tali armi non sarebbe poi stato possible affrontare in modo adeguato i problemi peculiari dei nostri giorni.

4. L' evoluzione più recente

Negli ultimi decenni, soprattutto a partire dagli anni ottanta, la dottrina latino-americana si viene lanciando in nuove esperienze. Da una parte, ci si è resi conto che allo sviluppo della scienza non corrispondeva un miglioramento parallelo delle condizioni di funzionamento della giustizia, e questo squilibrio ha cominciato a turbare gravemente una sensibilità, nel frattempo aumentata, per gli aspetti sociali della problematica giuridica. D' altra parte, gli stessi cambiamenti, a volte radicali, della situazione política ed economica del continente, insieme alla presa di coscienza di carenze ed aspirazioni fino allora latenti, non potevano non suscitare in molti spiriti il desiderio di trarre profitto dal progresso avvenuto al livello scientifico per mettere il processo, in maniera più efficace, al servizio dei bisogni concreti delle nostre società.

Ciò non ha significato, né potrebbe ragionevolmente significare, che la dottrina si sia disinteressata dei problemi tecnici e che abbia comunque rinunciato ad ogni pretesa sistematica. Certo, oggi l'affascinano molto meno le rumorose controversie di una volta sulla natura dell'azione o del processo; ma continua ad essere palese in essa la predisposizione ad approfondire lo studio di istituti "classici", qual'è per esempio la cosa giudicata – di cui l'attualissima problematica delle azioni collettive induce ad esplorare ancora le dimensioni soggettive –, quand'anche siffatta analisi si mostri oggi pervasa di altre preoccupazioni ed orientata verso altre finalità. Nella relazione conclusiva del congresso dell'Associazione Internazionale di Diritto Processuale, tenutosi in Portogallo sei anni fa, ci è sembrato opportuno enfatizzare la convenienza (o meglio la necessità) di "rivisitare" certi "luoghi santi" alla luce delle nuove concezioni e dei nuovi bisogni di tutela. Il nostro suggerimento non è caduto nel vuoto: una produzione copiosa di monografie testimoniano il vivo interesse anche dei giovani studiosi per temi come la giurisdizione, i rapporti fra diritto sostanziale e processo, la prova, la sentenza e via discorrendo.

Dal canto suo, l'impegno sistematico risulta chiarissimo dallo sviluppo di una "teoria generale del processo", volta alla considerazione unitaria e metodica dei concetti e dei principi che, rilevanti per tutte le modalità del fenomeno processuale, stanno alla base delle diverse branche della nostra scienza. In varie facoltà di giurisprudenza la "teoria generale" viene attualmente insegnata come una materia a parte. Non pochi libri che di essa si occupano hanno ottenuto un esito degno di nota: ne sono esempi, in Brasile, quelli di ADA PELLEGRINI GRINOVER, ARAÚJO CINTRA e CÂNDIDO DINAMARCO, di JOSÉ DE ALBUQUERQUE ROCHA, di CARREIRA ALVIM; in Argentina, di JORGE CLARIÁ OLMEDO, di FERNANDO DE LA RÚA, di OSVALDO GOZAÍNI; in Uruguay, di ENRIQUE VESCOVI; in Messico, di CIPRIANO GÓMEZ LARA.

Contrassegno della letteratura processuale latino-americana del nostri giorni e inoltre l'enfasi data al vincoli tra processo ed ordinamento costituzionale. Certo, non si tratta di una novità vera e propria nella dottrina di quella parte del mondo: basti ricordare l'opera brillante di COUTURE, tutta impregnata di simile idea. Anche in Brasile si possono menzionare illustri precursori di questo indirizzo, quali JOÃO MENDES JUNIOR all'inizio del secolo e JOSÉ FREDERICO MARQUES qualche decennio fa. Si è però dovuto aspettare ancora un tempo non brevissimo per assistere all'impressionante moltiplicazione di studi sulle garanzie costituzionali del processo che si manifesta oggidì nell'America Latina. L'abbondanza di opere del genere rende abbastanza temeraria, per l'inevitabilità di omissioni, ogni tentativo di enumerazione: limitiamoci a richiamare, esemplificativamente, alcuni scritti di più ampio respiro, come quelli di ADA PELLEGRINI GRINOVER in Brasile, di HÉCTOR ENRIQUE QUIROGA CUBILLOS e di JORGE FLOREZ GACHARNÁ in Colombia, di HÉCTOR FIX-ZAMUDIO e di JOSÉ OVALLE FAVELA nel Messico, a tacere di numerosi saggi pubblicati in riviste giuridiche.

Tale fioritura ovviamente si ricollega al vistoso fenomeno degli ancora recenti cambiamenti politici, avvenuti in tanti paesi latino-americani nel corso di quindici anni circa. Il ritorno allo Stato di diritto ed a regimi di stampo fondamentalmente democratico, malgrado le ben note imperfezioni, ha funzionato da catalizzatore anche nell'ambito della scienza processuale. In Brasile, per esempio, la nuova Costituzione, dei 1988, dedica al problemi processuali un'attenzione sconosciuta nella nostra precedente storia costituzionale, il che naturalmente ha stimolato la dottrina ad esaminarne con cura i riflessi nella sfera del processo: a questa impresa si sono dedicati, tra altri, ROGÉRIO LAURIA TUCCI e JOSÉ ROGÉRIO CRUZ E TUCCI, NELSON NERY JUNIOR e JOSÉ AUGUSTO DELGADO.

Il cattivo funzionamento della giustizia civile nell'America Latina ha suscitato infine un forte movimento tendente a far sì che il progresso tecnico e scientifico si adoperi in maniera più efficiente al bisogni dei "consumatori" di quel servizio. Molte voci proclamano l'urgenza di dotare il processo delle condizioni necessarie per essere in grado di adempiere con esattezza il suo compito pratico fondamentale, quello cioè di condurre le parti ad una situazione simile o perlomeno approssimata a quella che deriverebbe dall'attuazione spontanea del diritto sostanziale. Si rivaluta così, per assegnarle il posto dovuto nell'economia della vita giuridica, la nozione della "strumentalità" del processo – titolo, appunto, di un'importante monografia di CÂNDIDO DINAMARCO.

La visione "strumentale" spinge la dottrina a privilegiare i soggetti concernenti l'"effettività" del processo, affrontando i diversissimi aspetti di una vasta problematica, che ognitanto trascina il diritto processule sino alle frontiere della scienza politica e della sociologia, nella doverosa ricerca di sussidi per la scelta delle soluzioni più soddisfacenti, senza pero autorizzarlo a varcare – sia detto di passaggio – i confini del suo dominio proprio in quanto branca della scienza giuridica. Onde la presenza costante, nella letteratura processuale contemporanea, di temi come le azioni collettive, la tutela cautelare e l'anticipazione della tutela cognitiva, la partecipazione più attiva del giudice allo svolgimento del processo, soprattutto in materia di istruzione probatoria, la creazione di tribunali e procedimenti speciali per le "piccole cause", l'utilizzazione dei moderni mezzi tecnologici nell'attività giudiziale, e in genere tutti quanti riguardano, in modo diretto o indiretto, quell'ingente problema che si e soliti designare con l'espressione complessiva "accesso alla giustizia", così cara a MAURO CAPPELLETTT, il più prestigioso processualista italiano, in questi ultimi decenni, nei nostri paesi.

Si aggiunga un rapido accenno all'argomento dei cosiddetti "mezzi alternativi" di soluzione delle liti, il quale attrae l'interesse di molti studiosi latino-americani e desta perfino delle speranze forse un po'eccessive nelle potenzialità di siffatti espedienti, ritenuti capaci di por rimedio alla congestione delle vie giudiziarie e di conseguenza al terribile male della lentezza dei processi. Si tratta di un tema che in Brasile e diventato attualissimo in seguito alla promulgazione della Legge 9.307, del 23-9-1996, la quale ha dato all'arbitrato una disciplina profondamente innovatrice, che si allontana in punti essenziali dalla tradizione nazionale, e sulla cui legittimità costituzionale, viene a proposito rilevare, sono sorti alcuni dubbi a nostro avviso infondati.

5. L'internazionalizzazione del processo civile latino-americano

Abbiamo detto che si vengono accorciando, dal punto di vista della scienza processuale, le distanze tra l'Ispano-america ed il Brasile, da un lato, e tra il Brasile ed il Portogallo, dall'altro. Svariati fattori contribuiscono a questo avvicinamento; ocorre, tuttavia, mettere in rilievo particolare l'attività dell'Istituto Ibero-Americano di Diritto Processuale.

Fondato nel 1957, in occasione di un convegno tenutosi a Montevideo e destinato a rendere omaggio alla memoria di COUTURE, l'Istituto riunisce quasi duecento processualisti della penisola iberica e dell'America Latina e tiene ogni due anni un congresso *(Jornadas)* in cui si discutono i temi di maggior interesse del momento. Ciò dà adito ad uno scambio di informazioni e di idee che si sta rivelando molto fruttuoso; non pare esagerato dire che, grazie ad esso, si e formato nei paesi-membri um substrato scientifico comune, su cui circolano liberamente ed esercitano un'influenza reciproca i prodotti della riflessione teorica e dell'esperienza pratica di tutti. Sarebbe superfluo sottolineare l'utilità di un simile movimento per la permanente rinnovazione dell'atmosfera culturale di quei paesi.

Un'iniziativa particolarmente importante dell'Istituto - specie se si tiene conto dell'aspirazione sempre crescente ad una sorta di "armonizzazione" dei nostri ordinamenti processuali - consiste nell'aver elaborato un codice-modello di procedura civile (ve n'ê pure uno di procedura penale), ideato molto tempo fa e preparato nel corso di parecchi anni, ma portato a compimento sotto le presidenze di HERNANDO DEVIS ECHANDÍA e di ENRIQUE VESCOVI, che del resto ne e stato uno dei redattori finali, assieme a due altri noti processualisti uruguaiani, ADOLFO GELSI BIDART e LUIS TORELLO GIORDANO. Questo lavoro ha avuto un'intensa ripercussione sul piano scientifico, e non soltanto nell'ambiente latino-americano: lo dimostra, fra l'altro, il fatto che a Roma si sono dedicati due convegni all'analisi del codice-modello, cui hanno partecipato vari illustri giuristi italiani e di altri paesi europei. Le proposte avanzate dal codice-modello sono state inoltre consacrate in massima parte nel nuovo *Código General del Proceso* uruguaiano, e le più recenti riforme legislative dell'America Latina esibiscono segni evidentissimi della loro influenza.

Tutto ciò mette in piena luce una delle caratteristiche più marcate della contemporanea scienza processuale latino-americana: la tendenza all'internazionalizzazione. Si tratta di un fenomeno per così dire universale, ma che in alcune zone del pianeta si veste di un colore proprio. Così, nell'ambito stesso dell'America Latina, accanto alle tracce generali, si può discemere adesso qualcosa di particolare nei rapporti (culturali ed altri) fra i paesi del *Mercosul,* a somiglianza, anche se con manifesta arretrattezza, di quanto accade nell'Unione Europea.

Il culmine di questa approssimazione è senz'altro ravvisabile nella notevole convergenza di preoccupazioni e di proposte che facilmente si scorge nel panorama dell'Atlantico meridionale. In verità, i processualisti brasiliani, argentini ed uruguaiani beneficiano oggigiomo di contatti assai frequenti – attraverso visite personali, convegni di partecipazione comune, articoli pubblicati in riviste dei tre paesi – che, ovviamente senza cancellare le differenze nazionale, dovute ad origini e tradizioni diverse, aprono a tutti molte occasioni di reciproco arricchimento scientifico.

Qui capita di nuovo a proposito un riferimento all'Istituto Ibero-Americano di Diritto Processuale; non e forse un puro caso il fatto che l'attuale presidente, brasiliano, abbia avuto l'onore di collaborare per otto anni, in qualità di segretario generale, con i suoi predecessori immediati ENRIQUE VESCOVI, uruguaiano, ed AUGUSTO MORELLO, argentino, e che adesso possa contare a sua volta, nella segreteria generale, sulla collaborazione di un'altro bravissimo collega argentino, ROBERTO BERIZONCE.

6. Osservazioni conclusive

In un saggio di quattordici anni fa, intitolato *Tendências contemporâneas do direito processual civil,* abbiamo creduto di poter riassumere in tre motti l'orientamento generale dei processo civile odierno: dall'astratto al concreto; dall'individuale al sociale; dal nazionale all'internazionale. Queste formule ci sembrano tuttora rispecchiare con fedeltà l'immagine colta nel paesaggio legislativo e dottrinale dei nostri giomi. Se esse non sono perfettamente adatte a tutte le regioni del pianeta, lo sono senza dubbio per quanto concerne l'America Latina.

Con ciò non vogliamo affatto dare a intendere che i nostri paesi abbiano già raggiunto, o stiano per raggiungere, mete definitive nella loro evoluzione – se è lecito figurarsi mete definitive in questa materia, o meglio in questo mondo: cosa poi di cui quasi tutti avranno probabilmente ottime ragioni per dubitare. I motti suddetti indicano comunque la direzione di un movimento, che nell'America Latina ha tutte le apparenze di fluire con una certa continuità, benché non senza intralci e rallentamenti occasionali. La cultura, come la natura, non suole fare dei salti.

Qualcosa insomma possiamo affermare senza troppo timore di sbagliarci: la dottrina processuale latino-americana, almeno nei suoi settori più progrediti, e in linea con le posizioni attinte nel continente europeo, che – nonostante il recente aumento dell'interesse per alcuni aspetti dell'esperienza nordamericana –, resta per noi un permanente punto di riferimento. È da lamentare che sussista una così grande distanza tra il livello della scienza e quello della pratica del foro; ma, nella misura in cui si può giudicare dal di fuori, non pare che questa sia un'onta esclusiva dei nostri paesi.

Setembro de 1997.

COMENTÁRIOS DO ATUALIZADOR

EVOLUZIONE DELLA SCIENZA PROCESSUALE LATINO-AMERICANA IN MEZZO SECOLO

Humberto Dalla Bernardina de Pinho

Como verdadeiro cultor de línguas, expressão uma vez utilizada, há alguns anos por Sergio Demoro Hamilton, - um dos maiores referenciais teóricos do Ministério Público do Estado do Rio de Janeiro, Barbosa Moreira com alguma frequência escrevia trabalhos densos em outros idiomas.

É o que ocorre aqui com esse texto preparado a partir de conferência realizada em setembro de 1997, em Florença, no simpósio comemorativo do 50º aniversário da *Associazone fra gli studiosi dei processo civile*. O texto foi publicado na Itália, na coletânea *Cinquanta anni di studi sul processo civile*, na *Rivista di diritto processuale*, Milão, 1998, nº 1, e, no Brasil, no volume 88 da Revista de Processo.

O texto parte das premissas culturais dos países latino-americanos, a partir dos referenciais espanhol e português.

Nessa seara, surge a necessidade de se abordar a percepção da *cultura* e sua importância no espaço-tempo, bem como a sua participação no processo de construção do conhecimento científico e acadêmico, diante da importância da cultura como elemento massificador de paradigmas.

Cultura é um termo ambíguo classificado pelos antigos como a *"formação individual da pessoa humana"*; posteriormente, foi considerado *"conjunto de obras humanas"* voltados para a formação coletiva e anônima de um grupo social tocado por modos de vida criados, adquiridos e transmitidos.

Nessa perspectiva, Chase[2] ressalta a extrema importância da leitura relacional entre cultura e a sociedade para a execução de trabalho pragmático e para a reforma processual, ante a significância do tema no que tange aos efeitos da globalização e atividades das pessoas. Para o estudioso, compete ao Direito esforçar-se para adotar regras de julgamento de litígios que decorram, por exemplo, de relações internacionais em função da nova configuração social sujeita a mudanças culturais.

Outro ponto sublinhado por Barbosa Moreira é o advento do Código de Processo Civil de 1939 como a primeira codificação adjetiva nacional. A partir desse parâmetro, passa a tratar da construção dogmática do direito processual, a partir da superação da fase exegética e chegando até a pela etapa dogmática. Aqui o professor discorre sobre alguns ordenamentos latino-americanos para, então, ingressar no que denomina de "nova experiência" dos anos 1980.

Nessa quadra, necessário se faz revisitar certos institutos "sagrados" como a coisa julgada, bem como examinar o direito processual a partir de uma perspectiva unitarista. Daí a relevância da disciplina "teoria geral do processo", para a unidade do estudo dos temas processuais.

Na sequência, o autor trata das temáticas da instrumentalidade e da efetividade do processo, a partir das pioneiras ideias de Mauro Cappelletti, não só quanto às Ondas Renovatórias, mas também no que se refere a relevância do estudo do direito processual sob a perspectiva do direito internacional e comparado, chegando a tocar na temática

2 CHASE, Oscar G. "American 'Exceptionalism' and Comparative Procedure", in American Journal of Comparative Law. American Society of Comparative Law, 2002.

dos meios adequados de resolução de conflitos, ao mencionar a então recém editada Lei da Arbitragem.

Com efeito, Cândido Rangel Dinamarco destaca, desde há muito, a relevância de se emprestar "interpretação evolutiva aos princípios e garantias constitucionais do processo civil", reconhecendo que "a evolução das ideias políticas e das fórmulas de convivência em sociedade" repercute necessariamente na leitura que deve ser feita dos princípios processuais constitucionais a cada época[3].

Com essa base, é imperioso que se consolide a ideia do acesso à justiça como princípio essencial ao funcionamento do Estado de direito. Isso porque um Estado estruturado sob esse postulado deve garantir, na sua atuação como um todo, isonomia substancial aos cidadãos. Na função jurisdicional, esse dever de igualdade se expressa, precisamente, pela garantia de acesso à justiça.

Nesse sentido, o processo aparece como aspecto dinâmico, essencial para que o Estado atinja seus fins no exercício da jurisdição. Esses fins, chamados escopos da jurisdição, são de três ordens: sociais, políticos e jurídico.

Quanto à questão social, há dois objetivos: primeiro, informar aos cidadãos quanto aos seus direitos e obrigações, criando um vínculo de confiança com o Poder Judiciário; e segundo, a resolução de conflitos, valendo-se da tutela jurisdicional para alcançar a pacificação social.

No plano político, o escopo da jurisdição seria concretizar o poder de império estatal. Ao mesmo tempo, limitaria esse poder e conformaria seu exercício, para proteger a liberdade.

Por último, o escopo jurídico da jurisdição está representado na noção de processo justo, capaz de dar efetividade à realização do direito material.

Como é de conhecimento geral, historicamente a problematização das questões relacionadas ao acesso à justiça originou-se em um projeto de 1971, na cidade de Florença, Itália, com a Conferência Internacional relativa às garantias fundamentais das partes no processo civil[4].

---

3 DINAMARCO, Cândido Rangel. Instituições de Direito Processual Civil. Vol. I, São Paulo: Malheiros, 2005, p. 246.

4 CAPPELLETTI, Mauro. GARTH, Bryant. Access to Justice: The Worldwide Movement to Make Rights Effective — a General Report. Access to Justice: A World Survey. Milan: Dott. A. Giuffrè Editore, 1978.

No decorrer daquela década, o estudo teve continuidade, tratando dos temas da assistência judiciária aos hipossuficientes, da proteção aos interesses difusos e, finalmente, da necessidade de implementação de novas soluções processuais[5].

Esse movimento foi, então, difundido internacionalmente por Mauro Cappelletti, ganhando substância crítica a partir a utilização do método comparativo[6]. Nesse contexto, cumpre-se fazer um breve esclarecimento sobre as posições identificadas no bojo do movimento, para se compreender melhor esse verdadeiro despertar da ciência processual para os problemas sócio-jurídicos enfrentados pelos países ocidentais.

Sem dúvida, o acesso à justiça é direito social básico dos indivíduos. Contudo, esse direito não está restrito ao mero acesso aos órgãos judiciais e ao aparelho judiciário estatal. Muito além disso, deve representar um efetivo acesso à ordem jurídica justa.

Essa estruturação torna forçosa a conclusão de que os institutos processuais precisam, realmente, sofrer revisão e aprimoramento.

Curioso é que a jurisdição contemporânea faz um movimento de retorno às suas "origens", devolvendo o protagonismo na solução dos conflitos aos próprios interessados.

Isso nos leva a uma adequada compreensão do acesso à Justiça como ponto de partida para a organização do Direito Processual que se preocupa não apenas com a jurisdição estatal, mas também com todas as ferramentas adequadas à solução dos conflitos.

Em suma, na evolução da matéria, o ponto inicial era o mero acesso. Em seguida, focou-se no caráter instrumental da jurisdição. Indo um pouco além, realçou-se a busca por uma real efetividade. Hoje, o objetivo é o fortalecimento do princípio da adequação.

Temos vários instrumentos ao nosso dispor. Numa determinada situação, vários ou pelo menos alguns deles podem ser acessíveis, instrumentais e efetivos, mas, normalmente, apenas um deles será o mais adequado para aquelas circunstâncias concretas.

---

5 CAPPELLETTI, Mauro. (org.). Accès a la justice et état-providence, Paris: Economica, 1984, p. 15.

6 CAPPELLETTI, Mauro. Dimensioni della Giustizia nelle società Contemporanee, Bologna: Mulino, 1994, p. 79.

Nesse sentido, assentada a premissa de que a jurisdição não é exclusiva do Poder Judiciário, ganham legitimidade os meios desjudicializados de solução de conflitos[7]. Assim, temos a jurisdição voluntária judicial e extrajudicial, bem como os meios de obtenção de consenso judiciais e extrajudiciais. E, ainda, os meios adjudicatórios extrajudiciais, cujo exemplo mais marcante é a arbitragem. Todos fazem parte de um sistema único, que precisa funcionar de forma balanceada e harmoniosa.

Contudo, pelo menos duas circunstâncias precisam necessariamente se fazer presentes na desjudicialização: a) o mesmo grau de concretização das garantias fundamentais do processo, observadas, obviamente, as peculiaridades do meio e a maior incidência da livre manifestação de vontade; e b) a possibilidade de judicialização das matérias a qualquer tempo, por todo aquele que se sentir lesado ou mesmo ameaçado de sofrer uma lesão, sem embaraços ou restrições.

Dessa forma, acesso à justiça não se confunde com acesso exclusivo ou primário ao judiciário. É a ideia do Judiciário como último degrau na escalada do conflito.

7 "In definitiva, il principio del monopólio statuale della giurisdizione si è vistosamente sgretolato: la giurisdizione non è più esclusiva funzione dello Stato". PICARDI, Nicola. La giurisdizione all'alba del terzo millennio. Milano: Giuffrè, p. 53.

NOTAS SOBRE ALGUNS ASPECTOS DO PROCESSO (CIVIL E PENAL) NOS PAÍSES ANGLO-SAXÔNICOS[1]

1. O atual interesse pelos ordenamentos anglo-saxônicos. **2.** Cautelas necessárias. **3.** O "Adversarial System". **4.** O julgamento por júri e sua influência. **5.** Raridade dos processos que chegam ao "trial". Em particular, o "plea bargaining" nos Estados Unidos. **6.** Duração e custo do processo. **7.** Algumas perguntas e outras tantas tentativas de resposta. **8.** Observações finais.

1. O atual interesse pelos ordenamentos anglo-saxônicos

Tem acusado notável crescimento, nos últimos tempos, entre os juristas da chamada família "romano-germânica", o interesse pelos ordenamentos anglo-saxônicos[2]. O fenômeno, em si, merece irrestritos louvores, independentemente do fato de que suas razões, em boa parte, guardam evidentíssima relação com a conjuntura político-econômica de hoje. Como é natural, ele vem-se estendendo ao campo do processo, onde não raro se exterioriza em sugestões de reforma. Na esfera doutrinária, vozes robustas apregoam a conveniência, senão a necessidade, de redesenhar sistemas processuais, com os olhos fitos em modelos ingleses e sobretudo norte-americanos, mesmo ao preço de cancelar ou relegar a nível mais modesto o papel de antigas tradições, cultivadas na Europa continental e transmitidas aos países dela tributários no resto do planeta. Não falta quem deposite na absorção de elementos característicos daquela outra família uma grande esperança de imprimir maior eficácia ao funcionamento da máquina judiciária e, em termos genéricos, à atividade de composição de litígios.

---

1 Publicado na *Rev. For.*, v. 344, na *Rev. de Proc.*, nº 92, e *in AJURIS*, nº 73.

2 Salientou-o, quanto à América Latina, CÂNDIDO DINAMARCO, em relatório apresentado às XV Jornadas Ibero-Americanas de Direito Processual (Bogotá, 1996), sob o título *O futuro do processo civil*, e publicado na *Revista Forense*, v. 336, p. 27 e s. *Vide* acerca do ponto, especialmente, as p. 30/1 e 35; e atente-se na ressalva constante da parte final ("Não há, todavia, o menor sinal de que os países latino-americanos caminhem para a absorção de regras inerentes ao *adversary system*, tal qual praticado nos Estados Unidos") – assunto cuja importância sobressairá no corpo do presente estudo.

Já se percebem efeitos concretos desse movimento de ideias. Aqui e alhures, o legislador tem-se mostrado receptivo à sugestão de afeiçoar o mecanismo da Justiça a orientações e modos de ser típicos do mundo anglo-saxônico, quando não de "importar", no todo ou em parte, diretamente ou de "entrepostos" intermediários, institutos nele criados e desenvolvidos. Para ficarmos em dois exemplos familiares: é notória a marca da inspiração norte-americana na modelagem de nossos juizados especiais competentes para causas menos importantes, e bem assim na das ações destinadas à proteção de direitos supraindividuais e de outros que, individuais embora, comportam ou até reclamam, à luz de variados motivos de conveniência prática, tratamento processual coletivo[3]. Não parece despropositado enxergar reflexos da mesma tendência no âmbito do processo penal: basta pensar na adoção de expedientes aptos a conduzir por via consensual à terminação do processo-crime[4].

Nem se cogita de acontecimentos limitados a países do "terceiro mundo". A Alemanha, tão ciosa (com justas razões) do gênio nacional, começa a curvar-se ao sopro dos novos ventos: segundo depoimento autorizado[5], a

3 *Vide*, no tocante aos primeiros: Lei nº 7.244, de 7-11-1984; Constituição da República de 1988, art. 98, nº I; Lei nº 9.099, de 26-9-1995; quanto às segundas: Lei nº 7.347, de 24-7-1985 (ação civil pública), Lei nº 8.078, de 11-9-1990 (Código de Defesa do Consumidor), Título III, Da defesa do consumidor em juízo, arts. 81 e s. Claro que o fenômeno, em algumas de suas manifestações, remonta a época bem anterior: basta lembrar o recurso extraordinário, "importado" dos Estados Unidos pouco depois da proclamação da República (ao propósito, BARBOSA MOREIRA, *COMENTÁRIOS DO ATUALIZADOR Código de Processo Civil*, 7ª ed., Rio de Janeiro, v. V, 1998, p. 564).

4 Constituição da República, art. 98, nº I; Lei nº 9.099, arts. 76, 89 (espec. § 5º). De acordo com prestigiosa doutrina, o legislador, sem chegar a "importar" o instituto do *plea bargaining* (a cujo respeito *vide, infra*, o nº 5 deste artigo), introduziu em nosso ordenamento algo semelhante ao *nolo contendere*, "forma de defesa em que o acusado não contesta a imputação, mas não admite culpa nem proclama sua inocência" (ADA PELLEGRINI GRINOVER, ANTONIO MAGALHÃES GOMES FILHO, ANTONIO SCARANCE FERNANDES, LUIZ FLÁVIO GOMES, *Juizados Especiais Criminais*, S. Paulo, 1996, p. 191; cf. p. 192/3, onde se salientam pontos de divergência entre o *plea bargaining* e a disciplina da justiça penal consensual no sistema pátrio). Cabe notar, em todo caso, que no direito norte-americano, a julgar por informações colhidas na respectiva literatura *(v.g.*, DEL CARMEN, *Criminal Procedure*, 3ª ed., Belmont, 1995, p. 39; HALL, *Criminal Procedure and the Constitution*, Albany, 1997, p. 203), não parece grande a diferença entre o *nolo contendere* e o *guilty plea.*

5 WALTER, *Cinquanta anni di studi sul processo civile in Germania: dal costruttivismo all'apertura internazionale* (conferência pronunciada em 27-9-1997, em Florença,

reforma do direito falimentar alemão rende aberta homenagem a princípios e critérios norte-americanos.

2. Cautelas necessárias

Receber influências estrangeiras constitui fato normal na história de todo ordenamento jurídico. Está em definitivo sepulta – se é que jamais foi *vitae habilis,* salvo talvez em casos extremos e marginais – a ideia de que se podem sustentar por tempo dilatado posições rigidamente "isolacionistas". Particularizando o discurso para a atual conjuntura, é quase impensável que algum país, voluntariamente ou não, permaneça alheio à imponente presença econômica, política e cultural dos Estados Unidos, seja qual for o juízo de valor que cada um de nós venha a formular ao propósito. Nem se concebe que faça exceção à regra o direito em geral, ou qualquer de seus ramos em especial.

Todavia, é sempre útil, para dizer o menos, ter aqui em mente a necessidade de determinadas cautelas. Uma delas, bastante óbvia, é a aferição escrupulosa da compatibilidade entre o enxerto pretendido e a compleição do organismo que o vai acolher. Negligenciar esse ponto é assumir sério risco de rejeição do transplante. A questão reveste aspecto peculiar, compreende-se com facilidade, quando se cuida de reestruturar um sistema jurídico desde os alicerces, como corolário de mudanças políticas radicais. Foi o que sucedeu neste século, *v.g.,* em tantos países do leste europeu: primeiro, para ajustar suas instituições à linha ditada pela antiga União Soviética, depois – em processo com certeza ainda não definitivamente concluído – para submetê-las a nova metamorfose, em sentido contrário... Hipóteses desse molde, porém, não requerem agora nossa atenção.

Outro cuidado, que a rigor há de preceder a tudo mais, será o de obter informação tão completa quanto possível acerca daquilo que se propõe como padrão. A observação é, na verdade, trivialíssima, e ao registrá-la aqui temos plena consciência de chover no molhado. Ninguém, com efeito, pode ignorar os graves perigos inerentes à afoiteza de "importações" levadas a cabo sem o conhecimento integral e preciso das características da peça importada e da maneira por que ela se insere, estrutural e funcionalmente, no mecanismo de origem.

no simpósio comemorativo do *50º* aniversário da *Associazione Italiana fra gli Studiosi del Processo Civile),* B, 4, c.

Para dar exemplo tirado de nossa experiência recente, é fácil apontar o que está ocorrendo, na área do processo penal, com a doutrina norteamericana dos "frutos da árvore venenosa". Como se sabe, ela amplia a inadmissibilidade da utilização de provas ilicitamente obtidas a quaisquer outras que só se hajam podido descobrir com apoio em dados extraídos daquelas – *v.g.*, a arma do suposto crime, localizada graças à irregular interceptação de conversa telefônica. Ficariam essas outras provas, por assim dizer, "contaminadas" pelo vício de origem. Pois bem: os setores da ciência e da jurisprudência (inclusive do Supremo Tribunal Federal) empenhados em prestigiar a tese no Brasil raramente se advertem de que os tribunais norte-americanos não a adotam sem uma série de atenuações e restrições muito ponderáveis[6]. Copia-se *parte* de algo que, lá, integra um todo incindível, e a cuja exata compreensão somente se tem acesso à luz do contexto global. Ora, fracionar o conjunto para usar apenas um fragmento dele é, à evidência, deturpar a tese, com a consequência dificilmente evitável, em certos casos, de chegar a resultado oposto àquele a que levaria a consideração total do modelo.

Acontece que, entre nós, o louvável aumento do interesse pelos ordenamentos processuais anglo-saxônicos nem sempre se tem feito acompanhar da correlata intensificação da pesquisa de subsídios nas fontes originais. Publicam-se estudos – alguns, de méritos inegáveis – em que o direito inglês e o norte-americano são descritos e avaliados com base restrita a exposições de segunda mão, constantes, *v.g.*, de livros ou artigos italianos. Ora, por menos discutíveis que se afigurem a autoridade dos expositores e a fidelidade da imagem que buscam transmitir, raia pela imprudência contentarmo-nos, pura e simplesmente, com o que nos oferecem intermediários, ainda os mais credenciados. Seria compreensível que nos resignássemos a confiar exclusivamente neles se se tratasse de ordenamentos exóticos, vazados em línguas indecifráveis para o comum dos leitores ocidentais; não é, decididamente, o caso do inglês, idioma de penetração maciça, quase diríamos avassaladora, na linguagem quotidiana da população instruída (e até em parte da inculta), no Brasil não menos que alhures.

---

6 *Vide* as observações de ADA PELLEGRINI GRINOVER, O regime brasileiro das interceptações telefônicas, *in Revista Forense*, v. 338, p. 14-15. Um rápido aceno em BARBOSA MOREIRA, A Constituição e as provas ilicitamente obtidas, *in Temas de Direito Processual (Sexta Série)*, S. Paulo, 1997, p. 122/3, nota 28.

Parece oportuno, destarte, passar o material encontradiço em fontes secundárias (e às vezes aproveitado acriticamente) pela pedra de toque do confronto com as informações contidas em textos autóctones. Aí está o melhor meio, ao nosso ver, de separar o joio do trigo e aplainar o caminho para conclusões mais seguras. É o que procuraremos fazer, quanto a alguns tópicos relevantes: sem desprezar a contribuição de quantos, noutras plagas, se têm dedicado a difundir conhecimentos a eles relativos, daremos prioridade, como cumpre, aos produtos disponíveis, em primeira mão, na literatura dos próprios países em foco.

3. O "adversarial system"

Convém principiar pela contraposição que se costuma estabelecer entre os ordenamentos anglo-saxônicos e os da família romano-germânica, no que respeita aos papéis desempenhados pelo órgão judicial, de um lado, e pelas partes, de outro, em aspectos importantes do funcionamento do mecanismo processual. Os expositores do direito inglês e norte-americano soem caracterizá-lo pela primazia reconhecida às partes não só na iniciativa de instaurar o processo e de fixar-lhe o objeto – traço comum à generalidade dos sistemas jurídicos ocidentais –, senão também na determinação da marcha do feito (e do respectivo ritmo) em suas etapas iniciais, e na colheita das provas em que se há de fundar o julgamento da causa. Para designar tal modelo, emprega-se correntemente a expressão *"adversarial system"* (ou *"adversarial process")*, e por oposição a ele qualifica-se de *"inquisitorial"*[7] o modelo adotado na Europa continental e no resto do mundo sujeito à sua influência, onde as mencionadas atividades ficariam de preferência confiadas ao juiz.

---

7 Não se afigura fácil descobrir noutras línguas equivalentes exatos para tais locuções. Entre nós, é corrente o uso dos adjetivos "dispositivo" e "inquisitivo" para denominar os princípios em que basicamente se inspiraria cada um dos dois modelos; mas semelhante terminologia parece-nos equívoca e capaz de gerar perigosos mal-entendidos (cf., acerca do chamado "princípio dispositivo", BARBOSA MOREIRA, "O problema da 'divisão do trabalho' entre juiz e partes: aspectos terminológicos", *in Temas de Direito Processual (Quarta Série)*, S. Paulo, 1989, p. 35 e s. espec. 42/3). No âmbito penal, vem-se falando também de "processo acusatório" a propósito do modelo que dá particular relevo, na estrutura do processo, à posição das partes; semelhante modo de dizer, no entanto, igualmente se presta a induzir em erro os menos familiarizados com o assunto – obviamente complexo demais para comportar discussão em simples nota.

É manifesto que a distinção assim esquematicamente descrita, para não se reduzir a mera caricatura, exige uma fieira de esclarecimentos e restrições. A quem não esteja alheio de todo ao que se passa nos juízos, decerto não escapará, desde logo, a necessidade de temperar com muitos grãos do clássico sal a ideia de que o quotidiano forense reflita sempre com exatidão a imagem de leis que atribuem papel ativo ao órgão judicial *v.g.*, na pesquisa de elementos probatórios. A realidade, aí, mostra em geral o nítido predomínio da iniciativa dos litigantes. Quanto aos juízes, costumam valer-se com moderação acentuada, para não dizer excessiva, do exercício dos poderes de que em teoria dispõem[8].

Sirva de exemplo, no Brasil, a formulação de perguntas às testemunhas: na imensa maioria dos casos, o órgão judicial abstém-se de acrescentar qualquer indagação às propostas pelos advogados das partes, ainda quando no depoimento remanesçam lacunas e obscuridades que conviria elucidar. Mais de uma vez, no exercício da judicatura em segundo grau, como desembargador do Tribunal de Justiça do Estado do Rio de Janeiro, vimo-nos na contingência, para formar convicção segura, de tomar a ouvir testemunhas às quais não se tinham feito, na Primeira instância, justamente as perguntas mais relevantes... A literatura inglesa refere caso superlativamente curioso em que determinado juiz, de notórias qualidades intelectuais e morais, se viu sujeito à censura do tribunal por haver, durante o julgamento, formulado perguntas demais. Ambas as partes, recorrendo, queixaram-se de que semelhante conduta ferira a garantia *do fair trial.* O julgamento foi anulado, e o juiz – nada menos – convencido a demitir- se[9]! Aqui, em nossa opinião, mais de um magistrado bem que mereceria, senão sorte análoga, de exagerado rigor, algo assim como uma advertenciazinha – mas por fazer, ao revés, poucas perguntas, ou nenhuma...

---

8 De forma alguma se trata de peculiaridade do foro brasileiro: *vide* observações análogas, quanto a Portugal em ARTUR ANSELMO DE CASTRO, *Direito Processual Civil declaratório,* v. III, Coimbra, 1982, p. 163; com referência à Áustria, FASCHING, *Lehrbuch des österreichischen Zivilprozessrechts,* 2ª ed., Viena, 1990, p. 350; para a França, HÉRON, *Droit judiciaire privé,* Paris, 1991, p. 164; cf., no que concerne à Itália, os resultados de pesquisa dirigida por DENTI, no volume *Le prove nel processo civile,* Milão, 1973, p. 13 e s.

9 O episódio é relatado por Lord DENNING, sob o título *Into the conduct of judges* e o subtítulo *The judge who talked too much,* no volume *The Due Process of Law,* Londres, 1980, p. 58 e s. Lê-se na p. 62: *"It was a poignant case; for he was able and intelligent – but he asked too many questions"...*

O que se acaba de dizer aponta no sentido de uma distância *de fato* menor, entre os dois modelos, do que à primeira vista se poderia supor. Mas não é apenas nesse plano que se revela despistadora a ênfase posta nos contrastes. A verdade é que a substância de cada um dos sistemas não se deixa captar por inteiro pela contemplação exclusiva daquilo em que divergem. Tomou-se, aliás, noção corriqueira a de que em nenhum lugar ou momento da história se consagrou sistema processual *quimicamente puro:* todos os modelos conhecidos combinam elementos de diversificada inspiração - variando, é fácil compreender, a respectiva dosagem. Convém, destarte, ter sempre presente a *relatividade* da contraposição *adversarial - inquisitorial*[10].

Não há estranhar, portanto, que os ordenamentos anglo-saxônicos admitam várias exceções à regra do predomínio das partes e, em determinados setores, reservem espaço maior que o costumeiro à intervenção do juiz. É o que ocorre na Inglaterra, exemplificativamente, nas *small claims courts*[11] e em matéria de *child litigation*[12]. Nem escasseiam na literatura especializada, sobretudo nos últimos anos, indicações de outros pontos em que o caráter *"adversarial"* do sistema vai cedendo espaço a intromissões "inquisitoriais" e parece tender a uma atenuação cada vez mais perceptível[13].

---

10 Sublinham essa relatividade, entre tantos, CAPPELLETII-GARTH, *International Encyclopedia of Comparative Law,* Tubingen, v. XVI *(Civil Procedure),* Chapter 1, p. 30/1 *("... the remaining differences are primarly ones of degree");* TARUFFO, *La prova dei fatti giuridici,* v. III, t. 2, Seção I, do *Trattato di diritto civile e commerciale* de Cicu--Messineo-Mengoni, Milão, 1992, p. 22 *("... l'argomentare con riferimento a modelli 'puri' può essere utile sul plano teorico o può spiegarsi sul piano della polemica ideologica, ma implica il rischio di un distacco anche rilevante della realtà");* JOLOWICZ, "A reforma do processo civil inglês: uma derrogação ao *adversary system?",* trad. de Barbosa Moreira, *in Revista Forense,* v. 328, p. 61 ("... dada a impossibilidade de que um processo seja exclusivamente *adversary* ou exclusivamente inquisitório..."); ZUCKERMAN, *"Reform in the Shadow of Lawyers Interests",* no volume coletivo *Reform of Civil Procedure,* edit. por Zuckerman e Cranston, Oxford, 1995, p. 75 *("there is no pure adversarial system any more than there is a pure inquisitorial system").*

11 *Vide* DEVLIN, *The Judge,* Oxford, 1981, p. 66; extensamente, BALDWIN, *"Small Claims Hearings: The 'Interventionist' Role Played by District Judges", in Civil Justice Quarterly,* v. 17 (1998), p. 20 e s. Assim também na África do Sul (se é correto incluir esse país no mundo anglo-saxônico): KELBRICK, *South Africa, in Internacional Encyclopaedia of Laws,* Haia - Londres - Boston, v. 2, p. 15.

12 ZUCKERMAN, *English Civil Procedure - The Shift away from Party Control and Orality, in ZZPInt - Zeitschrift fur Zivilprozess International,* v. I (1996), p. 84/5.

13 Consultem-se, entre outros: JACOB, *The Fabric of English Civil Justice,* Londres, 1987, p. 9; ANDREWS, *Principies of Civil Procedure,* Londres, 1994, p. 43/4; JO-

4. O julgamento por júri e sua influência

Feitas as ressalvas acima, fitemos por ora as características prevalecentes na área anglo-saxônica, não só no que respeita ao papel (passivo por mais de um prisma) do juiz, mas também a outros aspectos do processo, e em particular do *trial*, que aproximadamente corresponde à nossa audiência de instrução e julgamento. Para a boa compreensão desses traços, mais importante que qualquer elucubração teórica é a justa valoração do quadro histórico em que germinaram e floresceram as instituições judiciárias inglesas. Aqui, o fato decisivo a ter em mente consiste na atribuição aos litigantes, desde a Idade Média, do direito ao julgamento por um júri.

A tal respeito, durante largo tempo, nada importava que se cuidasse de matéria penal ou civil; não se ignora, de resto, que essa própria distinção, em si mesma, só veio a estabelecer-se com suficiente nitidez em estádios relativamente avançados da evolução do direito. Hoje em dia, na Inglaterra (ao contrário do que se dá nos Estados Unidos), o *trial by jury* está praticamente abandonado no campo civil[14]; todavia, continua a manifestar-se um rol de consequências da utilização, outrora generalizada, desse método de julgar. Não há exagero em dizer que o júri, ainda onde esteja morto, conserva o poder de ditar, do túmulo, as regras básicas do processo, e notadamente do julgamento[15].

LOWICZ, *L'amministrazione della giustizia civile: Inghilterra e Gales*, trad. de Ermanno Calzolaio, *in La giustizia civile nei paesi comunitari*, edit. por Fazzalari, v. I, Pádua, 1994, p. 173/4. Exemplo sugestivo da tendência mencionada no texto é o recente e já famoso relatório (são *dois* relatórios, a rigor) que Lord Woolf, por designação do *Lord Chancellor*, elaborou sobre a situação da Justiça civil inglesa e os meios próprios para melhorar-lhe o funcionamento (voltaremos ao ponto: *vide, infra*, ns. 6 e 7).

---

14 Na década passada já informava JACOB, ob. cit. (nota 11), p. 158: *"Trial by jury in England where once ir was the predominam mode of trial has thus virtually become obsolete, and nowadays* it *takes place only in a minuscule number of cases"*; cf., ainda antes, WALKER & WALKER, *The English Legal System*, 5ª ed., Londres, 1980, p. 232: *"The figure* is *now minimal"*. De acordo com JOLOWICZ, art. cit. (nota 8), p. 64, "na prática de hoje, a rigor não subsiste a utilização do júri em matéria civil, com exceção das ações por difamação de caráter". Embora não tão intenso, o declínio também se manifesta noutros países da família: *vide*, para o Canadá, RUSSELL, *The Judiciary in Canada*, Toronto, 1987, p. 25, 273 e s.; quanto à Austrália, CAIRNS, *Australian Civil Procedure*, 3ª ed., Sydney, 1992, p. 461.

15 Quando DEVLIN, ob. cit. (nota 10), p. 54, afirma que o *adversary system* é o único sistema compatível com a utilização do júri, deixa bem claro o peso atribuído a

Comecemos pelo caráter predominantemente *oral* do procedimento na fase decisória. No universo romano-germânico, a oralidade costuma ser visualizada (e apregoada) em nível principiológico: têm-se empreendido, com argumentos de vário teor, e com êxito maior ou menor, campanhas doutrinárias em prol da adoção, ou do reforço, do elemento oral no processo. O tratamento da matéria toma quase sempre o jeito de uma elaboração científica. Ora, não tem propósito invocar nessa perspectiva o direito anglo-saxônico. Ali, a feição oral do *trial* não resultou de especulações acadêmicas ou de sugestões veiculadas pela ciência processual: foi o produto de necessidades de pura ordem prática.

Com efeito. Os jurados, nos primeiros tempos, eram homens de pouca instrução, com frequência analfabetos. De maneira alguma estavam habilitados a examinar e compreender (talvez nem a ler) documentos, aliás muito mais raros então do que viriam a tornar-se depois. Daí, entre outras coisas, a primazia conferida aos depoimentos de testemunhas. Ninguém precisou *argumentar* em favor da oralidade: não havia alternativa[16].

Não tem explicação diferente o fato de concentrar-se a atividade instrutória e decisória num único momento procedimental. Aqui tampouco trazem grande esclarecimento as argumentações desenvolvidas por amplos setores da doutrina europeia continental e latino-americana em defesa da concentração como princípio científico. O que ocorreu na

essa instituição no traçado dos rumos que tomaria a disciplina do processo na Inglaterra. O mesmo se dirá de JACOB, ob. cit. (nota 12), p. 160: *"The essential features and principles of English civil justice may therefore be said to have been shaped, modelled and moulded by the system of trial by jury"*. Acerca da "presença invisível" do júri no processo civil inglês contemporâneo, e da influência por ele ainda exercida, *vide* também JOLOWJCZ, trab. cit. (nota 12), p. 145, 146 (notas 12 e 13) e 172; art. cit. (nota 9), p. 61/3 (na p. 61 lê-se que, "em suas grandes linhas, o processo civil inglês permanece fundado sobre a hipótese de um júri civil bem vivo"): *"The Woolf Report and the Adversary System"*, *in Civil Justice Quarterly*, v. 15 (1996), p. 210. Nas palavras de atenta observadora francesa, *"le jugement des procès civils avec um jury est l'élément essentiel qui a contribué à façonner la procédure anglaise telle que nous la voyons aujourd›hui»* (GRIVART DE KERSTRAT, *Le rôle du* Master *dans l'instruction du proces civil en Angleterre*, Milão-Bruxelas, 1981, p. 24).

16 Eis como a esse respeito se expressa JOLOWICZ, art. cit. (nota 9), p. 62: "A inutilidade de exigir que os membros do júri formassem sua convicção à luz de provas escritas, sobretudo numa época em que era generalizado o analfabetismo, acarretou a preferência muito marcada do *common law* pela prova testemunhal".

ilha foi algo bem simples: não era razoável que se forçassem os jurados, vindos (às vezes de longe, e sob péssimas condições de viagem) a fim de participar do *trial,* a permanecer muito tempo à disposição da Justiça, com prejuízo do trabalho e da vida familiar. Entende-se que eles ficassem ansiosos para regressar aos lares e retomar as ocupações habituais. Fazia-se mister, pois, que tudo se discutisse e se resolvesse o mais depressa possível, de preferência num único dia.

Por motivos análogos tornou corpo no ordenamento inglês a ideia (mais tarde transmitida às regiões que a Inglaterra colonizou) de que o juiz devia manter-se inerte em matéria probatória. O convencimento que importava, no tocante às questões de fato, era essencialmente o dos jurados. Considerava-se verdadeiro atentado à soberania do júri a intervenção, em tal domínio, do magistrado. Não era a este, mas àquele, que as partes deviam dirigir-se, para assegurar crédito às respectivas versões dos fatos. E assim continua fundamentalmente a ser, volvidos séculos, inclusive onde o júri já não esteja "visível"[17].

Lança raízes no mesmo solo outra noção peculiar ao mundo anglo-saxônico e, em certa medida, relacionada com a acima exposta: o desconhecimento pelo juiz, até o *trial,* do *case* a ser julgado. Em tese, é só pelo que se diz e se faz durante a audiência que o magistrado fica sabendo de que se trata[18]. Tenta-se justificar esse modo de proceder com o ar-

---

17 Ainda aqui nos parece ilustrativa uma passagem de JOLOWICZ, art. cit. (nota 9), p. 62, onde o autor, após explicar que "a ingerência do juiz (...) equivaleria a restringir a soberania do júri", assinala: "Inevitável, assim, que o papel do juiz deva ser passivo e que toda a atividade processual, inclusive a instrução do processo, seja deixada exclusivamente às partes. Toca-lhes determinar não só o objeto do litígio, mas igualmente as próprias questões discutidas. Também lhes toca controlar os elementos à luz dos quais o júri formará sua convicção".

18 Conforme expõe ZUCKERMAN, art. cit. (nota 9), p. 66, *"Adjudication in England has been based on what the judge saw and heard before him on open court. A judge would approach the trial without any prior knowledge of the dispute or its pre-trial history"*. Cf. DEVLIN, ob. cit. (nota 10), p. 37, 55; JACOB, ob cit. (nota 12), p. 161; VARANO, *Organizzazione e garanzie della giustizia civile nell'Inghilterra moderna,* Milão, 1973, p. 251. Interessante registrar que um sistema desse tipo suscita entusiasmo fora da área anglo-saxônica: eminente processualista penal argentino desejaria *"asegurar que los jueces que presiden el debate no conozcan el asunto a tratar, en lo posible* ni *el nombre del acusado, hasta el momento de abril' el debate";* assim se evitaria, parece (nenhum dado empírico se invoca para dar lastro objetivo à suposição), *"toda clase de perjuicios que puedan influir, incluso inconscientemente* [!], *en la decisión final"* (MAIER, *"El CPP modelo y las nuevas tendencias dei proceso penal",* conferência pronunciada nas "Primeiras Jornadas Brasileiras

gumento de que, se o juiz se inteirasse dos fatos antes dessa ocasião, estaria ameaçada sua imparcialidade: fatalmente se lhe insinuaria no espírito determinada versão dos acontecimentos, e ele correria o risco de deixar-se influenciar, conquanto involuntariamente, por semelhante imagem. Em consequência, poderia inclinar-se, no julgamento, ao peso do desejo, consciente ou não, de vê-la confirmada, em vez de conservar a mente desprevenida e aberta ao que quer que venha a emergir do debate[19].

5. Raridade dos processos que chegam ao "*trial*", em particular, o "*plea bargaining*" nos Estados Unidos

A quanto ficou dito impende ajuntar uma ressalva. Os admiradores do cinema norte-americano costumam deleitar-se com as sequências de julgamento, em que, sob a olímpica supervisão do juiz, os advogados das partes se digladiam, num exercício de combatividade infrene para o qual já se sugeriu a stalloniana denominação de *"Rambo litigation"*[20].

---

de Direito Processual Penal" e publicada na *Rev. de Proc.*, nº 85, p. 255 e 252, respectivamente). Quanto à crescente propensão ao abandono (ou pelo menos à atenuação) da regra tradicional, na evolução mais recente do direito inglês, *vide* o próprio ZUCKERMAN, *ibid.*, p. 86, e JOLOWICZ, art. cit. (nota 9), p. 65/6; trab. cit. (nota 12), p. 173.

---

19 Assim, por exemplo, MARCUS, *"Déjà Vu All Over Again? An American Reaction to lhe Woolf Report"*, in *Rev. of Civ. Proced.*, cit. (nota 9), p. 239/40. Alude ao ponto TARUFFO, *Il processo civile "adversary" nell'*esperienza *nordamericana,* Milão, 1979, p. 21, nota 47, com o seguinte comentário: *"La diffusa equazione giudice informato = giudice pregiudicato appare stupefacente agli occhi dei giurista di* civil law, *abituato piuttosto a criticare nel giudice la scarsa conoscenza della lite e la conseguente incapacità di dirigere proficuamente il processo e di usare nel modo più opportuno* i *poteri istruttori di cui dispone"*. A semelhante observação poderia alguém responder, caricaturando um pouco a realidade, que o juiz anglo-saxônico, ao menos de acordo com a tradição ainda dominante, nem dirige o processo, nem dispõe de poderes instrutórios...

20 MARCUS, art. cit. (nota 18), p. 222, em passagem da qual se depreende que nos Estados Unidos há quem não hesite, por exemplo, em derramar café, de propósito, nos papéis do advogado da parte contrária! MAYERS, *L'ordinamento processuale negli Stati Uniti d 'America,* trad. de Maria Grazia Curletti, Milão, 1967, p. 119, usa a expressão "duelo forense"; mas a muitos ocorrerá conjecturar se ela é suficientemente forte para dar ideia exata da realidade... Seja como for, não falta quem veja na prática do *adversary system* um sucedâneo histórico do duelo propriamente dito, a que outrora se recorria para a decisão de litígios: HAZARD, *Il sistema*

Ingredientes como a apresentação, à undécima hora, de uma testemunha-bomba nunca deixam de provocar frêmitos mal contidos na assistência. Fica a impressão de que esse momento dramaticamente privilegiado é na verdade o ponto forte de todo e qualquer processo, civil ou penal.

Assim será em teoria; mas a prática, se fosse de mais geral conhecimento, decepcionaria com certeza os apreciadores de cenas excitantes. A realidade, força é convir, mostra-se bem menos capaz de saciar a sede de emoções fortes. Para ir logo ao essencial: pouquíssimos são os feitos que se estendem até o *trial*. Diz-se na Inglaterra, com insuperável autoridade, que, *"in theory, the trial is the model of English civil justice but in practice it* is *the rare exception"*[21]. Não difere muito a situação nos Estados Unidos: estima-se em 10% das causas constantes das agendas judiciárias o número das que realmente chegam a submeter-se ao julgamento pelo júri[22].

"adversary", trad. de Fabio Rota, no volume *Avvocatura e giustizia negli Stati Uniti* (edit. por Dondi), Bolonha, 1993, p. 43, refere-se à difundida tese de que se está diante de um legado normando - de mais um, entre tantos recolhidos pela Inglaterra, não resistimos à tentação de acrescentar...

---

21 JACOB, ob. cit. (nota 12), p. 71. Em trabalho anterior, intitulado *Accelerating the Process of Law* (relatório para o Congresso da Associação Internacional de Direito Processual realizado em Gand, em 1977), no volume *Towards a Justice with a Human Face*, Antuérpia-Deventer, 1977, p. 316, informava o mesmo autor que só 2% das ações propostas atingiam o *trial*. Não discrepam de maneira significativa os dados que se podem colher noutras fontes igualmente autorizadas. Segundo ZUCKERMAN, *Comparative Analysis of the Reform of Civil Procedure - Civil Procedure in England* (relatório para o Simpósio de Tóquio, de 1992, no volume *The International Symposium on Civil Justice in the Era of Globalization*, Tóquio, 1993, p. 168), na *Queen's Bench Division*, entre 1989 e 1990, abstraindo-se dos feitos concluídos em razão de *default* ou julgamento sumário (97% do total), apenas 9% dos remanescentes, destinados ao *trial*, efetivamente vieram a tê-lo.

22 ABRAHAM, *The Judicial Process*, 6ª ed., Nova Iorque-Oxford, 1993, p. 109. A informação confere com a de HAZARD-TARUFFO, *La giustizia civile negli Stati Uniti*, Bolonha, 1993, p. 122: *"... negli Stati Uniti più del 90% delle controversie viene conciliato prima del dibattimento"*. *Vide* ainda, sempre no mesmo sentido: FRANKEL, *Partisan Justice*, Nova Iorque, 1980, p. 20 (*"The centerpiece of that system* [alude no norte-americano], *the jury trial, amounts in practice to a carefully husbanded ornament, displayed on only a small fraction of its possible occasions"*); CARP-STIDHAM, *Judicial Process in America*, Washington, 1993, p. 199 (*"... most civil cases are resolved by the parties without their actually going to trial"*). Não muda o panorama no terreno penal: sempre de acordo com CARP-STIDHAM, ob. cit., p. 165, *"at least* 90 *percent of ali criminal cases never go to trial"*. Coincide o dado com os fornecidos

É natural que nos interroguemos sobre as causas do fenômeno. Provavelmente serão elas, como sói ocorrer, múltiplas e diversificadas. Não se afiguram temerárias, no entanto, duas ou três conjecturas. Segundo oportunamente se mostrará *(infra,* nº 6), ao contrário do que supõem alguns, é em geral bastante longa, quer na Inglaterra, quer nos Estados Unidos, a duração de um processo que percorra todas as etapas previstas. A muitos há de parecer que mais vale fugir aos incômodos da dilatada pendência do feito: daí a propensão, largamente difundida, a encerrar com maior brevidade, mediante um *settlement,* a combate forense. Até existirão casos em que a propositura da ação civil, longe de traduzir autêntica vontade de ver julgada a lide, funciona como simples instrumento de pressão para obter acordo em condições mais favoráveis[23]. O extraordinário florescimento dos chamados "meios alternativos de resolução de litígios" *(ADR,* na conhecida expressão inglesa) não deve pouco às dificuldades normalmente encontradas por quem vai a juízo: na mesma medida em que se acentua a gravidade destas, cresce a atração exercida por vias mais rápidas e não raro menos dispendiosas[24].

Merece especial consideração o caso dos processos penais. A baixa percentagem dos que chegam ao *trial* explica-se principalmente, nos Estados Unidos, pelo costumeiro êxito do *plea bargaining,* no qual o réu concorda em declarar-se culpado de uma infração, em troca da promessa do acusador de pleitear a aplicação de pena menos grave, ou de abster-se de oferecer denúncia por segundo crime, ou de tomar outra atitude

por FRANKEL, ob. cit., p. 90 (*"... not more than 10 percent of defendants in criminal cases actually go to trial")* e por TARUFFO, ob. cit. (nota 18): apenas em 5% a 10% dos casos atinge-se o *trial.* Adverte por sua vez DALEY, *Il plea bargaining: uno strumento di giustizia senza dibattimento,* no volume *Il processo penale negli Stati Uniti d 'America,* edit. por Amodio e Bassiouni, Milão, s/d (mas 1988), p. 158, que, em pesquisa então recente, *"il numero dei processi definiti a seguito di* guilty plea *e risultato undici volte superiore a quello dei reati per cui si celebra il giudizio".*

23 Registra-o, *v.g.,* MAYERS, ob. cit. (nota 19), p. 335. Semelhante comportamento, importa ressalvar, está longe de ser característico só do universo anglo-saxônico... Os corolários é que podem variar de um lugar para outro.

24 Cf. CARP-STIDHAM, ob. cit. (nota 21), p. 207 e s.; NOLAN-HALEY, *Alternative Dispute Resolution,* St. Paul, 1992, p. 4. No dizer de MARCUS, art. cit. (nota 18), p. 229, *"the alternative dispute resolution movement also grew as a result of concern about difficulties with civil litigation".* Também GOLDBERG-SANDER-ROGERS, *Dispute Resolution,* 2ª ed., Boston-Toronto-Londres, 1992, p. 7, aludem ao *"concern about increased expense and delay for parties in a crowded justice system".*

favorável, de algum modo, ao suposto infrator. Trata-se de prática quotidiana no foro norte-americano, chancelada e não raro estimulada pelos juízes. Nem por isso o fato deixa de causar surpresa a quem quer que tenha conhecimento das críticas, de invulgar contundência, formuladas por prestigiosos setores doutrinários e por altas personalidades dos círculos políticos[25].

Boa parte dos estudiosos vale-se aqui da mesma explicação que se expôs acima para o campo civil. Continua a utilizar-se o *plea bargaining* – e nada indica que se renuncie, pelo menos por ora, a utilizá-lo – como expediente destinado a reduzir a sobrecarga de trabalho que oprimiria o mecanismo judicial (com as intuitivas consequências em termos de tempo) se todos os processos se alongassem até o *trial*[26]. Em *opinion* redigida por ninguém menos que o *Chief Justice,* chegou a Suprema Corte norte-americana a qualificar o *plea bargaining* de "componente essencial da administração da justiça": se todas as acusações tivessem de ser levadas ao *trial,* os Estados e o governo federal se veriam compelidos a aumentar indefinidamente os quadros da magistratura e o número de órgãos judiciais[27]. Não falta, entretanto, quem negue solidez ao argumento, invocando até dados estatísticos[28].

Talvez se deva procurar fora do âmbito forense outra razão decisiva para a permanente vitalidade do instituto. Ganha aqui credibilidade

---

25 Para um resumo das principais, *vide,* por exemplo, BROWN, *Meriti e limiti del patteggiamento,* no volume *Il proc. pen. negli Stati Uniti,* cit. (nota 21), p. 140 e s. Nesse mesmo volume encontrará o leitor diversos estudos sobre o assunto, onde se discutem amplamente as alegadas virtudes e defeitos do instituto. Em língua espanhola, pode consultar-se a bem informada exposição de SILVIA BARONA VILAR, *"El consenso en el proceso penal americano", in Estudios Jurídicos en memoria dei* Dr. *Ignacio Medina Lima,* México, s/d (mas 1997), p. 41 e s.

26 *Vide,* entre outros, DEL CARMEN, ob. cit. (nota 3), p. 41; HALL, ob. cit. (nota 3), p. 200; CARP-STIDHAM, ob. cit. (nota 21), p. 165/6, 167/8; AMODIO, *"Il modello accusatorio statunitense e il nuovo processo penale italiano: miti e realtà della giustizia americana",* no volume *Il proc. pen. negli Stati Uniti d'America* cit. (nota 21), p. XLII; FANCHIOTII, *Spunti per un dibattito sul plea bargaining, ibid.,* p. 291; BROWN, art. cit. (nota 24), p. 141, 145.

27 *Santobello v. New York* (404 U.S., 259), *apud* BROWN, art. cit. (nota 24), p. 144.

28 FANCHIOTTI, art. e lug. cit. (nota 25); extensamente, DALEY, art. cit. (nota 21), p. 158 e *s.,* com menção aos resultados de pesquisas que justificariam sérias dúvidas acerca da pretensa correlação entre a frequência do recurso ao *plea guilty* e o volume de trabalho dos juízes criminais. Em sentido diverso, BROWN, art. cit. (nota 24), p. 145.

a ideia de relacioná-la com uma nota peculiar da organização jurídica norte-americana: a escolha por eleição dos *prosecutors*[29]. Quem exerce semelhante função é lógico que se preocupe com seu futuro político, até, muitas vezes, de olhos postos em eventual candidatura a cargo mais importante. Compreende-se que lhe seja necessário, no fim do mandato, exigir ao eleitorado uma folha de serviços capaz de impressioná-lo. Para quem tem ofício de acusador, é óbvio que a quantidade de condenações obtidas brilhará entre as credenciais como estrela de primeira grandeza. Ora, os números desse item com certeza empalideceriam melancolicamente se se houvesse de contar apenas com o desfecho, sempre problemático, dos processos submetidos ao *trial.* Daí o vigoroso apoio da classe ao *plea bargaining,* que engorda as estatísticas das condenações, embora menos severas[30]. A tal apoio somam-se a simpatia de juízes a quem não desagrada aliviar-se de parte da carga de trabalho, e a de advogados que não se sentem preparados para os duros embates do *trial.*

6. Duração e custo do processo

A admiração generalizada pela eficiência anglo-saxônica alimenta em muitos a crença de que, se em tantos outros assuntos ela consegue êxito completo e fulminante - como fazem supor, por exemplo, torrentes de filmes policiais norte-americanos -, seria despropositado esperar outra coisa do funcionamento da máquina judiciária. Não podem deixar de surpreender, pois, os dados que se colhem na literatura acerca da duração dos processos nos países daquela família.

Comecemos pelos Estados Unidos: consoante duas fontes autorizadas, em muitos lugares um feito civil de itinerário completo (isto é, que chegue ao *trial)* dura comumente, *no primeiro grau de jurisdição,* nada menos que *três a cinco anos*[31]. Quanto à Inglaterra, com referência ao ano

29 AMODIO, art. cit. (nota 25), p. XLII, alude à *"ostinata ricerca del sucesso da parte del prosecutor che è un organo elettivo".*

30 Cf., ao propósito, FANCHIOTTI, art. cit. (nota 25): *"... l'interesse del* prosecutor *ad ottenere la condanna dell'imputato, anche se ad una pena minore di quella adeguata al reato commesso, e molto elevato: poichè molta spesso l'esercizio della funzione d'accusa e considerato un gradino per la scalata a più prestigiose cariche politiche, il poter esibere dati statistici relativi ad alte percentuali di condanne costituisce un buon biglietto da visita agli occhi dell'elettorato".*

31 Os dados, tanto mais fidedignos quanto coincidentes, encontram-se em CARPSTIDHAM, ob. cit. (nota 21), p. 207, e em HAZARD-TARUFFO, ob. cit. (nota 21), p. 259.

de 1990, aponta-se uma distância média de 145,3 semanas (ou sejam, 2,78 anos) entre o *writ* inicial e a extinção do processo, com *trial* ou sem ele[32]. Não discrepam os números concernentes à Austrália: a julgar pelos resultados de pesquisa levada a cabo pelo *New South Wales Government Insurance Office,* a respeito de causas relativas a acidentes de tráfego, foi de 38 meses (mais de 3 anos, portanto) o tempo médio necessário para conduzir a termo o feito[33].

De resto, como já se assinalou *(supra,* nº 5), ao ver de muitos é justamente o propósito de evitar as delongas exasperantes de um pleito em juízo que vem concorrendo para o resistente prestígio do *plea bargaining,* no campo penal, e para a contínua expansão dos métodos alternativos de solução dos conflitos de interesses civis *(ADR)*[34]. Pode-se divergir sobre a intensidade com que influi esse fator; a influência, em si, parece contudo inegável.

Também o excessivo custo do processo está longe de ser mazela estranha ao mundo anglo-saxônico[35]. Os sistemas de assistência judiciária

---

Não é de hoje o problema: no dizer de SMIT, *"Constitutional Guarantees in Civil Litigation in the United States of America",* no volume *Fundamental Guarantees of the Parties in Civil Litigation,* edit. por Cappelletti e Tallon, Milão-Dobbs Ferry, 1973, p. 473, *"Excessive delays have long plagued the American Courts, both in civil and in criminal cases".*

---

32 ZUCKERMAN, relat. cit. na nota 20, p. 168. Lê-se em RICKMAN, *"The Economics of Cost-shifting Rules",* no volume *Rev. of Civ. Proced.,* cit. (nota 9), p. 327: *"It has long been recognised that cost, complexity and delay are significant features of the civil justice system in England and Wales".* Ao ver desse autor, haveria no fato um aspecto vantajoso: o de desestimular o recurso à Justiça...

33 *Vide* CAIRNS, *"Lord Woolf's Report on Access to Justice: an Australian Perspective", in Civil Justice Quarterly,* v. 16 (1997), p. 99.

34 Nem por isso, ressalve-se, deixa a sociedade norte-americana de merecer o epíteto de *litigious:* assim CARP-STIDHAM, ob. cit. (nota 21), p. 14 (cf. p. 15, onde os autores aludem a um *"burst of litigation in lhe United States during the past several decades",* e p. 16, onde se declara: *"our contentiousness as a people has bem channeled largely through our legal and court systems").*

35 Conserva atualidade a observação de SERENI, *El proceso civil en los Estados Unidos,* trad. de Sentís Melendo, Buenos Aires, s/d (mas 1958), p. 119: *"el proceso civil norteamericano es caro".* No que tange à Inglaterra, *vide* os dados expostos, a seguir, em nosso texto. Quanto à Austrália, é país onde *"legal costs are often much higher than necessary":* TAYLOR, *"Access to Justice in Australia",* no volume *Fund. Guar.,* cit. (nota 30), p. 149.

não se mostram capazes de ministrar remédio bastante[36]. Evidencia-o, entre outras coisas, o realce dado ao item *litigation cost* no programa da pesquisa encomendada a Lord WOOLF em 1994, da qual resultaram o *Interim Report* de 1995 e o *Final Report* de 1996. Aliás, a produção científica inglesa impressiona pela ênfase com que critica a situação, no particular. Em obra clássica, lê-se que são pouco frequentes os processos entre *"ordinary citizens of limited means"*, mormente *"beca use the cost would be prohibitive"*; e, linhas abaixo, que para os cidadãos comuns excluídos do benefício da assistência judiciária, *"a lawsuit* is *financially quite out of question"*[37]. Com autoridade não menor, afirma-se que a incidência das custas é *"the most baneful feature of English civil justice"*, e qualifica-se de *"excessive and prohibitive"* o vulto das despesas indispensáveis à resolução judicial de litígios civis[38]. É, por sinal, a crescente preocupação com o problema (e com o da exagerada duração dos pleitos) que vai começando a produzir alto número de mudanças importantes no ordenamento processual inglês[39].

7. Algumas perguntas e outras tantas tentativas de resposta

Entendem muitos que, para o conhecimento menos imperfeito – e, por conseguinte, para uma avaliação séria – de qualquer sistema jurídico estrangeiro é condição *sine qua non* o contacto imediato, a vivência do

---

36 No dizer de HAZARD-TARUFFO, ob. cit. (nota 21), p. 123, o *legal aid* oferecido aos litigantes *"è di gran lunga inadeguato"*. Vale recordar que, nos Estados Unidos, se restringe à esfera penal, deixando de fora o processo civil, a garantia constitucional da representação da parte carente de meios por advogado pago pelos cofres públicos. Por outro lado, a regra geral, no âmbito civil, é a de que o litigante vitorioso não faz jus ao reembolso das despesas (inclusive honorários advocatícios) efetuadas para defender seu direito em juízo: *vide*, por exemplo, HAZARD-TARUFFO, *ibid.*, p. 114. No que tange ao Canadá, em relatório apresentado ao Congresso de Estrasburgo (1988) e resumido por DAVID LEE, no volume *Aide judiciaire et acres à la justice en Europe*, Pádua, 1989, p. 71, advertia MACDONALD, juiz da Corte Europeia de Direitos Humanos, que, como só 10% da população podem pagar um advogado, e apenas 20% têm renda bastante baixa para habilitar-se à assistência judiciária, a grande maioria (os 70% restantes) não goza de suficiente acesso à justiça.

37 DEVLIN, ob. cit. (nota 10), p. 69.

38 JACOB, ob. cit. (nota 12), p. 45 e 47, respectivamente.

39 ZUCKERMAN, art. cit. (nota 11), p. 86 (voltaremos ao ponto: *vide, infra*, ns. 7 e 8). Especificamente a reformas louváveis na disciplina do *legal aid* refere-se JACOB, ob. cit. (nota 12), p. 48/9.

respectivo funcionamento na prática do dia a dia. Tal pensamento contém forte dose de verdade: não é de hoje que se fala, com boas razões, na contraposição *law in the books – law in action.* E talvez seja precisamente na esfera processual que ela se faz sentir com particular intensidade: como é notório, a genuína imagem do processo não se deixa colher em todas as faces senão mediante o acompanhamento direto, assíduo e atento do que se passa nos juízos.

Seria manifesto exagero, porém, tirar de semelhante advertência um veto absoluto a qualquer incursão em terreno que não seja o familiar ao observador. Afinal de contas, juristas contemporâneos não se sentem inibidos de escrever – e muitos, ao que consta, com indiscutível competência – acerca do processo romano ou do medieval. De nossa parte, salvo melhor juízo, a extensa pesquisa feita em fontes autorizadas parece suficiente, se não para lastrear conclusões categóricas (que nos atrevemos cada vez menos, seja dito entre parênteses, a enunciar sobre o próprio direito brasileiro...), em todo caso para tentar responder, com as cautelas e ressalvas cabíveis, a algumas perguntas que não podem deixar de emergir a esta altura. As palavras que se vão seguir, não deve o leitor acolhê-las como "lição" a ser aprendida, mas como apanhado de sugestões para eventual reflexão que ele mesmo se disponha a fazer a respeito do assunto. Ajuntamos que as perguntas estão no ar, e em regra dispensam citações; as tentativas de resposta baseiam-se em geral nas informações constantes dos itens anteriores, abonadas com indicações bibliográficas que não faltará quem tenha achado tediosamente superabundantes. Dito isso, vamos lá:

1ª pergunta: O juiz anglo-saxônico desempenha no processo papel mais importante que o juiz continental europeu (ou latino-americano)?

É evidente que, se quisermos medir tal importância pelas qualidades dos juízes e pelo empenho no exercício das respectivas funções, a resposta dependerá do que se verifique em cada região. Será positiva, se predominarem juízes conscienciosos e diligentes nos países anglo-saxônicos, e juízes desinteressados e negligentes nos demais; será negativa, na hipótese inversa. Não dispomos de dados objetivos que nos facultem externar opinião abalizada; e um elementar escrúpulo científico impede-nos de sair da dificuldade pelo vulgar recurso ao "palpite".

O único jeito é utilizar neste passo os elementos coligidos na leitura dos trabalhos de especialistas: alguma relação com a realidade é provável que eles tenham, máxime se atentarmos na frequência com que buscam arrimo em estatísticas. Pois bem: ao menos no que entende com a direção do processo (nas fases anteriores ao *trial)* e à atividade de instrução, tais elementos tomam patente que é dos mais modestos o papel reservado ao juiz anglo-saxônico[40]. Que o juiz continental europeu e o latino-americano possam revelar escassa disposição para exercer *de facto* os poderes mais amplos de que se acham investidos *de iure,* essa é outra questão, sem dúvida extremamente importante, mas de exame incabível, por óbvias razões, nesta sede. De qualquer sorte, os poderes – exercidos *de facto* ou não – são geralmente atribuídos ao órgão judicial com amplitude muito maior pelos ordenamentos da família romano-germânica. Aqui, a escassez de iniciativas representa desvio acidental; lá, é da própria *essência* do sistema.

Seja-nos permitida ainda uma conjectura. É nossa impressão que, quando se alude à superioridade do papel confiado ao juiz anglo-saxônico, e em particular quando se lastima que não encontre paralelo entre nós, o que acima de tudo se tem em mente são os poderes para emitir *injunctions* e aplicar sanções por *contempt of court.* Não há negar que, nesse plano, o juiz está armado, nos países anglo-saxônicos, de prerrogativas desconhecidas no resto do planeta[41]. Mas, ao propósito, assalta-nos uma dúvida. Será que os pregoeiros daquela superioridade se animariam a proclamá-la com a mesma desenvoltura se tivessem presente toda a extensão dos poderes cuja inexistência em nosso meio se lamenta? Como reagiria entre nós, por exemplo, a classe dos advogados, caso o juiz brasileiro adquirisse o poder de dirigir-lhes instruções e advertências, quando não censuras, no curso da audiência, e de impor-lhes penalidades por inadequado comportamento profissional[42]? Não é pre-

40 Para resumir com DEVLIN, ob. cit. (nota 10), p. 55: *"in the adversary system, and in so far as it involves the judge, the case begins and ends with the trial".* É oportuno, em todo caso, registrar o controle exercido sobre o desenvolvimento das fases precedentes, em certa medida, pelo *Master* (que, repita-se, *não* é juiz): *vide* ao propósito a monografia de GRIVART DE KERSTRAT, cit. (nota 14), *passim.*

41 JOLOWICZ, *Procedimiento civil,* no volume coletivo por ele mesmo dirigido, e publicado em tradução espanhola sob o título *Derecho inglés* (Caracas, 1992), p. 126, qualifica de "draconianos" os poderes do juiz na qualidade de presidente do *trial,* e exemplifica: *"En un caso grave de mala conducta frente al tribunal, puede mandar a arrestar inmediatamente al ofensor por contempt of court".*

42 É dado ao juiz norte-americano, com efeito, no âmbito do chamado *criminal contempt power,* punir o advogado que deliberadamente viole os deveres para com o próprio órgão judicial; e, no do *civil contempt power,* infligir sanções destinadas

ciso ser adivinho para prever com total segurança a atitude que tomaria a OAB diante de proposta desse teor...

2ª pergunta: O processo anglo-saxônico é um sistema de administração da justiça socialmente orientado?

A tomarmos como índices a duração e o custo dos pleitos – aspectos que aqui nunca deixam (nem se compreenderia que deixassem) de ser levados em conta –, a resposta só pode ser rotundamente negativa. À luz da farta documentação apresentada, fica fora de dúvida que, nos países anglo-saxônicos, o processo é lento e caro. O fato de que, em certos lugares dos Estados Unidos, um pleito dure em média *três a cinco anos, no primeiro grau de jurisdição,* põe em xeque ideias correntias sobre a nossa pretensa desvantagem no assunto: é indubitável que aquela marca pode haver sido aqui ultrapassada, até de muito, num ou noutro caso, mas seria temerário sustentar que ela corresponda à *média* em qualquer ponto do território nacional. Com isso não pretendemos suavizar o juízo merecidamente severo que se faz acerca da lentidão de nossa Justiça; só nos move o intuito de aconselhar maior moderação (ou talvez, e principalmente, melhor informação) a quem suponha termos razões de grande peso para invejar, na matéria, os anglo-saxões.

Acresce a isso a impossibilidade de contar com uma atuação do órgão judicial suscetível de estabelecer algum tipo de equilíbrio, dentro dos parâmetros legais e no limite do razoável (por exemplo: tomando *ex officio* iniciativas probatórias)[43], entre as posições recíprocas de litigan-

---

a compelir o advogado ao cumprimento de determinações do órgão: é o que ensinam, entre outros, HAZARD-TARUFFO, ob. cit. (nota 21), p. 112. O passo subsequente, em significativa reiteração, não deixa dúvida sobre a possibilidade de exercício do *contempt power* em face do advogado, com outros exemplos sugestivos, embora os autores ressalvem que tal poder é exercido raramente e apenas depois de advertido o infrator do risco de sujeitar-se à sanção.

---

43 A quem porventura se escandalize com a ideia de que algum dos litigantes venha a tirar proveito do resultado de uma diligência instrutória ordenada pelo juiz, sem requerimento de parte, enxergando na atitude daquele imperdoável quebra do dever de ser imparcial, pedimos licença para remeter a outros trabalhos nossos, em que procuramos demonstrar que semelhante eventualidade em nada compromete a imparcialidade do órgão judicial. Assim, *v.g.,* recentemente, em comunicação às *IX Jornadas Uruguayas de Derecho Procesal* (Rivera, abril de 1997), sob o título *"Breves reflexiones sobre algunas tendencias contemporáneas del proceso penal", in Rev. de Proc.,* nº 86, p. 196: *"Si tu viéramos de tachar de parcial al juez que ordena la realización de una prueba, solamente porque el resultado de esta sea capaz de*

tes providos de meios financeiros muito desiguais e representados por profissionais de gritante desnível na competência e na dedicação[44]. Na falta de qualquer corretivo, a flagrante disparidade de armas desqualifica a luta judicial como embate sujeito a uma regra básica: a de que, ao menos em princípio, não se deve conceder vantagem inicial a nenhum dos contendores.

Ainda uma vez advertimos que tal regra, provavelmente, não vigora na prática, de modo pleno, sob sistema algum, seja qual for a filosofia ou ideologia em que se inspire. Todavia, em primeiro lugar, noutros sistemas as infrações à regra podem e devem ser vistas como desvios acidentais - frequentes, conceda-se, mas nem por isso menos acidentais -, ao passo que no *adversary system* é, por assim dizer, a própria essência do mecanismo, a sua filosofia, que está em jogo. De resto, seria impraticável proceder aqui à análise pormenorizada de todos os sistemas processuais: estamos escrevendo um simples artigo, não um tratado de direito processual comparado... Nosso tema é o processo anglo-saxônico, e a respeito dele é que nos incumbe, agora, discorrer. Pois bem: é justamente a respeito dele, e não por acaso, que voz autorizadíssima proclama: "*... the adversary system accentuates the inequality in terms of resources and legal advice and representation between the parties*"[45]. Nada parece necessário acrescentar.

3ª pergunta: Estão os anglo-saxônicos satisfeitos com seu ordenamento processual?

Aqui, mais do que alhures, seria descabida uma resposta peremptória. O *adversary system* está profundamente enraizado na tradição jurídica anglo-saxônica. É natural que muitos se obstinem em defendê-lo e até em exaltar-lhe os méritos, numa comparação com o sistema

beneficiar a uno de los litigantes, logicamente su eventual abstención merecería la misma critica, ya que la falta de la prueba causaria beneficio para el otro litigante". Dilema insolúvel para o pobre juiz, preso à desconfortável alternativa de ser, em qualquer hipótese, parcial a favor de um ou parcial a favor de outro...

44 No dizer de ANDREWS, ob. cit. (nota 12), o bom funcionamento do *adversary system* pressupõe, entre outras coisas, *"that the lawyers representing each party are efficient and equally matched".* A observação traz à lembrança determinadas experiências científicas que reclamam, para reproduzir-se de maneira correta, tais ou quais condições (só excepcionalmente satisfeitas...)de temperatura e pressão.

45 JACOB, ob. cit. (nota 12), p. 16.

europeu continental (e latino-americano) que não raro peca, antes de mais nada, pelo conhecimento superficial e inexato que deste se exibe: o problema da má informação tem mão dupla... Não importa agora conjecturar quanto entra nisso de sincero convencimento, de mero apego ao tradicional ou até de sentimentos de xenofobia. O certo é que muita gente, nos círculos especializados e fora deles, gosta do tipo de processo dominante no universo anglo-saxônico – assim como há, por outro lado, muita gente que lhe dirige críticas rigorosas[46].

Se por esse caminho dificilmente se chegará a conclusão segura, preferível afigura-se o critério, mais objetivo, fundado nos sinais de mudança, relativamente fáceis de captar. Tais sinais vêm emergindo ao longo dos últimos anos com crescente nitidez, malgrado as pertinazes e compreensíveis resistências.

Na Inglaterra, o exemplo mais vistoso é o relatório *(rectius:* os relatórios) de autoria de Lord WOOLF, a que já se fez menção *(supra,* nº 3, nota 12, e nº 6). Resultante de pesquisa encomendada pelo *Lord Chancellor* e destinado a servir de base a reformas legislativas, o trabalho enfatiza a necessidade de rever aspectos essenciais do sistema até agora dominante no processo civil inglês: por exemplo, a condução do feito nas fases anteriores ao *trial,* em vez de permanecer deixada, quase exclusivamente, aos cuidados das partes (ou melhor, dos advogados), deve submeter-se ao controle do órgão judicial, com o fito de evitar procrastinações injustificáveis[47]. Há várias outras propostas, tendentes a corrigir ou atenuar os principais inconvenientes do *adversarial process,* identificados sobretudo no custo exagera do e na duração igualmente excessiva dos pleitos[48]. Na verdade, entretanto, o movimento provém de

46 Exemplifique-se com as formuladas por FRANKEL, ob. cit. (nota 21), *passim,* e em data mais recente por ZUCKERMAN, art. cit. (nota 11), p. 67, para quem os defeitos do sistema *"have been increasingly giving cause for concern to the legal profession and the public at large".*

47 Nas palavras de SCOTT, *"Caseflow Management in the Trial Court",* no volume *Rev. of Civ. Proced.,* cit. (nota 9), p. 1, de todas as propostas apresentadas por Lord WOOLF, nenhuma seria mais importante que a recomendação de *"fundamental transfer in the responsibility for lhe management of civil litigation from litigants and their legal advisers to the courts".*

48 Acerca dos relatórios de Lord WOOLF e das agudas controvérsias que vêm gerando na Inglaterra as sugestões *de lege ferenda* neles contidas, recomenda-se vivamente a leitura dos ensaios reunidos no já cit. volume *Rev. of Civ. Proc.* (nota 9), e bem assim a dos trabalhos que se vêm publicando sobre o assunto nos últimos

mais longe, conforme tivemos ensejo de assinalar em mais de um passo deste artigo *(v.g., supra, nº 3, fine)*. O processo inglês já vem sendo objeto, há anos, de modificações que, entre outras coisas, facultam ao juiz melhor conhecimento do processo antes do *trial* e maior influência em matéria de instrução probatória, ao mesmo tempo que abrandam o domínio outrora incontrastado da oralidade e abrem caminho para uma reavaliação das provas escritas[49].

Quanto aos Estados Unidos, é oportuno registrar a convicção, "cada vez mais difundida", e decorrente da "profunda insatisfação com o vigente estado de coisas, quer entre os juristas, quer na coletividade", de que o único meio de poupar as energias do sistema consiste no aumento do controle judicial sobre o feito, ainda que semelhante orientação contrarie "a visão tradicional segundo a qual em nosso sistema são os advogados que conduzem a causa, enquanto o juiz, neutro, passivo e distante, se limita a resolver os conflitos por eles apresentados"[50]. Na área penal, há quem averbe que, enquanto a Itália e outros países de *civil law* voltam os

---

volumes da revista *Civil Justice Quarterly*. Não resistimos à tentação de reproduzir trecho de artigo (já cit., nota 14) de JOLOWICZ, estampado no v. 15 (1996) desse periódico, p. 210: *"It is not the object of this paper to suggest that Lord Woolf's proposals should be viewed with suspicion because they will put the English adversary system at risk, though ir is its purpose to suggest that they are likely to do so"*. Adita o autor: *"The adversary system as ordinarily understood in this country is the product of centuries of jury trial in civil cases. Civil trial by jury is now virtually extinct, and there is no reason why modern procedure should continue to be bound by its demands"*. A observação repisa, em substância, ponto que já captara, na década passada, a atenção de ilustre comparatista: *"Les Anglais se sont en effet peu à peu rendu compte que, le jury ayant pratiquement dispam, nombre des regles anciennes avaient perdu leur raison d' être et que beaucoup de simplifications étaient possibles désormais, qui pourraient entraîner une économie de temps et dans le coût du proces"* - assim se expressava DAVID, prefácio ao livro de GRIVART DE KERSTRAT cito (nota 14), p. 8.

---

49 *Vide* JOLOWICZ, art. cit. (nota 9), p. 64 e s., espec. 66/8; ZUCKERMAN, art. cit. (nota 11), p. 73 e s. (repare-se, aliás, quão sugestivo já é o próprio subtítulo do trabalho: *"The Shift away from Party Control and Orality")*. Vem a pelo recordar o interessante confronto feito há cerca de dez anos por JACOB, ob. cit. (nota 12), p. 21, entre as tendências perceptíveis nos dois grandes sistemas ocidentais: *"It is perhaps a strange circumstance that while in England we are seeking to move towards written procedure, in civil law countries they are seeking to move towards oral procedures"*.

50 MILLER, *"Il sistema 'adversary': dinosauro o araba fenice?"*, trad. de Andrea Giussani, no volume *Avvoc. e giust. negli Stati Uniti*, cit. (nota 19). Os trechos aspeados foram por nós traduzidos para o português, a partir do texto italiano.

olhos para o modelo norte-americano, paradoxalmente toma corpo nos Estados Unidos a ideia de que vale a pena buscar em sistemas continentais europeus sugestões para a solução dos problemas que lá afligem a administração da justiça criminal[51].

Em conferência que tivemos a oportunidade de ouvir, foi incluída a nossa formação católica entre os mais importantes fatores do modo insatisfatório pelo qual funciona a administração da justiça neste país. Sem questionar a existência de mil razões para justificar a insatisfação, ousamos ponderar que, dado o notório predomínio do protestantismo no mundo anglo-saxônico, seria de esperar que – não atuando nele o mencionado fator – fosse ali muito diversa a realidade. A pesquisa empreendida aponta no sentido negativo: os anglo-saxões, com sua maioria de protestantes, tampouco estão satisfeitos, nos vários quadrantes no planeta, com os respectivos sistemas processuais. Parece que, religião à parte, cá e lá más fadas há.

8. Observações finais

O leitor que teve a paciência de acompanhar-nos com atenção até este ponto certamente haverá percebido – mas nunca é demais repetir, para prevenir mal-entendidos – quatro coisas que o presente artigo *não* pretende ser: *a)* uma exposição integral e minuciosa das características do processo anglo-saxônico; *b)* nem, por conseguinte, uma comparação exaustiva entre esse sistema e o predominante na Europa continental e na América Latina; c) ainda menos, uma avaliação crítica tendente a demonstrar a superioridade de qualquer dos dois sobre o outro; *d)* menos que tudo, uma condenação terminante do pendor – hoje intenso em países de *civil law* – a inspirar-se em instituições anglo-saxônicas ou mesmo a introduzir em nossos ordenamentos cópias de soluções típicas daquela outra família jurídica.

Nosso propósito é muito singelo. Estamos convencidos de que, em ambos os espaços, flutuam na atmosfera imagens vagas, fragmentárias, e em certos casos profundamente deturpadas, do sistema visto como oposto. Agrada-nos pensar que os dados acima, colhidos as mais das vezes em fontes diretas e de inconcussa autoridade, sejam capazes de con-

---

51 FANCHIOTTI, art. cit. (nota 25), p. 271/2 (vejam-se, na nota 1, abundantes citações de escritores norte-americanos que abonam a tese).

tribuir para a melhor compreensão, entre nós, do que realmente é, em alguns de seus traços básicos, o *adversary system*. Pareceu-nos sobremaneira aconselhável não limitar a exposição ao perfil tradicional do modelo, mas estendê-la também, conquanto sumariamente, aos movimentos que o vão alterando, ou tentando alterar, em mais de um aspecto. Esses movimentos, como ficou patente, impelem o sistema anglo-saxônico a aproximar-se, em certa medida, do vigente na área romano-germânica[52]. Tendo em vista a sensível inclinação que este manifesta, por sua vez, para avizinhar-se daquele, a convergência de rumos autoriza a conjectura de que, um belo dia, venhamos a encontrar-nos, eles e nós, *nel mezzo del cammin...*

Abril de 1998.

COMENTÁRIOS DO ATUALIZADOR

NOTAS SOBRE ALGUNS ASPECTOS DO PROCESSO (CIVIL E PENAL) NOS PAÍSES ANGLO-SAXÔNICOS (1998)

Humberto Dalla Bernardina de Pinho

Esse texto de Barbosa Moreira é um daqueles que eu considero como visionários. No fim da década de 1990, quando a doutrina processual pátria ainda se guiava apenas pelas novas tendências do processo italiano, nosso mestre já vislumbrava o potencial do estudo comparado com o ordenamento anglo-saxônico.

O autor inicia pela lembrança de que o sistema dos juizados especiais e da legislação da tutela coletiva, no campo cível, são bons exemplos dessa influência que, àquela altura, já se iniciavam. Menciona, ainda, a figura da transação penal, que não reflete, exatamente, a ideia da plea bargaining norte-americana, mas se situa mais próxima do nolo contendere italiano (essa ideia será aprofundada no último texto dessa coletânea).

52 Cf. ZUCKERMAN, art. cit. (nota 11), p. 86/7: *"The two principal themes of recent changes (...) bring English civil procedure very much closer to its continental counterparts".*

Não obstante a riqueza da pesquisa comparativa, o professor adverte sobre a necessária pesquisa analítica, com base em fontes originais e observado o contexto no qual a obra foi produzida. Contudo, considera importante contraditar o material fontes secundárias a fim de alcançar conclusões mais seguras.

Na sequência, o autor trata do "adversarial system". Aqui cabe uma nota quanto ao amadurecimento do tema após esse texto referencial.

Para fins de sistematização, tradicionalmente se classificam os modelos processuais em adversarial e inquisitivo. O primeiro tem como traços característicos o privatismo e o liberalismo, representando um sistema no qual as partes são as únicas responsáveis pela condução do processo, relegando-se o órgão jurisdicional a uma postura de passividade perante o conflito apresentado.

Na antiguidade grega, em que esse modelo de processo se mostrou bastante extremado, o juiz, para aplicar qualquer norma dependia da prévia provocação das partes. Realce-se que, nessa configuração, há uma forte participação dos sujeitos parciais do processo na própria descoberta do direito, com grande destaque para o contraditório.

Com o surgimento do Estado Liberal, passa-se a denominar essa conformação do processo como paritário. Nele, as partes ficavam incumbidas da ordenação e da condução do processo perante um Judiciário passivo, representando o afastamento dos agentes estatais frente às relações privadas. Nesse sentido, havia uma crença de que as partes, agindo por si, atingiriam um nível mais satisfatório de solução para o litígio[53].

Para que isso se concretizasse, o juiz era colocado no mesmo patamar das partes se encontrava no mesmo nível das partes, em uma relação totalmente isonômica entre os três elementos sujeitos da relação jurídica processual. O problema, nesse ponto, é o de que, sendo mero espectador de um "jogo" entre particulares, ele não detinha liberdade

53 Carlos Alberto Alvaro de Oliveira pontua que essa concepção liberal de processo partia de uma crença "no livre jogo das forças sociais, conquistando corpo a ideia de que o próprio interesse da parte litigante no direito alegado constituiria eficaz catalisador para a mais rápida investigação da situação jurídica" (in Academia Brasileira de Direito Processual Civil. Seção Artigos. Disponível em: <http://www.abdpc.org.br/abdpc/artigos/Carlos%20A%20A%20de%20Oliveira%20(8)%20-formatado.pdf>. Acesso em: 17 jul. 2013, p. 3).

para apreciar a pretensão, sendo fortemente influenciado pelos agentes econômicos que detinham a força política prevalente[54].

Nesse modelo apresentado, podemos dizer, então, que prepondera o "princípio dispositivo", pela maior gama de prerrogativas atribuídas às partes, não apenas para deflagrar e extinguir o processo, bem como definir os termos de sua condução e os elementos instrutórios. Consequentemente, limitam-se sobremaneira os poderes do juiz, deixando-o adstrito aos elementos fáticos e jurídicos trazidos pelas partes.

Dentro desse contexto, o magistrado conduz e dirige o processo, em posição de superioridade sendo seu dever a busca da verdade.

Por essas características, o modelo adversarial é comumente associado a Estados Liberais, sendo o modelo inquisitivo ligado a regimes autoritários. Contudo, ainda que seja inafastável a influência de valores liberais no processo adversarial, não é correto fazer a correlação absoluta de que o aumento dos poderes dos juízes representa necessariamente um regime autoritário.

Além disso, não se pode identificar determinado modelo processual como puramente adversarial ou inquisitivo. O que ocorre é a primazia de um outro princípio para conformar os institutos de direito processual.

Trata-se da influência, na seara processual, da busca pela justiça social, marcante nesse modelo de Estado, abandonando-se o individualismo liberal. Com o efeito, o processo torna-se parte da autoridade do Estado, que, por meio dele, em uma função pública e soberana, busca transformar a realidade social[55].

Dessa forma, o magistrado precisa abandonar a postura passiva para atuar de forma a reduzir as desigualdades existentes no plano material, que afetam a relação jurídico-processual.[56]

Chegando aos tempos atuais, mesmo que se reconheça que permanecem as influências das ideias inquisitivas e adversariais, é forçoso

---

54 OST, François. Júpiter, Hércules, Hermes: Tres modelos de Juez. In: DOXA, nº 14, 1993. pp. 169-194. Acesso www.cervantesvirtual.com, em 14 de novembro de 2006.

55 Nas palavras de Michele Taruffo, "o processo assumia a forma de instrumento que o Estado colocava à disposição dos privados para a atuação da lei" (in Rivista Trimestrale di diritto e procedura civile, Milano, v. 63, n. 1, mar. 2009, pp. 63/92.

56 HESPANHA, Antonio Manuel. O Caleidoscópio do Direito, 2a edição, Coimbra: Almedina, 2009.

se admitir que as essências de ambos os modelos não estão mais em sintonia com a realidade contemporânea.

Isso porque, à luz de um Estado democrático de Direito, a "democracia deixa de ser representativa e passa a ser participativa"[57].

Nessa dimensão, coloca-se a necessidade de fortalecimento de um novo modelo de processo civil que, ao contrário dos anteriores, privilegie a cooperação. Ou seja, devemos buscar um formato no qual as partes atuem em conjunto com o magistrado, para que, em um esforço comum, possa-se alcançar um resultado final justo, tempestivo e que efetivamente resolva o conflito posto.

Em nossa realidade, o processo cooperativo vem se consolidando, tanto no dia a dia forense quanto no Poder Legislativo. Como exemplo disso, o novo Código de Processo Civil apresenta, no art. 6º, uma cláusula geral de cooperação, da qual poderão surgir faculdades e obrigações para todos que venham a participar do processo. Podemos referir, ainda, a cláusula geral de convenção processual (art. 190) e a possibilidade do saneamento compartilhado (art. 357, § 3º), entre outros.

Passando para um próximo tópico, o professor trata do sistema de julgamento pelo Tribunal do Júri e a realidade dos processos que chegam à fase de julgamento, com destaque particular para a figura do plea bargaining nos Estados Unidos.

Nesse ponto, o texto retorno ao seu momento inicial, ao trazer à tona a cultura dos acordos, mesmo na seara criminal. E, aqui, temos que reconhecer o enorme desenvolvimento operado no direito brasileiro.

Como já anotado, o início da discussão acerca do cabimento do consenso em matéria penal remonta à Lei dos Juizados Especiais Cíveis e Criminais. O art. 72 da Lei n. 9.099/95 trata da composição civil e da possibilidade de sua homologação pelo magistrado. Significa dizer que, na fase preliminar, o acordo impede o oferecimento da denúncia; se ela já foi ofertada, deverá o juiz extinguir punibilidade.

Na legislação atual, o acordo só pode ser promovido nas ações de iniciativa privada ou nas públicas sujeitas à representação. Contudo, a jurisprudência vem atenuando esse rigor e já há proposta legislativa

57 RAATZ, Igor. Colaboração no Processo Civil e o Projeto do Novo Código de Processo Civil. Rev. SJRJ, Rio de Janeiro, v. 18, n. 31, ago 2011, p. 28.

a respeito, consubstanciada no Projeto do Novo Código de Processo Penal (NCPP)[58].

Além da composição civil, assume especial relevância a figura da transação penal. Nesse prisma, o tema que já foi cercado de inúmeras controvérsias, acabou por ser pacificado, inicialmente no âmbito do FONAJE[59], e, posteriormente pela edição da Súmula Vinculante nº 35 do STF[60].

A transação, como resposta penal para delitos de menor potencial ofensivo, representou uma transformação de penas restritivas da liberdade em penas alternativas.

Doutrina e jurisprudência evoluíram juntas na ideia de que a decisão do juiz que homologa a proposta de transação formulada pelo *parquet,* e aceita pelo réu e pelo seu defensor, é uma sentença[61].

Esse assunto foi uniformizado pelo FONAJE conforme se observa do Enunciado n° 79[62], com a pretensão maior de aperfeiçoar o sistema dos Juizados Especiais Criminais.

---

58 Projeto de Lei n° 8.045/2010, ainda tramitando na Câmara dos Deputados.

59 Enunciados do FONAJE: ENUNCIADO 2 – O Ministério Público, oferecida à representação em Juízo, poderá propor diretamente a transação penal, independentemente do comparecimento da vítima à audiência preliminar (nova redação – XXI Encontro – Vitória/ES). ENUNCIADO 20 – A proposta de transação de pena restritiva de direitos é cabível, mesmo quando o tipo em abstrato só comporta pena de multa. ENUNCIADO 68 – É cabível a substituição de uma modalidade de pena restritiva de direitos por outra, aplicada em sede de transação penal, pelo juízo do conhecimento, a requerimento do interessado, ouvido o Ministério Público (XV Encontro – Florianópolis/SC). ENUNCIADO 116 – Na Transação Penal deverão ser observados os princípios da justiça restaurativa, da proporcionalidade, da dignidade, visando a efetividade e adequação (XXVIII Encontro – Salvador/BA).

60 STF. Súmula Vinculante nº 35: A homologação da transação penal prevista no artigo 76 da Lei 9.099/1995 não faz coisa julgada material e, descumpridas suas cláusulas, retoma-se a situação anterior, possibilitando-se ao Ministério Público a continuidade da persecução penal mediante oferecimento de denúncia ou requisição de inquérito policial.

61 PINHO, Humberto Dalla Bernardina de. Questões Atuais sobre a Transação Penal, in Centenário do Imortal Roberto Lyra, organizado por Sérgio De Andréa Ferreira e Fernando Galvão De Andréa Ferreira, Rio de Janeiro: De Andréa Ferreira & Morgado Editores, 2002, pp. 207/218.

62 Enunciado 79 do Fonaje "Enunciado 79" (Substitui o Enunciado 14) - É incabível o oferecimento de denúncia após a sentença homologatória de transação penal em que não haja cláusula resolutiva expressa, podendo constar da proposta que

Importante ressaltar, ainda, que em 31 de maio de 2016, o CNJ editou a Resolução n. 225, que dispõe sobre a Política Nacional de Justiça Restaurativa no âmbito do Poder Judiciário. A Resolução leva em consideração as recomendações da Organização das Nações Unidas (ONU) para fins de implantação da Justiça Restaurativa, previstas nas Resoluções n. 1999/26, 2000/14 e 2002/12.

Não obstante ser um ato voltado para os procedimentos criminais (para os feitos cíveis tem-se, como visto, a Resolução nº 125/2010, atualizada em fevereiro de 2016), nos *Considerandos*, é expressamente referido que o direito ao acesso à Justiça,

Além da vertente formal perante os órgãos judiciários, implica o acesso a soluções efetivas de conflitos por intermédio de uma ordem jurídica justa e compreende o uso de meios consensuais, voluntários e mais adequados a alcançar a pacificação de disputa.

De fato, atualmente é inconcebível falar em acesso sem a oferta de todos os meios necessários à real pacificação do conflito. Ademais, pontua-se que os arts. 72, 77 e 89 da Lei n. 9.099/95 permitem a homologação dos acordos quando regidos sob os fundamentos da Justiça Restaurativa, como a composição civil, a transação penal ou a suspensão condicional dos processos de natureza criminal que tramitam perante os JECRIMs.

Acredita-se que essa Resolução poderá propiciar um grau mais profundo de pacificação nos Juizados, sobretudo nos casos que envolvem conflitos em relações duradouras, e nas quais já há um vínculo bastante depauperado por conflitos continuados, e não adequadamente tratados.

Vale lembrar que a Resolução n° 288/2019, do CNJ, define a política institucional do Poder Judiciário para a promoção da aplicação de alternativas penais, com enfoque restaurativo, em substituição à privação de liberdade[63].

---

a sua homologação fica condicionada ao prévio cumprimento do avençado. O descumprimento, no caso de não homologação, poderá ensejar o prosseguimento do feito (Aprovado no XIX Encontro – Aracaju/SE).

---

63 Art. 2° Para os fins desta Resolução, entende-se por alternativas penais as medidas de intervenção em conflitos e violências, diversas do encarceramento, orientadas para a restauração das relações e a promoção da cultura da paz, a partir da responsabilização com dignidade, autonomia e liberdade, decorrentes

Ademais, e embora não seja nosso objetivo aprofundar, nessa oportunidade, fundamentos do processo penal, a evolução da disciplina, desde a Lei n° 9.099/95, sobretudo após a denominada "Operação Lava Jato", tornam necessário o estudo de certos institutos como a colaboração premiada e o acordo de não persecução penal, diante das mais recentes alterações legislativas. Contudo, deixaremos o estudo desses temas para uma outra oportunidade.

Finalizando, o professor abre um item no texto para tratar do que denomina de "algumas perguntas e outra tantas sem resposta". Nesse ponto, formula as seguintes indagações: O juiz anglo-saxônico desempenha no processo papel mais importante que o juiz continental europeu (ou latino-americano)? O processo anglo-saxônico é um sistema de administração da justiça socialmente orientado? Estão os anglo-saxônicos satisfeitos com seu ordenamento processual?

Após tecer diversas considerações a partir de um diálogo comparativo, o mestre nos apresenta algumas ponderações nas quais destaca a necessidade de um estudo minucioso do processo estrangeiro, a construção de um estudo analítico entre os ordenamentos e a preocupação em não impor ou simplesmente transpor automaticamente um sistema estrangeiro em nosso país.

da aplicação de: I - penas restritivas de direitos; II - transação penal e suspensão condicional do processo; III - suspensão condicional da pena privativa de liberdade; IV - conciliação, mediação e técnicas de justiça restaurativa; V - medidas cautelares diversas da prisão; e VI - medidas protetivas de urgência.

UMA NOVIDADE: O CÓDIGO DE PROCESSO CIVIL INGLÊS[1*]

1. Antecedentes

Desde 26 de abril deste ano, tem a Inglaterra um código de processo civil, sob a denominação oficial de *Rules of Civil Procedure* (adiante, *RCP)*[2]. Substituindo a fragmentária disciplina anterior, e afastando- se de longa usança nacional, o novel diploma regula a matéria em termos sistemáticos e compreensivos (com ressalva do procedimento recursal e da execução). Uma autêntica novidade, cujo surgimento vem sendo apregoado como a maior transformação legislativa, nesse terreno, há mais de século[3].

Na verdade, anseios de reforma vinham-se manifestando, com intensidade crescente, ao longo das últimas décadas. Já havia até produzido alguns resultados, que nem por serem parciais deixavam de ter sua importância: basta notar que, a certa altura, se puseram especialistas a conjecturar se as mudanças introduzidas não estariam chegando ao ponto de desfigurar uma das características mais salientes do ordenamento inglês, sua filiação ao chamado *adversary system*[4].

Foi dado o passo decisivo em 1994, quando o então *Lord Chancellor* incumbiu eminente magistrado, Lord Woolf of Barnes, de empreender

---

1 Trabalho destinado ao volume em homenagem ao Ministro ADHEMAR FERREIRA MACIEL, do Superior Tribunal de Justiça. Publicado *in Genesis*, nº 13, na *Rev. de Dir. Comp.*, nº 18, e na *Rev. de Dir. Renovar*, nº 15.

2 A lei vige também no País de Gales. Para o leitor interessado em ter acesso ao texto, o endereço eletrônico é o seguinte: <http://www.open.gov.ukllcd/civil/procrules_finlruleswo.zip>

3 Lê-se no *Foreword* do *Lord Chancellor* que a entrada em vigor das *Rules* abre programa *"of the most fundamental change to the civil justice system since the reforms of Lord Selborne in the 1870s"*. APPLEBEY, *The new small claims track, in Civil Justice Quarterly* (adiante, *CJQ)*, v. 18, 1999, p. 87, qualifica 26-4-1999 como *"an historie day for the civil justice system of England and Wales"*. Parece assistir razão, pois, a MORÉTEAU, *La réforme de la procédure civile anglaise: première approche, in Revue générale des procédures*, nº 4 (out./dez. 1998), p. 770, quando diz que *"la refonte actuelle des règles de procédure civile est aux yeux des Anglais aussi radicale que les changements amenés jadis par le Supreme Court of Judicature Act 1875"*.

4 *Vide* JOLOWICZ, *A reforma do processo civil inglês: uma derrogação do* adversary system?, trad. de Barbosa Moreira, *in Rev. For.*, v. 328, p. 61 e s., espec. 66/8.

pesquisa relativa à situação da Justiça civil inglesa e de oferecer sugestões para melhorar-lhe o desempenho, ao qual se irrogavam defeitos do gênero lamentado mundo afora, em tantos outros sistemas judiciais: excessiva lentidão, custo exorbitante, desnecessária complexidade e consequentes incertezas[5]. O trabalho levado a cabo por Lord Woolf achou expressão em dois relatórios sobre o acesso à Justiça, o *Interim Report* de 1995 e o *Final Report* do ano subsequente, cujas conclusões suscitaram, como era de esperar, reações contrastantes, variáveis entre um apoio entusiástico e uma veemente rejeição[6]. Entretanto, o *Civil Procedure Act* de 1997 anunciava o próximo advento de um código unificador; e a mudança de governo, com a ascensão dos trabalhistas ao poder, não arrefeceu o ímpeto reformista. Designado para reexaminar o assunto, Sir Peter Middleton elaborou novo relatório, publicado naquele mesmo ano, onde se recomendava a adoção das soluções propostas por Lord Woolf, com algumas modificações. As *RCP* constituem o fruto desses esforços.

2. Estrutura do Código

É quase irresistível a inclinação para pensar que a Inglaterra, com a adoção de código uno e abrangente, haja repudiado a tradição do *common law* e aderido à linhagem europeia continental- que se prolongou, ocioso acrescentar, nos países latino-americanos. Transpôs-se, de fato,

5 É ainda o *Foreword* que alude à *"widespread public dissatisfaction with the delay, expense, complexity and uncertainty of pursuing cases through the civil courts".*

6 Vasta a literatura referente aos relatórios de Lord Woolf. Os volumes de 1995 e dos anos seguintes da revista *CJQ* publicaram a respeito bom número de estudos, dos quais nos limitaremos aqui a indicar alguns lugares: 1995, p. 231; 1996, p. 273; 1997, p. 17, 98, 208; 1998, p. 13; 1999, p. 98, 113. ZUCKERMAN, *The Woolf Report on Access to Justice – an Overview, in Zeitschrift fur Zivilprozess International* (adiante, *ZZP Int),* v. 2, 1997, p. 31 e s., oferece excelente síntese da matéria. Consultem-se também os escritos de vários autores, reunidos no volume *Reform of Civil Procedure,* ed. Zuckerman & Cranston, Oxford, 1995; e ainda, para uma breve notícia, MORÉTEAU, art. cit., p. 775/6. Dentre os ensaios de feição crítica, mencionaremos os de ZUCKERMAN, *Lord Woolf's Access to Justice: Plus ça change..., in The Modern Law Review* (adiante, *MLR),* v. 59, 1996, nº 6, p. 773, e, com maior aspereza, de ZANDER, *Why Lord Woolf's Proposed Reforms of Civil Litigation Should be Rejected,* no volume coletivo acima cit., p. 79 e s., e *The Woolf Report: Forwards or Backwards for the New Lord Chancellor?, in CJQ,* v. 16, 1997, p. 208 *(vide* a resposta de Lord Woolf em conferência publicada sob o título *Medics, Lawyers and the Courts, ibid.,* p. 302).

distância considerável; convém, no entanto, colocar uma surdina no anúncio desse deslocamento. É que a estrutura das *RCP* difere bastante daquela a que estamos afeitos no espaço jurídico romano-germânico.

Senão, vejamos. Os códigos de nossa família costumam ter o texto dividido em livros (com subdivisões em títulos, capítulos e/ou seções), cada qual consagrado à disciplina de um (ou mais de um) tipo de processo. Antepõe-se aos livros específicos uma "parte geral", onde se reúnem as disposições genericamente aplicáveis a quaisquer processos. Tal o esquema habitual, que na verdade comporta variações: sirva de exemplo o Código de Processo Civil brasileiro, no qual não existe "parte geral", insertas no Livro I ("Do processo de conhecimento") as normas de aplicação genérica.

Pois bem: a arquitetura das *RCP* não segue essas linhas. Estão as normas agrupadas em 51 partes, que não refletem as divisões comuns dos códigos romano-germânicos, ressalvado o fato de que algumas realmente correspondem, *grosso modo*, a títulos ou capítulos que nos são familiares: *v.g.*, a parte 12, sob a rubrica *Default Judgment*, encontra óbvio paralelo em nosso Capítulo III ("Da revelia") do Título VIII do Livro I; a parte 34 *(Depositions and Court Attendance by Witnesses)*, por sua vez, na Seção VI do Capítulo VI daquele mesmo título ("Da prova testemunhal"). Às 51 partes agregam-se disposições complementares, contidas em dois *Schedules* e vários *Practice Direction Protocols*, mais um glossário, com definições de bom número de expressões jurídicas usadas nas *RCP*, para não falar no *Foreword* do *Lord Chancellor*, onde se tecem considerações gerais sobre a origem, o espírito e os propósitos do novo diploma.

Traço interessante é a reiterada aposição, abaixo do texto de um dispositivo, de remissões a outros, que com aquele se conjugam. Por exemplo: na parte 7, concernente à instauração do processo, a *rule* 7.2, cuja rubrica é *How to start proceedings*, tem duas remissões finais, entre parênteses: a primeira remete à parte 23 o interessado em requerer providência judicial *anterior* ao início do feito, a segunda esclarece que na parte 16 se arrolam os elementos de obrigatória inclusão na petição inicial *(claim form)*.

Outra característica digna de nota é a abundância de regras enunciativas do objeto e das finalidades de cada parte. Exemplo curioso: na parte 1, que trata do *Overriding Objective* das *RCP*, dispõe (ou antes, expõe) a *rule* 1.1. (1): *"These Rules are a new procedural code with the overriding objective of enabling the court to deal with cases justly"*. Na mesma direção, previne a *rule* 44.1 – a primeira da parte 44, cuja rubrica é *"General Rules About Costs"* – que tal parte contém normas gerais acerca de custas e de direito a custas. A obsessão de explicar tudo atinge às vezes as raias do cômico: assim, a *rule* 20.1 toma o cuidado de participar ao leitor que a finalidade da parte 20, a que esse dispositivo dá início, consiste em assegurar o tratamento mais conveniente e eficaz das causas disciplinadas... na própria parte 20!

Tem-se a impressão de que o legislador não depositava grande confiança na aptidão dos intérpretes e aplicadores da lei para inferir do texto, por si mesmos, os princípios e noções com que terão de lidar. Semelhante impressão decerto se fortalece à vista de expedientes gráficos utilizados com intuito didático manifesto, como a tabela da *rule* 6.5 (6), composta de duas colunas, a da esquerda a relacionar as diversas espécies de citandos, e a da direita a indicar onde se deve proceder, em cada caso, à citação. Assim se adverte *visualmente* o encarregado de realizá-la, *v.g.*, de que, em princípio, a pessoa física há de ser citada na residência habitual ou na última conhecida, e a companhia registrada na Inglaterra e Gales, no seu principal estabelecimento, ou então em qualquer estabelecimento situado na circunscrição judicial competente, que tenha real conexão com a causa.

É mister aludir, neste contexto, ao empenho do legislador em fixar terminologia uniforme e simples, compreensível por todos, ou quase todos. A preocupação revela-se, aliás, na própria adição de um glossário. Quis-se substituir expressões tidas como herméticas por outras menos estranhas à linguagem comum. Transparece aí o propósito genérico de simplificação, que abarcou forma e conteúdo: dentre as mudanças substanciais que inspirou, vale a pena assinalar a drástica redução do número de formas de instaurar o processo[7].

3. Distanciamento do modelo clássico do *"adversary system"*

Por importantes que sejam os aspectos formais, o nó vital da reforma situa-se na mudança que ela imprime à rota do processo civil inglês, riscada até há pouco, segundo linha de vetusta tradição, no território

7 Comentando ainda o relatório final de Lord Woolf, informava UFF, *Access to Justice: Lord Woolf's Final Report, Procedure and Evidence, in CJQ*, v. 16, 1997, p. 19, que semelhante número montava a nada menos de oito *(!)*.

central do *adversary system.* Conforme bem se sabe, a quinta-essência de tal modelo consiste, em última análise, no maior relevo atribuído ao papel das partes, em comparação com o do órgão judicial, relativamente ao controle exercido sobre o processo[8]. No presente contexto, merece realce o ponto, sobretudo, no que concerne à atividade probatória e ao andamento do feito, antes da sessão de julgamento *(trial)* - uma e outro deixados até há pouco, em medida larguíssima, à discrição dos litigantes *(rectius:* de seus advogados).

Essa característica era vista por muitos como o fator principal das mazelas de que se ressentia o processo na Inglaterra[9], sintetizadas com insistência, dentro e fora dos relatórios de Lord Woolf, no trinômio custo - lentidão - complexidade. O *litigation cost,* vale ressaltar, de longa data vinha sendo motivo de grave preocupação para os estudiosos e para o público em geral. Categórica a doutrina em apontar na pouca frequência dos litígios entre pessoas de recursos escassos um corolário do montante "proibitivo" dos custos, e até em sustentar que, para cidadãos comuns, não beneficiados pela assistência judiciária, uma ação na Justiça estava *"financially out oi question"*[10].

Igualmente inquietante era a excessiva duração dos feitos. Em relatório destinado ao simpósio de Tóquio sobre a Justiça civil na era da globalização (1992), indicou-se, para o ano de 1990, na *Queen's Bench Division,* uma distância média de 145,3 semanas (ou sejam, 2,78 anos) entre o writ inicial e a extinção do processo em primeiro grau de jurisdi-

8 ANDREWS, *Principies of Civil Procedure,* Londres, 1994, p. 34, enumerava oito aspectos de semelhante predomínio; mas alguns, na verdade, longe de constituírem peculiaridades do *adversary system,* são claramente perceptíveis em ordenamentos de tendência diferente: assim, por exemplo, a liberdade de instaurar ou não o processo, a possibilidade de transigir ou de desistir da ação.

9 Não falta quem lance asserção análoga quanto aos Estados Unidos: por exemplo, MURRAY, *Civil Justice Reform in America: The 1990 Civil Justice Reform Act and Its Consequences, in ZZP Int,* v. 3, 1998, p. 320, identifica o *"major cost and delay-causing element of American civil justice"* na *"disproportionate dependence on parties and their counsel for trial preparation and fact development and presentation".*

10 DEVLIN, *The Judge,* Oxford, 1981, p. 69. Cf. JACOB, *The Fabric of English Civil Justice,* Londres, 1987, p. 47. Segundo MORÉTEAU, art. cit., p. 773, o principal defeito do processo civil inglês seria o respectivo custo, qualificável de exorbitante. Nota PEYSNER, *Focus Groups and Analogue Vignettes: Modelling and Piloting in Civil Procedural Reform, in CJQ,* v. 18, p. 115, que não raro *"the costs of the action rapidly outstrip the quantum of the claim; and the case, and any consequent appeals, is mainly about who will pick up the bills".*

ção, com *trial* ou sem ele[11]. Decididamente não era marca que desse ao país motivo de orgulho.

Pois bem: não poucas vozes apontaram a fonte mais caudalosa desses problemas na exagerada subordinação do processo à vontade dos litigantes[12]. Tanto valia pela sugestão, senão de abandonar o *adversary system,* pelo menos de podar-lhe os excessos[13]. Reflete-se tal diretriz no já mais de uma vez citado *Foreword* do *Lord Chancellor,* onde se frisa a necessidade, para os tribunais, de *"actively* (...) *manage cases",* a fim de coarctar *"the scope for parties to manipulate procedure for tactical advantage".*

A *rule* 1.4 (2) cuida de discriminar em doze itens o programa do *active case management* que o órgão judicial é instado a implementar. Dele se requer que: estimule as partes a cooperar entre si na condução do feito; identifique cedo as questões; decida prontamente quais delas precisam de investigação completa e audiência de julgamento *(trial)* e resolva sumariamente as outras; determine a ordem na qual se hão de resolver as questões; incentive as partes a valer-se de um método alternativo de solução do litígio, se lhe parecer apropriado, e facilite o respectivo uso; auxilie os contendores a entrar em acordo, total ou parcial, quanto à matéria litigiosa; fixe cronogramas ou controle de outro jeito o andamento do processo; verifique se os prováveis benefícios de determinada providência justificam o respectivo custo; trate do maior número possível de aspectos do caso simultaneamente; trate do caso sem que os litigantes precisem comparecer ajuízo; utilize a tecnologia; emita instruções para assegurar que o julgamento se realize de modo rápido e eficiente.

---

11 ZUCKERMAN, *Comparative Analysis of the Reform of Civil Procedure - Civil Procedure in England,* no volume *The International Symposium on Civil Justice in the Era of Globalization,* Tóquio, 1993, p. 168. A cláusula final de nosso período recorda o fato de que a maior parte dos pleitos se extinguem antes do momento em que se realizaria o *trial:* no dizer de JACOB, ob. cit., p. 71, *"in theory, the trial is the model of English civil justice but in practice it is the rare exception".*

12 LIGHTMAN, *Civil Litigation in the 21"* Century *in CJQ,* v. 17, p. 389, alude ao *"waste of judicial lime and resources"* como fruto do modelo antigo, que reservava papel passivo ao juiz.

13 Comentando o relatório Woolf, sustentava JOLOWICZ, *The* Woolf *Report and the Adversary System, in CJQ,* v. 15, 1996, p. 210, que a adoção das propostas ali contidas implicaria forçosamente pôr em xeque o *adversary system.*

Várias dessas recomendações soarão bastante familiares a quem conheça ordenamentos processuais da Europa continental[14] ou da América Latina, nos quais - ao menos em teoria... - se supõe que pratos do gênero acima descrito façam parte do normal cardápio quotidiano dos juízes, Para a Inglaterra, porém, com sua tradição de inércia judicial, não surpreende que semelhante programa seja olhado como algo de autenticamente revolucionário.

4. O incremento dos poderes do juiz

Tem-se acentuado, muito justamente, o salto gigantesco dado pelas *RCP* no terreno dos poderes do juiz quanto à direção formal do processo[15]. Tão relevante é o ponto, que alguns aspectos merecem ser focalizados mais de perto.

A parte 3 enuncia em termos genéricos os poderes do órgão judicial no *"case management"*. Extensa a relação: à guisa de exemplos, vale citar o poder de prorrogar ou abreviar prazos, salvo disposição em contrário *(rule* 3.1 (2) *(a));* o de adiar uma audiência, ou marcar para ela data mais próxima *(rule* 3.1. (2) *(b)*); o de suspender, no todo ou em parte, qualquer processo ou julgamento *(rule* 3.1 (2) *(f);* o de julgar duas ou mais causas na mesma ocasião *(rule* 3.1 (2) *(h));* o de decidir a causa em seguida à resolução de questão preliminar *(rule* 3.1 (2) *(l)).* Nem é taxativa a enumeração: a cláusula derradeira *(rule* 3.1 (2) *(m))* contém generalíssima norma de encerramento, segundo a qual pode o juiz *"take any other step ar make any other arder for the purpose of managing the case and furthering the overriding objective".*

Vejamos dois ou três pormenores. No sistema das *RCP*, há três procedimentos básicos *(tracks);* em grau crescente de complexidade, assim os arrola a *rule* 26.1. (2): o *small claims track*, o *fast track* e o *multi-track.* Em termos aproximativos, a fim de que o leitor possa formar uma ideia menos vaga da tripartição, talvez se possa dizer que o último tipo corresponde no Brasil ao procedimento ordinário, o segundo ao sumá-

---

14 Não é por acaso que MORÉTEAU, art. cit., p. 779, enxerga nas diretrizes da *rule 1.4*(2) *"une marque de l' influence continentale, laquelle s'exerce de manière forte par le truchement du droit communautaire".*

15 *Vide*, por exemplo, mais uma vez MORÉTEAU, art. cit., p. 770 *("Le changement principal est le pouvoir donné au juge de diriger la procédure afin de juger plus efficacement et à un moindre coût")*, 777, 778.

rio[16], e o primeiro ao previsto na Lei nº 9.099, de 26-9-1995, para os Juizados Especiais Cíveis. Pois bem: dentro de certos limites, e levando em consideração os elementos indicados no texto, o órgão judicial goza de alguma latitude no determinar o procedimento aplicável a cada causa (veja-se, por exemplo, a *rule* 26.7 (2), atinente a causas sem valor financeiro) e pode até substituir por outro o procedimento adotado de início (*rule* 26.10). Mais: de acordo com a *rule* 27.8 (1), no *small claims track* o juízo é livre de estabelecer o procedimento que lhe pareça *"to be fair"* para a audiência preliminar *(preliminary hearing)*; aliás, fica em parte a critério do órgão judicial realizar ou não a audiência *(rule 27.6)*.

Ao dispor sobre a estrutura subjetiva do processo, o código autoriza o juiz a ordenar que seja excluída daquele alguma das pessoas que estejam ocupando a posição de parte, caso se afigure indesejável a respectiva presença no feito (*rule* 19.1 (3)). Máximo, como se vê, o teor discricionário da decisão. Feição análoga tem a norma a cuja luz pode o órgão judicial consentir que a reconvenção, em vez de ser oferecida com a defesa, venha a sê-lo em qualquer outro momento (*rule* 20.4 (2) *(b)*).

Cumpre enfim notar que – sempre com a ressalva de disposição em contrário – esses poderes atribuídos ao juiz são exercitáveis de ofício (*rule* 3.3 (1)). Nem se exclui a possibilidade de que ele emita ordem por iniciativa própria sem ouvir previamente as partes ou dar-lhes oportunidade de manifestar-se (*rule* 3.3 (4)).

5. A instrução probatória

A tradição do *adversary system* reservava às partes a iniciativa no tocante às provas. Àquelas cabia resolver que provas produzir e como produzi-las. Ao juiz atribuía-se papel eminentemente passivo no particular.

As *RCP* modificam de modo sensível o panorama. Não chegam a conferir ao órgão judicial, em termos expressos, o poder de determinar *ex officio* a realização de provas; mas decerto lhe outorgam amplas faculdades de controle da atividade probatória. Consoante a *rule* 32.1 (1), pode o juiz emitir instruções no sentido de especificar as questões para

16 Atente-se contudo em que, na linguagem das *RCP*, a expressão *summary judgment* designa outra coisa: um tipo de procedimento no qual a causa (ou uma questão particular) pode ser julgada sem realizar-se audiência de julgamento *(trial)*: *vide* rule 24.1.

as quais deseja prova, a natureza da prova de que carece para resolvê-las e a maneira como a prova deve ser apresentada em juízo. Pode também, na conformidade da *rule* 32.1 (2), excluir prova que de outro modo seria admissível. Além disso, é dado ao órgão judicial, a qualquer momento, ordenar à parte que esclareça matéria discutida no processo, ou ministre informação adicional a respeito *(rule* 18.1 (10)).

Alguns tópicos, de particular interesse, merecem aqui referência específica. Um deles concerne à prova pericial. No universo anglo-saxônico, tradicionalmente, o perito nada mais era que uma testemunha, supostamente versada em certo ramo da ciência ou da técnica, e convocada por um ou por outro litigante para depor a seu favor[17]. Problemática tornava-se, destarte, a objetividade do depoimento: conquanto se entendesse que a *expert witness* tinha deveres para com o tribunal, e não apenas para com a parte que a recrutara[18], desenhava-se inevitável uma conjectura sobre o risco de que aquela se inclinasse, conscientemente ou não, a favorecer além da medida justa o interesse de quem a remunerava. As *RCP* tomam posição categórica ao propósito. Com ênfase bem perceptível, estatui a *rule* 35.3 que é dever do perito auxiliar o tribunal nas matérias de sua especialidade, e que esse dever sobrepaira a toda obrigação para com a pessoa da qual ele recebeu instruções ou pela qual é pago. Ademais, sempre que as partes pretendam que se realize perícia sobre determinada questão, tem o órgão judicial a possibilidade de ordenar que ela seja levada a cabo por um único perito *(rule* 35.7 (1)).

Outro ponto interessante respeita à forma por que se pode colher a prova testemunhal. Que a testemunha depusesse oralmente era o que reclamava uma tradição de origem mais que provável na prática secular – embora há tempos quase inteiramente abandonada na Inglaterra, em matéria civil [19]- do julgamento por júri. O novel código, na *rule* 32.2 (1),

17 *"Le choix du droit anglais est clair: pour la solution de toutes les questions de fait, y compris les questions techniques, il appartient aux parties d' appeler leurs témoins, experts* en *cas de necessite",* expunha JOLOWICZ, *L'expert, le témoin et le juge dans le proces civil en droits français et anglais,* in *Rev. int. de dir. comp.,* ano 29, nº 2 (abr./ jun. 1977), p. 291.

18 ANDREWS, ob. cit., p. 42.

19 Cf., inclusive para outras indicações bibliográficas, BARBOSA MOREIRA, *Notas sobre alguns aspectos do processo (civil e penal) nos países anglo-saxônicos, in Rev. For.,* v. 344, p. 99/100, e aí a nota 13. Na nota 14, referências doutrinárias à generalizada influência, subsistente no moderno processo inglês, do antigo sistema do *trial by jury.*

reafirma a regra da oralidade quanto ao *trial (a)*, se bem que preveja, para qualquer outra audiência, a prestação de depoimento por escrito *(b)*; nesta hipótese, é dado à parte requerer ao juiz permissão para interrogar *(cross examine)* a testemunha *(rule* 32.7 (1)). Tal regime fica sujeito, em todo caso, a alterações que aquele entenda de prescrever *(rule* 32.2 (2) *(b))*.

Por outro lado, a *rule* 3.1 (1) *(d)* autoriza o órgão judicial a realizar audiências e a colher provas por telefone ou por qualquer outro método de comunicação oral direta. E mais: nos termos da *rule* 32.3, pode o juiz permitir que a testemunha deponha *"through a video link or by other means"*[20] (atente-se na elasticidade da fórmula). Rendeu-se o legislador a óbvias conveniências de ordem prática, que a seu ver, em época de tamanho progresso tecnológico, deviam prevalecer sobre preceitos tradicionais, outrora com certeza explicáveis, mas já envelhecidos – a mesma diretriz, por sinal, que lhe inspirou a disposição da *rule* 6.2. (1) *(e)*, onde se contempla *expressis verbis* a possibilidade de intimação por fax *"or other means of electronic communication"*.

6. Medidas cautelares e antecipativas

A parte 25 das *RCP* dispõe sobre providências a que chama, genericamente, *interim remedies*. Revela o exame do texto que se trata aí, em conjunto, de medidas cautelares e de outras que se encaixam na moldura da tutela antecipada – a acolher-se a premissa, tão cara a largo setor doutrinário, da substancial diversidade entre as duas categorias. Tipicamente antecipatórias serão em regra as *interim injunctions (rule* 25.1 (1) *(a))*, entendendo-se por *injunction*, de acordo com o glossário, uma ordem judicial que proíba alguém de fazer alguma coisa ou determine a alguém fazer alguma coisa. De inequívoca feição cautelar é a denominada *"freezing injunction"*, pela qual se veda que a parte remova bens ou negocie com eles *(rule* 25.1 (1) *(c) (j)*; ressumbra aí certa afinidade funcional com o nosso arresto.

Nos termos da *rule* 25.2 (1), o *interim remedy* pode ser deferido a qualquer tempo, mesmo antes da instauração do processo (prin-

20 ANDREWS, ob. cit., p. 486, aponta precedente em que, ainda sob o regime anterior, se admitiu, com base nas *Rufes of the Supreme Court, Order* 38, *r.* 3, a prestação de depoimento mediante transmissão de país estrangeiro, onde se achava a testemunha.

cipal) ou depois da sentença. Todavia, o deferimento anterior ao início do feito pressupõe que o assunto seja urgente ou que o interesse da justiça faça desejável, por outro motivo, a providência *(rule* 25.2 (2) *(b);* repare-se, uma vez mais, na flexibilidade da fórmula, a abrir ao juiz margem considerável de apreciação). É dado ao órgão judicial, nessa hipótese, emitir ordem no sentido do ajuizamento da demanda; provavelmente, fixar prazo para tanto, à semelhança do que faz a própria lei no direito brasileiro (Código de Processo Civil, art. 806).

Pode-se obter um *ínterim remedy* sem cientificação da pessoa em face de quem ele é requerido, caso entenda o juiz haver para isso boas razões *(rule* 25.3 (1)). Aqui também é interessante o confronto com o Código pátrio, cujo art. 804 igualmente prevê tal possibilidade, mas é mais rigoroso na fixação dos limites: em vez de deixar toda a valoração a cargo do magistrado, reclama que, a cientificar-se a parte adversa, a medida houvesse de tomar-se ineficaz.

Num ponto existe flagrante oposição entre a disciplina brasileira e a inglesa: o concernente aos efeitos da suspensão do processo (principal). Segundo a lei brasileira (art. 807, parágrafo único), uma vez suspenso o feito, a medida cautelar permanece eficaz salvo decisão judicial em contrário. O código inglês vira pelo avesso a disciplina: ocorrendo a suspensão, por motivo que não seja acordo entre os litigantes, a *interim injunction* será cancelada, a menos que o juiz ordene a subsistência da eficácia *(rule* 25.10).

7. Observações finais

Não era nem podia ser intenção nossa proceder neste ensejo a uma análise exaustiva da importante novidade que o código inglês constitui. Longo e minucioso, exigiria o texto, para deixar-se esquadrinhar, espaço bem maior que o adequado a trabalhos da índole do presente.

Campo de exploração promissora seria, indubitavelmente, o das reações da ciência processual britânica ao advento do diploma. No entanto, é claro que a brevidade do tempo decorrido desde a respectiva entrada em vigor reduz, quando nada, sobretudo para o observador externo, as possibilidades de acesso a literatura posterior que seja deveras relevante. No momento oportuno cuidamos de trazer à colação pronunciamentos emitidos acerca dos relatórios de Lord Woolf, cujas propostas, afinal de contas, foram em máxima parte incorporadas às *RCP*[21]. A isso, por enquanto, praticamente nada temos que aditar.

Vamos cingir-nos, para encerrar esta breve notícia, ao registro de advertência constante ainda do *Foreword* do *Lord Chancellor.* Depois de reconhecer que se terá de esperar algum tempo para ver os benefícios do novo regime - absurdo como seria pretender que tão extensas e fundamentais mudanças atingissem todos os objetivos de um dia para o outro -, sublinha o *Foreword* a imprescindibilidade de uma averiguação dos efeitos concretos da reforma: *"It will clearly be crucial that we monitor the impact of the changes".* Nunca se louvará demais a sensatez de tais palavras. Elas bem poderiam ser sugeridas como divisa a reformadores de outras plagas, que nem sempre dão a impressão de preocupar-se muito com o ponto - ao que parece, na ingênua suposição de que basta colocar em vigor certo número de normas para que tudo se resolva como por encanto, dispensado qualquer esforço posterior de verificação da realidade...

Julho de 1999.

COMENTÁRIOS DO ATUALIZADOR

UMA NOVIDADE: O CÓDIGO DE PROCESSO CIVIL INGLÊS

Humberto Dalla Bernardina de Pinho

Nesse trabalho pioneiro, o professor nos conta um pouco sobre a gestação e o nascimento da primeira codificação processual inglesa. Aliás, logo na segunda nota de rodapé, com a precisão que lhe era

21 Vale a pena salientar neste passo o pessimismo com que ZUCKERMAN, no art. cit. na nota 5, *in The Modem Law Review,* v. 59, nº 6, encarava o reflexo eventual da consagração legislativa das propostas atinentes ao custo do processo - problema, em sua opinião, ligado inextricavelmente ao critério habitual de remuneração dos advogados, com base no tempo de atuação.

peculiar, esclarece que o texto vige, também, no País de Gales e, ainda, fornece o endereço eletrônico, coisa ainda rara nos textos dos anos 1990.

Após discorrer sobre a estrutura e a anatomia do Código, cujas normas são agrupadas em 51 partes, podemos encontrar uma importante anotação no sentido de que o Código representa um freio ao adversary system.

Esse ponto é bastante importante nos dias atuais, sobretudo à luz do Código de Processo Civil de 2015 e do necessário equilíbrio entre o poder convencional das partes e o poder gerencial dos magistrados.

Nesse sentido, o novo regramento processual civil se encontra cada vez mais estruturado sob a ótica do modelo constitucional de processo. Trata-se de verdadeira evolução normativa e principiológica, a inspirar um molde legislativo mais atento à realidade política, jurídica e social do país, o que, por óbvio, acaba, também, por afetar a própria ciência processual, enquanto campo de estudo voltado à satisfação dos jurisdicionados e à pacificação da sociedade – como, no mais, o direito como um todo.

Há, hoje, a ideia segundo a qual a justiça coexistencial[22] deve significar gestão participativa e colaborativa, na busca de um processo garantista[23] e justo.

Nesse contexto, sobressai o papel relevante desempenhado pelo direito processual, enquanto instrumento de realização dos ideais constitucionais, vez que, pelas vias processuais, concretizam-se os direitos e garantias fundamentais assegurados na Carta.

Não é por outro motivo, aliás, que se impõe ao processo que mantenha diálogo constante com os valores máximos do ordenamento, de maneira a absorvê-los, deixar-se por eles conduzir e transmiti-los.

Em termos de convenções processuais, a influência constitucional fica clara, à medida que se descortina um modelo cooperativo, ou comparticipativo, de processo, tal como previsto no art. 6º do NCPC.

---

22 CAPPELLETTI, Mauro. Problemas de Reforma do Processo Civil nas Sociedades Contemporâneas, in Revista de Processo, ano 17, n. 65, São Paulo: Revista dos Tribunais, 2008, p.129.

23 GRECO, Leonardo. Garantias Fundamentais do Processo: O Processo Justo. Revista Jurídica, ano 51, n. 305, São Paulo: Notadez, 2003, p.61.

Os sujeitos do processo – não só as partes, mas também o juízo – assumem a responsabilidade de, em atuação conjunta, trabalhar para a obtenção de uma decisão meritória justa e efetiva, em tempo razoável.

Além das convenções, em alguns países encontramos maior ênfase do sistema processual na figura do case management.

Para Neil Andrews[24], Lord Woolf[25] pretendia que o novo sistema de *case management* fosse capaz de (i) acelerar a justiça, (ii) tornar o processo civil mais acessível para pessoas comuns e empresários; (iii) simplificar a linguagem usada no processo; (iv) promover acordos o quanto antes; e (v) e transformar o exercício da jurisdição mais eficiente e menos custoso, evitando gastos excessivos e desproporcionais.

A doutrina inglesa[26] traduziu o *Overriding Objetive* como a consagração de três imperativos processuais, quais sejam: a) resolver o conflito de forma justa, b) em um tempo razoável, e c) com o uso proporcional de recursos. Como principal instrumento de realização dos objetivos, não só se transferiu a gestão dos processos ao juiz, mas também e principalmente outorgaram-se-lhe amplos poderes.

As *Civil Procedure Rules*, no item 1.4[27], deixam bem evidentes esses poderes.

---

24 ANDREWS, Neil. English Civil Procedure: fundamentals of the new civil justice system. Oxford: Oxford University Press, 2003, p. 36.

25 ZANDER, Michael. The Woolf Reforms: What's the verdict? In: DWYER, Déirdre (Editor). The Civil Procedure Rules Ten Years On. Oxford: Oxford University Press, 2009, p. 417-433.

26 CLARKE, Anthony. The Woolf Reforms: a singular event or an ongoing process? In: DWYER, Déirdre (Editor). The Civil Procedure Rules Ten Years On. Oxford: Oxford University Press, 2009, p. 57.

27 Court's duty to manage cases. 1.4 (1) The court must further the overriding objective by actively managing cases. (2) Active case management includes – (a) encouraging the parties to co-operate with each other in the conduct of the proceedings; (b) identifying the issues at an early stage; (c) deciding promptly which issues need full investigation and trial and accordingly disposing summarily of the others; (d) deciding the order in which issues are to be resolved; (e) encouraging the parties to use an alternative dispute resolution(GL)procedure if the court considers that appropriate and facilitating the use of such procedure; (f) helping the parties to settle the whole or part of the case; (g) fixing timetables or otherwise controlling the progress of the case; (h) considering whether the likely benefits of taking a particular step justify the cost of taking it; (i) dealing with as many aspects

Nesse sentido, Zuckerman[28] anota, com precisão, que, no sistema inglês, o exercício da jurisdição é um processo contínuo, no qual o *trial* é apenas o último estágio, mas não necessariamente o mais relevante[29].

A união das duas técnicas - convenções e gerenciamento - coloca a ideia de colaboração no processo num patamar nunca antes alcançado pelo processo civil. Isso vai ao encontro das garantias fundamentais elencadas no art. 5º, LV, quais sejam, ampla defesa e, principalmente, contraditório, o qual passou a ser também analisado sob um prisma de participação, diálogo e cooperação.

Assume relevo a ideia de processo enquanto construção das próprias partes e para elas, segundo seus interesses levados a juízo, o que, de certa forma, faz sobressair o exercício da democracia, em seu viés participativo e discursivo.

Natural, assim, que a nova ordem do processo traga uma visão das partes não mais como sujeitos estranhos aos atos processuais, mas direta e profundamente ligados aos rumos do feito. Eis porque devem assumir o compromisso do diálogo e da cooperação, na condução mais adequada da demanda que, no fim das contas, se pretende feita sob medida para elas mesmas.

Na sequência, o professor trata dos procedimentos previstos no Código Inglês, identificados na Regra 26.1 como *small claims track, fast track* e *multi-track,* os quais, guardadas as devidas proporções, cor-

of the case as it can on the same occasion; (j) dealing with the case without the parties needing to attend at court; (k) making use of technology; and (l) giving directions to ensure that the trial of a case proceeds quickly and efficiently. Texto disponível em https://www.justice.gov.uk/courts/procedure-rules/civil/rules/part01, acesso em 30 de maio de 2014.

28 ZUCKERMAN, A.A.S. Zuckerman on Civil Procedure: principles of practice. Second Edition. London: Sweet & Maxwell, 2006, p. 39.

29 ANDREWS, Neil. The Modern Civil Process. Judicial and Alternative Forms of Dispute Resolution in England. Germany: Mohr Siebeck, 2008; WOOLF, Lord. Access to Justice Interim Report; Access to Justice Final Report. Disponíveis em: <www.dca.gov.uk>. Acesso em: 27 abr. 2013; SENEVIRATNE, Mary. The Managing of Civil Cases: The Courts and the Post-Woolf Landscape. London: Department for Constitutional Affairs, 2005; ZANDER, Michael. Cases and Materials on the English Legal System. 10. ed. Cambridge: University Press, 2007; ZUCKERMAN, Adrian. Lord Woolf's Access to Justice: Plus a Change... Modern Law Review, v. 59, p. 773-796, nov. 1996.

responderiam aos procedimentos sumaríssimo, sumário e ordinário, à época do Código de 1973.

Em seguida, é examinada a questão da instrução probatória. Embora a codificação não chegue ao ponto de atribuir ao magistrado a iniciativa, em diversos dispositivos encontramos asseguradas, nas palavras do mestre, "amplas faculdades de controle da atividade probatória".

Por fim são apresentadas as medidas cautelares e antecipatórias, de acordo com a Regra 25 das Rules of Civil Procedure, as quais guardam semelhanças com o sistema das tutelas provisórias de urgência do Código de 2015, não obstante a maior discricionariedade reservada magistrado inglês, se comparado ao brasileiro.

Esse foi, salvo engano, o primeiro texto publicado no Brasil dedicado ao exame do novel ordenamento processual inglês. Mais uma vez se pode observar a originalidade das obras do Prof. Barbosa Moreira e seu incansável esforço para informar e atualizar seus leitores.

LE CODE-MODÈLE DE PROCÉDURE CIVILE POUR L'AMÉRIQUE L ATINE DE L'INSTITUT IBERO-AMERICAIN DE DROIT PROCESSUEL[1]

1. L'Institut Ibéro-Américain de Droit Processuel

L'Institut Ibéro-Américain de Droit Processuel fut fondé à Montevideo en 1957, à l'occasion des Premières Journées Latino-américaines de Droit Processuel, vouées à rendre hommage à la mémoire du grand processualiste uruguayen EDUARDO COUTURE. Présidé successivement par NICETO ALCALÁ-ZAMORA Y CASTILLO (espagnol), HERNANDO DEVIS ECHANDÍA (colombien), ENRIQUE VESCOVI (uruguayen) et AUGUSTO MARIO MORELLO (argentin), il groupe aujourd'hui environ deux centaines de juristes des pays ibériques et de presque tous les pays ibéro-américains. Son président actuel, élu en 1996, est l'auteur de cet article.

Une des principales activités de l'Institut consiste justement à donner suite à l'initiative prise il y a quarante ans. Ses membres se rassemblent périodiquement pour discuter nombre de themes scientifiques, qui font l'objet de rapports, de conférences et de débats. Voici la liste des Journées réalisées apres celles du 1957: Mexique, 1960; S. Paulo (Brésil), 1962; Caracas et Valencia (Venezuela), 1967; Bogotá et Cartagena (Colombie), 1970; Valencia (Venezuela), 1978; Guatemala, 1981; Quito (Equateur), 1982; Madrid (Espagne), 1985; Bogotá (Colombie), 1986; Rio de Janeiro (Brésil), 1988; Merida (Espagne), 1990; Cuernavaca (Mexique), 1992; La Plata (Argentine), 1994; Bogotá (Colombie), 1996. Au moment òu nous écrivons ces lignes, on est en train de préparer les Seizièmes Journées, qui auront lieu à Brasília (Brésil) au mois d' août de l'année courante.

Les Journées offrent aux membres de l'Institut une occasion singulière d'échanger des informations sur le droit de chacun des pays qui s'y font représenter. On confronte des expériences, on découvre des affinités aussi bien que des contrastes, on s'efforce de les compren-

1 Publicado *in ZZP International*, nº 3 (1998).

dre et de les expliquer, on cherche à tirer profit des leçons de la comparaison. Grâce aux Journées une sorte de "fonds commun" fut formé, dont on se sert pour l'interprétation des lois processuelles nationales et étrangères et pour la meilleure compréhension des divers systèmes. On essaie même de jeter les bases d'une "harmonisation" (il semblerait excessif de parler d'"uniformisation", quoique cette expression soit parfois employée) des différentes législations en matière de procédure. C' est une démarche qui, pour ainsi dire, se pose comme impérative spécialement pour les pays-membres du Marché Commun du Sud (Mercosul), dans la mesure ou celui-ci aspire à creuser les fondations d'une future communauté à l'européenne.

2. L'elaboration du projet du code-modèle de procédure civile

C'est à ce soin d'harmonisation que nous devons un fruit savoureux des travaux de l'Institut: la rédaction de deux codes-modèle pour l'Amérique Latine, l'un de procédure civile, l'autre de procédure pénale. Pour mettre en évidence l›intérêt que ces codes-modele ont éveillé même en Europe, nous n'avons qu'à rappeler les congres tenus à plusieurs reprises à Rome ayant pour but l'examen et le commentaire de leurs textes, sous le patronage d'institutions prestigieuses, telles que l'Université de Rome *"Tor Vergata", l'Istituto Ítalo-Latino-Americano (ILLA)* et *l'Associazione di Studi Sociali Latino-Americani (ASSLA),* et avec la participation de nombreux juristes non seulement de l'Italie, mais aussi de quelques autres pays européens[2].

L'histoire du code-modèle de procédure civile remonte aux Journées de 1967, où l'on décida d'établir des "bases" sur lesquelles rédiger un projet dédié à orienter la réforme de la législation processuelle, en géneral arriérée, des pays latino-américains. A vrai dire, le mouvement

2 Le premier congres, dédié au code-modele de procédure civile, eu lieu en setembre 1998 (les actes en furent publiés dans un volume de la revue *Roma e America - Collana di Studi Giuridici Latinoamericani,* nº 4, sous le titre *Vil "codice-tipo" di procedura civile per [ʻAmerica Latina,* Padova, 1990). Le congres sur le code-modele de procédure pénale, em septembre 1991, fut précédé d'un colloque préparatoire en mai 1990 (le *Consiglio Nazionale delle Ricerche* fit publier les actes de tous les deux, en trois volumes). Le theme de l'"unification" dans le terrain de la procédure civile fut repris lors d 'un autre congres, tenu en septembre 1995. Il est opportun de signaler que la réalisation et la réussite de ces congres sont dues surtout aux efforts de deux illustres professeurs italiens, SANDRO SCHIPANI et ROMANO VACCARELLA.

de réforme s'était déjà mis en marche: par exemple, la Guatemala avait depuis 1964 un nouveau code *(Código Procesal Civil* y *Mercantil),* et le *Código de Procedimiento Civil y Comercial de la Nación* argentin date précisement de 1967. Tous les deux attestent des progres considérables par rapport aux législations précédentes. On peut dire autant d' autres qui les suivirent, parallèlement à l'élaboration du code-modèle, comme ceux de la Colombie (1970) et du Brésil (1973). Quelques-unes des positions prises par ces codes, il faut le remarquer, seront incorporées plus tard dans le code-modèle.

Les "bases" relatives à ce dernier furent rédigées par les professeurs uruguayens ADOLFO GELSI BIDART (le premier Secrétaire Général de l'Institut) et ENRIQUE VESCOVI. Lors des Journées de 1970 les membres de l'Institut les approuvèrent avec peu de modifications. Les mêmes professeurs, auxquels se joignit un autre juriste uruguayen, LUIS TORELLO, se chargèrent de rédiger un avant-projet, qui fut discuté dans les deux Journées suivantes (de 1981 et de 1982). Bien des membres de l'Institut collaborèrent aux travaux de révision, qui aboutirent à la présentation d'un projet, également approuvé lors des Journées de 1988, a Rio de Janeiro[3].

3. La structure du code-modèle

Le code-modèle se divise en deux Livres, dont le premier contient les *dispositions générales* normalement applicables à n'importe quel proces. On y trouve d'abord (Titre I) l'énonciation des principes généraux qui soutiennent le système du code: le príncipe selon lequel, sauf régle spéciale, c'est à l'intéressé d'entamer un proces (art. 1); celui qui accorde au juge la direction du proces et la faculté de prendre d'office toutes les mesures nécessaires pour en assurer le déroulement rapide (arts. 2 et 3); celui de l'égalité entre les parties (art. 4); celui de la bonne foi et de la loyauté processuelles (art. 5); celui de la publicité des actes de procédure (art. 7) etc.

3 La plupart des données que nous venons d'indiquer (et d'autres qui se succèderont) furent recueillies dans le volume *Códigos Procesal Civil y Procesal Penal, Modelos para lberoamérica,* Madrid, 1990 (éd. par Almagro Nosete), et *El Código Procesal Civil modelo para lberoamérica,* 2ª édition, Montevideo, 1997 (éd. par Enrique Vescovi). Tous les deux contiennent les textes de l'exposé des motifs et de l' avant-projet (déjà converti en projet).

Les dispositions du Titre II régissent l'application des normes processuelles dans le temps (art. 12) et dans l'espace (art. 13), leur interprétation (art. 14) et intégration (art. 15) et leur indisponibilité à l'égard des parties (art. 16). Le Titre IH, relatif aux juridictions, en régit l'organisation et le fonctionnement (Chapitre I), la compétence (Chapitre II), le statut des juges (Chapitre III), les devoirs, les facultés et la responsabilité de ceux-ci (Chapitre IV). Le Titre IV est consacré au Ministère Public, le Titre V aux parties, le Titre VI aux actes de procédure, y comprises les preuves (Chapitre III), les décisions du juge (Chapitre V) et les voies de recours (Chapitre VII).

Dans le Livre II se trouvent des dispositions spécifiques régissant chacune des différentes procédures: les mesures préliminaires (Titre I), les mesures conservatoires (Titre II), les incidents (Titre III), les diverses modalités du proces dit *"de conocimiento"* - c'est à dire du proces qui a en vue le jugement du litige: *Erkenntnisveifahren, processo di cognizione* - (Titre IV), les voies d' exécution (Titre V), la juridiction gracieuse (Titre VI), les procédures de distribution (Titre VII), l'arbitrage (Titre VIII). On y inséra également des normes sur les proces à caractere international (Titre IX): abstraction faite de quelques principes généraux (Chapitre I), elles régissent la coopération internationale des Justices (Chapitres II et III), la reconnaissance et l'exécution des jugements étrangers (Chapitre IV). On voit enfin dans le Titre X des dispositions sur les matières auxquelles s'applique le code et sur l'entrée en vigueur de celui-ci.

4. Les caracteres fondamentaux du système du code-modèle

Le code-modèle se conforme aux tendances les plus modernes de la politique législative en la matière. II trace une procedure où prédomine l'oralité, il vise à concentrer la substance du proces dans une ou tout au plus deux audiences, il s'efforce de créér les conditions pour permettre celui-là d'atteindre son but dans le plus court délai possible.

On a voulu doter le juge des instruments indispensables pour mener le proces à un résultat conforme à la justice. Cela explique les pouvoirs tres vastes que le code-modèle lui accorde. Comme l'énonce l'art. 3 déjà cité, une fois engagé le proces, le juge doit prendre d'office toutes les mesures nécessaires pour en éviter la stagnation et pour le faire avancer le plus vite possible, en rejettant *in limine,* par exemple, les incidents réitérés et ceux qui auraient pu être suscités dans une occasion précédente (art. 33, 7). D'autre part, il doit éviter que la machine judiciaire soit mise à fonctionner en vain; à cet effet il rejettera aussi *in limine, v.g.*, une action manifestement irrecevable (art. 33, I).

Il convient de mettre en relief l'ampleur des pouvoirs attribués au juge en ce qui concerce l'instruction du proces. Non seulement il est autorisé, aux termes de l'art. 33,4, à ordonner d'office les mesures destinées à éclaircir les faits controversés, mais il a même le devo ir d'exercer cette attribution, sous peine de responsabilité, toutes les fois que cela lui semble nécessaire pour contrôler la véracité des allégations des parties (art. 34.1). Les pouvoirs du juge dans cette matière comprennent, parmi d'autres, celui d'interroger les parties (art. 139) et les témoins (art. 151, 1 et 2), celui d'ordonner une expertise (art. 165.2) et de demander des éclaircissements à l'expert (art. 171.3), celui de procéder à des vérifications personnelles, c'est-à-dire à l'inspection de personnes, de places ou de choses dans le dessein de dissiper les doutes qui pourraient subsister dans son esprit au sujet de n'importe que I fait intéressant la décision du litige (art. 174). Il peut encore, à tout temps, enjoindre les parties (aussi bien que les témoins et les experts) à comparaître personnellement afin de lui fournir des explications (art. 33, 5).

L'accroissement des pouvoirs conférés au juge par le code-modèle n' implique pas l'abandon pur et simple du principe que l'on a coutume de d ésigner par la qualification, d' ailleurs assez équivoque, de *dispositif*. L' initiative du proces, nous l'avons déjà signalé, appartient exclusivement, dans la plupart des cas, à l'intéressé (art. 1); le 2ª alinéa de cet article ajoute que les parties peuvent normalement disposer de leurs droits pendant le proces et y mettre fin par un acte unilatéral ou bilatéral, conformément aux regles pertinentes. Le juge reste tenu à respecter dans son jugement les limites fixées par les demandes des parties (art. 184.3).

Un des traits caractéristiques du système du code-modèle consiste dans le propos évident de favoriser la résolution consensuelle du litige. Dans bien des cas le procès ne peut être entamé sans que l'on ait procédé auparavant à une tentative de conciliation (arts. 263 et s.). En outre, à l'occasion de l'audience dite "préliminaire" – mais qui normalement sera la seule: v. *infra*, nº 5 – il incombe au juge d'essayer de concilier les parties (art. 301, 3). La réglementation de l'arbitrage prévoit elle aussi la réalisation d'une audience consacrée à la tentative de conciliation (art. 368.2).

5. Les sources du code-modèle

Les rédacteurs du code-modèle puisèrent sans nul doute à plusieurs sources, soit législatives, soit doctrinales. Inutile de souligner que maintes idées accueillies dans le texte ont une longue histoire.

Quant à l'oralité, par exemple, pour ne pas remonter à des époques lointaines, nous nous bornerons à rappeler les codifications germaniques de la fin du XIXe siècle et la fervente campagne menée en faveur de l'adoption d'une procédure orale en Italie par CHIOVENDA et assez d' autres, pendant les premières décennies de notre siecle. Cette technique avait déjà pénetré dans quelques lois processuelles de l'Amérique Latine avant l'élaboration du code-modèle; aucune ne l'avait pourtant utilisée avec une cohérence si rigoureuse. Le code-modèle veut centrer son schéma procédural sur l'audience; et, si nous mettons ce mot au singulier, c'est parce que, tout compte fait, même dans le cadre de la procédure ordinaire, on ne tiendra une seconde audience (dite "complémentaire": art. 303) que dans le cas, pour ainsi dire indésirable, d'impossibilité d'accomplir, lors de la première audience, l'instruction du proces; en d'autres termes, lorsqu'il restera encore des preuves à produire (art. 303.1). La structure simplifiée de la procédure dénommée "extraordinaire" (= sommaire) ne comporte évidemment qu'une seule audience (art. 306, 1).

Il vaut la peine de s'attarder un peu sur le thème de l'audience "préliminaire", étant donné le rôle capital qu'elle joue dans le déroulement du proces. Certes, on peut mentionner des antécédents plus ou moins justes, plus ou moins éloignés, de cette institution, mais le paradigme qu'eurent en vue les rédacteurs du code-modèle fut sûrement le droit autrichien. Les fonctions attribuées par l'art. 301 du code-modèle s'approchent beaucoup de celles qu'attribue la *Zivilprozessordnung* de 1895 à *l'erste Tagsatzung.* Elles comprennent une tentative de conciliation (art. 301, 3) et nombre de mesures visant à débarrasser le procès de toutes questions capables d'empêcher ou de difficulter la tâche essentielle du juge, qui est de statuer sur le fond de l'affaire. C' est au cours de cette audience, par exemple, que l'on décide les exceptions de procédure, on vérifie les possibles causes de nullité (art. 301, 5), on ordonne les mesures d'instruction nécessaires, on produit les preuves autant que possible (art. 301,6). Si rien ne s'y oppose, c'est également dans cette audience que le juge, apres avoir entendu les parties, rend sa décision finale (art. 302, 6).

On discernera à présent une différence importante entre la réglementation du code-modèle et celle en vigueur en Autriche. Dans ce pays, en effet, par suite d'une ré forme législative de 1983, la réalisation de *l'erste Tagsatzung* devint facultative dans certains cas[4]. Le code-modèle préféra retenir le système autrichien originaire: l'audience "préliminaire" est toujours obligatoire dans la procédure ordinaire (pour l'extraordinaire, v. *supra),* sans préjudice de la possibilité, déjà signalée, de tenir, si besoin est, une audience "complémentaire" (art. 303).

Les rédacteurs du code-modèle eurent aussi en vue, à ce sujet, les parangons offerts par les législations portugaise et brésilienne, qui prévoient une étape spéciale pour la prise des mesures nécessaires à "purger" le procès de toute imperfection susceptible d'en entraver la marche vers le jugement du fond de l'affaire. On appelle *"despacho saneador"* la décision rendue par le juge pour indiquer le franchissement de pareils obstacles[5]. Au Brésil on adopta longtemps la technique de l'écriture pour l'accomplissement de cette opération, tandis qu'au Portugal le *"despacho saneador"* est précédé d'une audience dite d'abord "préparatoire" et plus tard "préliminaire". Cette audience devint toutefois facultative, à quelques exceptions près, en conséquence d' une réforme de 1961. En revanche, le droit brésilien adhérira plus tard partiellement à la technique orale, grâce à l'introduction de l'audience de conciliation par une loi de 1994 (v. *infra,* n. 6)[6].

6. L'influence du code-modèle

Le code-modèle exerça une influence remarquable sur la législation ibéro-américaine plus récente. Cette influence se manifeste soit dans l'élaboration de nouveaux codes, soit dans les nombreuses réformes de

---

4 § 243, 4, de la *ZPO,* modifié par la *Zivilverfahrens-Novelle* du 1983. V. F ASCHING, *Zivilprozessrecht,* 2ª éd., Wien, 1990, pp. 601, 617; BALLON, *Einführung in das österreichische Zivilprozessrecht - Streitiges Verfahren,* 2ª éd., Graz, 1987, p. 118.

5 *Código de Processo Civil* portugais de 1997, art. 510. Le code brésilien emploie également cette expression (art. 338).

6 Pour l'évolution historique de la matière, dans les législations portugaise et brésilienne, jusqu'à 1985, v. BARBOSA MOREIRA, *Saneamento do processo e audiência preliminar* (rapport présenté aux 9"". Journées Ibéro-Américaines de Droit Processuel), *in Temas de Direito Processual,* 4ª Série, S. Paulo, 1989, p. 112 et s., ou *in Revista de Derecho Procesal* (trad. espagnole de Victor Fairén Guillén), v. VII de 1996.

codes préexistants. Quelques unes de celles-ci, encore qu'elles remontent à une époque antérieure à l'approbation du texte actuel du projet (1988), s'alignaient à bien des égards aux principes inspirateurs du code-modèle (dont on connaissait déjà l'avant-projet) et imitaient même certaines de ses dispositions. Au Mexique, par exemple, une réforme du 1985 introduisit dans le système du code du *Distrito Federal* une "audience préliminaire" semblable à celle que réglemente le code-modèle.

Parmi les codes postérieures a 1988, il faut citer celui de Costa Rica (1989) et celui du Pérou (1992), qui adopterent plusieurs positions du code-modèle. D'autre part, la réforme du code brésilien, effectuée par moyen de différentes lois, au long de quatre années, introduisit une audience de conciliation, obligatoire lorsque le litige concerne des droits disponibles; si le juge n'y réussit pas à concilier les parties, il doit ensuite décider les questions pendantes de procédure et se prononcer sur les preuves à produire (art. 331, dans la rédaction donnée par la loi n. 8.952, de 1994). Plus récent est la réforme de la législation processuelle bolivienne, qu'une loi de 1997 modernise suivant des lignes empruntées au code-modèle. On en peut dire autant de quelques projets argentins d'un nouveau code national.

Mais le cas le plus important est sans doute celui de l'Uruguay. Ce pays, dont la petite étendue territoriale et le très grande nombre de juges par rapport à la population[7] créaient de magnifiques conditions pour éprouver l'efficacité pratique d'un système processuel centré sur l'audience, adopta en 1988 un *Código General del Proceso,* qui en réalité ne fait que reproduire, avec de légeres retouches, le texte du code-modèle. Les uruguayens se déclarent très satisfaits des résultats de l'application de leur nouveau code[8]. Cet exemple fut suivi en 1994 par la province argentine de Tierra del Fuego, avec, semble-t-il, autant de succès.

Un autre fait mérite d'être mentionné ici. En 1992, invité à Lisbonne par la commission chargée, sous la présidence de MARCEL STORME" de rédiger le projet d'un code de procédure civile uniforme pour les pays communautaires, ENRIQUE VESCOVI, qui présidait alors l'Institut Ibéro-

7 Selon des statistiques divulguées lors du Congres International de Droit Processuel, tenu à Coimbra/Lisbonne en 1991, l'Uruguay serait le troisième pays du monde à cet égard, apres l'Allemagne et la Belgique: v. VESCOV1, *La reforma de la Justicia Civil em Latinoamérica,* Bogotá, 1996, p. 89, note 11.

8 V. encore VESCOV1, *op. cit.,* p. 76 et s.

Américain de Droit Processuel, y fit une exposition sur le code-modèle qui intéressa beaucoup les éminents juristes européens membres de cette commission. On ne doit pas sous-estimer la possibilité qu'une telle impression ait produit (ou vienne à produire) des fruits.

7. L'avenir du code-modèle

Le code-modèle n'entend point se faire passer pour une oeuvre définitivement accomplie – s'il y en a dans ce domaine! On ne refuse point d' envisager l'hypothèse de futures révisions, qui pourront s'inspirer par exemple des leçons de l'expérience, recueillies dans les pays ou la législation fut (ou sera) façonnée d'après le code-modèle. Toutefois, à la lumière de tout ce qui vient d' être dit, personne n›osera nier qu'il est dês maintenant en état d'exhiber des preuves tangibles de son importance et surtout de l'influence exercée sur le droit processuel d'une région considérable de la planète.

La fonction du code-modèle ne consiste sûrement pas à régir directement la procédure civile de n'importe quelle nation. Certes, il se peut que dans tel ou tel pays les circonstances permettent une adoption intégrale, ou presque, de l'ensemble de ses dispositions: c'est le cas de l'Uruguay. Dans la plupart des cas, cependant, il faudra se contenter d'un résultat moins éclatant.

Cela se comprend de soi: l'accomodation d'un système juridique, spécialement d'un système processuel, au milieu où il est mis en pratique ne peut faire abstraction des caractéristiques locales. Mille aspects divers prennent ici une importance parfois imprévue, voire imprévisible. L'histoire, la géographie, l'économie, la structure de l'Etat, le régime politique, le fonctionnement de l'administration et des services publics, les moeurs – tous ces facteurs et assez d' autres jouent dans ce champ un rôle qu'il serait imprudent de négliger. D'où le besoin d'adaptations, l'impossibilité, dans certains cas, de s'approprier telles quelles toutes les solutions du modèle. On n'est pas à même d'assurer, il faut le reconnaître, qu'une procédure par audiences copiée à la lettre du code-modèle et appliquée automatiquement, pour ne pas dire aveuglément, sans égard aux circonstances, produise toujours ailleurs les fruits excellents qu' elle est en train de produire à l'Uruguay.

Un exemple très suggestif est celui des voies de recours. Dans certains pays de l'Amérique Latine, les traits de la structure fédérative entraînèrent la création d'une voie de recours destinée spécifiquement à permettre le contrôle, par une cour suprême, de la manière dont les autres juridictions appliquent les dispositions contenues dans la Constitution nationale ou dans les lois fédérales: c'est le cas, *v.g.*, du Brésil, qui a depuis la fin du siècle dernier le *"recurso extraordinário"* - un instrument utilisable d'abord à ce double effet, aujourd'hui réservé pour le seul contrôle de la solution de questions constitutionnelles[9]. Or, le code-modèle ne connaît pas une institution pareille, dont le droit brésilien ne saurait pourtant aucunement se passer.

Somme toute, ce que nous venons de remarquer se résout en une observation plutôt banale: on ne dispose pas encore d'une recette infaillible, d'une formule magique à validité universelle, pour porter remède à tous les problèmes de la justice civile *(rectius:* de la justice tout court). D'où notre hésitation - malgré le fait que nos problemes seraient en tout cas bien moins graves que ceux posés aux juristes européens, obligés de concilier des systèmes de *civil law* et des systèmes de *common law* - à employer le mot "unification", et notre préference pour celui, plus modeste, d'"harmonisation"[10]. Cela ne soustrait bien entendu au code-modèle absolument rien de son importance. Au contraire: il est et il restera toujours indispensable de prendre en considération certains principes et orientations substantielles, quelles que soient les variations accidentelles, inévitables ou même désirables, sur le plan de leur application concrete. C'est là que se place la vocation du code-modèle - et nul ne mettra en doute la fécondité dont il fait preuve dans son exercice.

Abril de 1998.

9 La Constitution de 1988 créa en fait, pour le contrôle de l' application des *lois* fédérales, une voie de recours distincte (le *"recurso especial")*, dont le jugement n'est pas du ressort de la cour suprême *(Supremo Tribunal Federal)*, mais d'une autre cour (le *Superior Tribunal de Justiça):* v. les arts. 102, III, et 105, III.

10 Cf., dans le même sens, CÂNDIDO DINAMARCO, O *futuro do direito processual civil*, rapport présenté aux 15"" Journées Ibéro-Américaines de Droit Processuel (Bogotá, septembre de 1996) et publié *in Revista Forense*, v. 336, p. 31/2.

COMENTÁRIOS DO ATUALIZADOR

LE CODE-MODÈLE DE PROCÉDURE CIVILE POUR L'AMÉRIQUE LATINE DE L'INSTITUT IBERO-AMERICAIN DE DROIT PROCESSUEL

Humberto Dalla Bernardina de Pinho

Nesse ensaio, o Prof. Barbosa Moreira nos apresenta as linhas mestras do Código-Modelo de Processo Civil para a América Latina, idealizado pelo Instituto Ibero-Americano de Direito Processual.

Trata-se de um texto de vanguarda, na medida em que ao mesmo tempo utiliza o direito comparado como polo metodológico para o estudo e desenvolvimento da ciência processual, lança luzes sobre a incipiente iniciativa, nos anos 1990, no sentido de projetar ordenamentos processuais transnacionais.

Não custa lembrar que Mauro Cappelletti salientava a relevância do método comparativo[11] para o alcance de maior densidade e maturidade do ordenamento jurídico.

Nesse sentido, Barbosa Moreira principia por rememorar as datas dos encontros do Instituto, sendo certo que o texto é escrito durante os trabalhos preparatórios para o encontro que se deu em Brasília, naquele ano de 1998.

O aspecto histórico é, de fato, muito relevante no texto. Para se ter uma ideia, os primeiros esforços no sentido de sistematizar um Projeto

11 Vale a pena transcrever as palavras de Cappelletti ao reconhecer a enorme importância do método comparativo em seu trabalho: "È appena il caso de sottolineare l`enorme importanza dello studio comparativo in quest`opera di progettazione di riforme. L`analisi comparativa exercita infatti, nelle scienze social, lo stesso ruolo del laboratório sperimentale nelle scienze naturali, perché rede possibile la sperimentazione di soluzioni adottate da vari Paesi, la ricerca delle ragioni di successi e insuccessi, la scoperta, infine, di grandi tendenze evolutive e quindi la previsione delle probabili direzioni future. Il método comparativo aiuta, fra l´altro, a superare, con critério realistici e non meramente speculativi, i limiti e le inadeguatezze, da un lato, di un puro empirismo nella ricerca dei dati – una ricerca nella quale il diritto positivo è accolto avalutativamente – e dall`altro lato, di un método di valutazione astratta e apriorística, tipico delle tradizionali impostazioni giusnaturalistiche". CAPPELLETTI, Mauro. Dimensioni della Giustizia nelle società Contemporanee, Bologna: Mulino, 1994, p. 79.

de Código Modelo datam de 1967. O texto foi sendo aprimorado ao longo dos encontros seguintes do Instituto.

A partir do item 3 do texto, o professor discorre sobre a estrutura do Código-Modelo, que se divide em dois Livros: o primeiro trata das disposições gerais ao passo que o segundo cuida das disposições específicas relativas a cada um dos procedimentos.

No item 4 são apresentadas as características fundamentais do sistema adotado pela codificação. Chamam a atenção aqui a opção pela predominância da oralidade, a amplitude dos poderes dos magistrados, a preferência pelos mecanismos de obtenção de consenso.

Aqui forço reconhecer que salvo a oralidade, que é acolhida, sobretudo, nos procedimentos sumaríssimos perante os Juizados Especiais, o CPC/2015 se inspira na codificação francesa quanto às demais linhas mestras.

Com efeito, o art. 139 do Código Fux traz um rol de dez incisos que consubstanciam os poderes e deveres do magistrado, a saber:

I – Assegurar às partes igualdade de tratamento.

Trata-se de corolário do princípio da isonomia, previsto genericamente no art. 7º do CPC/2015. Importante ressaltar que o juiz pode aplicar o princípio da igualdade tanto no sentido formal (tratar os iguais de forma igual) como material (tratar os desiguais de forma desigual a fim de reestabelecer uma equação de igualdade). Dessa forma, o CPC/2015 oferece várias ferramentas ao magistrado, que vão desde a concessão de medidas de urgência de ofício, passando pela possibilidade de dilatar prazos processuais, chegando até mesmo à aplicação da teoria da carga dinâmica da prova.

II – Velar pela duração razoável do processo.

Princípio insculpido no art. 5º, LXXVIII, da Carta de 1988, e reproduzido no art. 4º do CPC/2015, esse dever exterioriza a preocupação com a demora na prestação jurisdicional e os seus efeitos danosos. Como já visto no capítulo que trata dos princípios processuais, o CNJ sempre demonstrou especial atenção a este fato, chegando mesmo a baixar metas concretas e específicas, tanto de produtividade, como de controle dos prazos processuais.

III – Prevenir ou reprimir qualquer ato contrário à dignidade da justiça e indeferir postulações meramente protelatórias.

O CPC/2015 concretiza especial preocupação com a lealdade processual. O art. 5º consagra o princípio da boa-fé, e o art. 80 elenca as condutas tipificadas com atos de má-fé.

IV – Determinar todas as medidas indutivas, coercitivas, mandamentais ou sub-rogatórias necessárias para assegurar o cumprimento de ordem judicial, inclusive nas ações que tenham por objeto prestação pecuniária.

O CPC/2015 permite que o magistrado, independentemente de provocação da parte interessada, determine as medidas necessárias a assegurar o cumprimento de ordem judicial. Tais medidas podem ser:

a) Indutivas: são uma novidade em relação ao CPC/73. Poderíamos ter, aqui, uma medida a ser aplicada nos casos de contempt of court, ou seja, uma sanção nos casos de descumprimento de decisão judicial. Entretanto parece que a medida está mais ligada a uma premiação, no sentido do reconhecimento de um agir colaborativo da parte (art. 6º) do que a uma sanção por eventual ato de má-fé (art. 5º c/c o art. 80). Nesse sentido, podemos colher o art. 23 da Lei de Mediação (Lei nº 13.140/2015) que permite a isenção das custas caso o acordo seja alcançado antes da citação do réu.

b) Coercitivas: são as que impõem sanção, com o objetivo de constranger o devedor ao cumprimento da obrigação. É o caso da multa imposta nas obrigações de fazer.

c) Mandamentais: são as que determinam obrigação de fazer, não fazer ou desfazer. Podem ser reforçadas pela imposição de multa diária, ou, ainda, pode o magistrado determinar o cumprimento por terceiro às expensas do devedor.

d) Sub-rogatórias: são as que visam ao cumprimento da obrigação, independentemente da vontade do devedor. É o caso da busca e apreensão do bem reclamado via ação de restituição de coisa certa.

O inciso IV do art. 139 deve ser interpretado de forma sistemática com diversos outros dispositivos do CPC, a saber:

a) Art. 380, parágrafo único: "poderá o juiz, em caso de descumprimento, determinar, além da imposição de multa, outras medidas indutivas, coercitivas, mandamentais ou sub-rogatórias".

b) Art. 403, parágrafo único: "se o terceiro descumprir a ordem, o juiz expedirá mandado de apreensão, requisitando, se necessário, força policial, sem prejuízo da responsabilidade por crime de desobediência, pagamento de multa e outras medidas indutivas, coercitivas, mandamentais ou sub-rogatórias necessárias para assegurar a efetivação da decisão".

c) Art. 497, caput: "na ação que tenha por objeto a prestação de fazer ou de não fazer, o juiz, se procedente o pedido, concederá a tutela específica ou determinará providências que assegurem a obtenção de tutela pelo resultado prático equivalente".

d) Art. 536, caput: "no cumprimento de sentença que reconheça a exigibilidade de obrigação de fazer ou de não fazer, o juiz poderá, de ofício ou a requerimento, para a efetivação da tutela específica ou a obtenção de tutela pelo resultado prático equivalente, determinar as medidas necessárias à satisfação do exequente".

e) Art. 536, § 1º: "para atender ao disposto no caput, o juiz poderá determinar, entre outras medidas, a imposição de multa, a busca e apreensão, a remoção de pessoas e coisas, o desfazimento de obras e o impedimento de atividade nociva, podendo, caso necessário, requisitar o auxílio de força".

f) Art. 773, caput: "o juiz poderá, de ofício ou a requerimento, determinar as medidas necessárias ao cumprimento da ordem de entrega de documentos e dados".

Diante da redação de todos esses dispositivos legais, a jurisprudência teve que enfrentar situações que colocam em oposição a efetividade do processo e as garantias fundamentais do réu ou mesmo do executado. Nessa linha merecem destaque dois julgados do STJ.

No primeiro[12], a Quarta Turma do Tribunal entendeu que a medida atípica da suspensão de passaporte só poderia ser determinada em caráter excepcional, mediante fundamentação específica, já que põe em xeque o direito de ir e vir. Por outro lado, a suspensão da carteira nacional de habilitação, como não compromete o referido direito fundamental, não seria vedada.

No segundo[13], a Terceira Turma do Tribunal entendeu que "o devedor que não indica meios para quitar sua dívida pode ter seu passaporte bloqueado por determinação da Justiça, como meio coercitivo para pagar o débito".

---

12 Recurso em Habeas Corpus 97.876-SP (2018/0104023-6), rel. Min. Luis Felipe Salomão. Voto disponível em www.stj.jus.br.

13 Recurso em Habeas Corpus 99.060-SP, rel. Min. Nancy Andrighi. Voto disponível em www.stj.jus.br.

O STJ[14] também decidiu que a sistemática das medidas atípicas aflitivas pessoas, tais como a suspensão de passaporte e de licença para digirir, é incompatível com a execução fiscal.

Importante ressaltar que já foi proposta a ADI n. 5.941 pelo Partido dos Trabalhadores junto ao STF, tendo como Relator o Ministro Luiz Fux. Não houve liminar deferida, mas já há parecer da PGR[15] no sentido de se acolher, ainda que parcialmente, o pedido, para afastar a possibilidade de medidas atípicas que restringem liberdades individuais.

V – Promover, a qualquer tempo, a autocomposição, preferencialmente com auxílio de conciliadores e mediadores judiciais.

A ideia da solução consensual é muito forte no CPC/2015, e o juiz passa a ter um dever específico nesse sentido. Não basta julgar, é preciso envidar todos os esforços na busca da pacificação do conflito.

Nesse sentido, o art. 3°, § 2°, determina que o Estado promoverá, sempre que possível, a solução consensual dos conflitos. Ademais, o § 3° dispõe que o magistrado deve estimular a conciliação, a mediação e, ainda, outros métodos de solução consensual de litígios.

VI – Dilatar os prazos processuais e alterar a ordem de produção dos meios de prova, adequando-os às necessidades do conflito de modo a conferir maior efetividade à tutela do direito.

A dilatação dos prazos processuais e a alteração da ordem de produção dos meios de prova são manifestações concretas do princípio da isonomia no sentido material. Ao mesmo tempo, representam claro aumento dos poderes do magistrado no curso do processo.

---

14 Em execução fiscal não cabem medidas atípicas aflitivas pessoais, tais como a suspensão de passaporte e da licença para dirigir. HC 453.870-PR, Rel. Min. Napoleão Nunes Maia Filho, Primeira Turma, por maioria, julgado em 25/06/2019, DJe 15/08/2019. Informativo STJ n° 654.

15 "Em face do exposto, a Procuradoria-Geral da República opina pela procedência do pedido, para que se confira interpretação conforme aos arts. 39-IV, 297, 380, parágrafo único, 403, parágrafo único, 536-caput e § 1°, 773 da Lei 13.105/2015, de forma que o juiz possa aplicar, subsidiariamente e de forma fundamentada, medidas atípicas de caráter estritamente patrimonial, excluídas as que importem em restrição às liberdades individuais como, por exemplo, a apreensão de carteira nacional de habilitação, passaporte, suspensão do direito de dirigir, proibição de participação em certames e licitações públicas" (Parecer disponível para consulta no sítio do Tribunal, em www.stf.jus.br).

Esse aumento de poder vem acompanhado de um dever de fundamentação mais intenso. O aumento no nível de exigência da fundamentação das decisões judiciais fornece um elemento de controle razoavelmente seguro a fim de se prevenir excessos.

Com relação à alteração da ordem de produção dos meios de prova, há aqui pertinência direta com a norma inscrita no art. 373, § 1°, do CPC/2015, que trata da atribuição do ônus da prova de modo diverso.

Em regra, cabe ao autor provar o fato constitutivo e ao réu fazer a contraprova do fato constitutivo (defesa direta) e/ou provar fato modificativo, impeditivo ou extintivo (defesa indireta). Esse é o chamado ônus estático da prova.

VII – Exercer o poder de polícia, requisitando, quando necessário, força policial, além da segurança interna dos fóruns e tribunais.

Trata-se de manifestação concreta do poder de dirigir os trabalhos e as diligências do processo. O poder de polícia é exercido pelo magistrado durante todos os atos do processo, especialmente durante a audiência de instrução e julgamento, prevista nos arts. 358 a 368.

VIII – Determinar, a qualquer tempo, o comparecimento pessoal das partes, para inquiri-las sobre os fatos da causa, hipótese em que não incidirá a pena de confesso.

Esse dispositivo trata do interrogatório determinado pelo magistrado e se distingue do depoimento pessoal, meio de prova previsto no art. 385, pelo qual uma das partes requer ao juiz o depoimento da outra, sob pena de confissão (§ 1° do art. 385). No interrogatório, o magistrado determina o comparecimento de uma ou de ambas as partes (art. 379, I) a fim de esclarecer ponto que considera obscuro. No entanto, se a parte faltar, não lhe será aplicada a pena de confesso.

IX – Determinar o suprimento de pressupostos processuais e o saneamento de outros vícios processuais.

A ausência de pressupostos processuais e/ou de condições para o regular exercício do direito de ação impede o magistrado de adentrar ao exame do mérito, conduzindo o processo à extinção por meio de sentença terminativa.

No entanto o art. 4° dispõe que as partes têm direito de obter em prazo razoável a solução integral do mérito, incluída a atividade satisfativa.

Ademais, o art. 488 determina que o juiz deve resolver o mérito sempre que a decisão for favorável à parte a quem aproveitaria eventual pronunciamento nos termos do art. 485.

X – Quando se deparar com diversas demandas individuais repetitivas, oficiar o Ministério Público, a Defensoria Pública e, na medida do possível, outros legitimados a que se referem o art. 5º da Lei nº 7.347, de 24 de julho de 1985, e o art. 82 da Lei nº 8.078, de 11 de setembro de 1990, para promover a propositura da ação coletiva respectiva.

Encontramos aqui importante providência no sentido de prevenir ações individuais. Além dos mecanismos de uniformização já previstos no CPC/2015, cabe ao magistrado, ainda, oficiar aos Chefes do Ministério Público e da Defensoria Pública, bem como aos demais legitimados, dentro do possível, para que promovam ações civis públicas sempre que for verificada a repetição em larga escala de demandas individuais.

Já os meios adequados de solução de conflitos, a partir da segunda metade do século XX, vêm como verdadeira solução à problemática da morosidade e ausência de efetividade das decisões estatais.

No que se refere à conciliação, suas primeiras aparições legislativas datam de 1943, com a edição da Consolidação das Leis do Trabalho, tendo sido instauradas as Juntas de Conciliação e Julgamento, posteriormente extintas pela EC 24/99.

Cabe aqui ressaltar que o art. 652 da CLT foi alterado pela Lei nº 13.467, de 13 de julho de 2017. Assim, a alínea f passa a dispor que compete às Varas do Trabalho "decidir quanto à homologação de acordo extrajudicial em matéria de competência da Justiça do Trabalho".

Nesse sentido, a referida lei inseriu também na CLT o art. 855-B, de modo a regulamentar o procedimento de jurisdição voluntária para homologação de acordo extrajudicial[16].

---

16 Ademais, a Lei n. 13.467, de 13 de julho de 2017, alterou a CLT em diversos pontos e trouxe de volta o dispositivo que havia sido vetado na Lei n. 13.129/2015. Dessa forma, o art. 507-A dispõe que "nos contratos individuais de trabalho cuja remuneração seja superior a duas vezes o limite máximo estabelecido para os benefícios do Regime Geral de Previdência Social, poderá ser pactuada cláusula compromissória de arbitragem, desde que por iniciativa do empregado ou mediante a sua concordância expressa".

Com os Juizados Especiais a conciliação ganhou força, prevendo o antigo Juizado Especial de Pequenas Causas, no art. 2º da Lei nº 9.099/95, que se buscaria, sempre que possível, a conciliação.

Posteriormente a Constituição previu a criação dos Juizados Especiais, os quais seriam competentes para conciliar em causas de menor complexidade.

Em 1994, com a edição da Lei nº 8.952, alterou-se o CPC/73 para incluir a conciliação entre os deveres do Juiz e inseri-la como uma das finalidades da audiência preliminar.

Passados mais de 70 anos de seu primeiro registro legislativo, hoje já é realidade a Semana da Conciliação, estimulada pelo Conselho Nacional de Justiça, realizada anualmente, em todos os tribunais brasileiros. Os resultados são publicados no site do CNJ, o qual mantém estatísticas de acordos realizados[17].

No caso específico da mediação, os primeiros esforços no sentido de positivá-la em nosso ordenamento datam do fim do século passado.

Por aqui, a primeira iniciativa legislativa ganhou forma com o Projeto de Lei nº 4.827/98, oriundo de proposta da Deputada Zulaiê Cobra, tendo o texto inicial levado à Câmara uma regulamentação concisa, estabelecendo a definição de mediação e elencando algumas disposições a respeito. Após longo e acidentado percurso, o projeto restou arquivado em 2006.

Entretanto, em 2010, dentro de um contexto mais amadurecido sobre o tema, o Conselho Nacional de Justiça, implementando, de forma definitiva, o denominado sistema multiportas, editou a Resolução n. 125.

O art. 1º da Resolução, com redação dada pela Resolução 326/20 institui a Política Judiciária Nacional de Tratamento Adequado dos Conflitos de Interesses, tendente a assegurar a todos o direito à solução dos conflitos por meios adequados à sua natureza e peculiaridade , deixando claro que incumbe ao Poder Judiciário, além da solução adjudicada mediante sentença, oferecer outros mecanismos de soluções de controvérsias, em especial os chamados meios consensuais, como a mediação e a conciliação, bem assim prestar atendimento e orientação ao cidadão.

17 Informações retiradas do site do CNJ. Disponível em: http://www.cnj.jus.br/programas-e-acoes/conciliacao-mediacao/semana-nacional-de-conciliacao/resultados.

Nos chamados meios adequados de solução de conflito, a conciliação e a mediação ganham particular relevância.

Na conciliação e na mediação são as próprias partes que buscam, de forma consensual, a melhor solução para o conflito.

O terceiro, nesses casos, atua como verdadeiro intermediador imparcial, funcionando unicamente como facilitador da comunicação e, consequentemente, da composição entre as partes.

A conciliação é o método mais adequado para solução de conflitos cujas partes não detenham vínculos anteriores. Trata-se, portanto, de um conflito circunstancial.

Como terceiro imparcial, o conciliador deve incentivar as partes para que proponham soluções que lhes sejam favoráveis, notadamente em sede patrimonial e pecuniária.

A mediação, por sua vez, pressupõe relacionamento entre as partes anterior ao conflito. Para o êxito na mediação, o mediador deverá ser profundo conhecedor do conflito existente entre as partes, o que torna a mediação mais demorada do que a conciliação.

O mediador, pela tarefa estabelecida, não oferece proposta nem se intromete na negociação, somente agindo para que as próprias partes amadureçam a relação conflituosa.

No CPC/2015 é possível identificar a preocupação da Comissão com os institutos da conciliação e da mediação, em especial em seus arts. 165 a 175.

Já em suas Normas Fundamentais, ao tratar do Princípio da Inafastabilidade, traz o novo CPC a ideia de que é dever do Estado promover a solução consensual dos conflitos, devendo a conciliação, mediação e outros métodos ser estimulados pelos juízes, advogados, defensores públicos e membros do Parquet[18].

O legislador se preocupou, especificamente, com a atividade de conciliação e mediação feita dentro da estrutura do Poder Judiciário. Isso não exclui, contudo, a mediação e conciliação prévias ou mesmo

18 "Art. 3° Não se excluirá da apreciação jurisdicional ameaça ou lesão a direito. 1° (...) § 2° O Estado promoverá, sempre que possível a solução consensual dos conflitos. § 3° A conciliação, a mediação e outros métodos de solução consensuais de conflito deverão ser estimulados por juízes, advogados, defensores públicos e membros do Ministério Público, inclusive no curso do processo judicial."

a possibilidade de utilização de outros meios de solução de conflitos (art. 175).

O tema é tratado também na Parte Geral, Título IV, Capítulo III, Seção V, do CPC, sob a rubrica de "auxiliares da justiça". Resolvendo, portanto, antiga discussão, fica claro que conciliadores e mediadores judiciais são auxiliares do juiz. Isso se coaduna com o art. 139, V, do CPC, que dispõe incumbir ao magistrado promover, a qualquer tempo, a autocomposição, preferencialmente com o auxílio dos conciliadores e mediadores judiciais.

Também não custa lembrar que entre os requisitos exigidos para a petição inicial, deve constar a opção do autor pela realização ou não da audiência de conciliação ou de mediação (art. 319, VII, do CPC), destacando-se uma permissão expressa no Código para que o autor tenha certa autonomia quanto ao rito processual.

Tem havido alguma discussão acerca desse requisito. Por exemplo: o que deve o magistrado fazer se o autor simplesmente silencia quanto a essa opção, ou seja, não manifesta o desejo de realizar a audiência nem pede expressamente a supressão desse momento processual? Entendemos que o magistrado deverá presumir que há intenção de acordo (ou pelo menos possibilidade), já que essa é a tônica do Código.

Não enxergamos necessidade de despacho de emenda da inicial e muito menos hipótese de rejeição desta.

Outra questão interessante diz respeito à possibilidade de manifestações diversas das partes quanto à realização da audiência. Ou seja, uma delas, o autor, por exemplo, pede ao juiz, expressamente, na inicial, que o ato não seja designado a fim de não causar atraso desnecessário na prestação jurisdicional, ao passo que o réu silencia ou mesmo atravessa petição nos autos requerendo a designação da audiência.

O entendimento que vem prevalecendo é no sentido de que a audiência não será realizada apenas na hipótese em que ambas as partes não desejem tentar o acordo[19].

19 Nesse sentido, o Enunciado 61 da ENFAM: "Somente a recusa expressa de ambas as partes impedirá a realização da audiência de conciliação ou mediação prevista no art. 334 do CPC/2015, não sendo a manifestação de desinteresse externada por uma das partes justificativa para afastar a multa de que trata o art. 334, § 8º".

Temos sustentado, contudo, posição diversa. Entendemos que o magistrado deve ter discricionariedade para avaliar se a audiência de conciliação ou de mediação será útil ou não, diante do que consta dos autos.

Isso independe da manifestação de uma ou até mesmo de ambas as partes.

Sustentamos, ainda, que essa decisão é irrecorrível, em qualquer hipótese. Assim sendo, poderia o magistrado:

a) designar a audiência, mesmo quando uma ou até mesmo ambas as partes se manifestam pela não realização do ato;

b) designar audiência diversa da requerida (o autor pede mediação e o juiz entende que aquela hipótese será adequadamente enfrentada numa conciliação); e

c) não designar a audiência, quando uma ou ambas as partes desejam que seja realizada, mas o juiz entende que o ato é desnecessário (porque, por exemplo, as partes têm um longo histórico de conflitos, e nunca foi demonstrada intenção de, verdadeiramente, resolver o problema), ou incide a figura do art. 334, § 4º, inciso II do CPC/2015, combinado com o art. 3º, § 2º, parte final, da Lei nº 13.140/2015, ou seja, trata-se de um direito indisponível não transacionável.

Não custa lembrar que o art. 334 não prevê apenas uma audiência de conciliação formalista e genérica. Isso, aliás, tem sido um efeito colateral do aumento exponencial das causas submetidas ao Judiciário e que precisa ser, urgentemente, tratado.

De nada adianta designar uma audiência, que dure menos de 15 minutos, na qual um conciliador indague se há possibilidade de acordo ou não e, de forma apressada e superficial, faça constar isso num termo e dispense as partes, chamando imediatamente o próximo caso de uma longa e quase interminável relação.

É preciso, em primeiro lugar, identificar qual a técnica mais adequada àquele conflito e, efetivamente, empregar esforços na tentativa real de buscar o acordo, compreendendo melhor as causas, limites e desdobramentos daquele litígio.

Não custa lembrar que podem ser utilizados recursos eletrônicos para facilitar e agilizar a realização da audiência[20].

20 Enunciado CJF n. 25: "As audiências de conciliação ou mediação, inclusive dos juizados especiais, poderão ser realizadas por videoconferência,

Na realidade, o dispositivo apresenta duas possíveis audiências (de conciliação ou de mediação). Como vimos acima, a conciliação terá preferência nos casos em que não há vínculo anterior entre as partes, de modo que o conciliador pode recomendar alguma solução para a disputa; a mediação será indicada para as situações em que já existe esse vínculo, sendo a atuação do mediador no sentido de auxiliar as partes a, reconhecendo os interesses em conflito, encontrar por si mesmas a melhor resolução (art. 165, §§ 2º e 3º) e, enfim, preservar, dentro do possível, esse vínculo.

A ideia em torno dessa primeira audiência, antes mesmo da citação, é oportunizar a solução adequada, dispensando a necessidade da resposta do réu e a consequente decisão sobre o mérito.

A pacificação do conflito de forma mais harmônica e menos traumática é o real objetivo da mediação. O encontro de uma solução por meio dessa modalidade tende a diminuir, inclusive, o surgimento de novos processos entre as partes, que acabam por descobrir a sua própria forma de resolver problemas em comum, ou de conviver da forma menos traumática possível com uma situação que não tem solução, ao menos a curto prazo.

Será dispensada a audiência de conciliação/mediação nas duas hipóteses do parágrafo 4º, já comentadas acima.

Se for caso de litisconsórcio, o juiz deverá oportunizar a manifestação de todos, independentemente da obrigatoriedade de litisconsórcio (facultativo ou necessário) e do regime (simples ou unitário).

Note-se que a decisão que designa (independentemente da modalidade – conciliação ou mediação), bem como a que não designa audiência, é irrecorrível, pois é interlocutória, e não está contemplada no rol do art. 1.015.

Como já foi dito, o art. 334 do CPC admite a designação de audiência de conciliação ou de mediação sempre que se tratar de direitos que admitam autocomposição.

Não se podem confundir os direitos que não admitem autocomposição com aqueles indisponíveis, mesmo porque há direitos indispo-

áudio, sistemas de troca de mensagens, conversa on-line, conversa escrita, eletrônica, telefônica e telemática ou outros mecanismos que estejam à disposição dos profissionais da autocomposição para estabelecer a comunicação entre as partes".

níveis que admitem transação, tais como alimentos e guarda de filhos. Nesses casos, o acordo vai se referir não ao conteúdo do direito material, mas à forma do seu exercício.

Nesse sentido, observe-se que o art. 3º da Lei de Mediação autoriza o acordo feito em sede de direitos indisponíveis, desde que admitam autocomposição, como já referido acima.

Ressalva, porém, que tais acordos devem ser feitos em juízo ou extrajudicialmente, mas necessariamente sujeitos à homologação judicial. Nesse último caso, a homologação judicial funciona como requisito de validade do ato, devendo, ainda, ser ouvido o Ministério Público (art. 3º, § 2º, da Lei nº 13.140/2015).

Alcançada a autocomposição, esta será reduzida a termo e homologada por sentença (§ 11).

Como visto, a audiência do art. 334 representa grande avanço e inovação, se comparada com a audiência preliminar do art. 331 do CPC/73. Isso se dá por três razões:

a) a audiência agora ocorre antes da apresentação da resposta do réu, sistemática já adotada pelos Juizados Especiais e no procedimento sumário, agora excluído de nosso ordenamento;

b) a audiência passa a contar com a nova ferramenta da mediação, ao lado da conciliação, sendo interessante lembrar que, a teor do art. 175 do CPC, outras técnicas ou métodos podem ser adotados, sobretudo em questões mais sensíveis, como as que normalmente ocorrem em varas de família, órfãos e sucessões, crianças e adolescentes, e idosos;

c) a extensão do acordo é mais bem definida, sobretudo com o auxílio do art. 3º da Lei nº 13.140/2015, que trata dos direitos disponíveis (sempre transacionáveis) e indisponíveis (transacionáveis ou não). Na seara coletiva, o art. 174 do CPC c/c o art. 32 da Lei de Mediação expandem ainda mais esses limites, para questões envolvendo a Fazenda Pública e os termos de ajustamento de conduta da tutela coletiva (art. 5º, § 6º, da Lei nº 7.347/85).

Retornando ao texto do mestre, no item 5 ele trata das fontes inspiradoras do Código-Modelo. Quanto à oralidade, invoca as lições de Chiovenda e ressalta a influência sobre os processualistas latino-americanos responsáveis pela redação do texto. Ademais, reforça a importância da audiência preliminar. Nesse aspecto, revela-se, mais uma vez, a postura visionária de Barbosa Moreira, uma vez que na década dos anos 1990, a maio parte dos doutrinadores pátrios ainda não vislumbrava todo o potencial dessa ferramenta.

No item 5 o autor trata da influência do Código-Modelo sobre os demais ordenamentos latino-americanos. Cita, como exemplos, a Costa Rica e o Peru, além da denominada "Grande Reforma de 1994", que promoveu profundas alterações no Código de Processo Civil de 1973. Uma menção especial é feita ao Uruguai, que editou seu Código Geral de Processo, em 1988, reproduzindo diversas normas do Código-Modelo.

Finalmente, no item 7, o professor admite que a ideia do Código-Modelo não representa uma receita infalível ou uma fórmula mágica. Contudo, é essencial consolidar princípios e orientações substanciais a serem observadas em todos os países.

PROCESSO CIVIL E PROCESSO PENAL: MÃO E CONTRAMÃO?[1]

1. Ao longo dos anos, variando com o tempo e o lugar, o processo civil e o processo penal caminharam juntos e caminharam separados; enquanto caminhavam separados, ora trilharam itinerários paralelos, ora itinerários – em maior ou menor medida – convergentes ou divergentes. Não é nem poderia ser nosso propósito recapitular na íntegra a história desses vaivéns. Aqui nos vamos cingir a registrar algumas observações relativas aos traços mais visíveis com que o movimento de um e de outro processo vem modelando o panorama legislativo e doutrinário deste último século, ou século e meio.

Voltemos primeiro os olhos para uma época em que ainda tinha fundas raízes na mentalidade dominante a concepção do processo como mero reboque daquilo a que longa e persistente tradição costumava aplicar a denominação de "direito", *tout court.* Simplificando um pouco as coisas, diríamos que se via no processo civil simples apêndice do direito civil, e no processo penal simples apêndice do direito penal. Consideremos, ademais, a atmosfera em que se banhava o direito civil, ao sopro de impetuosos ventos filosóficos, políticos e econômicos. Conforme bem se sabe, ela o impregnava todo de um individualismo aderente ao dogma da autonomia da vontade e submisso ao princípio da disponibilidade dos direitos subjetivos. Era natural que uma visão assim condicionada localizasse esse ambiente no antípoda daquele outro em que se manifestavam os fenômenos da criminalidade e da respectiva repressão pelo Estado *juge et gendarme.* Nem podia surpreender, por conseguinte, que pouco se enxergasse de comum entre o processo civil e o processo penal.

2. Quais eram, com efeito, as características principais do processo civil, tal qual prevalecia, quase incontrastado, no continente europeu e nas

---

1 Trabalho escrito para o volume *Estudios de derecho procesal en homenaje a Adolfo Gelsi Bidart,* Montevidéu, 1999. Publicado também no volume *Doutrina,* nº 7; na *Rev. de Proc.,* nº 94, *in Genesis,* nº 12; na *Rev. de Dir. Renovar,* nº 13; na *Rev. da Fac. de Dir. da UERJ,* nº *617;* na *Revista do Ministério Público* (do Estado do Rio de Janeiro), v. 4, nº 8; e *in Direito e Cidadania* (Cabo Verde), ano III, nº 7.

regiões dele tributárias? Uma expressão corriqueira em certa literatura pode servir de divisa à constelação de ideias que o iluminava: o processo civil era "coisa das partes". Queria isso dizer, em apertada síntese, que aos litigantes, e só a eles, competia não só a iniciativa de provocar o funcionamento da máquina judiciária, mas também a marcação do ritmo em que ele havia de mover-se, a determinação das matérias de que devia ocupar-se o órgão julgador, a escolha dos meios de que este poderia utilizar-se para resolver a contenda. Ao juiz reservava-se o papel de árbitro adstrito à mais rigorosa neutralidade – entendida semelhante expressão não como simples abstenção de favorecer indevidamente uma das partes, senão como atitude de passividade no desenvolvimento do pleito e de indiferença pelo respectivo desfecho.

No quadro pintado alguém poderá achar grosso demais este ou aquele traço; ora, é decerto acadêmica a hipótese de que se tenha visto reproduzir com exatidão, na vida real, qualquer dos modelos abstratos, forçosamente simplificados, de que se vale o jurista, neste campo como em tantos outros, por amor à comodidade da exposição; porém o relevo nela dado ao comum, ou ao essencial, não condena a pintura por falsa. Inegável é que o processo civil se desenvolvia sob o signo privatístico – padrão cultural de que ainda se descobrem resíduos na linguagem jurídica de hoje: na França, por exemplo, até os nossos dias, usa-se batizar de *droit judiciaire privé*[2] o ramo do direito que trata da matéria.

3. Diversamente se passavam as coisas na esfera do processo penal. Neste, o de que se cuidava em substância era de uma atividade destinada a fazer efetivas as sanções cominadas na lei para quem praticasse ato previsto como crime. A necessidade do processo decorria do princípio consoante o qual ninguém podia ser submetido a uma sanção penal sem prévio julgamento *(Nulla poena sine iudicio).* Titular do *ius puniendi,* o Estado tinha de ser aí o protagonista; ou, mais exatamente, tomava a seu cargo as *duas* funções principais: a de acusar e a de julgar. Em princípio, cada uma dessas funções se devia atribuir a um órgão: a de acusar, ao Ministério Público; a de julgar, ao juiz. Nem sempre, contudo, a separa-

2 Assim se intitulam, na moderna literatura francesa, obras importantes como o manual de HÉRON, Paris, 1991, e a vasta exposição sistemática de SOLUS e PERROT, Paris, t. 1,1961; t. II, 1973; t. III, 1991.

ção foi rigorosa: não poucos ordenamentos misturaram e até confundiram, ao menos parcialmente, o exercício de uma e o de outra função.

Não foi por acaso que se discutiu com calor, sobretudo na doutrina alemã e na italiana, se no processo penal existiam realmente partes e, no caso afirmativo, a quem se deveria reconhecer tal posição. Borbotaram teses para todos os gostos: houve quem sustentasse que se estava diante de um processo sem partes, quem cogitasse de um processo com "parte Única", e - subdividindo esta corrente - quem negasse a qualidade de parte ora ao acusador (normalmente, o Ministério Público), ora ao acusado, visto antes como "meio de prova", isto é, como *objeto,* do que como *sujeito* do processo. O debate, que avançou bastante pelo século atual[3], não pode aqui ser descrito em minúcias, e muito menos analisado em profundidade[4]. É provável que em boa medida as divergências brotassem da diversidade dos entendimentos atribuídos à palavra "parte"[5]; e algumas se prendem de maneira específica à relutância em aceitar que conceitos do processo civil sejam trasladados tais quais para o processo penal[6]. Seja como for, o só fato de ter grassado a discussão bastaria para

3 Na tradução espanhola dos *Principi di diritto processuale penale* de FLORIAN, publicada em Barcelona em 1934, sob o título *Elementos de derecho procesal penal,* com prólogo do autor redigido especialmente para tal publicação e datado de 1933 (p. 5/6), ainda se lê, no presente do indicativo: *"En torno a la cuestión sobre la existencia de partes en el proceso penal se discute vivamente y lo mismo, cuando la respuesta es afirmativa, sobre qué sujetos procesales poseen aquella calidad"* (p. 90). Entretanto, o *codice di procedura penale* de 1930 já tomara posição na matéria, incluindo no Título III do Livro I (sob a rubrica *"Delle parti"),* quer as disposições atinentes ao M.P. (arts. 73 e s.), quer as relativas ao *imputato* (arts. 78 e s.).

4 Para uma ampla exposição, *vide* GUARNERI, *Las partes en el proceso penal,* trad. esp., Puebla (México), s/d, p. 20 e s., espec. 23 e s. Claro resumo em VIADA-ARAGONESES, *Curso de Derecho Procesal Penal,* 4ª ed., Madri, 1974, v. I, p. 118 e s.

5 Entre nós, ressalta ao propósito essa equivocidade HÉLIO TORNAGHI, *Instituições de processo penal,* 2º v., 2ª ed., S. Paulo, 1977, p. 414.

6 Assim FLORIAN, ob. cit. (nota 2), p. 91, que contrapunha ao antagonismo a seu ver característico das posições das partes no processo civil a eventual inexistência dele no penal, *"como cuando el M. P. concluye pidiendo la absolución del procesado".* Até hoje, há na Itália quem só reconheça ao M. P. a condição de parte na atividade posterior às *"indagini preliminari",* não porém nestas, porque aí também compete ao órgão proceder a *"accertamenti su fatti* e *circostanze a favore della persona sottoposta alie indagini" (codice di procedura penale* de 1988, art. 358): nesse sentido CRISTIANI, *Manuale del Nuovo processo penale,* 2ª ed., Turim, 1991, p. 304; *aliter* PISAPIA, *Lineamenti del Nuovo processo penale,* Pádua, 1989, p. 20. Na Alemanha já se invocou a possibilidade de manifestar-se o M.P. a favor do réu, e até recorrer

dar uma ideia expressiva da distância que mediava entre as imagens de um e de outro.

4. Que nesse ínterim o mundo experimentou mudanças radicais é afirmação que faria boa figura numa enciclopédia de lugares-comuns. Mas talvez não peque tão gravemente pelo excesso de obviedade a consideração do modo como evoluíram as ideias no particular terreno que estamos aqui pisando.

Alguns tópicos desde logo se impõem à atenção dos estudiosos. Para começar pelo processo civil, não seria razoável deixar de levar em conta, entre outras coisas, que: *(a)* em numerosos ordenamentos, a matéria de que nele se cuida, longe de restringir-se ao direito civil, ou (em termos mais gerais) ao direito privado, abrange conflitos de interesses cuja composição se faz à luz de normas de direito público (constitucional, administrativo, tributário, internacional) – área onde a regra é a da *indisponibilidade* das relações jurídicas; *(b)* no próprio direito civil, não foram poucas as concessões que precisou fazer o princípio da autonomia da vontade (o chamado "dirigismo contratual" é somente um exemplo entre tantos), nem os recuos a que se viu sujeito o território ocupado pelos direitos disponíveis; *(c)* de qualquer sorte, ainda onde prevaleça a disponibilidade, uma coisa é reconhecê-la *à relação jurídica litigiosa,* outra, bem diversa, é estendê-la *à atividade do mecanismo estatal* a que porventura recorram os interessados para pedir-lhe que resolva o litígio[7]; *(d)* o desfecho de um pleito civil pode afetar, e com frequência afeta, na vida da sociedade, zonas mais extensas do que aquela em que trafegam os interesses pessoais dos litigantes.

Não era preciso chegar aos extremos a que chegaram os ordenamentos ditos socialistas para fazer sair da sombra em que jazia o elemento publicístico do processo civil. Mesmo em ambientes culturais que se mantiveram fiéis à distinção entre o público e o privado, uma progres-

em benefício deste, para impugnar pura e simplesmente o uso da palavra *Partei* no processo penal: assim KERN-ROXIN, *Strafverfahrensrecht,* 13ª ed., Munique, 1975, p. 77 *(vide* também p. 41).

7 É de justiça assinalar a contribuição decisiva que deu na Itália a essa distinção fundamental CARNACINI, no clássico ensaio – ainda hoje atual por mais de um aspecto – *Tutela giurisdizionale e tecnica dei processo,* in *Studi in onore di Redenti,* Milão, 1951, v. II, p. 693 e s.

siva mudança de enfoque, na ciência e na legislação, viria a redesenhar em pontos importantes o perfil tradicional do processo civil.

5. O processo penal, por seu turno, não passou incólume pelas vicissitudes dos tempos modernos. Experiências trágicas ensinaram a que catástrofes podia conduzir a exacerbação da tendência a dar ênfase unilateral aos interesses do Estado e a minimizar a posição do réu. A lembrança viva de recentes abominações marcou as reconstruções normativas que sobrevieram à derrocada de regimes autoritários: em boa parte da Europa, depois da segunda guerra mundial; em vários países da América Latina, ao longo das últimas décadas do século. Assumiu dimensões inéditas a preocupação com as garantias da defesa. A isso veio somar-se, em época mais próxima, forte e generalizada inclinação a reputar errônea (e sobretudo irrealística) a insistência numa política criminal assente sobre a premissa de que o poder público não pode deixar de levar até o derradeiro impulso, sob quaisquer circunstâncias, a persecução de todo aquele a quem se atribua a prática de infração penal. Ganhou corpo o pensamento de que, ao menos em hipóteses de pequena gravidade, melhor seria favorecer uma solução consensual, capaz - além de tudo - de abreviar os processos, atenuar a sobrecarga de trabalho dos órgãos judiciais e até impedir, em certa medida, o contínuo agravamento do sério problema da superlotação carcerária.

Não parece correto desprezar, como fator dessa evolução, o influxo de ideias e práticas do mundo de *common law,* sobretudo dos Estados Unidos. As razões de tal influência - ou, mais exatamente, do grau que ela alcançou - são fáceis de compreender por quem tenha em vista a contemporânea impregnação de toda a cultura universal por valores e padrões característicos da civilização norte-americana. A propósito: há veementes indícios de que, em determinados casos, tem sido indireta a recepção do modelo na América Latina; dir-se-ia que certas radiações nos atingem depois de refletidas no espelho continental europeu, em particular no direito italiano, mais conhecido entre nós[8].

8 Não é de agora que a Itália - aparentemente mais que qualquer outro país europeu - vem dando sinais de propensão a avizinhar-se, no particular, da órbita anglo-saxônica, Já há mais de vinte anos se assinalava o fenômeno: *"Sia pure in forma non sempre dichiarata, il processo di* 'common law' *viene, da varie parti, continuamente proposto come modello anche in Italia, in particolare oggi che la riforma del codice di procedura penale assume speciale attualità"* (SCAPARONE, "Common law"

6. Para não alongar mais os prolegômenos, vamos logo a um tema específico que habitualmente ocupava lugar central em qualquer confronto entre os dois tipos de processos: o tema da verdade. Deixaremos aqui de lado as teorias cépticas que negam a possibilidade, ou a relevância, da correspondência entre os resultados a que pode aspirar a instrução probatória e a realidade dos fatos. Ao menos em sua versão mais radical, tal maneira de pensar logicamente conduz à total desvalorização da prova no processo e autoriza a conclusão de que, sendo inúteis quaisquer esforços para reconstituir os acontecimentos, é absurdo desperdiçar nessa vã empresa tempo, dinheiro e energias: mais vale decidir nos dados a sorte do pleito.

Semelhante posição repugna ao senso comum e vai ao arrepio da experiência universal. A generalidade dos seres humanos atribui à venda posta sobre os olhos da Justiça a função de evitar discriminações em que ela correria o risco de incidir se fixasse a vista em características pessoais dos litigantes, por hipótese não relacionadas com a causa *sub iudice:* a situação econômica, os atributos físicos, as convicções políticas ou religiosas... Jamais se terá pensado em ver naquele símbolo a sugestão de que a Justiça deve golpear às cegas, sem preocupação alguma com o que realmente possa ter acontecido, as pessoas sujeitas a seu julgamento. Crença desse jaez não se compadeceria com aquela mínima confiança popular na legitimidade das instituições, indispensável para manter de pé uma sociedade. Ainda que nos obstinemos em recusar todos os argu-

e processo penale, Milão, 1974, p. 153). Não faltará quem descubra nessa passagem rasgos proféticos à vista de alguns textos do código de 1988. Conforme bem se compreende, as apreciações variam. PISAPIA, ob. cit. (nota 5), p. 14/5, embora admita que se diz *"cosa esatta"* quando se faz derivar de modelo comum (o chamado acusatório) a inspiração do novo processo penal italiano e a do anglo-saxônico, assevera que a opção *"si riallaccia alia migliore dottrina italiana e, storicamente, alia genuina tradizione romanistica" (vide,* porém, na p. 61, com particular referência ao instituto da *"applicazione delta pena su richiesta delle parti",* o reconhecimento do parentesco entre ele e o *plea bargain).* Por sua vez, falando da lei de 1987 que delegara ao *governo* o poder de decretar o *novo* código, AMODIO, *Il modello accusatorio statunitense e il nuovo processo penale italiano: miti e realtà della giustizia americana,* no *volume Il processo penale negli Stati Uniti d'America,* ed. Amodio e Cherif Bassiouni, p. VII, imputava a uma *"anticultura della comparazione"* a difusão do *"stereotipo del 'processo all'americana' come meta obbligatoria nella riforma della giustizia penale".* Seja como for, basta folhear o próprio volume para perceber quanta atenção se dedicou, na reforma, às peculiaridades do processo penal norte-americano.

mentos nacionais que infirmam a tese, teremos de reconhecer, quando nada em perspectiva prática, que sobre ela, na vida social e particularmente no campo jurídico, nenhuma construção sólida se pode levantar.

De resto, não há notícia de ordenamento, antigo ou moderno, em que os pronunciamentos judiciais fiquem pura e simplesmente dispensados de qualquer ligação com os fatos a que dizem respeito e não pressuponham meio algum de formar no espírito do julgador uma representação, mais ou menos fiel, explícita ou implícita, desses fatos. Até nas ordálias ou "juízos de Deus", a circunstância de sucumbir o acusado na prova a que se submetia era olhada como sinal certo de sua culpa - e com base nisso é que se lhe infligia a pena. Temos o direito de tachar de grotesco o modo que se entendia idôneo à descoberta da verdade, mas seríamos injustos se acusássemos de cepticismo gnoseológico a mentalidade da época.

Guardemos, então, a ideia de que, nos julgamentos judiciais, os órgãos incumbidos de decidir não estão simplesmente delirando, ou comprazendo-se num jogo de faz de conta, quando supõem que o material probatório colhido lhes dá algum acesso à verdade. A uma verdade, apressemo-nos a ajuntar, certamente imperfeita, limitada, aproximativa, tosca se quiserem, mas verdade em todo caso - algo, enfim, suscetível de ministrar à decisão base menos assustadora que a mera tentativa de adivinhação ou o ostensivo exercício do arbítrio.

7. Pois bem: doutrina muito difundida costumava estabelecer, ao propósito, diferença importante entre o processo civil e o penal. Dizia-se que aquele podia contentar-se com a chamada "verdade formal", ao passo que este devia buscar sempre a "verdade material" ou "real"[9]. Para pôr

9 O asserto era moeda corrente na doutrina peninsular de meados do século: *vide,* entre outros, VANNINI, *Manuale di diritto processuale penale italiano,* 4ª ed., Milão, 1950, p. 16; DE MARSICO, *Lezioni di diritto processuale penale,* 3ª ed., Nápoles, 1952, p. 173; BELLAVISTA, *Lezioni di diritto processuale penale,* 3ª ed., Milão, 1965, p. 152. E ecoa ainda na mais moderna produção científica brasileira: lê-se, com efeito, em obra merecidamente prestigiosa de exposição sistemática do nosso ordenamento processual penal, que, "vigorando no Processo Penal o princípio da verdade real, é natural que não deva, em princípio, haver qualquer limitação à prova, sob pena de ser desvirtuado aquele interesse do Estado na justa atuação da lei "; o autor, em seguida, cita DELLEPIANE para afirmar que "a atitude do Juiz no cível (...)é, em certo modo, passiva, e a prova reveste, então, o caráter de uma confrontação" (TOURINHO FILHO, *Processo penal,* 3º v., 12ª ed., 1990, p. 207). No Uruguai,

em realce a distinção, argumentava-se que, no processo civil, fenômenos como o da preclusão, o das presunções legais e o da inadmissibilidade de tal ou qual prova nesta ou naquela matéria são capazes de barrar o caminho para a apuração completa dos fatos, compelindo o juiz a sentenciar com apoio em elementos que não refletiriam senão "uma parte" da verdade. No processo penal, ao contrário, a pesquisa haveria de ser tão ampla e desembaraçada quanto possível; daí, por exemplo, a existência de regras como a do art. 155 do Código de Processo Penal brasileiro: "No juízo penal, somente quanto ao estado das pessoas serão observadas as restrições à prova estabelecida na lei civil"[10]. Não faltava quem, para justificar a desigualdade, invocasse uma suposta diferença de gravidade nas consequências de eventual condenação do réu, passível num caso de prejuízos exclusivamente patrimoniais, noutro da privação da liberdade.

Consoante se demonstrou mil vezes, a tese, posta nesses termos, era insustentável, e o argumento invocado pouco valia. Basta lembrar que nem todas as condenações criminais se traduzem na imposição de pena privativa da liberdade - e nas hipóteses de multa é igualmente o patrimônio do condenado que sofre. Por outro lado, podem ser gravíssimos para a pessoa do réu, e às vezes não só para ela, os corolários não patrimoniais de uma condenação civil, digamos no âmbito do direito de família: pense-se, *v.g.*, na sentença que destitui alguém do pátrio poder. Bem vistas as coisas, em *qualquer* processo constitui pressuposto de boa decisão, em linha de princípio, o melhor conhecimento possível dos fatos relevantes, embora razões de política legislativa nos imponham, aqui e ali, a renúncia ao integral esgotamento das fontes de informação.

Dito isso, não estamos impedidos de reconhecer que, de fato, tradicionalmente, legisladores e juristas pareciam supor que, em regra, convinha dar à averiguação dos fatos dimensão mais larga no processo penal que no civil. Deixando de lado as inadequadas e despistadoras

---

JAIME GREIF, *Manual de Derecho Procesal Penal,* Montevidéu, 1997, p. 118, aponta como tradicional a contraposição, embora assinale que nos tempos modernos ela *"tiende a reducirse y* aun *a anularse".*

10 Não é só a doutrina que, no Brasil, costuma ceder com facilidade à tentação de "italianizar-se": o legislador também. O art. *155* do atual código pátrio nada mais é que a tradução quase literal do art. 308 do estatuto peninsular de 1930: *"Le limitazioni che le leggi civili stabiliscono relativamente alla prova (c.c.* 2697 *s.; c.p.c.* 115 *s.) non si osservano nel procedimento penale, eccettuate quelle che riguardano lo stato delle persone".* Cf., agora, o art. 193 do código em vigor.

expressões que certa subliteratura cunhou para designar o fenômeno, diríamos que se tendia a exigir algo mais do juiz penal que do civil, no momento de sentenciar, quanto à convicção de estar fundado na realidade[11]. A sentença que se tinha em mente era, por excelência, a condenatória: parecia inconcebível que alguém pudesse ver-se apenado sem a categórica demonstração da culpa. Mas o raciocínio era aplicável, *mutatis mutandis,* à sentença absolutória: ao menos em princípio, com a óbvia ressalva do *in dubio pro reo,* tampouco se enxergaria numa absolvição sem qualquer respaldo na apuração dos fatos o desfecho mais adequado para o processo.

8. A evolução mais recente denota clara mudança de perspectiva. De um lado, acentua-se, no processo civil, a propensão a aprimorar os mecanismos da prova e, com isso, propiciar uma correspondência mais exata entre a fundamentação *in facto* da sentença e a realidade histórica. Pelo menos quatro sinais apontam em tal sentido: *(a)* o desfavor em que vem caindo o antigo princípio da enumeração *taxativa* das provas utilizáveis, já substituído, em várias legislações, pelo da *atipicidade* dos meios de prova[12]; *(b)* o incremento dos poderes instrutórios exercitáveis de ofício pelo órgão judicial[13]; *(c)* a progressiva redução, quando não o abandono,

---

11 Ainda em nossos dias, lê-se em obra de singular importância na literatura argentina que, conquanto as denominações "verdade real" e "verdade formal" não *"apunten a conceptos diferentes de lo que se entiende por verdad",* o direito processual penal "objetiva *más la averiguación de la verdad que otras regulaciones jurídico-procesales, por la trascendencia que en él tiene el interés público (estatal), el cual desplaza al interés privado por la averiguación de la verdad"* (JULIO MAIER, *Derecho Procesal Penal argentino,* Buenos Aires, 1989, t. Ib, p. *572;* destaque do original).

12 *V.g.,* art. 332 do Código de Processo Civil brasileiro: "Todos os meios legais, bem como os moralmente legítimos, ainda que não especificados neste Código, são hábeis para provar a verdade dos fatos, em que se funda a ação ou a defesa". Cf., com redação mais sintética e de melhor técnica, o art. 32 da Lei nº 9.099, de 26-9-1995, que dispõe sobre os Juizados Especiais previstos no art. 98, nº I, da Constituição da República: "Todos os meios de prova moralmente legítimos, ainda que não especificados em lei, são hábeis para provar a veracidade dos fatos alegados pelas partes". Cumpre notar que também no processo penal se deparam regras análogas, a excluir a taxatividade das provas expressamente disciplinadas: por exemplo, o art. 189 do código italiano de 1988.

13 *Vide,* entre as legislações processuais da segunda metade deste século: Argentina, *Código Procesal Civil y Comercial de la Nación,* de 1967, art. 36, nº 2; Colômbia, *Código de Procedimiento Civil,* de 1970, arts. 37, nº 4, e 179; França, *Code de procédure*

das constrições impostas pelo velho sistema da "prova legal" à valoração dos elementos probatórios pelo juiz; (d) a atribuição aos membros da coletividade em geral do dever de contribuir para a cabal apuração dos fatos[14]. À vista desses e de outros fenômenos, pode afirmar-se, em termos intencionalmente esquemáticos, que a verdade (imperfeita, limitada, aproximativa, tosca que seja) passou aqui a ser ainda mais importante do que era.

Já o processo penal, em mais de um aspecto, dá a nítida impressão de caminhar antes no sentido oposto. Duas circunstâncias, pelo menos, justificam semelhante impressão em ordenamentos contemporâneos: a inclinação para restringir, em vez dê ampliar, a atuação do juiz no campo da instrução probatória[15], e a limitação, em regra, das provas suscetíveis de consideração pelo órgão julgador às produzidas na sessão oral de jul-

---

civile, de 1975, art. 10; Uruguai, *Código General del Proceso,* de 1988, arts. 24.4 e 25.2; Costa Rica, *Código Procesal Civil,* de 1989, arts. 98, n° 4, 316, I" parte, 331; Peru, *Código Procesal Civil,* de 1992, art. 194. Quanto ao Brasil, art. 130 do Código de Processo Civil e art. 5º da Lei nº 9.099. Cf. o Código-tipo de Processo Civil para a América Latina, do Instituto Ibero-Americano de Direito Processual, arts. 33,42, e 34.2.

---

14 É oportuno citar, do Código de Processo Civil brasileiro, os arts. 339 ("Ninguém se exime do dever de colaborar com o Poder Judiciário para o descobrimento da verdade") e 341, nº I ("Compete ao terceiro, em relação a qualquer pleito, informar ao juiz os fatos e as circunstâncias de que tenha conhecimento"). São disposições de escassa repercussão, até agora, na prática do foro, mas nem por isso menos significativas como sintomas de uma evolução. A primeira, registre-se, tem por antecedente o art. 10 do *Code civil* francês, 1ª alínea, na redação dada pela Lei nº 72-626, de 5-7-1972: *"Chacun est tenu d'apporter son concours à la justice en vue de la manifestation de la vérité".* Cf. também o art. 519, nº 1, *principio,* do Código de Processo Civil português, na redação do Decreto-lei nº 329-A95, de 12-12-1995: "Todas as pessoas, sejam ou não partes na causa, têm o dever de prestar a sua colaboração para a descoberta da verdade".

15 Paradigmático o art. 190, 1ª e 2ª alíneas, do *Codice di procedura penale* italiano: *"Art. 190. 1. Le prove sono ammesse a richiesta di parte. Il giudice provvede senza ritardo con ordinanza escludendo le prove vietate dalla legge e quelle che manifestamente sono superflue o irrilevanti. 2. La legge stabilisce i casi in* cui *le prove sono ammesse di ufficio".* O Código-modelo de Processo Penal para a América Latina atribui aos tribunais *"el deber de procurar por sí la averiguación de la verdad mediante los medios de prueba permitidos";* mas em seguida restringe a iniciativa oficial, *"durante el juicio",* a determinadas oportunidades e condições (art. 147, 1 ª e 2ª partes, respectivamente). O ainda recente *Código Procesal Penal* de Costa Rica reproduz a 1ª parte, sem ajuntar-lhe disposição restritiva.

gamento, com exclusão das colhidas nas fases preliminares do feito[16]. Acrescente-se ao que ficou dito um traço inerente a modalidades de solução consensual do processo-crime, hoje vistas em geral com bons olhos: se, de acordo com a lei, o acusado pode aceitar a inflição de uma pena, ou até tomar a iniciativa de pleiteá-la[17], sem averiguação judicial do suposto fato delituoso, nem declaração de culpa[18], perde relevância a vinculação, anteriormente julgada essencial, entre a apenação e a demonstração da responsabilidade criminal do réu. Tudo isso justifica - sempre em termos esquemáticos (alguns diriam: caricaturais) - o asserto de que, no processo penal, a verdade (imperfeita, limitada, aproximativa, tosca) se está tornando um pouco menos importante do que era[19].

16 *Vide* o art. 526 do *Codice di procedura penale* italiano: *"Il giudice non può utilizzare al fini della deliberazione prove diverse da quelle legittimamente acquisite nel dibattimento"*. Na verdade, a proibição não é absoluta: no dizer de CONSO-GREVI, *Prolegomeni a un commentario breve al nuovo codice di procedura penale*, Pádua, 1990, p. 387, adotou-se uma *"soluzione di compromesso"*, na medida em que se admite *"il* recupero *in giudizio di* prove *appositamente* precostituite, *perché suscettibili di non essere più utilmente acquisite in dibattimento, ed inoltre degli atti per propria natura irrepetibili"*, ao passo que num sistema *"a carattere rigorosamente accusatorio* (...) *nessuno degli ele menti raccolti al di fuori del dibattimento avrebbe potuto considerarsi utilizzabile"* (destaques do original).

17 Assim no direito italiano: *Codice di procedura penale*, art. 444, 1ª alínea. Diversamente no sistema brasileiro dos Juizados Especiais, pelo menos à luz do teor do art. 76, *caput*, da Lei nº 9.099, que reserva a iniciativa ao Ministério Público; em sede doutrinária, no entanto, já se opinou que "nada impede que a iniciativa da apresentação da proposta seja do próprio autuado, assistido por seu advogado" (ADA PELLEGRINI GRINOVER-ANTONIO MAGALHÃES GOMES FILHO-ANTONIO SCARANCE FERNANDES-LUIZ FLÁVIO GOMES, *Juizados Especiais Criminais*, S. Paulo, 1996, p. 124).

18 A doutrina enfatiza a inexistência de reconhecimento de culpa no mecanismo da transação penal regulada no art. 76 da Lei nº 9.099; e nega que a aceitação da proposta se assimile ao *guilty plea* resultante do *plea bargaining* norte-americano: *vide* ADA PELLEGRINI GRINOVER-ANTONIO MAGALHÃES GOMES FILHO-ANTONIO SCARANCE FERNANDES-LUIZ FLÁVIO GOMES, ob. cit. (nota 16), p. 90/1. O ato mais se aproximaria do *nolo contendere plea*, no qual, em essência, *"the defendant accepts the penalty without admitting guilt"* (DEL CARMEN, *Criminal Procedure*, 3ª ed., Belmont, 1995, p. 39). Em todo caso, na Itália não se deixa de reconhecer, com grande autoridade, que a aplicação da pena a requerimento das partes *"ripropone certamente una versione rimodellata del* bargaining *nordamericano"*: AMODIO, trab. cit. (nota 7), p. XI, VIII.

19 Defensor ardoroso do modelo acusatório, mas crítico em relação à *"giustizia negoziata"*, dela afirma FERRUA, *Studi sul processo penale*, v. II, Turim, 1992, p. 21, que *"parrebbe non tanto aspirare all'accertamento dei fatti quanto rinunciarvi* a priori,

9. As transformações até agora registradas não podem deixar de repercutir no mecanismo da distribuição, entre juiz e partes, dos poderes atinentes ao desenvolvimento do processo. A concepção tradicional costumava dar maior realce ao papel reservado, no processo civil, às partes e, no penal, ao juiz. Também a esse propósito cunhou-se uma terminologia destinada a assinalar essa diferença de peso: dizia-se que no processo civil predominava o princípio "dispositivo", no penal o "inquisitivo". Semelhantes expressões fizeram boa carreira na linguagem doutrinária usual, apesar da grande carga de equivocidade que sempre tiveram – e que subsiste na denominação de "acusatório" dada ao modelo de processo penal habitualmente contraposto ao "inquisitório"[20]. Compreende-se, em todo caso, a distinção que ela, com palavras infelizes, pretendeu sublinhar entre duas tendências divergentes.

A divergência continua a existir; mas hoje em dia, o fluxo e o refluxo da maré dão a impressão de se estarem invertendo. O movimento que apontava num sentido passa a apontar no oposto, e vice-versa. Enquanto o juiz civil assume – quando nada de acordo com os textos legais, nem sempre observados à risca – posição mais destacada, empalidece, em certa medida, a do juiz penal[21]; paralelamente, veem-se as partes chamadas, no processo penal, a desempenhar papel de maior relevo.

10. Por sua particular importância, convém abrir item especial para salientar mais uma vez a tendência ao esvaziamento das atribuições do

in nome dell'accordo raggiunto tra le parti sull'apllicazione della pena"; vale dizer que se põe em segundo plano a preocupação com a correspondência entre o julgamento e a realidade histórica – numa palavra, com a verdade.

20 *Vide* CONSO-GREVI, ob. cit. (nota 15), p. 385: *"Per la verità, quando* si *comincia a lavorare sul* concetto di sistema accusatorio, *ci* si *rende subito conto che la sua* efficacia definitoria *è alquanto* labile. (...) *Come spesso accade, infatti, quando* si *passa alle modalità con cui dev'essere concretamente attuato,* si *scopre che non tutti intendono la stessa cosa parlando di sistema accusatorio"* (destaques do original). FERRUA, ob. cit. (nota 18), p. 187, não obstante seu entusiasmo pelo modelo, chega a rotular de "estragada" (" *logora")* a palavra "acusatório"...

21 Durante os trabalhos de preparação da reforma penal italiana, assim resumiu AMODIO, trab. cito (nota 7), p. XXV, a diretriz fundamental na matéria: "... si *punta da noi verso un modello processuale che attribuisca* un ruolo meno attivo al giudice *e dia correlativamente maggior spazio alle parti collocandole anzitutto sul piano della parità"* (destaque nosso).

juiz penal como agente propulsor da instrução probatória, cuja ativação passa a depender fundamentalmente da iniciativa das partes. É provável que, em países europeus, essa linha evolutiva se explique como reação a eventuais excessos de "inquisitorialismo" ocorridos sob o antigo sistema do "juiz de instrução" - jamais adotado, diga-se de passagem, no Brasil.

A moderna literatura italiana dá realce a tal evolução, que, segundo se diz, inverte *"la* logica inquisitoria *ispirata all'idea dell'iniziativa officiosa del giudice"* e a relega aos lindes das exceções previstas na lei, consoante princípio *"di* impronta *tipicamente* accusatoria"[22]. Não falta quem ainda invoque o argumento inspirado na necessidade de preservar a "neutralidade" do juiz, que seria - assevera-se - posta em xeque, não fossem *"rare e ben ridotte"* as hipóteses em que se lhe concede iniciativa em matéria de prova[23].

11. Vale a pena aditar uma observação final. No terreno civil tem-se em geral tratado de facultar ao órgão judicial, tão pronta e completamente quão possível, o acesso aos elementos necessários ou úteis à identificação e ao esclarecimento dos fatos relevantes[24]. É o corolário natural da difundida convicção de que o juiz bem informado goza de melhores condições para dirigir com eficiência o processo, decidir incidentes, re-

22 CONSO-GREVI, ob. cit. (nota 15), p. 165; cf. p. 167, onde se lê que o poder de intervenção supletiva conferido ao órgão judicial *"assume per natura sua un* risalto secondario e marginale, *tale in ogni caso da non compromettere l'originaria impronta accusatoria della disciplina probatoria"* (todos os destaques são do original). Manifestação desse "poder supletivo" contém-se, por exemplo, no art. 507 do código peninsular: *"Terminara l'acquisizione delle prove, il giudice, se risulta assolutamente necessario, può disporre anche di ufficio l'assunzione di nuovi mezzi di prove".* PISA PIA, ob. cit. (nota 5), p. 109, enxerga em tal possibilidade *"una componente inquisitoria"; já* FERRUA, ob. cit. (nota 18), p. 111/2, tacha de excessiva a jurisprudência que recusa radicalmente ao juiz a iniciativa de *"supplire all'inerzia delle parti nella richiesta di ammissioni di prove"* - poder cujo exercício se poria *"in contrasto con lo spirito informatore del nuovo codice".*

23 CRISTIANI, ob. cit. (nota 5), p. 21.

24 Até no processo inglês, tradicionalmente afeiçoado à diretriz oposta, há sinais claros de uma evolução: *vide* a respeito JOLOWICZ, *L' amministrazione della giustizia civile: Inghilterra e Galles, in La giustizia civile nei paesi comunitari,* ed. Fazzalari, Pádua, 1994, p. 173; *A reforma do processo civil inglês: uma derrogação ao* adversary system?, trad. de Barbosa Moreira, *in Rev. Forense,* v. 328, p. 65/6; ZUCKERMAN, *English Civil Procedure - The Shift away from Party Control and Orality, in Zeitschrift für Zivilprozess International,* v. I, 1996, p. 86.

solver questões relativas a provas, e assim por diante. Enquanto isso, no âmbito penal vai ganhando espaço, em certos setores, a opinião segundo a qual o julgador só deve inteirar-se de tais fatos por ocasião da sessão de julgamento, servindo-lhe de fonte *exclusiva* o que ela traga a lume. Isso seria indispensável, sustenta-se, para assegurar a "equidistância" do juiz[25]: o conhecimento prévio de provas e argumentos fatalmente o predisporia a pender cedo demais para uma das versões apresentadas pelas partes, e ele teria dificuldade em manter o espírito inteiramente aberto, naquela sessão, à eventual força persuasiva de argumentos e provas em sentido contrário.

Semelhante entendimento, que constitui autêntico lugar-comum na literatura processual anglo-saxônica (civil e penal)[26], começa a repercutir em países de linhagem continental europeia. Levando o raciocínio às últimas consequências, há quem sugira a adoção de mecanismo capaz de garantir o total desconhecimento, por parte dos julgadores, das características do pleito (até do nome do acusado), antes da sessão oral: só assim se conseguiria evitar que o julgamento sofresse a influência de prejuízos, inclusive inconscientes[27].

12. O presente trabalho não tem outro fim senão o de retratar imagens captadas, conforme de início ficou dito, na observação comparativa das linhas mestras da moderna transformação do processo civil e do processo penal. Nesse retrato algo de subjetivo com certeza haverá, e seria inconcebível que não houvesse. No intuito de imprimir-lhe a maior objetividade possível, esforçamo-nos por documentar as nossas afirmações com abundantes citações de textos legais e doutrinários. Os fatos parecem suficientemente demonstrados, mas é óbvio que sempre se poderá discutir a respectiva interpretação, e por conseguinte pôr em dúvida, ou negar categoricamente, as conclusões que ela autorizaria.

---

25 A expressão é de CONSO-GREVI, oh. cit. (nota 15), p. 387: *"Il giudice che conosce le prove* [antes do *dibattimento] vede diminuita la sua equidistanza, poichè tende ad accettar acriticamente i risultati dell'istruttoria".*

26 *Vide,* por exemplo, na recente produção norte-americana, o artigo de MARCUS, *Déjà Vu All Over Again? An American Reaction to the Woolf Report,* no volume *Reform of Civil Procedure,* ed. Zuckerman e Cranston, Oxford, 1995, p. 239/40. Da penetração dessa ideia na Itália dá testemunho o passo citado em a nota anterior.

27 JULIO MAIER, *El CPP modelo y las nuevas tendencias dei proceso penal,* in *Rev. de Processo,* nº 85, p. 252 e 255.

Frise-se que de propósito nos abstivemos de emitir juízos de valor acerca das tendências indicadas na evolução de ambas as espécies de processos. Em anteriores escritos tivemos ocasião de opinar sobre este ou aquele tópico da problemática: num deles, por exemplo, deixamos clara a nossa pouca (ou nenhuma) simpatia pela compulsória redução do papel atribuído ao juiz penal em matéria de iniciativa probatória[28]. É notório que, no quotidiano forense, os próprios juízes não raro adotam aí, por motivos fáceis de explicar (embora nem sempre de justificar), um comportamento redutivo, ainda quando a lei aponte noutra direção. Para tal contingência o remédio ao nosso ver apropriado consiste em, assegurando- lhes condições concretas de exercitar *de facto* as atribuições que têm *de iure,* cobrar-lhes de maneira efetiva os resultados. Tudo isso, porém, é assunto estranho ao plano deste ensaio.

Uma razão, entre outras, levou-nos à autolimitação. Feita abstração de determinados princípios fundamentais, de que não se pode abrir mão, julgar boa ou má uma opção de política processual é operação que pressupõe critério essencialmente prático, cujo fundamento há de repousar em elementos colhidos na realidade dos juízos. É muito interessante debater em termos teóricos a superioridade ou inferioridade de uma diretriz sobre outra; contudo, se não se acompanha do fornecimento de dados concernentes ao modo como esta ou aquela está repercutindo na realidade, o debate não passará de um exercício intelectual, talvez fascinante, mas inconsequente. Ora, dados do gênero é que nos faltam no momento; e lamentamos expressar a suspeita de que, mesmo com grande esforço, não encontraríamos – no Brasil, pelo menos; nem, provavelmente, noutros países – muita facilidade em obtê-los.

Seja como for, valorações à parte, há algumas razões para pensar que não é de todo arbitrária a impressão de um contraste de sentidos nos itinerários que vão percorrendo, em nossos dias, o processo civil e o penal. Se procurássemos resumir semelhante impressão dizendo que o primeiro tende a *publicizar-se* cada vez mais, enquanto o segundo dá sinais de querer, em certa medida, *privatizar-se,* dificilmente evitaríamos a acusação de exagerar aqui na caricatura. Em qualquer caso, seria grave erro desprezar o sombreado, os entretons, os matizes que carac-

28 BARBOSA M OREIR A, *Breves observaciones sobre algunas tendencias contemporáneas del proceso penal,* comunicação às IX Jornadas Uruguaias de Direito Processual (Rivera, 11/13-4-1997), publicada no volume respectivo, p. 287, e na *Rev. de Processo,* nº 86, p. 196.

terizam, em cada ordenamento específico, o jogo dos fenômenos acima sucintamente expostos, e fazem temerárias as generalizações. O receio de ir longe demais sugeriu-nos o ponto de interrogação que encerra o título do trabalho. Fique a resposta a cargo do leitor.

Setembro de 1998.

COMENTÁRIOS DO ATUALIZADOR

PROCESSO CIVIL E PROCESSO PENAL: MÃO E CONTRAMÃO?

Humberto Dalla Bernardina de Pinho

Preciso confessar que esse é um dos meus textos preferidos. Tomei contato com ele logo que foi disponibilizado e seu teor é, ainda hoje, trabalhado intensamente no PPGD da UERJ.

Como é de conhecimento geral, distinguem-se, na doutrina, duas correntes acerca da sistematização do direito processual: a que acredita na unidade de uma teoria geral do processo (unitarista) e a que sustenta a separação entre a ciência processual civil e a penal, por constituírem ramos dissociados, com institutos peculiares (dualista).

No entanto, a posição mais adequada, a nosso ver, é a que entende pela existência de uma única Teoria Geral do Processo, tendo em vista que a ciência processual, seja penal, civil, ou até mesmo trabalhista, obedece a uma estrutura básica, comum a todos os ramos, fundada nos institutos jurídicos da ação, da jurisdição e do processo.

Longe de pretender afirmar a unidade legislativa, a Teoria Geral do Processo permite uma condensação científica de caráter metodológico, elaborando e coordenando os mais importantes conceitos, princípios e estruturas do direito processual.

Importante destacar que novos e modernos diplomas, como a Lei Maria da Penha – Lei nº 11.340/2006 –, que visa prevenir e reprimir a violência doméstica, adotam a sistemática de juízos híbridos, sugerindo a criação de varas especializadas, com competência civil e criminal, de modo a facilitar o acesso à Justiça e conferir proteção mais efetiva à vítima de tais situações de violência.

Dessa forma, o estudo da Teoria Geral do Processo é fruto da autonomia científica alcançada pelo direito processual e tem como enfoque o complexo de regras e princípios que regem o exercício conjunto da jurisdição pelo Estado-Juiz; da ação, pelo demandante (e da defesa, pelo demandado); bem como os ensinamentos acerca do processo, procedimento e pressupostos.

As normas genéricas definidas pela Teoria Geral do Processo dizem respeito ao Processo, à Ação e à Jurisdição. Esses elementos integram a chamada Trilogia Estrutural do Processo, porque são institutos básicos dos ramos do direito processual.

Feitas essas observações iniciais, vejamos as linhas mestras do texto. O autor principia por chamar a atenção para as tradicionais concepções privatista e publicista do processo, o que acabava por contribuir para acirrar a divisão entre os ramos. O autor chega a referir a expressão "o processo é coisa das partes" para demarcar que o processo civil se desenvolveu "sob o signo privatístico".

Por outro lado, o processo penal, no qual sobressai o ius puniendi concentrado num órgão estatal, bem como informado pelos princípios que protegem o réu, revela indisfarçável natureza publicista.

Nesse contexto, o autor traz a exame duas questões extremamente relevantes: a discussão acerca do publicismo x privatismos e o reconhecimento da influência dos países oriundos do common law, sobretudo dos Estados Unidos, sobre o Brasil.

Sobre a primeira questão, com a constitucionalização das noções basilares do processo, a inserção pragmática de princípios no cotidiano forense e a crescente valorização da democracia[29] – seja no campo político, seja no social, e seja mesmo no jurídico –, é recomendável que o processualista brasileiro, mesmo o mais publicista[30], abra-se à

29 OLIVEIRA, Carlos Alberto Alvaro de. Do formalismo no processo civil. Proposta de um formalismo-valorativo. 3. ed. rev. atual. e aumentada. São Paulo: Saraiva, 2009, p. 61.

30 GRECO, Leonardo. Publicismo e privatismo no processo civil. In: Revista de Processo. São Paulo: Revista dos Tribunais, Outubro/2008, vol. 164, p. 34.

concepção de um espaço mínimo de convencionalidade[31] no âmbito do procedimento.

A ideia, aliás, não deveria parecer estranha aos estudiosos do ramo e aos profissionais do direito. Quando transacionam direitos no curso do processo, optam por não recorrer ou desistem mesmo da própria ação, as partes nada mais fazem do que exercer sua parcela de liberdade convencional para ditar os rumos da lide.

Historicamente, contudo, muitos dos acirrados debates a respeito do instituto pareceram convergir em torno desses posicionamentos extremados, seja em torno do caráter privado, seja em torno do caráter público.

Em um primeiro momento, no século XIX, pela ideologia liberal, a função jurisdicional se revelava muito mais espectadora do duelo entre as partes do que de qualquer assistência.

O fim último a ser perseguido em um processo judicial, nessa concepção liberal, era a proteção do direito subjetivo das partes contendoras, sendo a jurisdição apenas um meio para tanto[32]. Esse cenário representa, assim, um modelo privatista de processo civil.

Todavia, tal afastamento do Estado para completa abertura aos particulares se revelou, de certa forma, uma maneira extremada de se concretizar o direito material pela via processual, sem garantia de um tratamento minimamente isonômico.

Corria-se, dessarte, o constante risco de os mais fortes sobrepujarem-se aos mais fracos, solapando-lhes direitos sob o respaldo de um Judiciário falsamente presente e dissimuladamente atento à lide[33].

Em contrapartida, o modelo publicista do início do século XX calcava-se em uma mudança de paradigma, qual seja, o de transpor o escopo da atividade jurisdicional dos interesses privados em conflito para o interesse público relacionado à pacificação das rachaduras na estrutura social.

31 DOMÍNGUEZ, Federico G. La sentencia de la Suprema Corte de la Província de Buenos Aires. In AROCA, Juan Montero (coord.), Proceso civil e ideologia: un prefacio, una sentencia, dos cartas y quince ensayos, Ed. Tirant lo blanch, Valencia, 2006.

32 AROCA, Juan Montero. El mito autoritario de la 'buena fe procesal'. In AROCA, Juan Montero (coord.), Proceso civil e ideologia, pp. 302/307.

33 BARBOSA MOREIRA, José Carlos. O neoprivatismo no processo civil. Temas de Direito Processual (nona série). São Paulo: Saraiva, 2007, p. 101.

Nesse contexto, imprescindível direcionar a demanda às mãos do Estado-Juiz. A partir de então, não mais inerte, competiria tão somente ao Judiciário fazer atuar a vontade concreta da lei, nos moldes da propalada teoria chiovendiana[34].

A partir dessa concepção, a função do magistrado, para além da de um julgador, se delineava como a de um gestor de toda a cadeia de atos procedimentais, deferindo e indeferindo requerimentos dos jurisdicionados, chancelando atos já praticados, enfim, fiscalizando e ditando o ritmo de condução do feito.

A persecução do público no litígio privado, no entanto, acabou por revelar diversas deficiências do sistema processual, tais como uma burocracia excessiva e a consequente morosidade da Justiça, a culminar em um quadro de perene insatisfação social com o *modus operandi* do Poder Judiciário.

Nesse cenário, o processo civil desponta remodelado, com base nas ideias de efetividade e garantismo[35], para atuar como instrumento dessa tutela dos direitos dos particulares.[36]

Nesse contexto, busca-se abandonar a concepção publicista extremada, priorizando-se a resolução dos conflitos, como atividade que o Estado deve prestar ao cidadão na tutela de seus interesses particulares.

Ao juiz, relega-se papel menos interventivo – o que serviria de resposta às críticas dirigidas à gestão do modelo publicista, voltadas ao risco de ruptura da imparcialidade –, ao mesmo tempo em que passa a caber aos litigantes maior disposição sobre o procedimento.

Por conseguinte, pode-se dizer que o processo civil que daí resultou mostrou-se como de cunho profundamente humanista, como um processo mais justo. A preocupação era com a desconstrução daquele juiz até então burocrático e distante das partes, com a consequente e necessária remodelagem de uma figura próxima da realidade da vida

---

34 CARNELUTTI, Francesco. Sistema di diritto processuale civile, vol. I, funzione e composizione del processo. Padova: CEDAM, 1936 p. 215.

35 CIPRIANI, Franco. Ideologie e Modelli del Processo Civile: saggi. Napoli: Edizioni Scientifiche Italiane, 2001.

36 GRECO, Leonardo. Publicismo e privatismo no processo civil. In: Revista de Processo. São Paulo: Revista dos Tribunais, Outubro/2008, vol. 164, p. 44.

cotidiana e consciente do drama humano que as partes, através da oralidade, expusessem.

Percebe-se, enfim, que, entre publicismo e privatismo, nada há de contornos delimitados. A História tem mostrado que, à medida que entraves despontam no cenário processual, doutrinadores, intérpretes e aplicadores do direito em geral sustentam novas concepções teóricas que, uma vez postas em prática, esperam ser aptas a solucionar os gargalos.

Sobre a segunda questão, de início, deve-se notar que o método prevalente nas resoluções de controvérsias é um dos pontos de distinção mais significativo entre as culturas jurídicas romano-germânica e anglo-saxã. No *civil law,* tem-se uma concepção precipuamente litigiosa do processo, enquanto, no cenário de *common law*, sobretudo nos EUA, as demandas raramente são submetidas ao *trial*, sendo resolvidas em acordos entre as partes. O contexto estadunidense é condizente com a valorização que o país confere à ideologia liberal, em especial ao princípio da autonomia da vontade.

Dessa forma, é imperioso observar que a importação de institutos de outros sistemas pode ser benéfica[37], entretanto, não se pode fazê-la de forma automática e precipitada[38], pois corre-se o risco de potencializar a desestruturação e o desequilíbrio do sistema jurídico.

Contudo, inegavelmente, com o pós-positivismo, o direito passa a ser informado por critérios mais dinâmicos. Paralelamente, a norma constitucional assume contornos mais abrangentes e concretos[39], bem como os métodos hermenêuticos se sofisticam de modo a adequar a regra infraconstitucional ao Texto Maior[40]. A partir daí,

37 BARBOSA MOREIRA, José Carlos. Notas sobre alguns aspectos do processo (civil e penal) nos países anglo-saxônicos. Temas de direito processual civil: sétima série. São Paulo: Saraiva, 2001. p. 157.

38 BANDEIRA DE MELLO, Celso Antônio. Curso de Direito Administrativo. 20a ed. São Paulo: Malheiros editores, 2006, p. 314/315.

39 BARROSO, Luís Roberto. Fundamentos teóricos e filosóficos do novo direito constitucional brasileiro (Pós-modernidade, teoria crítica e pós-positivismo). In: A nova interpretação constitucional: ponderação, direitos fundamentais e relações privadas. 2. ed. Rio de Janeiro: Renovar, 2006, p. 44.

40 BARROSO, Luís Roberto. BARCELLOS, Ana Paula de. O começo da História. A nova interpretação constitucional e o papel dos princípios no Direito brasileiro. In: A nova interpretação constitucional: ponderação, direitos fundamentais e relações privadas. 2. ed. Rio de Janeiro: Renovar, 2006, p. 361.

temos mais um instrumento de aproximação entre os sistemas de *common law* e *civil law*[41].

Retornando ao texto, o mestre aborda, a partir do item 6, a problemática da verdade e resgata a diversidade conceitual, por muitos anos existente no direito pátrio entre verdade material e formal. De se observar que sempre houve uma preocupação maior com o tema no processo penal, por razões óbvias.

No entanto, com o passar do tempo, sobretudo com o crescimento das ações coletivas, constitucionais e voltadas para a proteção de direitos indisponíveis, passou a ser desimportante a distinção.

Contudo, o autor aponta pelo menos quatro sinais que indicam uma preocupação maior do processo civil no que toca ao aprimoramento dos mecanismos de prova a fim de propiciar uma correspondência mais exata entre a fundamentação *in facto* da sentença e a realidade histórica.

Dentre os sinais que revelam essa percepção, o mestre aponta as seguintes:

(a) o desfavor em que vem caindo o antigo princípio da enumeração *taxativa* das provas utilizáveis, já substituído, em várias legislações, pelo da *atipicidade* dos meios de prova;

(b) o incremento dos poderes instrutórios exercitáveis de ofício pelo órgão judicial;

(c) a progressiva redução, quando não o abandono, das constrições impostas pelo velho sistema da "prova legal" à valoração dos elementos probatórios pelo juiz; e

(d) a atribuição aos membros da coletividade em geral do dever de contribuir para a cabal apuração dos fatos.

Por outro lado, prossegue o autor, o processo penal parece caminhar no sentido oposto, já que:

(a) verifica-se uma clara inclinação para restringir a atuação do juiz no campo da instrução probatória; e

(b) o aumento das soluções consensuais no processo penal, inclusive com a aceitação da pena, sem averiguação judicial do suposto fato

41 TARUFFO, Michele. Icebergs do commom law e civil law: Macrocomparação e Microcomparação processual e o problema da verificação da verdade. Revista de Processo. V. 181. São Paulo: Revista dos Tribunais, 2010, p. 217.

delituoso, nem declaração de culpa, perde relevância a vinculação entre a apenação e a demonstração da responsabilidade criminal do réu.

Ainda nessa seara, o professor aponta a tendência ao esvaziamento das atribuições do juiz penal como agente propulsor da instrução probatória, cuja ativação passa a depender fundamentalmente da iniciativa das partes.

Na sequência, é mencionada a figura do juiz de instrução, nunca adotada no direito brasileiro, mas que agora retorna à ordem do dia por conta da Lei n° 13.964/2019. Apesar da inserção no referido Diploma Legal, a AMB ingressou com Adin e obteve decisão liminar favorável, da lavra do Min. Luiz Fux[42]. A questão ainda se encontra sub judice e tem despertado debates apaixonados entre os processualistas penais.

42 Decisão do Min. Luiz Fux, no exercício da Presidência do STF, nos autos da Adin 6.299/DF, em 15 de janeiro de 2020 (Informações disponíveis em https://portal.stf.jus.br/processos/detalhe.asp?incidente=5840373, acesso em 30 de janeiro de 2020).

BREVES OBSERVACIONES SOBRE ALGUNAS TENDENCIAS CONTEMPORÁNEAS DEL PROCESO PENAL[1]

1. Los procesalistas civiles, en casi todo el mundo, se han esforzado, a lo largo de los últimos decenios, por convencer a los legisladores y a los administradores públicos de una doble conveniencia respecto a los jueces: *a)* en nivel normativo, otorgarles poderes amplios de dirección formal y material del proceso, particularmente en lo que atane a la obtención de las pruebas indispensables a la reconstitución de los hechos relevantes para la solución del litígio; *b)* en nivel práctico, asegurarles la posibilidad de utilizar los medias necesarios para el ejercicio eficaz de tales poderes. La idea básica que inspira ese movimiento consiste en que la misión esencial del órgano judicial es realizar la justicia en el caso concreto, y una sentencia justa presupone normalmente el conocimiento en cuanto sea posible completo y exacto de los hechos.

No constituye razón suficiente para desechar semejante idea el temor de que la participación activa del juez en la instrucción del proceso ponga en jaque su imparcialidad. Si tu viéramos que tachar de parcial al juez que ordena la realización de una prueba, solamente porque el resultado de esta sea capaz de beneficiar a uno de los litigantes, logicamente su eventual abstención merecería la misma crítica, ya que la falta de la prueba causaría beneficio para el otro litigante. Conviene subrayar que, cuando el órgano judicial toma una iniciativa de ese género, no puede adivinar cual de las partes resultará favorecida.

Al actuar con miras al descubrimiento de la verdad (en la medida, por cierto muy limitada, en que ella es accesible a los seres humanos), el juez *no substituye* a las partes, sino que lleva a cabo una tarea inherente a su propia función. Fallar, en efecto, significa en último análisis aplicar una norma jurídica a un hecho; por consiguiente, al juez no le es menos imprescindible la aprehensión del hecho que el conocimiento de la norma.

---

1 Comunicação às *IX Jornadas de Derecho Procesal* (Rivera, abril de 1997), tema III, e *(Estructuras y nuevas tendencias del proceso penal)*. Publicado no volume de Memórias e também na *Rev. de Proc.*, nº 86, e na *Revista Peruana de Derecho Procesal*, v. III.

2. El movimiento del que estamos hablando logró un éxito notable en numerosos países: mucho más, sea dicho de paso, en el plano de la legislación que en la práctica del foro. Eso se debe a motivos de varia índole: desde la excesiva timidez de ciertos magistrados hasta la circunstancia de que, en la mayoria de las veces, son los propios litigantes los que conocen las probables fuentes de prueba, mientras el órgano judicial no tiene la misma posibilidad de acceso a ellas.

De todos modos, no ha sido insignificante el avance, si se piensa que pocas leyes procesales civiles de nuestros días restringen (por no decir niegan, lo que sonaria realmente espantoso) la iniciativa del juez en materia probatoria. Los jueces más diligentes sacan provecho de ello, y así por lo menos algunos pleitos son fallados con mayor probabilidad de acierto.

3. Es interesante comparar dicha situación con la del proceso penal. Durante mucho tiempo se solía establecer una distinción entre los dos campos, en lo que hace a la reconstitución de los hechos. En varios sectores de la doctrina se repetia *ad nauseam* que el proceso penal buscaba nada menos que la verdad *material,* mientras el proceso civil tenía que satisfacerse con la *verdad formal.* Con semejantes palabras se quería decir, entre otras cosas, que el juez civil, a la diferencia del juez penal, debía ceñirse en todo caso a lo que le resultara aparente del mero exame del expediente, sin aportar ninguna contribución propia, ni preocuparse con la eventualidad de que ello lo condujera a una conclusión apartada de la realidad.

Claro está que esa manera de pensar no resistía siquiera un análisis superficial. No existen, ni pueden existir, *dos* verdades, una *material* y otra *formal:* la verdad, en relación a los hechos, es una sola. Lo que ocurre – además de las notarias dificultades de aprehensión – es que las legislaciones procesales, por diversas razones de política jurídica, renuncian con frecuencia a una investigación integral, que por otra parte, en este mundo y desde el punto de vista práctico, nunca se podría dar por rematada.

No se trata ahí de una particularidad de este o de aquel proceso. En cualquier pleito se imponen limitaciones a la búsqueda de la verdad. Por ejemplo: ciertas personas, aunque sea posible (o probable) que conozcan hechos relevantes, no pueden ser interrogadas como testigos, o están al menos exoneradas del deber de declarar. Se toman en consideración otros valores, igualmente dignos de preservación: por ejemplo, el secreto profesional. Es algo que sucede en el proceso penal no menos que en el civil.

4. Sea como fuera, la iniciativa oficial en materia de pruebas era tradicionalmente admitida con mayor facilidad en el ámbito penal que en el civil. ¿Se estarán cambiando las posiciones? La pregunta no le parecerá extravagante a cualquiera que se dé cuenta de algunas recientes reformas legislativas y de las opiniones de una doctrina merecidamente prestigiosa.

Se lee, por ejemplo, en el art. 190.1 del *codice di procedura penale* italiano de 1988: *"La legge stabilisce* i *casi in cui le prove sono ammesse di ufficio".* Ahí se consagra una restricción importante a la iniciativa del juez. Creíamos que se estaba consolidando un modelo procesal en que la posibilidad de actuar en ese campo, para el órgano judicial, constituiría la regla, y la imposibilidad, la excepción. El legislador italiano invierte la relación: el juez penal no está autorizado a actuar sino en los supuestos que el texto legal indique.

Facilmente se perciben otras manifestaciones del mismo fenómeno. En algunos sectores doctrinales se llega a recomendar que el órgano judicial solo pueda tener en cuenta las pruebas presentadas oralmente en la audiencia. Hasta se estima inconveniente que el juzgador tenga acceso previo al conocimiento de cualquier dato suscetible de influir en la formación de su convencimiento (inclusive, se añade a veces, de la identidad del imputado). Ahora bien: como todos saben, hay infracciones criminales cuya averiguación depende esencialmente de diligencias de gran complejidad técnica, o del examen de documentos numerosos y de sentido arduamente penetrable; piénsese, *v.g.*, en ciertos delitos relativos a operaciones financieras complicadas, o cometidos mediante procedimientos electrónicos o telemáticos. No es verosímil que un juzgador, aun el más atento e inteligente, se muestre capaz de superar todos esos (y otros) obstáculos sin hacer nada más que oir las palabras pronunciadas en la audiencia.

5. Alguien objetará que así pasan las cosas en el universo anglosajón. Habría que preguntar ante todo si los resultados obtenidos con tal sistema son realmente mejores y justifican la tendencia a la imitación. Muchas dudas caben al respecto. En los mismos países de *common law* no faltan críticas severas al régimen allí adoptado, ni propuestas de reforma.

Otro aspecto, del que no siempre se habla, merece aquí atención: al contrario de lo que podría suponer un entusiasta de películas policíacas norteamericanas, los procesos que llegan al *trial* - y en los cuales, por consiguiente, se emplea el método descrito arriba - no representan sino una fracción mínima del total. La mayor parte termina en una etapa anterior, en virtud de varios expedientes inspirados por el propósito de abreviar los pleitos y descongestionar la Justicia. Un ejemplo bien conocido es el *plea bargaining,* que además suministra al *district attorney* interesado en presentarse como candidato en las próximas elecciones una oportunidad de conquistar electores mencionando en sus discursos un número de condenas penales inmensamente superior a aquél que, de no ser así, él hubiera podido conseguir, debido a la lentitud habitual de los procesos - la cual está lejos de constituir una característica exclusiva del tercer mundo.

6. A propósito de estas cuestiones se suele invocar el llamado "principio acusatorio". Estamos convencidos de que es inútil, quizá peligroso, centrar cualquier discusión científica sobre denominaciones bajo las cuales se acomodan realidades de contorno impreciso, suscetibles de asumir una u otra fisonomía según la preferencia personal de cada escritor. Es mucho mejor dejar de lado los rótulos y ocuparse de los contenidos.

La principal exigencia formulada en este contexto es probablemente la que se refiere a la necesidad de separar de modo radical las funciones de acusar y de fallar, y los órganos que deben ejercerlas. He ahí una proposición de la cual es difícil discrepar. En efecto, nadie se animaría a depositar mucha confianza en la imparcialidad del juzgador, si se trata del mismo órgano que tomara la iniciativa de entablar el proceso.

Sin embargo, no hay que confundir el acto de acusar con la participación activa en la investigación de la verdad (de la porción accesible de verdad). Quien investiga puede hallar elementos favorables al interés de uno u otro litigante, de la acusación o de la defensa. El riesgo de la parcialidad se reduce aquí a la tentación de aprovechar unicamente los elementos que favorecen a uno de los dos intereses contrapuestos. Admítase, *ad argumentandum,* que el juez se incline a ceder a la tentación. Normalmente la parte perjudicada tendrá a su disposición medios de provocar la rectificación de desvíos de ese género. En la motivación de la sentencia es menester examinar todos los elementos relevantes incorporados al proceso; y la ley ofrece remedios contra eventuales omisiones. Si, por otra parte, no se había concedido a uno de los litigantes la oportunidad de participar de la actividad probatoria, respecto a este o aquel elemento relevante, entonces el hecho de que se tome en cuenta la prueba "clandestina" constituirá una grave violación del deber de asegurar la contradicción, para la cual también existen remedios legales.

Lo esencial es no permitir que el temor de aberraciones se convierta en argumento definitivo contra el empleo de un instrumento potencialmente útil. En el derecho, como en la vida, todo o casi todo implica algún tipo de peligro. "Vivir es muy peligroso", solía decir un personaje del romance *Grande sertão: veredas, del* distinguido escritor brasileño GUIMARÃES ROSA. Empero si existen medios de hacer que los peligros, en el común de los casos, permanezcan tales y no se conviertan en danos (o por lo menos en danos irreparables), es un error renunciar *a priori* a los beneficios que la utilización conecta del instrumento puede producir. *Abusus non tollit usum.*

7. Vale la pena examinar más detalladamente la idea de que el juzgador no debe tener conocimiento previo de los hechos y elementos concernientes al pleito, y fallar exclusivamente de conformidad con lo que vea y oiga en la audiencia de debate. Con ello se pretende evitar que influyan en la sentencia impresiones y conjeturas formadas a lo largo de las etapas anteriores del proceso. Hasta se supone, con un optimismo envidiable, que tal procedimiento sea capaz de neutralizar los prejuicios *inconscientes del* juzgador.

Innumerables y bien conocidos desenlaces de juicios del jurado, en el Brasil y en otros países, arrojan muchas dudas sobre esa creencia. Hay buenas razones para pensar que los miembros del jurado, desprovistos de un entrenamiento profesional, queden mucho más sujetos a la influencia de factores incontrolables, conscientes o inconscientes. De ningún modo lo impide la circunstancia de que se enfrenten por primera vez con el caso. Cosas tan sencillas e imponderables como la semejanza (real o supuesta) entre la fisonomía del imputado y la de un actor popular pueden representar un papel destacado en la decisión de condenar o absolver. No es despreciable la hipótesis de que semejantes frioleras importaran menos si el juzgador conociera mejor el asunto.

De lo dicho no hay que inferir una oposición radical a la institución del jurado. Consideraciones varias de política legislativa pueden aconsejar su adopción (o su manutención, allí donde ya existe). No es ese el problema de que ahora nos ocupamos. Quisimos solamente manifestar nuestro escepticismo en relación a la solidez de un argumento con el cual se sostiene la superioridad del sistema que prohibe el contacto previo del juzgador con el pleito.

8. Por otra parte, no parece exacta la suposición de que el triunfo de tal sistema se haya originado, en los países anglosajones, de una opción consciente y filosoficamente fundada entre principios contrapuestos. Se trata más bien de una necesidad impuesta por razones de orden práctico. Consagrado en la Inglaterra medioeval el derecho al *trial by jury,* sería absurda la esperanza de que los miembros del jurado – los cuales, naturalmente, deseaban retomar cuanto antes sus actividades normales – se quedasen mucho tiempo reunidos a la disposición de la Justicia: el juicio tenía que realizarse deprisa, en una única audiencia. No existía, por lo tanto, otra ocasión para la presentación y el debate sobre las pruebas. De ahí, muy sencillamente, la exclusión del conocimiento previo, que poco tiene de vinculada a un "principio": la invocación de argumentos teóricos en su favor se acerca bastante a una "racionalización", en el sentido psicoanalítico de la palabra.

Conviene observar que se debe asimismo a las circunstancias históricas el predominio absoluto de las pruebas orales en el proceso típico del *common law.* Ya que era necesario discutir y examinar en la audiencia, en presencia del *jury,* todo el material relevante, no se podía recunir a otro procedimiento. Añádase que los miembros del *jury,* en los primeros tiempos, eran casi siempre analfabetos, lo que tornaba inútil cualquier intento de convencerIos mediante la exhibición de documentos.

El aferramiento a la tradición explica el hecho de que las consecuencias sobrevivan en gran parte a la desaparición de las causas: en el proceso civil inglés, en el cual practicamente ya no subsiste el *jury,* la audiencia – en los raros casos en que el proceso no termina sin ella – conserva las características esenciales de otro tiempo. Atribuir a la preferencia por la "oralidad", en tales ordenamientos, el sentido de una propuesta científica, como la que se manifestó y se manifiesta aún en la Europa continental y en la América Latina, es confundir fenómenos heterogéneos, ligados simplemente por una semejanza superficial.

9. Consideraciones en cierta medida análogas caben respecto a la actitud habitual del juez norteamericano en el *trial.* Si él por regla se abstiene de intervenir personalmente en la actividad probatoria, para ello concurre - en muchos casos, tal vez con intensidad mayor que el deseo de respetar "principios" - la preocupación de no indisponerse con los abogados, a quienes desagradaría verse amenazados en su posición de "protagonistas" del debate. Como todos saben, en los Estados Unidos la clase de los abogados es sumamente prestigiosa y suele ejercer una influencia considerable en las elecciones de magistrados. Se comprende que a éstos les beneficie gozar de su simpatía. Tanto es así que se puede en general notar una gran diferencia entre la conducta de los jueces de los Estados (principalmente de los muchos que adoptan el sistema de elección) y la de los jueces federales, que son nombrados por el Presidente de la República y no sienten la necesidad de un apoyo electoral.

También en este contexto es menester una buena dosis de cautela en la valuación de argumentos a que se intenta dar una connotación puramente "científica". En muchos panegíricos del *adversary system*, la exaltación de sus virtudes, reales o imaginarias, aunque se exprese en términos aparentemente racionales, poco más significa que la justificación *a posteriori* de una política destinada a asegurar la satisfacción de ciertos intereses circunstanciales - lo cual, bien se entiende, puede acaecer con cualquier teoría.

Sea como fuera, queda evidente que la "anglicanización del proceso", al menos en algunas de sus manifestaciones, conlleva el riesgo de resolverse en un trasplante efectuado sin la ponderación prudente de la compatibilidad de los organismos. Importar soluciones concebidas para problemas ajenos, inexistentes entre nosostros, constituye un errar de perspectiva injustificado y seguramente dañino. La moderna influencia del proceso norteamericano sobre el brasileño ha sido benéfica en más de un aspecto, y no hay razón para dudar de que pueda seguir trayéndole provecho en el futuro; pero no se debe incurrir en la ingenuidad de suponer que ello acontezca, por decido así, de manera automática: no toda innovación merecerá aplauso solo por tener ese origen.

10. Ninguna de las afirmaciones precedentes debe ser entendida como señal de un juicio favorable acerca del funcionamiento de la Justicia criminal en nuestros países. Ciertamente hay poco que alabar a tal respecto en la situación brasileña - por hablar solo de lo que nos es más familiar. Pera el que una cosa sea mala no significa necesariamente que sea buena, o menos mala, aquella con que se pretende reemplazarla. Es una verdad de Perogrullo que un cambio legislativo con frecuencia produce antes el efecto de agravar que el de corregir los defectos lamentados. Por ejemplo: hemos oído personalmente de varios juristas y magistrados italianos opiniones muy pesimistas sobre los resultados de la aplicación del nuevo *codice di procedura penale;* y es notorio que el legislador peninsular sintió la necesidad de retroceder en algunos casos.

Si se intenta reformar un sistema, es indispensable averiguar con exactitud cuales son los verdaderos puntos débiles; sin ello no se puede saber en que sentido conviene moverse, y se corre el riesgo de empeorar las cosas. Hay muchas razones para dudar de que las desgracias de la Justicia penal latinoamericana (o, particularmente, brasileña) provengan principalmente de la adopción de métodos y procedimientos distintos de los que predominan en los países anglosajones. Sin la seguridad de tal correlación parece imprudente aventuramos a una imitación servil, como la que ya ocurre en muchos otros campos. Más aún si se tiene en consideración el hecho de que está lejos de ser unánime, en aquellos mismos países, la aprobación del régimen vigente. Y hablemos con franqueza: las informaciones que tenemos, *v.g.,* acerca del proceso penal norteamericano ¿acaso justifican su entronización como un modelo para el universo?

Además, bien miradas las cosas, en ciertos puntos la diferencia entre los dos tipos de procedimientos no es, *de facto,* tan grande como se podría imaginar, de modo que el cambio propuesto no modificaria sensiblemente la situación concreta. Esto es evidente en lo que atañe a la *pièce de résistance* de algunos programas de reforma: la reducción del papel del juez a garantizar la regularidad del proceso – o, como a veces se dice en términos más restrictos, la observancia de las garantías fundamentales – y dictar sentencia conforme a lo que se haya dicho, sin provocación de su parte, en el debate. Ahora bien: no todos los aspectos de tal propuesta son ajenos a la experiencia práctica de nuestros países. El "absentismo" del juez no constituye un fenómeno desconocido, ni mucho menos, en el proceso penal brasileño. Es probable que él no trate en la medida conveniente de asegurar la observancia de ciertas garantías; pero es más que probable que tampoco utilice todos los instrumentos que la ley le ofrece en materia de actividad probatoria. Desde ese punto de vista, la realidad no cambiaría mucho si le quitáramos los poderes instructorios, escasamente ejercidos. Lo que de ningún modo parece razonable es incluir el exceso de intervención del juez entre las causas del funcionamiento poco satisfactorio de la Justicia, en lo criminal al igual que en lo civil.

11. Cabe advertir, por otro lado, que no siempre queda en claro la significación profunda de las críticas al sistema procesal penal vigente entre nosotros. Algunas diatribas permiten suponer que el crítico desearía sobre todo ver reducir al mínimo posible el número de las sentencias de condena. Una indicación obvia en tal sentido la suministra la sugerencia de que el acusador no pueda recurrir contra la sentencia absolutoria, o contra la condena en su opinión benigna, y en cambio el imputado tenga el derecho a exigir la "doble conformidad" sobre su condena, es decir, la confirmación de esta por un segundo fallo.

Semejante pensamiento hunde sus raíces, muy probablemente, en la convicción de que aplicar una pena al infractor no siempre (o casi nunca) constituye una reacción social adecuada. Aquí se inserta una problemática extremamente compleja de política jurídica. No discutiremos en este momento la cuestión de saber si conviene o no conviene abolir *sic et simpliciter* la pena, o por lo menos descriminalizar muchas de las conductas hoy en día penalmente punibles. La sede propia de la discusión es el derecho penal, no el derecho procesal.

Nos limitaremos aquí a una opinión cautelosa. A nuestro juicio, no es verosímil que los Estados renuncien – al menos en breve plazo – a la utilización de la pena. Algunos tipos obsoletos o de pequena gravedad serán borrados de las leyes; en compensación, otros surgirán *(rectius:* ya están surgiendo), en asuntos que no solían tratar los códigos tradicionales (ecología, energía nuclear, informática, ciertos medios de telecomunicación etc.). No nos sorprenderá que en casos menos importantes se amplíe la tendencia a la substitución de la pena por sanciones no criminales, o a la aplicación inmediata (sin fallo) de otra pena (multa, restricción de derechos) en vez de la privación de libertad, mediante el acuerdo del imputado, tal como lo dispone en el Brasil el art. 76 de la Ley nº 9.099, de 26-9-1995, con relación a los procesos de competencia de los Juzgados Especiales Criminales. Aun cuando puedan estar previstas en leyes procesales, esas son medidas que respectan en primer término al derecho penal (material), a pesar de sus repercusiones sobre el *iter del* proceso.

12. Ahora bien: los problemas de derecho penal deben ser ecuacionados, enfrentados y – si es posible – resueltos (perdónese la trivialidad) al nivel del derecho... penal. No corresponde al proceso (por lo menos no le corresponde *principalmente)* la responsabilidad de concretar opciones de política criminal. El proceso penal (cualquier proceso) es, desde el punto de vista jurídico, un instrumento de realización del derecho material, no de su transformación.

Claro está que también en la conducción del pleito incumbe al órgano judicial tener en cuenta los fines sociales de la ley y las exigencias del bien común – como lo impone el art. 5º de la Ley de Introducción al Código Civil brasileño. Y es igualmente cierto que el proceso persigue asimismo objetivos políticos y debe guardar fidelidad a compromisos éticos. Agréguese que, de acuerdo con una idea muy difundida en el pensamiento jurídico actual, el juez está autorizado a ejercer, en cierta medida, el contralor de la *razonabilidad* de la ley y de la *proporcionalidad* entre las medidas que ella consagra y los objetivos que intenta alcanzar. Lo que en cambio de ningún modo el órgano judicial está autorizado a hacer es reemplazar sin cerimonia el sistema normativo material por otro que personalmente le parezca más justo o más conveniente.

Por consiguiente, si tiene sentido hablar de un proceso penal *efectivo,* la medida de la efectividad no puede ser otra sino la aptitud del proceso para producir un resultado que se acerque lo más posible de lo que prescribe, para la situación *sub examine,* el derecho penal – el derecho penal tal cual es en realidad, no tal cual deseariamos que él fuera. Ello quiere decir que la preocupación con la efectividad asumirá *in concreto* imágenes distintas, en conformidad con lo que determine la ley penal (sin olvidar las salvedades mencionadas arriba) y con lo que resulte del expediente. Si están comprobados todos los presupuestos de la imposición de una pena, es la condena del imputado la que satisface la exigencia de efectividad; si no están comprobados, es su absolución. En la ausencia de prescripciones legales que la permitan, la absolución de un culpable puede ser tan contraria a la efectividad del proceso penal como lo seria la condena de un inocente. Lo que nos debe interesar, pues, desde esse punto de vista, no es que se condenen (o se absuelvan) menos o más imputados, sino que se condenen (o se absuelvan) cuantos – pocos o muchos, no importa – merezcan ser, respectivamente, según el criterio del derecho penal, condenados o absueltos.

13. Asegurar la observancia de las garantías de la defensa constituye, sin lugar a dudas, en cualquier proceso, una de las funciones esenciales del órgano judicial. En el proceso penal semejante función adquiere una importancia particular siempre que sea considerable el riesgo de utilización de la Justicia criminal, de parte de los detenedores del poder político, como instrumento de opresión. Es lo que sucede, en general, bajo regímenes arbitrarios. Entonces, el énfasis tiene que caer sobre la protección de los derechos del imputado.

Sin embargo las circunstancias cambian, y con ellas pueden cambiar las necesidades más imperativas de una sociedad. En algunos momentos, la protección de la comunidad recomienda un mayor empeño en la represión de las infracciones. No necesariamente en el sentido de que se exasperen las penas – como a veces sugiere una opinión simplista –, sino en el de que los infractores no queden impunes. Son harto conocidos los fenómenos de expansión de la criminalidad organizada, que han agobiado y agobian inclusive naciones del primer mundo. El tratamiento procesal de casos de esse género no puede dejar de tener en cuenta la situación concreta.

Hay en los principios jurídicos un margen inevitable de relatividad. Ello es inherente a la índole del ordenamiento normativo, que busca equilibrar valores e intereses contrapuestos, pero igualmente dignos de preservación. Tal equilibrio sufre forzosamente la influencia de factores contingentes. La tarea de interpretación y de aplicación de las normas no se realiza en un cielo de puras esencias, en una atmósfera inmune a las convulsiones de la vida social. Actuar como si así fuera es sucumbir practicamente a la funesta tentación del razonamiento *ahistórico*.

Del proceso penal contemporâneo no se debe esperar que descubra soluciones perfectas, definitivas e intemporales para los problemas eternos de la Justicia criminal. Lo que le corresponde es encontrar las más adecuadas para los problemas que la turban *hic et nunc*. Habida cuenta del panorama que nos rodea, resulta difícil creer que la via apropiada pase por la reducción del juez a un "convidado de piedra".

Janeiro de 1997.

COMENTÁRIOS DO ATUALIZADOR

BREVES OBSERVACIONES SOBRE ALGUNAS TENDENCIAS CONTEMPORÁNEAS DEL PROCESO PENAL

Humberto Dalla Bernardina de Pinho

Prosseguindo no exame dos temas ligados ao processo penal, o Professor trata, nesse texto, das novas tendências na matéria.

O tema já havia sido visitado nos textos acima comentados e agora é verticalizado a partir da constatação de que nas últimas décadas, os processualistas têm procurado convencer legisladores e administradores públicos de uma dupla conveniência em relação aos magistrados: a) no nível normativo, outorgar-lhes a direção formal e material do processo, em particular no que se refere à obtenção das provas indispensáveis à reconstituição dos fatos relevantes para a solução da controvérsia; e b) na prática, assegurar a possibilidade de utilizar os meios necessários ao efetivo exercício das atribuições.

Num primeiro momento, o autor afasta eventual ofensa ao princípio da imparcialidade, pois o magistrado, ao agir com vista à descoberta da verdade, não substitui as partes, mas cumpre tarefa inerente à sua função. Na sequência, anota que juízes diligentes tiram proveito dessa regra, e, assim, alguns processos são julgados com maior probabilidade de sucesso.

Na sequência, aborda e rechaça a velha dicotomia entre verdade material e formal, ressalvando que, por diversas razões de política jurídica, as legislações processuais frequentemente renunciam a investigações abrangentes.

Outro ponto que merece menção é a relação da matéria com o chamado "princípio acusatório". Nesse ponto, o professor adverte ser "inútil, talvez perigoso, centrar qualquer discussão científica em nomes sob os quais se acomodem realidades de contornos imprecisos, capazes de assumir uma ou outra fisionomia de acordo com a preferência pessoal de cada escritor. É muito melhor deixar de lado os rótulos e lidar com o conteúdo".

E prossegue: "no entanto, o ato de acusar não deve ser confundido com a participação ativa na investigação da verdade (da parte acessível da verdade). Quem investiga pode encontrar elementos favoráveis ao interesse de um ou outro litigante, da acusação ou da defesa. O risco de parcialidade se reduz aqui à tentação de aproveitar apenas os elementos que favorecem um dos dois interesses opostos".

A seguir, examina a ideia de que o juiz não deve ter conhecimento prévio dos fatos e elementos relativos à ação, devendo julgar exclusivamente de acordo com o que vê e ouve na audiência de debate. Isso evita que impressões e conjecturas formadas ao longo dos estágios anteriores do processo o influenciem.

Nesse ponto, faz um paralelo com as decisões tomadas pelo júri, muito comuns no sistema norte-americano, e conclui que nessa modalidade há maior influência de fatores conscientes e inconscientes sobre o corpo de jurados, embora o autor não manifeste posição contrária a essa instituição e reconheça a tradição de produção de provas orais perante o *Jury* em processos típicos da Common Law.

Contudo, o mestre adverte que o que denomina de "anglicização do processo" "corre o risco de se resolver em um transplante realizado sem a consideração prudente da compatibilidade dos organismos. Importar soluções concebidas para os problemas alheios, inexistentes entre nós, constitui um erro de perspectiva injustificado e seguramente prejudicial".

Não obstante, reconhece que "a influência moderna do processo norte-americano sobre o brasileiro foi benéfica em mais de um aspecto, e não há razão para duvidar que pode continuar a beneficiá-lo no futuro; mas não se deve incorrer na ingenuidade de supor que isso aconteça automaticamente: nem toda inovação merecerá aplausos só por ter essa origem".

Já caminhando para o final do texto, o autor aborda a questão da eficácia e a define como "a capacidade de o processo produzir um resultado o mais próximo possível do que a lei prescreve para a situação em exame". No entanto, a busca pela eficácia no processo penal não pode conduzir ao alcance de metas sobre métricas de condenação.

Ao contrário, "assegurar a observância das garantias de defesa constitui, sem dúvida, em qualquer processo, uma das funções essenciais do órgão judicial. No processo penal, tal função adquire particular importância sempre que seja considerável o risco de utilização da justiça penal, por parte dos detentores do poder político, como instrumento de opressão".

Por fim, adverte que não se pode esperar que o processo penal contemporâneo "descubra soluções perfeitas, definitivas e atemporais para os problemas eternos da justiça criminal. Seu trabalho é encontrar o mais adequado para os problemas que perturbam o hic et nunc".

E conclui: "dado o panorama que nos rodeia, é difícil acreditar que o caminho adequado passe pela redução do juiz a um convidado de pedra".

Como se pode observar, o texto é rico em discussões que ainda hoje permeiam a doutrina contemporânea. Nesse sentido, mister ressaltar que os princípios constitucionais influenciam todo o ordenamento e são a base do processo justo, reforçando-se a necessidade de maior atenção à linha tênue que impõe a razoabilidade, para que não se configure um ativismo desmedido ou discricionariedade indesejada.

Importante salientar, nesse passo, que o processo justo não significa, necessariamente, uma decisão justa[2]. Deve o magistrado, dentro de uma estrutura procedimental justa, fazer a melhor escolha e concretizá-la na decisão.

A fim de sistematizar a abordagem ao tema, Taruffo[3] sugere um esquema no qual a melhor escolha – a decisão justa – depende da observância de três critérios. O primeiro deles exige a correta identificação e interpretação da regra jurídica a ser aplicada ao caso. O segundo impõe a avaliação confiável dos fatos relevantes para o julgamento. O terceiro, e último, avalia a observância de um procedimento válido e justo, ditando o *iter* a ser percorrido para a formação da decisão justa.

Para Chiarloni[4], a decisão será justa se passar pela análise do duplo critério de veracidade, a saber: a correta interpretação da norma jurídica aplicável ao caso e a exata reconstrução dos fatos, embora reconheça que existem limitações concretas impostas pela própria es-

---

2 GRECO, Leonardo. O princípio do contraditório. In: Estudos de direito processual. Campos dos Goytacazes: Ed. Faculdade de Direito de Campos, 2005. p. 556.

3 TARUFFO, Michele. Idee per una teoria della decisione giusta. Rivista Trimestrale di Diritto e Procedura Civile. Milano: Giuffrè Editore, 1997, p. 319.

4 CHIARLONI, Sergio. Giusto processo, garanzie processuali, giustizia della decisione. Rivista Trimestrale di Diritto e Procedura Civile. Milano: Giuffrè Editore, 2008, p. 147.

trutura processual. Nessa linha de raciocínio, Gentili[5] reconhece que a justiça das decisões é relativa. Contudo, como pontua Greco[6], é preciso sempre buscar "um meio justo para um fim justo".

Desse modo, podemos dizer que o processo será justo na medida em que for estruturado para tutelar os direitos na dimensão da Constituição, de forma a garantir um resultado justo.[7]

Trocker,[8] alinhado com esse pensamento, afirma que o processo se verifica propriamente quando uma ou mais fases do *iter* de formação de um ato decisório é contemplado, em contraditório, com a participação de todos os destinatários.

Picardi[9] salienta a retomada ética do fenômeno processual, no que é secundado por Paulo Cezar Pinheiro Carneiro[10], para quem é possível delimitar um campo ético[11] que deve impregnar todo o processo, em razão das complexas questões metajurídicas que podem estar envolvidas[12].

Como visto, a questão suscita apaixonados debates, razão pela qual merece reflexão mais apropriada em outra oportunidade.

---

5 GENTILI, Aurelio. Contraddittorio e giusta decisione nel processo civile. Rivista Trimestrale di Diritto e Procedura Civile. Milano: Giuffrè Editore, 2009, p. 749.

6 GRECO, Leonardo. Os juizados especiais como tutela diferenciada. Revista Eletrônica de Direito Processual, ano 3. v. III, jan./jun. 2009, pp. 30/31. Disponível em: http://www.e-publicacoes.uerj.br/index.php/redp//. Acesso em: 15 fev. 2011.

7 CHIARLONI, Sergio. Giusto processo, garanzie processuali, giustizia della decisione. Rivista Trimestrale di Diritto e Procedura Civile. Milano: Giuffrè Editore, 2008, p. 145.

8 TROCKER, Nicolò. Il nuovo articolo 111 della costituzione e il "giusto processo" in materia civile: profili generali. Rivista Trimestrale di Diritto e Procedura Civile. Milano: Giuffrè Editore, 2001. p. 393.

9 PICARDI, Nicola. "Audiatur et altera pars". Le matrici storico-culturali del contraddittorio. Rivista Trimestrale di Diritto e Procedura Civile. Milano: Giuffrè Editore, 2003. p. 22.

10 CARNEIRO, Paulo Cezar Pinheiro. A ética e os personagens do processo. Revista Forense, Rio de Janeiro, separata, v. 358. p. 351.

11 TARUFFO, Michele. Abuso de direitos processuais: padrões comparativos de lealdade processual (relatório geral). Revista de Processo. REPRO, São Paulo, ano 34, n. 177, nov. 2009, p. 181.

12 GRECO, Leonardo. Instituições de processo civil. Processo de conhecimento. Rio de Janeiro: Forense, 2010, p. 169.

LA TRANSACCIÓN PENAL BRASILEÑA Y EL DERECHO NORTEAMERICANO[1]

1. La transacción penal en el derecho brasileño

La solución consensual de litígios penales en Brasil hunde sus raíces en terreno constitucional. El art. 98, I, de la Constitución de 1988, al ordenar a la Unión y a los Estados la creación de *"juizados especiais"* competentes, en el âmbito penal, para juzgar las infracciones penales *"de menor potencial ofensivo"*, añadió que en ellos seria permitida la transacción, *"nas hipóteses previstas na lei"*.

Fue reglamentada la materia por la Ley nº 9.009, de 26-9-1995, que dispuso sobre los *"juizados especiais cíveis e criminais"*. En el art. 76 se contempla la posibilidad, bajo ciertas condiciones, de un acuerdo entre las partes sobre la aplicación de pena (de restricción de derechos o de multa) al supuesto agente de la infracción. Entendida la disposición al pie de la letra, el acuerdo lo propone el Ministerio Público[2]; si el imputado y su defensor aceptan la propuesta, ella es sometida a la apreciación del juez (§ 3º), que, acogiéndola, aplica la pena de inmediato (§ 4º). El apenamiento no será tomado en cuenta a efectos de reincidencia (§ 4º), y la sentencia no tendrá eficacia de título ejecutivo civil (§ 6º), a diferencia de lo que ocurre normalmente com la sentencia penal (firme) de condena, la cual puede ser ejecutada en lo civil, a fin de resarcimiento, por quien haya sufrido un daño en consecuencia del delito *(Código de Processo Penal,* art. 63; *Código de Processo Civil,* art. 584, II).

Otra manifestación de la misma tendencia de política legislativa se transparenta en la disposición del art. 89 de la Ley nº 9.099. Esta norma autoriza la suspensión condicional del proceso penal, igualmente mediante propuesta del Ministerio Público, en ocasión de denunciar el

1 Comunicação às *Jornadas Uruguayas de Derecho Procesal* (Colonia, maio de 1999). Publicada no volume de Memórias.

2 En la doctrina a veces se admite la iniciativa del juez (WEBER MARTINS BATISTA, *in* WEBER MARTINS BATISTA-LUIZ FUX, *Juizados especiais cíveis e criminais e suspensão condicional do processo*, Rio de Janeiro, 1996, p. 321/2) o la dei indiciado, asistido por su defensor (ADA PELLEGRINI GRINOVER-ANTONIO MAGALHÃES GOMES FILHO-ANTONIO SCARANCE FERNANDES-LUIZ FLÁVIO GOMES, *Juizados especiais criminais*, S. Paulo, 1996, p. 124).

infractor, con tal que él no esté siendo procesado ni haya sido condenado por otro crimen, y además concurran los presupuestos generales de la suspensión de la ejecución de la pena, enumerados en el art. 77 del Código Penal. La propuesta, aquí también, tiene que ser aceptada por el imputado y su defensor, en presencia del juez (§ 1º); si éste recibe la denuncia, la ley le otorga la posibilidad de suspender el proceso, sujetando al acusado a un *"período de prova"*, bajo determinadas condiciones, cuyo incumplimiento acarrea o puede acarrear la revocación del beneficio (§§ 3º y 4º).

El nuevo *Código Nacional de Trânsito* (Ley nº 9.503, de 21-9-1997) ordenó la aplicación del sistema de la Ley nº 9.099, en principio, a las infracciones *("de menor potencial ofensivo")* cometidas en la dirección de vehículos automotores (art. 291) – lo que amplió el campo de la Justicia penal consensual. Omitimos aquí la mención de otros textos legales, sin interés para el presente estudio.

Cabe advertir que concentraremos nuestra atención en la institución de que trata el art. 76 de la Ley nº 9.099. A nuestro juicio, se le aplica a ella con mayor propiedad la denominación de *"transacción penal"*, ya que el acuerdo entre las partes incide ahí directamente sobre el apenamiento. La suspensión condicional del proceso (art. 89), en cambio, atañe principalmente al curso de la actividad procesal, que puede ser paralizado o no. Es cierto que la punibilidad se extinguirá, si el plazo de suspensión termina sin que ésta haya sido revocada (art. 89, § 52), pero tal repercusión en la esfera de la pena constituye obviamente un efecto accidental y secundario de la suspensión del proceso[3].

---

3 Ni WEBER MARTINS BATISTA, ob. cit., p. 318 y 55., 353 y ss., ni JOEL DIAS FIGUEIRA JUNIOR, *in* JOEL DIAS FIGUEIRA JUNIOR-MAURICIO ANTONIO RIBEIRO LOPES, *Comentários à lei dos juizados especiais cíveis e criminais*, S. Paulo, 2ª ed., 1997, p. 494 y ss., 578 y ss., ni
ANTONIO SCARANCE FERNANDES, *O consenso na justiça penal brasileira*, ponencia presentada a las XVI Jornadas Iberoamericanas de Derecho Procesal (Brasília, 1998), *in Temas atuais do direito processual ibero-americano*, Rio de Janeiro, 1998, p. 461 y ss., emplean el *nomen iuris* "transação penal" para el acuerdo previsto en el art. 89, sino exclusivamente para el reglado por el art. 76. Así también GERALDO PRADO, Sistema acusatório, Rio de Janeiro, 1999, p. 186 y ss. LUIZ FLÁVIO GOMES, *Suspensão condicional do processo penal*, S. Paulo, 1997, si bien hable de "transação" a propósito de la suspensión condicional del proceso (p. 128/9), subraya que ésta "tem por objeto imediato exclusivamente o avanço ou não do processo" (p. 129) y no participa de la naturaleza jurídica de la transacción *ex* art. 76, de modo que no encuentra su base constitucional en el art. 98, I, de la Constitución de la República (p. 150/1).

Por otra parte, a efectos de una comparación entre el sistema brasileño y el norteamericano, parece mucho más interesante y fructífero el examen de la transacción *ex* art. 76. Es a su respecto que tiene sentido cogitar de una afinidad con instituciones como el *guilty plea* y el *nolo contendere*. Éstos, por el contrario, se alejan en medida tan larga de la suspensión condicional del proceso, estructuralmente y funcionalmente, que la confrontación pierde casi toda su razón de ser[4].

2. Derecho norteamericano: generalidades

Como nadie ignora, el derecho norteamericano es el terreno predilecto de la consensualidad en la justicia penal. Viene a cuento, por ende, investigar los puntos de contacto y las eventuales semejanzas o diferencias entre la transacción introducida en Brasil por la Ley nº 9.099 y las instituciones afines del ordenamiento vigente en los Estados Unidos. En semejante perspectiva, es menester recordar aquí los rasgos esenciales del sistema norteamericano en lo relacionado a como la voluntad de las palies tiene aptitud para ejercer influencia sobre el resultado del proceso penal.

Hay que comenzar por la exposición sucinta de las posibles reacciones del imputado al *indictment* por el *grand jury*, es decir, a la decisión por la cual este órgano, ante la existencia de *"probable cause"* para la *persecutio criminis*, formaliza la acusación[5]. El acusado responde a la acusación por medio de un *plea;* su respuesta puede consistir no solamente en una declaración de ser culpable *(guilty plea)* o inocente *(plea of not guilty)*, sino que también se le permite responder sencillamente: *"nolo contendere"* - expresión latina que significa "no quiero contestar (la acusación)". En el derecho federal, toda esta materia está reglada por

4 Sin embargo, más de un expositor dei derecho brasileño se refiere al *guilty plea y al nolo contendere* al tratar de la suspensión condicional del proceso. Así, por ejemplo, ADA PELLEGRINI GRINOVER-ANTONIO MAGALHÃES GOMES FILHO-ANTONIO SCARANCE FERNANDES-LUIZ FLÁVIO GOMES, ob. cit., p. 191 (v., empero, p. 90); LUIZ FLÁVIO GOMES, ob. cit., p. 128/9; JULIO FABBRINI MIRABETE, *Juizados especiais criminais*, 3ª ed., S. Paulo, 1998, p. 152. Alguns de los argumentos que se invocan al respecto pueden ser aprovechados en un contexto más adecuado; oportunamente intentaremos hacerlo.

5 En ciertos casos el indictment es reemplazado por una information del prosecutor; *v. Federal Rules of Criminal Procedure, Rule 7, a, b*; DEL CARMEN, *Criminal Procedure*, 3ª ed., Belmont, 1995, p. 36.

las *Federal Rules of Criminal Procedure:* las nociones expuestas no son puras creaciones doctrinales o jurisprudenciales.

La inmensa mayoría de los acusados se declaran culpados[6]; por consiguiente, es ínfimo el número de procesos penales que se prolongan hasta el *trial*[7] - seguramente para decepción de los admiradores de las películas policíacas norteamericanas, que dan comprensible relieve a aquel momento tan exquisitamente teatral del procedimiento[8]. Éso se debe principalmente a la práctica muy difundida del *plea bargaining,* una negociación entre el *prosecutor* y el acusado *(rectius:* y su defensor), mediante la cual se busca el consenso de las partes acerca de la pena que será aplicada. Para el acusado, la ventaja habitual consiste en que, si concuerda en declararse culpable, el *prosecutor* propone al juez (y éste por regla general asiente) la aplicación de una pena menos severa que la conminada en la ley para la infracción que se supone haber sido cometida. No obstante, hay distintas posibilidades: el *prosecutor* puede prometer que acusará al imputado solamente por un delito menos grave que el sugerido por los elementos probatorios disponibles, o que renunciará a otras posibles acusaciones contra él, y así en adelante[9].

6 V. DAMASKA, *Evidentiary Barriers to Conviction and Two Models of Criminal Procedure: a Comparative Study, in University of Pennsylvania Law Review,* v. 121 (1973), p. 508 (nota 2), 523 (nota 29). Según VAN KESSEL, *Adversary Excesses in the American Criminal Trial, in Notre Dame Law Review,* v. 67 (1992), p. 467/8, en California, *"by 1972, plea-based convictions amounted to 82% of total felony convictions".*

7 De acuerdo con fuentes autorizadas, el porcentaje no sobrepasa (o ni siquiera alcanza) el 10% del total: v. entre otros, FRANKEL, *Partisan* Justice, New York, 1980, p. 90; ABRAHAM, *The Judicial Process,* 6ª ed., New York-Oxford, 1993, p. 135, nota 151 (com base en una estadística del *U.S. Department of Justice);* CARP-STIDHAM, *Judicial Proces in America,* 2ª ed., Washington, 1993, p. 165; HALL, *Criminal Procedure and the Constitution,* Albany, 1997, p. 199, 200; GRANO, *Confession, Truth, and the Law,* 4ª ed., Ann Arbor, 1999, p. 30.

8 A creerle a VAN KESSEL, art. cit., p. 405, el *trial* con frecuencia proporciona "más divertimiento que justicia *(more entertainment than justice)";* cf. p. 548: el estilo dinámico y combativo del trial *"is perfect for the visual media of television and in the movies".* Refiriéndose, por su parte, al proceso civil (pera la observación es sin duda aplicable, quizá *a fortiori, al* proceso penal), confirma LANGBEIN, *The German Advantage in Civil Procedure, in The University of Chicago Law Review,* v. 52 (1985), p. 831, que los atributos del *trial* anglosajón *"make for good theatre".*

9 Federal Rules of Criminal Procedure, Rule 11, e, 1. V. al respecto CARP-STIDHAM, ob. cit., p. 166/8.

Pasemos al *nolo contendere.* Este *plea* es admisible unicamente con el consentimiento del tribunal, el cual tiene el deber de tomar en consideración *"the views of the parties and the interest of the public in the effective administration of justice" (Federal Rules of Criminal Procedure, Rule* 11, *b).* Es decir: el *nolo contendere plea,* por lo menos en la Justicia federal (y conviene observar que no todos los Estados lo adoptan), no produce efectos automáticamente: su eficacia depende de la aprobación del órgano judicial[10].

La consecuencia esencial del *nolo contendere plea,* una vez aceptado, es igual a la del *guilty plea:* aunque, técnicamente, no admita su culpa[11], el imputado sufre la condena[12]; y, en principio, la pena es la misma, si bien, según parece, el imputado que declara *nolo contendere* normalmente puede contar con la benevolencia del juez[13]. Sin embargo, hay una diferencia importante: en el *guilty plea,* la admisión de culpa del imputado puede ser utilizada en su contra en un ulterior proceso civil de responsabilidad por los danos causados a la víctima del delito; no así en el *nolo contendere*[14].

3. Derecho norteamericano: en particular; el *"plea bargaining"*

La práctica del *plea bargaining* atiende a diversos intereses de cierta importancia:

a) siempre sobrecargada de trabajo, la Justicia criminal norteamericana, al contrario de lo que muchos suponen, es extremadamente len-

---

10 Un ejemplo famoso de este tipo de *plea* es el caso de Spiro Agnew, en aquel entonces vicepresidente de los Estados Unidos, luego de una acusación hecha por el Fisco en 1973 (ABRAHAM, ob. cit., p. 135, nota 150).

11 En todo caso, ABRAHAM, *ibid.,* ve en el *nolo contendere plea* algo así como *"an admission of guilt without so stating formally".*

12 Equivocada la información de JULIO FABBRINI MIRABETE, ob. cit., p. 152, *verbis "o acusado (...) aceita condições para que não seja submetido ao processo".* El *nolo contendere plea* no tiene el efecto de substraer al imputado (provisionalmente o definitivamente) al proceso: lo que ocurre es que el juez, en principio, le aplica la pena de inmediato, sin necesidad de someterlo al *trial.* V. *Federal Rules of Criminal Procedure, Rule* 11, *e, 3: "If the court accepts the plea agreement, the court shall inform the defendant that it will embody in the judgment and sentence the disposition provided for in lhe plea agreement".*

13 ABRAHAM, *ibid.*

14 DEL CARMEN, ob. cit., p. 39; HALL, ob. cit., p. 203; BLACK'S *Law Dictionary,* 5ª ed., St. Paul, 1979, art. *Nolo contendere.*

ta. El procedimiento de formación del jury, de por sí, puede comportar incidentes complejos, sobre todo durante el interrogatorio de los posibles jurados por la acusación y por la defensa *(voir dire)*[15]. No es absurdo imaginar que el sistema judicial correria un auténtico riesgo de paralización si todos los acusados hubiesen de someterse al *trial*[16].

De ahí la conveniencia, o mejor dicho la necesidad, de favorecer e incrementar la pronta solución consensual del pleito. En una *opinion* redactada por el *Chief Justice,* la Corte Suprema llegó a calificar el *plea bargaining* de "componente esencial de la administración de justicia"[17];

b) para los jueces, personalmente, también puede ser ventajoso librarse rapidamente de una parte de su *caseload,* y por una forma que de ordinario no requiere mucho de su actividad intelectual. Es cierto que, en conformidad con la ley, le corresponde al órgano judicial averiguar si el *plea* es voluntario o resulta de amenazas o promesas indebidas, es decir, hechas fuera del cuadro regular del *plea bargaining (Federal Rules of Criminal Procedure, Rute* 11, *d;* la *Rule* 11, *e,* establece reglas para el *plea bargaining).* No obstante, nadie ignora que los jueces habitualmente se inclinan a aprobar el *agreement*[18], cuando no a estimularlo – a pesar de la prohibición que les impone la ley de participar en la negociación *(Federal Rules of Criminal Procedure, Rule* 11, *e, fine);*

c) a menudo, el *prosecutor* es nombrado mediante elección popular y al ejercer sus funciones tiene los ojos puestos en la posibilidad de nuevas y más importantes conquistas políticas. Es natural que se preocupe en ganarse la simpatía del electorado. Para ello, al final de su mandato, necesita exhibir el más alto número posible de condenas[19] – hazaña que

---

15 Relata VAN KESSEL, art. cit., p. 473, que en el proceso de 1970-1 contra um miembro de los *Black Panthers* solo el *voir dire* duró cuatro meses; y que en un proceso por *child molestation* realizado en Los Angeles y concluido sin condena (!) habían transcurrido más de dos años y media entre el comienzo de la selección de los jurados y la apertura del *trial.* Otros datos semejantes en la p. 536.

16 V. DAMASKA, art. cit., p. 551.

17 *Santobello v. New York* (404 U.S., 259), *apud* BROWN, *Meriti e limiti dei patteggiamento, in Il processo penale negli Stati Uniti d'America,* ed. Amodio y Bassiouni, Milano, 1988, p. 144.

18 De acuerdo con una encuesta realizada por el Bureau of Justice Statistics y publicada en 1983, los jueces habían recusado solamente el 2% de los guilty pleas: DEL CARMEN, ob. cit., p. 41 y 56.

19 *"Elected state prosecutors often face bitter contests in which their win-loss record becomes a campaign issue"*: VAN KESSEL, art. cit., p. 442, nota 164. Cf., en la doc-

sería angustiosamente insegura si el *prosecutor* hubiera de confiar sólo en la imprevisible reacción del jury y en la improbable realización del *trial* en un plazo no demasiado largo;

d) por fin, también a los abogados les interesa mantener el sistema actual, que les permite desempenar los papeles centrales en el gran drama del proceso criminal. El dominio que ejercen sobre la suerte de los pleitos mediante el *plea bargaining* es aún mayor que su control sobre el *trial,* cuyo resultado es más aleatorio[20].

La conjugación de estos y otros intereses explica la sobrevivencia, más aún la vitalidad de una institución duramente criticada en los medios académicos y científicos de los Estados Unidos - a tal punto, que un eminente magistrado no vaciló en llamarle al *plea bargaining* un "sórdido proceso"[21]. Algunas de las críticas que se le hacen respectan a peculiaridades del ordenamiento jurídico norteamericano: por ejemplo, al concordar en declararse culpable el imputado renuncia *ipso facto* a importantes derechos constitucionales - entre ellos, el propio derecho al *trial by jury* y el derecho a no ser declarado culpable sino *"beyond any reasonable doubt"*[22].

Pero eso no es todo. Muchos temen que en no pocos casos la anuencia del imputado, aunque aparentemente voluntaria, constituya en realidad el fruto de maniobras reacias a los preceptos éticos, inspiradas en consideraciones que nada tienen que ver con la justicia o la equidad[23].

trina italiana, FANCHIOTTI, Spunti per un dibattito sul plea bargaining, in il proc. pen. negli Stati Uniti d'America cit., p. 284: "*... l'interesse del prosecutor ad ottenere la condanna dell'imputato, anche se ad una pena minore di quella adeguata al reato commesso, e molto elevato: poiché molto spesso l'esercizio della funzione d'accusa è considerato um gradino per la scalata a più prestigiose cariche politiche, il poter esibere dati statistici relativi ad alte percentuali di condanne costituisce un buon biglietto da visita agli occhi dell'elettorato*".

20 VAN KESSEL, art. cit., p. 501.

21 FRANKEL, ob. cit., p. 90. Para conocer el pensamiento de la doctrina en esta materia, el lector consultará con provecho, *v.g.:* CARP-STIDHAM, ob. cit., p. 168 y ss.; BROWN, art. cit., p. 140 y ss.; y, en lengua española, SILVIA BARONA VILAR, *El consenso em el proceso penal americano: plea bargaining,* in *Estudios jurídicos en memoria del Dr. Ignacio Medina Lima,* México, 1997, p. 42 y ss. (con otras citas).

22 HALL, ob. cit., p. 200.

23 DAMASKA, art. cit., p. 551, se refiere a una variedad de modos de inducir el imputado al *guilty plea.* Según CARP-STIDHAM, ob. cit., p. 169, personas inocentes pue-

Sospechas de este género son tanto más justificables cuanto más bajo el grado de "visibilidad" de las negociaciones entre el *prosecutor* y el defensor del acusado. Advierte la doctrina que semejantes negociaciones no suelen desarrollarse *"in open court"*, bajo la presidencia de un magistrado neutral y a la vista del público, sino más frecuentemente *"over a cup of coffee in a basement courthouse cafeteria where the conscience of the two lawyers is the primary guide"*[24]. El juez no dispone de elementos para formarse una idea acerca de *la fairness* o de la validez del acuerdo.

Sea como sea, no se divisa ninguna probabilidad de que los Estados Unidos renuncien - por lo menos bajo las condiciones actuales - a la utilización del *plea bargaining.* Una pregunta distinta es la relativa a la posible "importación" de tal instrumento por otros países. La pregunta tiene su razón de ser, habida cuenta de la influencia cada vez más intensa que el derecho norteamericano viene ejerciendo, en más de un terreno, sobre tantos otros ordenamientos jurídicos, sin excepción de los que integran - como el de Brasil - la llamada familia romano-germânica.

4. *Transacción penal, "guilty plea", "nolo contendere"*

La doctrina brasileña es unánime en negar que la Ley nº 9.099 haya adoptado cualquier institución asimilable al *guilty plea* y, *a fortiori, al plea bargaining*[25]. En la transacción penal *ex* art. 76 no se manifiesta, en efecto, ninguna admisión de culpa por parte del indiciado. La pena que el juez le imponga no es tomada en cuenta a efectos de reincidencia (art. 76, § 4º). Tampoco está autorizado el órgano del Ministerio Público para ofrecer al imputado cualquier ventaja a modo de recompensa por su conformidad. A diferencia de la *Rule* 11, *e,* 1 de las *Federal Rules of*

den sufrir presiones para optar por él. VAN KESSEL, art. cit., p. 476, va más lejos: a su juicio, la presión que se ejerce sobre el acusado para que se declare culpable *"appears to be the modem form of judicially sanctioned torture in America"*.

24 CARP-STIDHAM, ob. cit., p. 170. Añaden estos autores que, cuando el imputado, en seguida, se declara culpable ante el tribunal y jura que su *plea* no se basa en ninguna promesa de la acusación, el *prosecutor* y el defensor corroboran la declaración falsa.

25 *V.g.:* ADA PELLEGRINI GRINOVER-ANTONIO MAGALHÃES GOMES FILHO-ANTONIO SCARANCE FERNANDES-LUIZ FLÁVIO GOMES, ob. cit., p. 190 y ss. ; LUIZ FLÁVIO GOMES, ob. cit., p. 128/9; JULIO FABBRINI MIRABETE, ob. cit., p. 152; ANTONIO SCARANCE FERNANDES, ponencia cit., p. 461. Téngase presente, empero, la advertencia hecha en la nota 3, *supra.*

Criminal Procedure, la ley brasileña ni siquiera alude a la posibilidad de negociaciones entabladas entre acusación y defensa en ausencia del juez. Todo ocurre, o debe ocurrir, a la luz del día. La transacción penal queda en realidad fuera del alcance de las críticas esenciales dirigidas a la práctica norteamericana.

En opinión de algunos, el verdadero paradigma de la justicia consensual penal brasileña sería el *nolo contendere*[26]. Hay desde luego una semejanza digna de atención entre el régimen de ese *plea* y el de nuestra transacción *ex* art. 76 de la Ley nº 9.099: en ambos, la condena impuesta al indiciado queda privada de efectos civiles (respecto al derecho brasileño, cf., *supra* nº 1). Sin embargo, en el *nolo contendere,* aún se concibe que alguien descubra una connotación, si bien implícita, de culpa[27]. No así en la transacción penal: en este sentido, ella parece más "pura" que cualquier de los avatares norteamericanos de la consensualidad en materia penal.

Por lo que se refiere a los resultados concretos de la innovación, no disponemos hasta este momento de datos que nos permitan una valoración correcta, y no queremos sucumbir a la tentación de un cómodo pero muy poco científico "impresionismo". Es de desear que contribuyan para aclarar el asunto los estudios que se están llevando a cabo en S. Paulo y en Rio de Janeiro. Un día u otro podremos tal vez llegar a la conclusión de que a la transacción penal le está reservado en el funcionamiento de la Justicia brasileña un papel prácticamente tan importante como el desempenado por el *plea bargaining* en los Estados Unidos – ojalá sin que sea necesario imitar ciertas deformaciones...

Fevereiro de 1999.

26 ADA PELLEGRINI GRINOVER-ANTONIO MAGALHÃES GOMES FILHO-ANTONIO SCARANCE FERNANDES-LUIZ FLÁVIO GOMES, ob. cit., p. 191 ; LUIZ FLÁVIO GOMES, ob. cit., p. 130; JULIO FABBRINI MIRABETE, ob. cit., p. 152 (v., sin embargo, nota II, *supra).*

27 *V.* en la nota 10, *supra,* el parecer de ABRAHAM. En realidad, muchos probablemente se acordarán ahí del viejo adagio *"Qui tacer consentire videtur"...*

COMENTÁRIOS DO ATUALIZADOR

LA TRANSACCIÓN PENAL BRASILEÑA Y EL DERECHO NORTEAMERICANO

Humberto Dalla Bernardina de Pinho

No último texto dessa coletânea, Barbosa Moreira se dedica ao estudo da transação penal, prevista no art. 76 da Lei n° 9.099/95, numa perspectiva comparada com o direito norte-americano.

Há muito se pacificou o entendimento de que a transação penal é um instituto que inovou em nosso sistema jurídico e que difere de outros previstos em ordenamentos estrangeiros, embora fale-se em semelhanças com o instituto americano *plea bargaining* e com o equivalente inglês *plea guilty* também conhecido como *guilty plea*.

Plea bargaining é definido por P. H. Collin[28] como: "*arrangement where the accused pleads guilty to some charges and the prosecution drop other charges or ask for a lighter sentence.*" Em uma tradução livre podemos dizer que se trata do acordo onde o acusado se diz culpado de certas imputações, e a acusação, em troca, não formula outras imputações, ou pleiteia uma decisão mais benéfica ao réu.

Com efeito, no direito anglo-saxão, atribui-se especial valor à afirmação de culpa, à confissão, de forma que a admissão de autoria, por parte do imputado, atua como mecanismo de abreviação e simplificação do processo, o que se dá no interesse prático de todos: da acusação pública e do juízo, por desembaraçá-los do encargo de impulsionar e deslindar o feito; da comunidade e do Estado, pela consequente redução dos custos de funcionamento do aparato judiciário; e do acusado, pela possibilidade de negociar sua confissão, alcançando destarte redução da pena que seria certamente mais severa.

Como se afere sem maiores delongas, não foi essa a intenção do legislador ao inserir em nosso ordenamento a transação penal. Nela não há nem afirmação de culpa, nem consenso quanto às imputações a serem feitas, já que o acordo se refere basicamente ao tipo e ao *quan-*

28 Collin, P. H. *Dictionary of Law*, Peter Collin Publishing, 2ª Edição, Middlesex: 1997, p. 179

tum de pena a ser aplicada, e não vigora em nosso país, em termos de ação penal pública, o princípio da oportunidade.

Ademais, no *plea bargaining* o Ministério Público e a defesa podem transacionar amplamente sobre a conduta, fatos, adequação típica e pena (acordo penal amplo), como, p. ex, concordar sobre o tipo penal, se simples ou qualificado, o que não é permitido na proposta de aplicação de pena mais leve. Some-se a isso o fato de que o *plea bargaining* é aplicável a qualquer delito, ao contrário do que ocorre com a nossa transação, que tem incidência restrita aos chamados crimes de menor potencial ofensivo.

Retornando ao texto, o professor faz uma exposição sobre as possíveis manifestações do imputado, na forma do Regra 11 das Federal Rules of Criminal Procedure (guilty plea, plea of not guilty e nolo contendere).

A partir do momento em que se declara culpado, o investigado pode fazer jus ao plea bargaining e com isso, consegui redução de pena ou outro benefício.

A prática da plea bargaining traz algumas vantagens ao sistema criminal, como bem observa o autor. Contudo, numa perspectiva garantista, muitas críticas podem ser levantadas. O autor, contudo, não se aprofunda nessa diretriz, optando por uma abordagem comparativa entre os institutos da plea bargaining e da transação penal.

Contudo, já era capaz de antever que essa tendência seria importada, anos mais tarde pelo direito brasileiro, com maior ênfase. Ao fim do texto, o mestre pontua: "no que diz respeito aos resultados concretos da inovação, neste momento não temos dados que nos permitam uma avaliação correta, e não queremos sucumbir à tentação de um "impressionismo" confortável, mas pouco científico. É desejável que os estudos que estão sendo realizados em São Paulo e no Rio de Janeiro contribuam para esclarecer o assunto. Um dia ou outro, talvez possamos chegar à conclusão de que um papel praticamente tão importante quanto o desempenhado pela negociação de pena nos Estados Unidos está reservado para a transação penal no funcionamento do sistema de justiça brasileiro - espero que sem a necessidade de imitar certas deformações ..."

Com efeito, alguns anos mais tarde, novas ferramentas vieram a ser incorporadas no ordenamento brasileiro de modo a expandir consideravelmente o espaço de consenso no processo penal.

Nesse sentido, vamos examinar alguns conceitos introduzidos pela Lei nº 12.850/2013, notadamente após a inclusão e alteração de alguns de seus dispositivos pela Lei n° 13.964/2019, que inseriu a Seção I naquele Diploma, de forma a delimitar de maneira mais clara e transparente o procedimento a ser adotado nas hipóteses de delação / colaboração premiada.

Assim sendo, o art. 3º-A dispõe que o acordo de colaboração premiada é um "negócio jurídico processual e meio de obtenção de prova, que pressupõe utilidade e interesse públicos".

Fica, portanto, consagrada a natureza dúplice do instituto: negócio jurídico e meio de obtenção de prova, como, aliás, já vinha sinalizando a jurisprudência do STF[29]-[30].

O art. 3º-B estabelece que o recebimento da proposta para formalização de acordo de colaboração "demarca o início das negociações e constitui também marco de confidencialidade". Ademais, configura como "violação de sigilo e quebra da confiança e da boa-fé a divulgação de tais tratativas iniciais ou de documento que as formalize, até o levantamento de sigilo por decisão judicial".

Os parágrafos desse art. 3°-B cuidam dos detalhes procedimentais. Já o art. art. 3º-C trata da necessidade de a proposta de colaboração premiada estar instruída com "procuração do interessado com poderes específicos para iniciar o procedimento de colaboração e suas tratativas, ou firmada pessoalmente pela parte que pretende a colaboração e seu advogado ou defensor público". Os parágrafos desse dispositivo impõem requisitos formais e materiais para o prosseguimento das tratativas.

O art. 4° favorece coautores, beneficiários ou cúmplices que espontaneamente revelem às autoridades competentes o nome dos mentores e dos principais autores do fato. Nesse sentido, o dispositivo confere ao magistrado o poder de, a requerimento das partes, conceder o perdão judicial, reduzir em até 2/3 (dois terços) a pena privativa de liberdade ou substituí-la por restritiva de direitos daquele que tenha

29 HC 127483 / PR, Min. DIAS TOFFOLI, Julgamento: 27/08/2015, Órgão Julgador: Tribunal Pleno. DJe 04-02-2016.

30 Pet 7074/DF, rel. Min. Edson Fachin, julgamento em 21, 22, 28 e 29.6.2017. Informativo n° 870 STF. Pet 7074/DF, rel. Min. Edson Fachin, julgamento em 21, 22, 28 e 29.6.2017. Informativo n° 870 STF.

colaborado efetiva e voluntariamente com a investigação e com o processo criminal.

Para tanto, a concessão do benefício levará em conta a personalidade do colaborador, a natureza, as circunstâncias, a gravidade e a repercussão social do fato criminoso e a eficácia da colaboração.

O § 4º, com redação dada pela Lei n° 13.964/2019, prevê que, nas mesmas hipóteses do caput, o Ministério Público poderá[31] deixar de oferecer denúncia se a proposta de acordo de colaboração referir-se à infração de cuja existência não tenha prévio conhecimento e o colaborador:

a) não for o líder da organização criminosa; e

b) for o primeiro a prestar efetiva colaboração nos termos deste artigo.

O STF[32], por maioria, reconheceu que não apenas o MP, mas também o Delegado de Polícia, pode formalizar acordos de colaboração premiada, na fase de inquérito policial.

Já se a colaboração for posterior à sentença, na forma do § 5º, a pena poderá ser reduzida até a metade ou será admitida a progressão de regime ainda que ausentes os requisitos objetivos.

Embora o juiz não participe das negociações realizadas entre as partes (§ 6º), caberá a ele a homologação ou não do respectivo termo.

Nesse sentido, o § 7°, também com redação determinada pela Lei n° 13.964/2019, determina que devem ser remetidos ao juiz, para análise, o respectivo termo, as declarações do colaborador e cópia da investigação, "devendo o juiz ouvir sigilosamente o colaborador, acompanhado de seu defensor".

Nessa oportunidade, o magistrado deverá levar em consideração os seguintes aspectos em sua decisão: I - regularidade e legalidade; II - adequação dos benefícios pactuados àqueles previstos no caput e nos §§ 4° e 5° deste artigo, sendo nulas as cláusulas que violem o critério de definição do regime inicial de cumprimento de pena do art. 33 do

31 MS 35693 AgR/DF, Rel. Min. Edson Fachin, julgamento em 28.5.2019. Informativo n° 942 STF.

32 O Plenário, por maioria, julgou improcedente pedido formulado em ação direta para assentar a ADI 5508/DF, rel. Min. Marco Aurélio, julgamento em 20.6.2018. Informativo n° 907 STF.

Código Penal, as regras de cada um dos regimes previstos no Código Penal e na LEP, e os requisitos de progressão de regime não abrangidos pelo § 5° do art. 4° da Lei de Colaboração Premiada; III - adequação dos resultados da colaboração aos resultados mínimos exigidos nos incisos I, II, III, IV e V do caput deste artigo; e IV - voluntariedade da manifestação de vontade, especialmente nos casos em que o colaborador está ou esteve sob efeito de medidas cautelares.

Ademais, o § 7°-A determina, ainda, que o magistrado ou Tribunal deve "proceder à análise fundamentada do mérito da denúncia, do perdão judicial e das primeiras etapas de aplicação da pena", nos termos do CP e CPP, antes de conceder os benefícios pactuados, "exceto quando o acordo prever o não oferecimento da denúncia na forma dos §§ 4° e 4°-A deste artigo ou já tiver sido proferida sentença".

Interessante observar que o § 7°-B considera nulas de pleno direito quaisquer previsões de renúncia ao direito de impugnar a decisão homologatória, por óbvia violação ao Princípio Constitucional do Acesso à Justiça.

Caso a proposta não atenda aos requisitos legais, o juiz pode recusar a homologação, na forma do § 8º. Curioso observar que a expressão que constava na redação original do dispositivo ("ou mesmo adequá-la ao caso concreto") foi suprimida pela Lei n° 13.964/2019, o que sinaliza a clara intenção do legislador no sentido de manter o magistrado integralmente afastado das negociações que cercam o acordo, como, aliás, já vinha sinalizando a jurisprudência do STF[33].

Importante, ainda, atentar para a regra contida no § 10-A, segundo a qual, em todas as fases do processo, "deve-se garantir ao réu delatado a oportunidade de manifestar-se após o decurso do prazo concedido ao réu que o delatou". Trata-se de corolário dos princípios constitucionais do contraditório e da ampla defesa. Aliás, tal entendimento já havia sido expressamente prestigiado pela 2ª Turma do STF[34]-[35].

33 Pet 7074/DF, rel. Min. Edson Fachin, julgamento em 21, 22, 28 e 29.6.2017. Informativo n° 870 STF. Pet 7074/DF, rel. Min. Edson Fachin, julgamento em 21, 22, 28 e 29.6.2017. Informativo n° 870 STF.

34 HC 157627 AgR/PR, rel. orig. Min. Edson Fachin, red. p/ o ac. Min. Ricardo Lewandowski, julgamento em 27.8.2019. Informativo n° 949 STF.

35 Rcl 30742 AgR/SP, rel. Min. Ricardo Lewandowski, julgamento em 4.2.2020. (Rcl-30742). Informativo n° 965 do STF.

Em sendo homologado, deverá a sentença apreciar os termos do acordo e sua eficácia (§ 11). A fim de garantir maior segurança ao julgador, a Lei n° 13.964/2019 alterou a redação do § 13 para determinar o registro das tratativas e atos de colaboração de forma a "obter maior fidelidade das informações, garantindo-se a disponibilização de cópia do material ao colaborador".

Ademais, o § 16 é enfático ao proibir a decretação de medidas cautelares reais ou pessoais, o recebimento de denúncia ou queixa-crime, ou mesmo a prolação de sentença condenatória com fundamento apenas nas declarações do colaborador.

Por outro lado, o acordo homologado pode ser rescindido em caso de omissão dolosa sobre os fatos objeto da colaboração (§ 17), ou na hipótese da não cessação do envolvimento do colaborador na conduta ilícita relacionada ao objeto da colaboração, sob pena de rescisão (§ 18).

Como se pode observar, a redação da Lei n° 12.850 foi sendo aperfeiçoada pela jurisprudência do STF, a partir do exame de casos concretos levados ao exame do Tribunal. e, mais recentemente, pela Lei n° 13.964/2019.

Importante, ainda, registrar que, em agosto de 2017, foi editada a Resolução n° 181 pelo CNMP, tratando, entre outros temas, do chamado "acordo de não persecução penal", especificamente no art. 18.

A redação original, alvo de diversas críticas e de arguição de inconstitucionalidade[36] perante o STF, acabou sendo reformulada pela Resolução n° 183/2018. Com a edição da Lei n° 13.964/2019, as disposições dessa Resolução passam a ser aplicadas apenas de forma subsidiária e mesmo assim quando não colidirem com o texto legal.

O instituto é disciplinado, hoje em dia, pelo art. 28-A do Código de Processo Penal. O referido dispositivo dispõe que não sendo caso de arquivamento e tendo o investigado confessado formal e circunstancialmente a prática de infração penal sem violência ou grave ameaça e com pena mínima inferior a 4 anos, o Ministério Público poderá propor acordo de não persecução penal, desde que necessário e suficiente para reprovação e prevenção do crime.

36 ADI 5.790/2017. Rel. Min Ricardo Lewandowski. Maiores informações disponível em; http://www.stf.jus.br/portal/cms/verNoticiaDetalhe.asp?idConteudo=358960, acesso em 20 de dezembro de 2019.

Para tanto, podem ser impostas ao investigado as seguintes condições: I - reparar o dano ou restituir a coisa à vítima, exceto na impossibilidade de fazê-lo; II - renunciar voluntariamente a bens e direitos indicados pelo Ministério Público como instrumentos, produto ou proveito do crime; III - prestar serviço à comunidade ou a entidades públicas por período correspondente à pena mínima cominada ao delito diminuída de um a dois terços, em local a ser indicado pelo juízo da execução, na forma do art. 46 do Código Penal; IV - pagar prestação pecuniária, a ser estipulada nos termos do art. 45 do Código Penal, a entidade pública ou de interesse social, a ser indicada pelo juízo da execução, que tenha, preferencialmente, como função proteger bens jurídicos iguais ou semelhantes aos aparentemente lesados pelo delito; ou V - cumprir, por prazo determinado, outra condição indicada pelo Ministério Público, desde que proporcional e compatível com a infração penal imputada.

Como se vê, a transação penal, objeto do estudo do professor no fim da década dos anos 1990, é apenas uma das ferramentas que integram o espaço de consenso no processo penal brasileiro, o que demonstra uma indisfarçável influência do direito norte-americano. E isso, sem levar em conta que o Projeto do novo CPP ainda está longe da conclusão (P.L. 8.045/2010).

APÊNDICE

A LINGUAGEM FORENSE[1]*

Em todo setor do conhecimento e da atividade humana forma-se e desenvolve-se uma linguagem particular. É fenômeno inevitável e, em si, perfeitamente natural. Os geômetras dificilmente poderiam entender-se uns com os outros se não dispusessem de palavras como circunferência e poliedro; e o mesmo se dirá dos botânicos, se lhes faltassem vocábulos como líquen e pistilo. Conforme bem se compreende, à medida que aumenta o grau de especialização, vai tomando feitio mais complicado o vocabulário técnico, e com isso a distância entre ele e o comum, com a fatal consequência de aumentar igualmente, para os não iniciados, a dificuldade de perceber de que se trata. Alguém não muito versado em biologia poderá ouvir sem arregalar os olhos palavras como epiderme e gástrico, mas com certeza se sentirá perplexo se lhe falarem de carúnculas mirtiformes, ou lhe disserem que determinada substância tem efeito anticolinérgico.

A perplexidade do leigo às vezes se explica pela variação semântica que o vocábulo sofre ao deslocar-se para a língua particular. Trabalho é palavra familiar mesmo a pessoas de baixo nível cultural; contudo, se a lermos num compêndio de física, aberto ao acaso, corremos o risco de cair em tremendo equívoco, se não nos advertimos de que o significado passou a ser outro, bem diverso daquele a que estamos habituados.

Não seria razoável supor que a fenômenos do gênero houvesse de ficar imune a ciência jurídica. Em direito, como em tudo mais, formam-se palavras e expressões técnicas de feição capaz de assustar quem não haja feito estudos especializados. Que se pode esperar, por exemplo, quando se atiram a ouvidos inexpertos pedradas sonoras da força de "casamento putativo", "mútuo feneratício" ou "embargos infringentes"?

Aqui também não faltam casos em que a identidade formal pode induzir em erro o leitor ou o ouvinte desprevenido. Quem percorra com os olhos o índice do Código Civil talvez sorria, satisfeito, ao deparar palavras de que se considera íntimo: invenção, tradição, confusão... Ao incauto provavelmente se lhe tornará amarelo o sorriso, se procurar entender os textos reportando-se à acepção conhecida de cada uma dessas

---

1 Texto de palestra proferida no Conselho Técnico da Confederação Nacional do Comércio, em 4-3-1999. Publicado na *Carta Mensal* nº 530.

palavras. E ele vai sentir-se vítima de um logro quando descobrir que, no Código, invenção designa o fato de achar coisa alheia perdida, tradição significa entrega, e confusão é uma forma de extinção de obrigações, que ocorre quando as posições de credor e devedor se reúnem na mesma pessoa. Claro que tudo isso tem sua boa justificação etimológica, e de vez em quando até sucede que o sentido técnico não seja assim tão distante do vulgar; nem por isso deixa de existir o problema. Note-se que estamos falando do Código Civil, em geral havido como autêntico modelo de linguagem correta e elegante; vale a pena recordar que RUI BARBOSA reviu o texto do nosso, e do francês dizia STENDHAL que costumava lê-lo e relê-lo toda vez que sentia vontade de aprimorar o estilo.

Vamos adiante. Dentro do mesmo setor científico ou profissional, a particularidade da linguagem acompanha a ulterior especialização, sucessivamente desdobrada, do conhecimento ou da atividade. Destarte, além do idioma próprio do setor encarado como um todo, surgem os subidiomas de cada uma das parcelas em que ele se divide. A medicina pareceria já ter peculiaridades terminológicas bastantes. Ledo engano: cada ramo dela produzirá e alimentará as suas, progressivamente mais nebulosas.

Outro tanto acontece no mundo do direito. Há um jargão jurídico, dentro do qual se movem vários jargões característicos das diferentes províncias daquela ciência e da respectiva prática. É evidente que os diversos vocabulários em grande parte se superpõem; no entanto, sempre subsistem resíduos particularíssimos, a cujo respeito é possível estabelecer analogia com o que se diz das populações alpinas da Suíça, a saber que os habitantes de um vale não compreendem a língua falada pelos do vale vizinho. Com efeito, está longe de ser raro que os especialistas em direito comercial levantem as sobrancelhas, intrigados, diante de expressões corriqueiras no direito tributário, ou no penal, e reciprocamente.

Um dos subidiomas jurídicos mais curiosos é o que se emprega na vida forense. Ele tem suficiente individualidade para merecer consideração à parte, como dialeto inconfundível com os outros. Cultivam-no, e contribuem permanentemente para expandi-lo, advogados, juízes de todas as instâncias, procuradores, promotores, defensores, funcionários e serventuários da Justiça, enfim, todos quantos nesse âmbito exercem suas funções.

Nem sempre é fácil discernir a origem das expressões características da linguagem forense. Não poucas emergem da neblina de tempos remotos e exibem a marca das deturpações sofridas com o passar dos anos. Várias são destroços de frases antigas, em que a erosão da preguiça - ou, se preferirem, da lei do menor esforço - reduziu a estrutura a uma ruína aparentemente indecifrável. Até certa época, era de praxe fazer constar do registro dos depoimentos a enigmática declaração: "Aos costumes disse nada". Era o que havia sobrado da resposta negativa dada pela testemunha às "perguntas do costume", que o juiz lhe dirigia a fim de apurar a possível existência de causa de suspeição ou impedimento para depor.

No começo dos acórdãos de tribunais de segundo grau é comuníssimo ler as seguintes palavras: "Vistos, relatados e discutidos estes autos da Apelação nº x"; a elas se segue a enunciação do resultado do julgamento, *v.g.*: "por unanimidade, negou-se provimento ao recurso". A fórmula inicial pretende deixar certo que se cumpriram todos os trâmites necessários: os autos foram vistos - isto é, examinados -, deles se fez um relatório, e a matéria foi submetida à discussão do colegiado. No primeiro grau, numerosos juízes adotam prática análoga ao encabeçar as sentenças, usando versão resumida: "Vistos etc.", que, em lugar de relevo, acima do texto da decisão, sem dúvida provocará estranheza em qualquer observador desavisado. Na verdade, é difícil imaginar o que, pelo menos hoje, quer dizer aí o "etc.": o juiz ainda não fez o relatório, que deverá constar do corpo da sentença, e não discutiu com ninguém, nem tinha de discutir, a causa em julgamento, pois a decisão é exclusivamente sua - singular, e não colegiada. Magistrados há, contudo, que dão a impressão de considerar essencial a presença da fórmula: não raro se deparam sentenças defeituosíssimas, com insuficiente ou nenhuma motivação - essa, sim, absolutamente indispensável, até por força de expressa disposição constitucional -, mas às quais, é curioso, não falta o "Vistos etc.".

Já ficou dito que o direito emprega inúmeras palavras em sentido diferente do comum. A linguagem forense não faz aqui exceção. Em muitos casos, a diversificação semântica tem apoio nos textos legais. Assim, por exemplo, em matéria de recursos, ao contrário do que se poderia supor, o verbo "preparar" não significa "elaborar, redigir, aprontar". Preparar um recurso é outra coisa: é efetuar o pagamento antecipado das custas relativas à sua tramitação. Hoje, no processo civil, esse pagamento deve ser comprovado no próprio ato de interposição do recurso (Código de Processo Civil, art. 511, *caput,* na redação da Lei nº 8.950, de 13-12-1994). Assim, se o advogado, após entregar em cartório o calhamaço de trinta ou quarenta páginas em que registrou sua apelação, ouve do escrevente a pergunta: "E o preparo, doutor? O senhor preparou o recurso?", só por ignorância inescusável se concebe que responda: "É claro que o preparei, e muito bem preparado – gastei nisso o domingo inteiro; não vê pelo tamanho?"

Tópico interessante é o relativo ao uso de palavras e expressões estrangeiras. Trata-se, em termos genéricos, de uma das razões que os que se dedicam a outras atividades julgam ter para acusar de pedantismo os operadores do direito. A acusação pode ter fundamento, na medida em que se passa, com resultados às vezes grotescos, do uso ao abuso. Diga-se de passagem que isso ocorre com frequência na linguagem forense. Todavia, há casos em que a prática se mostra incensurável, principalmente quando recai sobre locuções latinas.

Como se sabe, a estrutura básica dos ordenamentos jurídicos da Europa continental e daqueles que os tomaram por modelos – o que se deu em toda a América Latina, pelo menos na maioria dos setores do direito – repousa sobre pilares romanos. Idioma de grande poder de síntese, o latim, veículo da transmissão histórica, tinha modos de dizer concisos e expressivos para designar institutos, princípios, regras, de que ainda hoje nos valemos. É natural que se recorra, aí, às próprias locuções latinas, o que sucede até em países estranhos à linhagem romanística. Para exprimir, com vocábulos portugueses, a ideia contida na fórmula *Ne bis in idem*, por exemplo, seríamos forçados a um rodeio: "Não a mesma coisa duas vezes". Logo se sente o prejuízo para a expressividade e para a elegância.

Em determinadas hipóteses, são os próprios textos legais que incorporam vozes latinas; e, por interessante coincidência, amiúde em pontos ligados à atividade judicial. Sucessivas constituições brasileiras acolheram a denominação de *habeas corpus* para o remédio processual que garante a liberdade de locomoção contra lesões ou ameaças perpetradas ilegalmente ou com abuso de poder, e cujo nascimento, na Inglaterra medieval, se relaciona com a execução da *Magna Charta* de João sem Terra. Seria inconcebível, a esta altura, qualquer tentativa de substituir a locução por outra cunhada em vernáculo. Não custa lembrar que as palavras *habeas corpus* eram as duas primeiras da fórmula pela qual se exprimia a ordem judicial ao coator para que trouxesse a vítima à presença do magistrado, a fim de que este, examinando a causa, decidisse se aquela devia ou não ser libertada. A tradução literal seria: "Tome o corpo", nada promissora como fonte de novo batismo...

A Carta de 1988 adotou locução análoga para remédio processual que se destina a proteger o direito ao conhecimento de informações pessoais "constantes de registros ou bancos de dados de entidades governamentais ou de caráter público" e à respectiva retificação, quando inexatos (art. 52, nº LXXII). Chamou-lhe *habeas data,* importando, ao que parece, expressão anteriormente usada na Espanha.

Outra dicção latina prestigiada pela Constituição, sempre no terreno processual, é *exequatur,* presente no art. 102, nº I, *h,* disposição que inclui na competência originária do Supremo Tribunal Federal, exercitável por intermédio de seu Presidente, o ato necessário a fim de permitir o cumprimento de cartas rogatórias no território nacional, *v.g.* com o objetivo de fazer citar alguém para ação proposta em país estrangeiro. Quando da tramitação do projeto do Código de Processo Civil no Congresso Nacional, emenda aprovada substituiu, na redação do art. 211, o termo *exequatur* pela palavra portuguesa "exequibilidade": "A concessão de exequibilidade às cartas rogatórias das justiças estrangeiras obedecerá ao disposto no Regimento Interno do Supremo Tribunal Federal". A explicação é simples: houve quem achasse que, como outro dispositivo, o art. 158, impunha o uso do vernáculo em todos os atos e termos do processo, seria contraditório inserir no Código mesmo vocábulo que não fosse português. O argumento era inconvincente: o texto do Código não se confunde com "ato ou termo do processo". Olvidou-se, além disso, que acima do Código pairava a Constituição, a legitimar o emprego do latim.

Tal emprego pode haver-se por consagrado em bom número de expressões corriqueiras na linguagem forense. Todos ou quase todos os que labutam nesse meio sabem de que se cogita quando se diz que as ações fundadas em direito real sobre imóvel devem ser propostas no *forum rei sitae,* isto é, no foro da situação do bem; ou quando se tacha um órgão judicial de incompetente *ratione materiae,* ou seja, em razão do assunto sobre que versa o litígio; ou quando se alude a medida cautelar concedida *in limine litis,* quer dizer, logo no começo do processo – e assim por diante. De resto, embora seja o mais importante, o latim não é o único reservatório em que se vão buscar locuções familiares a quem quer que milite no foro: do francês, por exemplo, provêm *sursis,* denominação conhecidíssima para a suspensão condicional da pena, e *parquet,* designação que, aplicada ao Ministério Público, relembra a procedência da instituição, cuja certidão de nascimento se costuma enxergar numa ordenação do rei Felipe, o Belo.

O uso do latim, entretanto, constitui terreno minado, onde com frequência são vítimas de acidentes os que a ele se lançam sem equipamento necessário. Há pontos críticos. É muito frequente, em votos, petições e arrazoados, a expressão *data venia:* a ela se recorre para apaziguar quem antes haja manifestado pensamento que se quer criticar ou refutar, e a quem se pede, em sinal de respeito, licença para divergir. Até aí, tudo bem; mas alguns, no afã de dar ênfase à reverência, põem no superlativo o particípio passado e soltam um *datissima venia* sem dúvida capaz de fazer dar voltas na tumba o que porventura subsista dos restos mortais de Cícero. Já houve mesmo quem, transpondo para o substantivo a flexão de grau, não se pejasse de exclamar, em alto e bom som, *data venissima!*

Certa vez, em sessão da Câmara que tive a honra de presidir, no Tribunal de Justiça de nosso Estado, o advogado que sustentava oralmente as razões de apelação, referindo-se ao prolator da sentença impugnada, pôs-se a repetir com insistência algo que me soava como "juizaco". Estranhei a palavra, e desconfiei de que o orador a estivesse usando em sentido pejorativo, como se quisesse externar seu menosprezo pelo magistrado. Já me preparava para interpelá-lo, quando percebi que se tratava apenas de uma derrapagem na pronúncia: o advogado queria aludir ao juiz *a quo,* expressão com que habitualmente se designa o órgão de cuja decisão se recorreu, por oposição ao juiz *ad quem,* incumbido de julgar o recurso...

O abuso de palavras e expressões não portuguesas, ainda que corretas, denota um exibicionismo que só contribui para fortalecer a má reputação do linguajar judiciário. Para o estranho ao meio, a impressão quase inevitável é a de que lhe estão querendo sonegar o acesso à compreensão do que se passa – e não espanta que ele suspeite de querer-se ocultar por trás disso alguma inconfessável cavilação. O mesmo se dirá, aliás, do preciosismo que se compraz em exumar modos arcaicos de dizer, em esquadrinhar dicionários à cata de vocábulos raros, em retorcer as frases num labirinto de circunlóquios. O preciosismo agrava o sentimento de distância em relação à Justiça, que já assalta normalmente o leigo. Ele não consegue identificar-se com nenhum dos atores de um espetáculo cujo sentido lhe escapa.

Bem se sabe quão difícil de atingir é o ideal de que as peças judiciais sejam vazadas em linguagem acessível à gente comum. A técnica tem suas exigências legítimas. Entre o respeito destas e o culto do hermetismo, porém, medeia um oceano. Há petições, sentenças, pareceres, acórdãos que se diriam redigidos com a intenção precípua de que nenhum outro ser humano consiga entendê-los. A gravidade do fenômeno sobe de ponto quando se cuida de decisões, que vão influir de maneira concreta na vida dos jurisdicionados. Com uma sentença desfavorável quase ninguém tem facilidade em conformar-se; *a fortiori*, se o respectivo teor é ininteligível – sintoma certo, para o vencido, de que sua derrota foi na verdade produto de manobras escusas.

Curiosamente, um fator que concorre em larga medida para colorir de artificialismo a linguagem forense é a inoportuna preocupação estética que leva alguns a inventar sucedâneos para denominações técnicas, cuja repetição se pretende evitar. Assim se esquece que, em regra, vocábulos e expressões desse gênero simplesmente não têm sinônimos, e portanto não há outro jeito senão reiterá-las – como se faz com octógono, ou com apócope, ou com proa, sempre que se quer aludir, respectivamente, ao polígono de oito lados, ou à supressão de fonema ou sílaba no fim de palavra, ou à parte anterior da embarcação. Outros escrúpulos estilísticos ativados fora de hora inspiram modos de dizer francamente risíveis. À petição com que se começa uma ação chama a lei, e todos bem andaríamos em chamar-lhe, "inicial"; mas, no temor de repetir o simples e na verdade insubstituível adjetivo, mimoseia-se alternadamente a pobre petição, que não tem como protestar, com uma sequência de qualificativos diversos, cada qual mais esdrúxulo – de "exordial" a "vestibular", passando por "inaugural" e "prefacial". A modesta e singela contestação vê-se convertida em pretensiosa "peça de bloqueio". Apelidos vários têm-se dado, inclusive em acórdãos do Supremo Tribunal Federal, ao recurso extraordinário: "apelo extremo", "apelo raro" e até "irresignação derradeira".

A propósito desta última locução, não resisto à tentação de reproduzir aqui o comentário que ouvi de meu saudoso mestre Luiz Machado Guimarães. Dizia-me ele: "Imagine, José Carlos, um doente em agonia, aparentemente já morto, que algum apressado se dispõe a meter no caixão, mas que de repente acorda e começa a protestar: – Estou vivo! Estou vivo! –, com tamanha carga de emoção que o coração não aguenta e ele efetivamente morre. Essa, sim, merece de fato o nome de irresignação derradeira...". O mestre, com seu incomparável senso de humor, desmascarava a extravagância do dito.

Imensa parcela da população, mesmo de cultura medíocre, já ouviu falar do mandado de segurança, e tem certa ideia de sua serventia. Se, contudo, em vez de usar o nome consagrado, se aludir, conforme ocorre com frequência, a "remédio heroico", muitos talvez pensem que se trata de algum purgante de eficácia invulgar. De igual modo, não é necessário grande cabedal jurídico para compreender o que se quer dizer quando se fala em sentença recorrida. Espanto haverá, porém, e não só entre ignorantes, caso se substitua tal expressão por outras que se têm infiltrado no foro, como "decisão fustigada", "decisão guerreada" e "decisão farpeada". Poucos terão facilidade, com efeito, em imaginar que seja mister pegar em armas, ou mesmo em simples açoite, para tentar reformar uma decisão judicial: menos ainda a terão, por outro lado, em persuadir-se de que para combatê-la eficazmente baste enfiar-lhe uma farpa. É de certo modo surpreendente que nunca se haja ido, que me conste, ao ponto de dizer "decisão apunhalada", a despeito da notória superioridade do punhal, como arma, sobre a singela e em geral inofensiva farpa...

A busca da originalidade conduz às vezes a requintes de mau gosto na invenção de locuções. Este advogado, sem dúvida por achar prosaica demais a palavra motivação, prefere aludir ao "esteio motivacional" da sentença. Aquele juiz, em vez de referir-se, como toda a gente, à propositura de uma ação, fala, convicto de ostentar verdadeiro achado, em "disparo acionário". Para negar que seja fundado o recurso, diz o redator de um acórdão que "a pretensão recursal não tem fomento de direito"; o de outro, que "o apelo não oferece fincas à prosperação"; o de um terceiro, para explicar que o recurso especial não se presta à solução de questões constitucionais, escreve que "diferendo com fulcro de natureza constitucional não trafega processualmente pela via especial". Dispenso-me de exibir mais pérolas, seguro de que as já coligidas são mais que suficientes para dar uma ideia dos extremos a que se tem chegado.

Nem todos os filhos da inventiva do foro, convém registrar, mostram catadura tão antipática. Por exemplo: ao recurso cabível para o colegiado contra decisão de relator, ou de outro membro do tribunal, é costume antigo aplicar a carinhosa denominação de "agravinho". Todavia, manda a sinceridade que se confesse: para uma das invenções aprazíveis haverá no mínimo dez merecedoras de lugar de honra num museu de horrores.

É tempo de arejar o ambiente para dar cabo desse mofo. Compreende-se que agrade a advogados e juízes de autodetectada vocação artística vazar suas manifestações em moldes pouco vulgares. Menos mal, se são reais os pretensos dotes literários: é um prazer, sem sombra de dúvida, ler petições e sentenças redigidas com correção e elegância.

Infelizmente, os frutos nem sempre confirmam as supostas qualidades da árvore... Seria mais prudente, na maioria dos casos, aderir aos modos corriqueiros de dizer; e sobretudo, na falta de melhor, buscar a clareza, que não é qualidade desprezível.

Quem pleiteia deve lembrar-se, antes de mais nada, de que necessita fazer-se entender ao menos por quem vai decidir; quem decide, de que necessita fazer-se entender ao menos por quem pleiteou. Linguagem forense não precisa ser, não pode ser sinônimo de linguagem cifrada. Algum esforço para aumentar a inteligibilidade do que se escreve e se diz no foro decerto contribuiria para aumentar também a credibilidade dos mecanismos da Justiça. Já seria um passo aparentemente modesto, mas na realidade importante, no sentido de introduzir certa dose de harmonia no tormentoso universo da convivência humana.

Fevereiro de 1999.

O JUIZ E A CULTURA DA TRANSGRESSÃO[1]

1. Ninguém ignora quão importante, para a vida em sociedade, é a observância das normas postas pelo ordenamento jurídico. Nenhuma atividade que envolva duas ou mais pessoas pode realizar-se sem que, ao menos em certa medida, saiba cada participante como há de atuar e como pode esperar que atuem os outros. Uma simples partida de futebol seria inconcebível se não se estabelecesse previamente em que direção os jogadores devem chutar para fazer gol; e decerto não acabaria bem se eles pretendessem que o árbitro lhes marcasse tentos ainda quando a bola fosse parar fora do arco do adversário.

À humanidade sempre pareceu um pouco difícil deixar-se guiar inteiramente pelas regras do direito. Os livros de História não dão notícia de qualquer «idade de ouro» em que nenhuma infração se cometesse. Remotos, por sinal, são os antecedentes a que nos remete a triste constatação: segundo o relato bíblico, nossos primeiros pais deram o mau exemplo, quando desrespeitaram a única proibição que lhes fora imposta, a de comer os frutos de certa árvore. Mas há épocas em que, por circunstâncias diversas, se avolumam as nuvens e a paisagem se tinge de cores mais sombrias. Tende naturalmente a elevar-se a probabilidade de que isso aconteça à medida que crescem o número dos infratores potenciais e a complexidade das relações entre eles travadas. É o caso, se não me engano, do momento que estamos vivendo neste fim de século e de milênio.

A violação constante das normas jurídicas é fato corriqueiro no panorama do nosso dia a dia. Sinto-me tentado a afirmar que a tanto já nos acostumamos ao ponto de nem sequer repararmos, as mais das vezes, na respectiva ocorrência. Quantos de nós se dão conta, por exemplo, das infrações das regras de trânsito que a todo instante praticam os condutores de veículos, motorizados ou não? Em geral, só atentamos em sucessos desse tipo quando nos causam algum dano; o resto é pura rotina, que não merece especial registro no cérebro. Não se trata, a rigor, de um paradoxo: o óbvio com frequência nos escapa. Vemos maio que está muito próximo dos olhos: ninguém enxerga com nitidez a ponta do próprio nariz.

---

1 Texto de palestra proferida em 2-12-1999, em Florianópolis, a convite da Universidade Federal de Santa Catarina. Publicado na *Rev. do MP* (Est. RJ), nº 11, e na *Rev. Jurídica, nº* 267.

Iniciei a exemplificação com um acontecimento vulgar, que para felicidade nossa nem sempre traz consequências de vulto. Na verdade, a casuística oferece espectro tão vasto, que a única dificuldade reside na escolha. O fenômeno é de facílima percepção em qualquer corte do horizonte. Já que comecei por baixo, permitam-me dar-lhes outro exemplo trivial. Nas praias cariocas – e seria agradável saber que também nas catarinenses – é proibido levar animais para a areia. Cuidou a prefeitura de espalhar ao longo da orla cartazes de advertência, ilustrados com a figura de um cão e a de um gato, para que não paire na mente de quem quer que seja a mais ligeira dúvida sobre o alcance da proibição. Pois bem: continua indômita a praga no território que deles em vão se quis livrar: indiferentes aos avisos, e por mais forte razão à irrealística presunção de que todos conhecem a lei, os donos dos bichos não prescindem da companhia e insistem em provocar a sujeira e os sustos consequentes.

Passemos, no entanto, a matérias de maior densidade jurídica, como convém a uma fala dirigida a estudiosos do direito. A Constituição da República, no inciso LVI do art. 5º, tratou de declarar inadmissíveis as provas colhidas por meios ilícitos, e só abriu ressalva à inviolabilidade das comunicações telefônicas, por ordem de juiz, e sob as condições definidas em lei, para fins de investigação criminal e de instrução de processo penal (inciso XII). Pode-se considerar excessivamente rígido o sistema; o que não se pode é ignorá-lo. Ora, se se proíbem a interceptação de conversa telefônica e a respectiva gravação, sem atendimento dos pressupostos constitucionais, e se nega à fita assim obtida valor probante, está igualmente proibida, é lógico, a divulgação de seu conteúdo. Não é o que parecerá a quem tenha o perigoso hábito de ler jornais. Vem florescendo entre nós, nos últimos tempos, autêntica indústria de gravações clandestinas, à qual corresponde o não menos florescente comércio das fitas em que se registram as conversas interceptadas. Jornais tidos como sérios adquirem semelhante mercadoria e publicam tranquilamente o material, na certeza de que a publicação incrementará a vendagem: o odor do escândalo não deixará de atrair certa classe de leitores.

Situação análoga é a das emissoras de televisão. O legislador constituinte também se preocupou em disciplinar-lhes a programação; e, ao fazê-lo, no art. 221, incluiu entre os princípios a serem observados a preferência por "finalidades educativas, artísticas, culturais e informativas" (inciso I) e o "respeito aos valores éticos e sociais da pessoa e da família" (inciso IV). Alguém será capaz de reconhecer, naquilo que se costuma ver na telinha, a projeção de tais princípios, ou algo que tenha com isso a mais longínqua semelhança?

Inventa-se um mecanismo tão precioso quanto a Internet, e logo aparece quem o utilize, não só para facilitar operações financeiras escusas, o que já é motivo suficiente de escândalo, mas para explorar ignomínias como a pornografia infantil. Conforme largamente noticiado pela imprensa, oferecem-se por meio do computador – a seres da espécie humana! – programas em que menores de tenra idade sofrem toda sorte de torpezas. A Constituição, para voltarmos a ela, garante que "a lei punirá severamente o abuso, a violência e a exploração sexual da criança e do adolescente" (art. 227, § 4º), depois de, no *caput* do dispositivo, haver atribuído à família, à sociedade e ao Estado o dever de assegurar-lhes, entre outras coisas, "com absoluta prioridade, o direito à vida, à saúde... à dignidade, ao respeito" e o de colocá-los "a salvo de toda forma de exploração, violência, crueldade... ". É o caso de indagar de que valem, na prática, tão incisivas palavras.

O tráfico ilícito de drogas repugna em tal medida à Constituição, que ela o inclui, no inciso XLVIII do art. 5º, entre os crimes inafiançáveis e insuscetíveis de graça ou anistia. Olhamos ao nosso redor, e que vemos? Vemos os traficantes a exibir a cada momento maior desenvoltura em suas atividades, a substituir-se aos poderes públicos, em escala crescente, na ordenação da vida individual e coletiva – em suma, a fazer e desfazer, a mandar e desmandar, contabilizando a seu crédito não apenas a omissão, senão muitas vezes a conivência, das autoridades incumbidas de reprimi-los. Ignoro se todos estarão a par do que se passou, no Rio, com o prédio onde a minha Universidade mantinha seu colégio de aplicação, por desgraça próximo de morro onde o tráfico instalara um de seus inúmeros redutos. Tais se tornaram a frequência e a intensidade de tiroteios no local, com risco de vida constante para alunos e professores, que a direção do colégio comunicou à UERJ a impossibilidade de continuar a trabalhar naquelas condições. Que solução se deu ao problema? Porventura se tentou expulsar dali os delinquentes? Não: preferiu-se abandonar-lhes o imóvel, que, por eles ocupado com toda a presteza, passou a funcionar como sede de negócios ilegais e de bailes *funk*, enquanto o colégio de aplicação teve de acomodar-se como pôde no campus universitário, com graves inconvenientes para ele e para os cursos ali sediados. Nesse e noutros episódios, a máquina do Estado recua, abre espaço aos marginais, dá ensejo a que se ampliem as dimensões daquelas a que os sociólogos se referem como "zonas cinzentas" ou "zonas de não direito", onde o ordenamento que prevalece não é o oficial, mas o decretado pelo arbítrio dos fora da lei.

De resto, como enxergar em tudo isso motivo de grande surpresa? Por acaso colhemos exemplos de correção em pessoas investidas de funções e cargos que se presumiria exigirem delas senso particular de responsabilidade? Para falar de coisas aparentemente pequenas: será que todos os juízes se esforçam por observar os prazos legais na condução dos feitos que lhes são distribuídos? E que todos os advogados, no exercício de seu múnus público, visto pela Constituição como "indispensável à administração da justiça" (art. 133), se abstêm de manobras eticamente condenáveis?

Assistimos, quase todo dia, a abusos do Poder Executivo na edição de medidas provisórias nem de longe justificadas pelo pressuposto constitucional da "relevância e urgência" (art. 62, *caput).* Também assistimos, de outro lado, à exibição de inércia dada pelo Poder Legislativo na feitura das leis complementares previstas na Constituição, não raro sujeita a prazos que já há muito tempo se esgotaram, com a consequência de que, bem pesadas as coisas, a Carta de 1988, por falta de regulamentação de vários dispositivos, nem sequer chegou a entrar totalmente em vigor, antes de desencadear-se a infrene e em tantos casos desatinada fúria reformista que ameaça transformá-la em esfiapada colcha de retalhos.

2. Ocioso alongar a exemplificação: o cortejo dos desvios é interminável. Mas há pior: é a repercussão que eles vão tendo na sociedade. Facilmente se identificam dois tipos diametralmente opostos de reação da comunidade a essa triste situação. A maior parte, incandescida pela exploração sensacionalista que os meios de comunicação social fazem dos acontecimentos, reclama o endurecimento progressivo e indefinido da repressão penal; não falta mesmo quem brade pela instituição da pena de morte, que, sem falar de outros aspectos, não parece haver contribuído para a diminuição da criminalidade – notadamente, da criminalidade violenta – nos poucos lugares onde ainda se adota. Não é desse fenômeno, porém, que desejo falar agora, senão de outro, que simetricamente se lhe contrapõe.

Não sei se ainda se lembram de caso ocorrido há anos em Goiás. Delinquente com larga folha de antecedentes criminais, apesar de jovem, o qual havia sequestrado outro rapaz, filho de um magistrado, ao chegar de carro à rua principal de Goiânia, com a vítima do sequestro, foi saudado com efusão por populares, que calorosamente o aplaudiam. Consta até que mais de uma moça lhe teria oferecido graciosamente serviços íntimos. O próprio pai do sequestrado desmanchou-se em elogios ao sequestrador, assim convertido numa espécie de herói local.

Episódios frequentes no mundo do futebol atestam fato curioso. O jogador Fulano ou Beltrano, por hipótese, incorrendo em ostensiva indisciplina, ausentou-se da concentração para participar de uma festa. Mal anuncia a direção do clube o propósito de puni-lo, logo se levantam cronistas desportivos com os habituais panos quentes, a dizer que não é bem assim, que o clube deve tratar o jogador com maior compreensão etc. etc. Não deixa de haver até quem, a cada demonstração de descaso pelas regras estabelecidas, sinta aumentar no peito a admiração dedicada ao ídolo. Em vez de prejudicar a imagem do atleta, a reputação de infrator torna-o ainda mais popular. Fabricam-se camisetas com a inscrição *bad boy,* e garotões de corpo "sarado", conforme hoje se diz, orgulhosamente as exibem nas praias.

Não costumo acompanhar telenovelas, mas alguns capítulos a que assisti de uma ou de outra claramente me mostraram que são apresentados quase sempre sob colorido ridículo os personagens cujo comportamento se pauta pelo respeito aos compromissos assumidos, inclusive ou sobretudo os de ordem afetiva. A simpatia vai muitas vezes para os vilões, para os que não hesitam em descumprir as normas éticas. Se é certo que o desenvolvimento do enredo se deixa guiar pela inclinação dos telespectadores, apurada por especialistas em pesquisas de opinião, a opção do autor não fará senão refletir o pensamento reinante no público, que despreza os "caretas" e lhes prefere os espertalhões, os adúlteros, os inescrupulosos, os que pretendem – e não raro conseguem – "levar vantagem" sobre os outros.

Dir-se-á, então, com apoio em dados do Ibope, que as telenovelas se limitam a refletir as tendências predominantes na sociedade. Não inventam o acervo de infrações: registram-no e reproduzem-no. Não se deve esquecer, no entanto, que há modos e modos de registrar e sobretudo de reproduzir: para simplificar, direi que bem facilmente se percebe, em determinadas reproduções, o tom de dissimulada ou aberta cumplicidade com a violação de normas que se está vendo acontecer. É como se a imagem projetada piscasse um olho malicioso para o telespectador, convidando-o a compartilhar com o personagem, ao menos "virtualmente" – para empregar outra palavra da moda –, o sabor da infração.

Esse mesmo sabor devem experimentar precocemente as crianças que se deleitam com certos *videogames*, pelo menos com um de que tive notícia há pouco tempo. Trata-se de guiar veículo "virtual", em cuja direção se ganham pontos cada vez que se "atropela" um pedestre. Quanto mais vítimas fizer o jogador, mais sobe sua pontuação. E brevemente haverá mais: a crer-se em notícia divulgada pelos jornais, empresa especializada acaba de convidar o notório Ronald Biggs – que anos atrás se apressou em gerar um filho brasileiro a fim de não ser extraditado para a Inglaterra – a organizar um jogo que ensinará aos participantes como planejar e executar assaltos a trens. Não me atrevo a conjecturas sobre o valor "educativo" desse tipo de diversão...

Que quer dizer tudo isso? Quer dizer, receio, que não estamos assistindo só a uma espantosa iteração de práticas desviantes, senão que também estamos a pique de assistir a algo bem mais sério: à entronização do desvio como modelo. Mais do que a crescente frequência das transgressões, preocupa, hoje, a não menos crescente tendência a desvalorizar ou negar as regras transgredidas. Preocupa, numa palavra, a cultura da transgressão.

O erro da vontade, bem o sabemos, é incomparavelmente menos grave que o erro da inteligência. A vontade mal orientada leva-nos a cometer uma infração, ou certo número, limitado, de infrações. O erro da inteligência pode levar-nos a cometer uma infinidade delas. Enquanto temos a consciência do desvio, há sempre a possibilidade, quando não a probabilidade, de que um dia voltemos à via reta. A partir do instante em que apagamos da mente a própria noção de desvio, e passamos a acreditar que nenhuma regra existe ou vale, deixa de haver em nós qualquer motivo para deter-nos na via torta.

Por motivo análogo costuma o ordenamento ser mais severo com o erro de direito que com o erro de fato. Quem incorre em erro de fato, com efeito, nada mais faz que escapar momentaneamente, esporadicamente, singularmente, da malha jurídica, sem ignorar-lhe a existência e sem negar- lhe a validade. Já quem incide em erro de direito recusa a malha em si mesma, põe-se como alheio a ela, exclui -se voluntariamente da comunidade que ela visa a reger. Veja-se o exemplo da ação rescisória: uma sentença de mérito comporta genericamente rescisão quando haja violado a lei, isto é, quando tenha sido injusta *em tese* (Código de Processo Civil, art. 458, nº V), mas só em circunstâncias especiais a comportará quando, por defeituosa reconstituição do fato, tenha sido injusta apenas *na hipótese*. É que só no primeiro caso ela poderá representar, como «precedente», fator da proliferação futura de decisões igualmente errôneas. Calçar uma vez, por engano, o sapato direito no pé esquerdo não se compara com sustentar que não há diferença entre esquerdo e direito.

Para o grupo social, assim, o perigo de dissolução varia enormemente de grau à medida que passamos do mero incremento nas estatísticas da infração à difusão da ideia de que nada é proibido, e portanto a própria noção de infração se despoja de significado. Parece-me extremamente difícil que a longo prazo consiga sobreviver uma sociedade onde chegue a prevalecer semelhante ideário.

Nada tem isso que ver, ao contrário do que poderiam supor alguns, com o fato manifesto de que as regras mudam, às vezes radicalmente, de um para outro lugar e de uma para outra época. Se PASCAL pretendeu desmoralizar o direito com a irônica observação de que, para a justiça, algo podia ser verdade aquém e ser erro além dos Pireneus, decididamente o dardo não atingiu o alvo. Só o atingiria se o filósofo sustentasse, com boas razões, que algo é verdade e erro ao mesmo tempo e do mesmo lado das montanhas.

Os próprios revolucionários que se levantam contra a ordem vigente não agem sob o mero impulso negativo de destruí-la: normalmente querem implantar uma ordem nova no lugar daquela. Querem, noutras palavras, substituir as regras, não aboli-las simplesmente; e até pretendem que as regras novas, uma vez estabelecidas, ganhem por parte dos membros da comunidade a homenagem da observância. Uma revolução puramente negativa, que se cingisse a derrubar a ordem vigente sem nada pôr no respectivo lugar, faria retornar a sociedade a estádios pré-históricos de sua evolução. Libertados dos antigos vínculos, mas sem vínculos novos de qualquer natureza, que fariam os homens dessa liberdade? A menos que desejassem viver inteiramente isolados uns dos outros, teriam de conformar- se em abdicar de uma parcela, em firmar novo pacto à custa de concessões individuais – e eis que ressuscita a ideia de uma ordem, corporificada num conjunto de normas. Liberdade sem normas seria regressão à pura animalidade, se não fosse certo que na conduta dos animais mesmos vige alguma regularidade, sem a qual as espécies rapidamente se extinguiriam.

3. A esta altura, estarão alguns a perguntar-se que relação tem com o processo esse rosário de imprecações, tantas vezes banhado no caldo chilro da obviedade. Outros, menos condescendentes, já lamentarão o tempo perdido em ouvir nesta oportunidade coisas que, na substância, e talvez com maior dose de pitoresco, se podem ouvir de qualquer moralista barato de esquina, empenhado em dar vazão, perante o resto do mundo, a vapores alcoólicos.

E, no entanto, a relação existe, e é cristalina. Antes de nada mais, se ao falarmos de crise do processo, ou da Justiça, temos em vista, consoante sói acontecer, fenômenos como o do entupimento das artérias judiciais, com a consequente lentidão da marcha dos pleitos, não é difícil fazer ver que a atribuição da crise está, a rigor, mal dirigida. No Judiciário desemboca a maioria dos conflitos de interesses entre pessoas, individualmente consideradas ou em grupo. Os conflitos resultam, as mais das vezes, de comportamentos antijurídicos, ou seja, de transgressões. Logo, quanto mais transgressões houver, tanto maior a frequência com que se requisitarão os serviços da Justiça. Visto que os quadros desta não podem alargar-se na mesma proporção em que cresce a demanda, inevitáveis serão os engarrafamentos do trânsito. Os caminhos do foro com certeza estariam bem mais desimpedidos se todos os contribuintes pagassem honestamente seus tributos, se a administração pública não desprezasse os preceitos jurídicos e éticos ao realizar uma concorrência, se todos os pais provessem espontaneamente ao sustento dos filhos menores, se ninguém adquirisse armas por meios ilegais (e sobretudo não as usasse para fins ilegais), se todos os cônjuges honrassem o compromisso de fidelidade e assistência mútua, que assumiram ao casar-se. Em tal perspectiva, pode-se dizer com propriedade que a crise da Justiça reflete a crise do direito material: as normas civis, penais, administrativas, tributárias – quiçá constitucionais – é que não estão conseguindo manter a comunidade dentro das fronteiras da licitude. Escorre do terreno substancial a lama que obstrui os canais do processo.

Nem de longe me passa pela cabeça insinuar que a isso se reduz o conjunto de causas da situação atual. Todo fenômeno de proporções consideráveis decorre de uma conjugação de fatores, em geral imbricados e entrelaçados uns nos outros. Quis apenas assinalar, com minhas observações precedentes, uma linha de derivação que não deixa de ter sua importância.

4. Chego à parte final destas melancólicas considerações, talvez pouco adequadas a uma ocasião festiva, mas sugeridas por preocupação que desejei compartir com pessoas que, precisamente em razão do patamar mais alto agora atingido, assumem, junto com as galas, os ônus e as responsabilidades a ele inerentes. E aqui ouso interrogar-me – ou antes, interrogar- nos – sobre o papel reservado, nisso tudo, ao juiz.

Como há de proceder o juiz ao tomar conhecimento, por dever de ofício, de atentados contra a ordem jurídica? À primeira vista, parece que ele se vê aprisionado entre as duas garras de incômodo dilema. De um lado, com certeza lhe vem a tentação de reagir da maneira que provavelmente agradaria a correntes extremadas da opinião pública, ou melhor, da opinião *publicada,* que nos inclinamos com frequência a tomar por aquela. O juiz lê nos jornais não apenas acusações, senão provas reais ou supostas, obtidas por meios regulares ou irregulares – e, mais do que isso, condenações categóricas, a que se agregam furibundas exortações no sentido da imposição de punições exemplares. Advirta-se entre parênteses que não falta boa dose de razão a quem clama, entre nós, contra a impunidade; e asseguram os estudiosos do assunto que a eficácia preventiva da cominação depende muito mais do convencimento de que a ameaça é feita para valer do que da gravidade da sanção cominada. O que não cabe, entretanto, é usurpar a imprensa a competência para julgar – e sem recurso –; é, como se diz nos Estados Unidos, onde ainda subsiste o júri civil, substituir-se o *trial by jury* pelo *trial by press.*

Pois bem: o risco a que se sujeita o juiz, desse lado, é o de deixar-se contaminar pelo furor histérico difundido no ambiente e pôr-se a vingar com cega ira, na pessoa daquele réu particular, todos os desconcertos do mundo. Livre-nos Deus de tal juiz-cruzado, pronto a acometer e a reduzir a pó tudo que lhe cheire a heresia.

Mas ao juiz tampouco é dado render-se à cultura da transgressão e fingir que não enxerga o ilícito onde ele cristalinamente se desenha. Neste ponto é força aludir de passagem ao velho e tormentoso problema das relações entre o julgamento judicial e a lei. Muitos se afligem ante a possibilidade de que a aplicação fria das normas legais conduza a soluções mortificantes para o sentimento de justiça. Há séculos se discute a questão, sem que até hoje se tenha encontrado resposta capaz de agradar a todos os paladares. Uma reflexão menos superficial sobre o tema necessariamente passaria pela análise da proposta – ou das diferentes propostas – do jusnaturalismo, em seus sucessivos avatares, assim como passará, em nossos dias, pelo exame do pensamento jurídico a que se costuma chamar "alternativo". É evidente que não posso embrenhar-me aqui em terreno tão acidentado. Tratarei de concluir com umas poucas e magras considerações que para alguns, quando não para todos, hão de pecar pela insipidez da banalidade.

Que o juiz não se limita a utilizar normas pré-fabricadas, mas desempenha também aí uma função criadora, é coisa de que ninguém mais duvida. O juiz simples "boca da lei", sonhado por antiga doutrina, se alguma vez existiu, é defunto de longa data sepultado. Há limites, contudo, para semelhante criação. O juiz cria nos interstícios da rede normativa; não se lhe permite sobrepor a ela sua fantasia, sorvida que seja nas fontes mais puras e alimentada pelas mais santas intenções. Falece ao juiz legitimação política para irrogar-se com amplitude o papel de legislador. Se, de acordo com a lei, tal ou qual comportamento é proibido, não compete ao juiz pôr de lado, sem mais aquela, a proibição, para conceder suas bênçãos a quem a infringiu. Errará se puser a decisão em termos estritamente relacionados com a espécie *sub iudice;* e mais gravemente errará se enunciar, à guisa de fundamentação da sentença, princípio tendente a absolver aquilo que a lei condena.

Agora: uma coisa é o respeito à lei, devido por parte do juiz não menos que por parte de todos os membros da comunidade; outra, bem distinta, é o fetichismo do texto legal. Afigura-se bastante, em geral, o espaço deixado por este ao trabalho hermenêutico; e por via de interpretação não raro se chega a resultado suscetível de conjugar em casamento harmonioso legalidade e justiça. Atente o juiz, como é mister, no mandamento do art. 5º da Lei de Introdução ao Código Civil; aplique a lei com os olhos postos nos fins sociais a que ela se dirige e nas exigências do bem comum – e o dilema, na esmagadora maioria dos casos, se mostrará mais aparente que real. Minha experiência pessoal de julgador, por quinze anos, no Tribunal de Justiça de meu Estado, persuadiu-me de que, quando supunha defrontar-me com a angustiosa necessidade de escolher entre solução injusta e solução ilegal, a raiz do problema quase nunca se situava na realidade, mas em meu próprio espírito: era eu que não estava sabendo dar à lei interpretação correta – nem, portanto, equacionar devidamente a questão. Refazendo os passos do raciocínio, não se tomava difícil, em regra, achar saída que me livrasse da terrível opção.

5. Advirto-me de que, de tudo que disse, pouco se relaciona diretamente com o terreno específico do curso ora concluído. Estou convencido de que, de vez em quando, o processualista deve deixar de lado a lupa com que perscruta os refolhos de seus pergaminhos e lançar à sua volta um olhar desanuviado. O que se passa cá fora, na vida da comunidade, importa incomparavelmente mais do que aquilo que lhe pode proporcionar a visão de especialista. E, afinal de contas, todo o labor realizado no gabinete, por profundo que seja, pouco valerá se nenhuma repercussão externa vier a ter. Perdoem o chavão adaptado: o processo existe para a sociedade, e não a sociedade para o processo.

Consideremos por um momento as recentes reformas do Código de Processo Civil. A meu ver, é imprudência dar-lhes continuação sem avaliar de modo objetivo o que elas trouxeram de novo, não nos textos, mas na realidade concreta dos juízos. Todavia, para corretamente avaliá-las, cumpre, entre outras coisas, saber, a respeito de cada uma delas, que classe de litígios e de litigantes tem atingido *in concreto,* que espécie de interesses tem favorecido ou desfavorecido. Tomemos o exemplo da antecipação da tutela, cuja consagração nos termos genéricos do atual art. 273 vem sendo cantada em prosa e verso como notável passo à frente na dinâmica da proteção judicial dos direitos. Ponho-me a conjecturar em benefício de quem ela estará atuando no comum dos casos; e não me satisfaz ouvir como resposta: "ao autor". Desejo saber mais: quem é esse autor? Será predominantemente o credor de uma soma em dinheiro? Ou será a vítima de insuportável lesão à honra, à intimidade pessoal ou a outro bem jurídico desses que ou se protegem incontinenti, de preferência em caráter preventivo, ou estão destinados a perecer sem remissão, ainda mais humilhados pela eventualidade de uma pífia reparação pecuniária incapaz, a todas as luzes, de servir-lhes de contrapeso? Noutras palavras: teremos criado apenas nova agência, mais eficiente, de cobrança de dívidas, ou mecanismo suscetível de combater utilmente o tripúdio sobre valores éticos superiores?

Acumulo, como veem, perguntas sobre perguntas, no extemporâneo e baldo afã, talvez, de suprir lacunas que deveriam ter sido evitadas no devido tempo. Consola-me, em parte, a esperança de haver suscitado a atenção de outros para problemas que minha perplexidade acha difícil encaminhar a boa solução. Se ao menos isso consegui, já me dou por pago do esforço. É a melhor expressão que me acode para as felicitações a que fazem jus os vitoriosos aqui presentes.

Novembro de 1999.

A SUBSERVIÊNCIA CULTURAL[1]

1. É fenômeno mais que notório, nos dias que correm, a maciça penetração, no Brasil não menos que noutros países, de expressões, costumes e instituições de origem norte-americana. Os três aspectos referidos mantêm entre si óbvia e estreita ligação. Compreende-se com facilidade que, se se importa costume ou instituição antes desconhecida, o procedimento mais cômodo, do ponto de vista linguístico, é importar junto o nome que se lhe dá no lugar de origem. Às vezes se toma a iniciativa de adaptá-lo ao jeito de nosso idioma, cujo vocabulário se enriqueceu ao longo do tempo com palavras como sanduíche, futebol, golfe, boxe, críquete e tantas outras provenientes do mundo anglo-saxônico. Mas também existem as que conservam a feição estrangeira, apesar de incorporadas ao linguajar do país importador: é o caso, por exemplo, de *impeachment,* cujo emprego, no terreno constitucional, rivaliza com o da transcrição vernácula "impedimento", quando não o supera.

No passado, outras fontes ocupavam lugar de maior relevo no fornecimento de material do gênero. Época houve em que determinados setores da vida brasileira preferiam girar na órbita cultural francesa. A moda e a culinária são províncias em que, até hoje, semelhante infiltração transparece em marcas vocabulares: aí estão palavras como crochê ou croché, tricô, sutiã, batom, ruge, plissê, mousse, conhaque, suflê, patê, consomê, todas dicionarizadas entre nós. A esses poderiam acrescentar-se outros exemplos, que me dispenso de dar para não desafiar os preceitos da conveniência: num tempo em que as artes eróticas amavam tingir-se de colorido francês, e até as prostitutas eram ou se diziam vindas da França, popularizaram-se várias expressões para designar hábitos que é duvidoso hajam sido inventados por elas, mas decerto foram por elas aqui mais extensamente divulgados. Algumas de tais expressões subsistem nos textos de mensagens estampadas em revistas "masculinas" ou mesmo em jornais tidos como sérios, nas páginas onde se oferecem serviços eufemisticamente denominados "de massagem" – seções merecedoras, por sinal, da atenção dos sociólogos, como índice de evolução social no campo da sexualidade mercadejada.

---

1 Palestra proferida em 28-3-2000, no Conselho Técnico da Confederação Nacional do Comércio. Publicada na *Carta Mensal* nº 542.

Mas retomo o fio da meada e volto ao tema específico da palestra, que não visa a influências estrangeiras em geral, senão à norte-americana em particular. Costuma-se explicar o avanço incessante e onímodo da americanização como contingência imposta pela hegemonia, agora incontrastada, dos Estados Unidos. Se os norte-americanos são protagonistas em todos os setores das atividades que transcendem fronteiras – comércio internacional, finanças mundiais, turismo, cinema, informação –, nada mais natural que, antes de tudo, a linguagem dessas especialidades tenha de incorporar vocábulos oriundos de lá; a alternativa consistiria num isolamento forçado, com que nenhum país se poderia conformar sem desastrosas consequências. O mesmo se dirá de institutos do direito norte-americano, de utilização tornada indispensável pelo planeta afora graças à necessidade, que tantas pessoas de outros horizontes sentem, de estabelecer vínculos jurídicos com indivíduos e empresas dos Estados Unidos, e à vista da remotíssima probabilidade de que *eles* se disponham a absorver criações do direito alienígena. Por outro lado, não deixa de ser tentador, no aspecto linguístico, o confronto entre a situação atual e a de já distante período histórico em que o latim desempenhava o papel de "língua franca", usada, nos quatro cantos do continente europeu, com ponderáveis vantagens práticas, para a redação de obras teológicas, filosóficas e científicas, assim postas ao acesso de leitores geograficamente afastados e linguisticamente diversificados.

É meu propósito, neste ensejo, mostrar que a explicação é insuficiente, e a comparação ilusória. Nem todos os traços da inundação cultural norteamericana se fazem inteligíveis à pura luz do predomínio político e econômico dos Estados Unidos no cenário internacional de nossos dias; e o fenômeno a que estamos assistindo é, do ponto de vista quer quantitativo, quer qualitativo, nitidamente diverso de outros, pretéritos, com que nos possamos sentir inclinados a confrontá-lo.

2. Começo pela linguagem. Que adotemos, nós e muitos outros, palavras e locuções inglesas para designar coisas e instituições com as quais precisamos lidar a fim de relacionar-nos internacionalmente, é coisa bastante compreensível. Para dar exemplo trivialíssimo, constitui sem dúvida motivo de tranquilidade o poder avistar, em aeroportos do mundo inteiro, por mais exótico que se afigure o idioma local, avisos em inglês dos horários de *arrivals* e *departures,* bem como indicações de onde fazer o *check-in* e a *baggage claim.*

Não escapa, contudo, ainda ao olhar mais desatento, que a invasão está longe de restringir-se a essas áreas, nas quais tem cabimento a explicação proposta. É o que evidencia simples mirada às páginas dos nossos jornais, seja qual for a seção. A propaganda de negócios imobiliários põe-nos diante de nomes como *Sunshine Drive, Liberty Place, Barra Inn, Four Seasons, Golden Green, Home Facilities Center,* sem que mereça crédito a hipótese de que todas essas ofertas se dirijam exclusivamente, ou sequer predominantemente, a leitores de língua inglesa. Os cartazes teatrais anunciam, no dia em que escrevo, espetáculos intitulados *Pop by Gawronski, Copacabana I love you, Relax... it's sex* – e aí tampouco há razões para cogitar de uma plateia totalmente anglófona. Até a seção esportiva mimoseia-nos com preciosidades do quilate de *play off* e *beach soccer.* Inaugura-se um centro de diversões e lazer, presumivelmente dedicado a clientela nacional, e não se descobre para batizá-lo denominação melhor que *New York City Center;* comunica-nos a respectiva publicidade que, entre outras atrações, ali encontraremos *gameworks* – seja isso lá o que for. Na Rua Dona Mariana está em construção um *Botafogo Medicai Center,* que também se supõe destinado a médicos e clientes brasileiros; por questão de coerência, seria o caso de pôr em inglês igualmente o bairro e adotar a denominação, mais homogênea, de *Setfire Medical Center,* quando não pleitear da Prefeitura a mudança do nome da rua para *Mrs. Mary Anne Street...*

As pessoas bem sintonizadas com a moda, quando precisam de alguém que as oriente nos exercícios de ginástica, não se sujeitam à humilhação de contratar um treinador particular: contratam um *personal trainer.* Em simpósios e congressos, entre uma palestra e outra, nunca se faz um intervalo: faz-se um *coffee break.* Na vitrina de uma loja, li há pouco tempo o seguinte escrito, indicativo dos destinatários das mercadorias à venda: *"Men, women and kids".* Muitas anunciam *"sale",* para dar conhecimento ao público – na maioria provavelmente composto, como na outra hipótese, de brasileiros – de que existem artigos em liquidação.

Pitoresca, para usar expressão diplomática, é a falsa utilização do genitivo saxônico em nomes de estabelecimentos comerciais terminados em s. Decerto com a intenção de torná-los mais atraentes, o comerciante os secciona e faz preceder de um apóstrofo a última letra. Há em Copacabana uma padaria que ostenta o letreiro Lope's. O responsável naturalmente não desconfia da enormidade da tolice: basta-lhe que a denominação pareça americana. Se com isso aumenta a freguesia é ponto a cujo respeito não disponho de dados.

Inútil prosseguir na exemplificação, que ocuparia série extensa de volumes. Cinjo-me a registro particularmente cômico: em prestigiosa coluna social, já tem saído, em vez de alguma das numerosas interjeições vernáculas cabíveis, a americana, grafada à portuguesa, "uau".

3. É puramente superficial a semelhança entre o fenômeno que estou comentando e o fato de que, em certos períodos históricos, a produção intelectual se valeu, em rincões distantes, de uma mesma língua, usada como instrumento comum da transmissão de conhecimentos e ideias. O exemplo mais notório, e já referido, é o do latim, «língua franca» ao longo de boa parte da Idade Média e até mais tarde.

Pois bem. O uso do latim jamais pretendeu substituir, nem sequer em parte, o dos idiomas locais – vários, aliás, de origem latina. As obras escritas naquela língua – que, convém registrar, com a passagem dos anos, se fora afastando consideravelmente do modelo clássico – tinham alcance limitadíssimo no que respeita aos destinatários. Em tempos de baixo nível cultural na maioria da população, quando não de generalizado analfabetismo, só um círculo restrito de especialistas tomava contacto direto com semelhantes textos. É bom não esquecer que muitos dos trabalhos em questão tiveram de aguardar séculos para poder aspirar a uma difusão mais ampla, que apenas se tomou possível a partir da invenção da imprensa.

Outro ponto importante: ao contrário do que ocorre em dias de hegemonia política e econômica norte-americana, a preferência de teólogos, filósofos e cientistas pelo latim nada teve que ver com a dominação romana. Havia cerca de oito séculos que se extinguira o Império Romano do Ocidente quando Santo Tomás escreveu a *Summa Theologica.* E as circunstâncias históricas tinham passado a ser ainda mais diferentes quando Francisco Suárez produziu o *De legibus of Deo legislatore,* e Hugo Grócio o *De iure belli ac pacis.* Se é que existiu correlação entre a escolha do latim e a distribuição geográfica do poder político e econômico – aliás, variável de um para outro caso –, essa correlação de modo algum haverá tido natureza equiparável à que existe hoje entre o emprego do inglês e o papel estelar dos Estados Unidos no teatro mundial contemporâneo.

E não consta, afinal, que os naturais de distintas regiões do globo se tenham assinalado, em qualquer momento da História, pelo afã de macaquear voluntariamente, falando ou escrevendo, os modos de dizer dos autores supracitados, ou de quem quer que, antes ou depois deles, se haja expressado em latim...

4. Mas a linguagem é só uma dentre tantas manifestações do nosso fenômeno. Se passamos ao capítulo dos costumes, vamos identificar muitas outras sem dificuldade, desde a maneira de vestir, de fazer música, de comportar-se em público, difundida em grande parte da nossa juventude – e não só nela –, até a reprodução generalizada de hábitos alimentares norte-americanos (nem sempre muito saudáveis, diga-se de passagem), conforme atestam a enorme popularidade da coca-cola, das pipocas, dos *hamburgers,* e a proliferação dos *Mc Donald's,* onde se servem asquerosidades regadas a *ketchup.*

Escolas brasileiras, frequentadas predominantemente por crianças brasileiras, festejam o *Halloween,* evento de que até há algum tempo praticamente não se tinha notícia no Brasil; os alunos são convidados a fantasiar-se de bruxos e a importunar a vizinhança com pedidos semelhantes aos que uma tradição tipicamente norte-americana sugere à garotada de lá. Pouco falta para que nos ponhamos a celebrar com o indefectível peru o *Thanksgiving Day.* E por que não, mais cedo ou mais tarde, passarmos a festejar com majestoso desfile o "Dia do Orgulho Gay"?

Veja-se que os próprios cultos religiosos não escapam à multifária influência. Salvo o devido respeito, não há como deixar de perceber o colorido americanizado no proceder de certa confissão em galopante crescimento entre nós. Aliás, para dizer a verdade, não há igreja que resista à tentação de promover grandiosos espetáculos publicitários, nos quais a fé nem sempre dá a impressão de atuar como fator dominante no entusiasmo das massas. Legiões de fãs agitam-se sob a condução de sacerdotes tão desinibidos como qualquer astro de programas de auditório. Padres católicos hoje na crista da onda fazem lembrar o pastor Billy Graham, que anos atrás também sacudia multidões nos Estados Unidos. A imitação veio um pouco atrasada, mas veio, e empenhada em sobrepujar o modelo...

Fico a conjecturar que terá que ver tudo isso com a alegada necessidade de não ficarmos para trás em matéria de finanças e de negócios internacionais. Por mais que me esforce, porém, não consigo vislumbrar nexo algum. Aqui também continua a parecer-me insatisfatória a explicação.

5. Peço licença para deter-me por alguns instantes na área do direito, que me é mais familiar. Admitindo sem hesitação a legitimidade e a utilidade da recepção de institutos jurídicos norte-americanos, em mais de um setor, pergunto-me se acaso não estaremos a pique de exagerar na dose – desnecessariamente, e com proveito duvidoso.

A organização constitucional do Brasil, em seguida à proclamação da república, tomou por paradigma, como é notório, a grande nação do norte. Inevitável a opção, desde que se decidira implantar no país uma estrutura federativa. A ideia da federação, bem se sabe, empolgava mentes de primeira ordem. Muitos eram mais federalistas que propriamente republicanos, e só aderiram à república por descrença na possibilidade de federalizar-se o Brasil sob o regime imperial: terá sido o caso, ao que tudo faz crer, de RUY BARBOSA. Ora, que padrão de Estado federal se haveria de seguir, no fim do século passado, senão o norte-americano?

A alguns ocorrerá talvez indagar se, com a importação por atacado, não se terá feito tábua rasa de certas diferenças essenciais entre os dois países. Não há esquecer que nos Estados Unidos a federação resultou de movimento centrípeto: as treze colônias, autônomas entre si, vinculavam-se diretamente à metrópole, e não foi sem dificuldade que se logrou obter a adesão de todas à união sob um mesmo ordenamento, com a consequente renúncia de cada qual a ponderável parcela de autonomia. No Brasil, muito ao contrário, o movimento foi centrífugo: marchou-se para a federação a partir de uma estrutura unitária, em que as províncias dependiam quase totalmente do poder central. Doutrinas e soluções apropriadas à realidade norte-americana, como a da atribuição aos Estados-membros dos chamados poderes remanescentes – isto é, não expressamente incluídos no quinhão de outra entidade político-administrativa – não se ajustariam à brasileira com igual perfeição: caminhavam, segundo se costuma dizer hoje, na contramão da História. Daí, com toda a probabilidade, o manifesto artificialismo, não de todo desaparecido, da nossa prática federativa: os Estados brasileiros jamais foram, de fato, tão autônomos quanto se poderia imaginar à simples leitura dos artigos da Constituição.

Mas deixemos o direito constitucional, que sempre representou, de certo ponto de vista, uma exceção. Na maioria dos outros ramos, tradicionalmente predominava a influência de ordenamentos europeus: do direito português, do francês, do italiano, com menos intensidade do alemão – cuja sistemática, em todo caso, repercutiu na de um dos nossos mais importantes documentos legais, o Código Civil.

Passo ao direito processual, especialidade que tenho de preferência cultivado. O Código de Processo Civil de 1973, cujo anteprojeto se deveu à pena de ALFREDO BUZAID, emérito conhecedor da ciência e das legislações europeias, exibe indisfarçável sinal de ecletismo, quanto à proveniência de suas disposições: nele coexistem textos de inspiração lusa, de inspiração italiana, de inspiração alemã e até alguns colhidos em diploma legal menos conhecido, mas de louvável apuro técnico, o Código de Processo Civil do Estado do Vaticano, promulgado em 1946 pelo Papa Pio XII, o qual não se deve confundir com o Código de Direito Canônico, onde também se encontram normas de caráter processual.

Daí para cá, várias das principais inovações introduzidas em nosso ordenamento processual já passam a trazer o selo da influência norteamericana. A título exemplificativo, menciono a consagração das ações coletivas, na Lei nº 7.347, de 24-7-1985, e no Código de Defesa do Consumidor (Lei nº 8.078, de 11-9-1990), a criação dos Juizados Especiais Cíveis e Criminais, hoje regulados pela Lei nº 9.099, de 26-9-1995, à qual se deve igualmente a inoculação de certa dose de consensualidade no tratamento e solução das causas penais. Cito de propósito, para não ser tachado de preconceituoso, exemplos a cujo respeito muito de positivo se pode dizer, não obstante deficiências e distorções verificadas na prática.

Em compensação, não vejo com olhos tão tranquilos determinadas propostas americanizantes que circulam nos meios jurídicos em matéria de reforma da Constituição, e particularmente do Poder Judiciário. Saliento neste contexto o alvitre de conferir eficácia vinculativa à jurisprudência dos tribunais superiores – solução, aqui também, a meu ver muito mais adequada ao sistema jurídico norte-americano, com a relativa preponderância do direito jurisprudencial sobre o legislado, que ao brasileiro construído sobre princípios diversos. Ajunto que, se porventura se espera, por esse caminho, imprimir ritmo mais acelerado à marcha dos pleitos, a própria experiência dos Estados Unidos não nos autoriza a alimentar expectativas muito risonhas: com efeito, o processo, naquele país, é bem mais lento do que em geral se supõe, com base (?) em emocionantes sequências de películas cinematográficas.

Igualmente discutível, e até perigosa, seria a importação acrítica e indiscriminada de instituto como o *contempt of court*, à luz do qual é dado ao juiz, em escala desconhecida no direito pátrio, impor penalidades às partes e até aos advogados, quando lhe pareça que se comportam mal em juízo, causando dano ou desatendendo às ordens do tribunal. Nossos códigos já preveem sanções bastantes para as hipóteses de conduta irregular: se nem sempre elas são de fato aplicadas, é outra questão, que não se resolverá por mais um enxerto norte-americano.

No terreno do processo penal, a guinada para as soluções consensuais não chegou ao ponto de introduzir entre nós o expediente do *plea bargaining,* pelo qual acusação e defesa negociam privadamente os termos da condenação a ser imposta. Apesar de criticada com rigor em meios acadêmicos e políticos, pela facilidade que abre a manobras suspeitas ou francamente imorais, semelhante prática sobrevive nos Estados Unidos – e tudo indica que ainda sobreviva por muito tempo – em razão dos interesses (em boa parte extrajurídicos) a que atende. Embora o legislador brasileiro, com elogiável prudência, se haja abstido de incorporá-la ao nosso ordenamento, não faltará quem preconize avanços nessa direção. Em meu entender, já se chegou aqui ao limite do razoável, e será um desastre que se vá além. Contudo, a onda americanizante, que não prima pela autocontenção, dificilmente perderá qualquer oportunidade de tentar espraiar-se mais, como já vem acontecendo até em países europeus.

6. Volto ao tópico da língua, mantendo-me no plano jurídico, que nele não tem atraído a atenção dos estudiosos, a despeito de haver merecido a do legislador constituinte de 1988. Lê-se, com efeito, no art. 13 da vigente Constituição: "A língua portuguesa é o idioma oficial da República Federativa do Brasil". Os comentadores do dispositivo pouquíssimo têm extraído daí; no entanto, ele está longe de ser anódino, o que de resto não se presume em texto algum, menos que noutros num texto constitucional.

É interessante confrontar o nosso art. 13 com o art. 3, 1ª alínea, da Constituição Espanhola de 1978, que assim reza: *"El castellano es la lengua española oficial del Estado. Todos los españoles tienen el deber de conocerla y el derecho a usarla".* Segundo a interpretação extensiva, que aqui vem a calhar, a referência ao direito de *usar* o idioma oficial deve implicar o direito a *vê-lo* usado normalmente. Há, sem dúvida, uma ressalva expressa, na 2ª alínea: *"Las demás lenguas serán también oficiales en las respectivas Comunidades Autónomas de acuerdo con sus Estatutos".* A ela, em certa medida, guardadas as devidas proporções, corresponde na Carta de 1988 a contida no art. 210, § 2º, que, depois de estatuir que "o ensino fundamental regular será ministrado em língua portuguesa", assegura às comunidades indígenas também "a utilização de suas línguas maternas".

Com semelhante temperamento, pode afirmar-se que, tanto lá como aqui, a regra deve ser o emprego do idioma oficial, e não só nos atos governamentais, senão também na comunicação entre particulares. Realmente, segundo já se frisou, o direito ao uso desse idioma tem desdobramento necessário que lhe torna bilateral o objeto. O que a Constituição quer garantir é a existência de instrumento linguístico comum aos membros da coletividade, de tal forma que possam normalmente compreender-se uns aos outros. Claro está que, na aplicação da norma, cumprirá atender aos limites da razoabilidade – o que em absoluto não representa característica particular do texto em questão, mas constitui, no tecido do ordenamento jurídico, limitação imanente a cada uma de suas fibras e à respectiva trama.

7. É hora de concluir. Ocioso sublinhar que nada do que ficou dito há de ser tomado como indício de xenofobia em geral ou de antiamericanismo em especial. Ciência e arte sempre foram e serão valores universais. E seria absurdo menosprezar a contribuição que os Estados Unidos, em ambos os campos, vêm dando à humanidade. Se posso ler confortavelmente à noite, estou consciente de que o devo à invenção de Thomas Edison. E sou extremamente grato a Thornton Wilder e ao pessoal do teatro de San Francisco onde assisti, anos atrás, a uma inesquecível representação de *Our Town.*

Os norte-americanos, aliás, não são os únicos, talvez nem sequer os principais responsáveis por esse câncer que vem corroendo o Brasil e outros países. Na edição de 10-11-1999, a revista *Veja* publicou interessante matéria sobre a Barra da Tijuca – ao que parece, o bairro do Rio mais intensamente atingido pelo vírus da americanização –, onde, entre outras coisas, se contêm declarações de uma senhora entrevistada, à qual a matéria dá a qualificação de "locomotiva emergente". Teria ela dito: "A gente tem de copiar o que é melhor. E o melhor são os Estados Unidos". Liberdade de juízos à parte, restaria perguntar se o que estamos de preferência copiando será o melhor dos Estados Unidos...

Antes de pingar o ponto final, volto por um instante ao tópico linguístico. Às vezes me assalta a tentação de dizer, à guisa de imagem, que a língua portuguesa, entre nós, está sendo repetidamente estuprada. A imagem, contudo, não é boa: o estupro importa violência do sujeito ativo sobre o passivo. Ora, não costuma partir dos norte-americanos, que se saiba, pressão alguma no sentido de batizarmos com nomes ingleses condomínios e clínicas, nem de exclamarmos "uau" quando nos sentimos agradavelmente surpreendidos. O que se passa é que muitos gostam de entregar-se ainda na ausência de qualquer compulsão. Isso acontece com o corpo, e já é algo lamentável. Mas também acontece com a alma, e aí só se pode falar de desgraça.

COMENTÁRIOS DOS ATUALIZADORES

APÊNDICE

Sérgio Ricardo de Arruda Fernandes / Humberto Dalla Bernardina de Pinho

Bem ao fim do livro, quando o leitor pensava já estar suficientemente impressionado com a cultura e o olhar visionário do nosso Mestre, ele ainda nos surpreende com um apêndice contendo três joias.

O primeiro texto trata da linguagem forense. Escrito em 1999, o ensaio faz uma crítica aos excessos cometidos pelos juristas. Logo de início, lança três expressões capazes de franzir a testa dos leigos: casamento putativo, mútuo feneratício e embargos infringentes. E prossegue chamando a atenção para vocábulos que guardam sentido jurídico diverso do usual, como é o caso de tradição, invenção e confusão.

Mas não para por aí. Após anotar as peculiaridades daquilo que convencionou chamar de "idioma jurídico", anota que, na verdade, existem diversos subidiomas, como aquele verificado na vida forense. Nesse caso, há expressões que são indecifráveis ao leigo, como por exemplo, "aos costumes disse nada", tão comum em termos de depoimento colhidos em sede policial.

Outra hipótese curiosa, prossegue o Mestre divertindo-se com fina ironia, é o "vistos, etc". Quantas vezes, quando iniciávamos nos caminhos do Direito, já não nos pegamos tentando adivinhar o que estaria por trás desse "etc". O que mais "haveria para ver"? E porque não era dito às claras?

E não nos esqueçamos do latinismo, igualmente tão presente entre nós: habeas corpus, habeas data, exequatur, in limine litis, ratione materiae, entre tantas outras.

Como se não bastasse, temos também os artificialismos da linguagem forense, como ocorre com os sinônimos criados para a petição inicial: exordial, prefacial, inaugural, vestibular, e por aí vai.

Por fim, conclui cirurgicamente que: *"quem pleiteia deve lembrar-se, antes de mais nada, de que necessita fazer-se entender ao menos por quem vai decidir; quem decide, de que necessita fazer-se entender ao menos por quem pleiteou. Linguagem forense não precisa ser, não pode ser sinônimo de linguagem cifrada. Algum esforço para aumentar a inteligibilidade do que se escreve e se diz no foro decerto contribuiria para aumentar também a credibilidade dos mecanismos da Justiça. Já seria um passo aparentemente modesto, mas na realidade importante, no sentido de introduzir certa dose de harmonia no tormentoso universo da convivência humana"*.

O segundo texto é intitulado "O Juiz e a cultura da transgressão", fruto de palestra proferida na UFSC, também no ano de 1999. Aqui o Mestre se dedica a tecer importantes considerações sobre desvios de conduta comuns na sociedade da época.

Inicia com a prova obtida por meio ilícito e o fenômeno da captação clandestina de comunicações telefônicas, bem como a venda de fitas contendo esses registros (a geração atual não tem ideia do que seja uma fita K7 ou mesmo aquelas fitas menores utilizadas em minigravadores – os mais curiosos terão que acessar um arquivo de imagens de época ou buscar material no youtube ...), especialmente, os malefícios dessa prática ao ordenamento jurídico.

Na sequência, enfoca a deturpação no uso da internet, como a realização de operações financeiras escusas e o aliciamento de menores com a odiosa exploração da pornografia infantil. Menciona a triste realidade dos confrontos em comunidades (inclusive as que se situam próximas da Faculdade de Direito da UERJ).

O autor passeia com seu linguajar elegante sobre temas tristes e que denotam as mazelas da sociedade contemporânea, bem como revela sua preocupação com o desenrolar dos acontecimentos: "Que quer dizer tudo isso? Quer dizer, receio, que não estamos assistindo só a uma espantosa iteração de práticas desviantes, senão que também estamos a pique de assistir a algo bem mais sério: à entronização do desvio como modelo. Mais do que a crescente frequência das transgressões, preocupa, hoje, a não menos crescente tendência a desvalorizar ou negar as regras transgredidas. Preocupa, numa palavra, a cultura da transgressão".

O texto é amargo, mas o tom é profético. Escrito há mais de 20 anos atrás, mostra-se atualíssimo, infelizmente.

Por fim, chegamos ao terceiro e último ensaio: "Subserviência cultural", fruto de palestra proferida no ano 2000 na Confederação Nacional do Comércio. Aqui o Professor se debruça sobre a "maciça penetração, no Brasil não menos que noutros países, de expressões, costumes e instituições de origem norte-americana".

O tema já havia sido abordado, ainda que lateralmente, em outras obras, inclusive neste mesmo volume, como é o caso de "Notas sobre alguns aspectos do processo (civil e penal) nos países Anglo-Saxônicos" e "La transacción penal brasileña y el derecho norteamericano".

Inicia por anotar o enriquecimento do vocabulário nacional com expressões estrangeiras que foram, com o tempo, abrasileiradas, como é o caso de "sanduíche", "futebol" e "golfe", e outras que mantiveram as características originais, como "impeachment".

Reconhece que no passado essa influência era percebida com mais nitidez a partir do referencial francês e, antes desse, do latim. Mas nada se compara com a força da cultura estadunidense. Veja-se o caso dos aeroportos mundo a forma. Independentemente do país em que se esteja, as placas e avisos sempre trazem informações também em inglês.

Recorrendo, novamente, às suas pitadas irônicas, salienta:

> "a falsa utilização do genitivo saxônico em nomes de estabelecimentos comerciais terminados em s. Decerto com a intenção de torná-los mais atraentes, o comerciante os secciona e faz preceder de um apóstrofo a última letra. Há em Copacabana uma padaria que ostenta o letreiro Lope's. O responsável naturalmente não desconfia da enormidade da tolice: basta-lhe que a denominação pareça americana".

Contudo, reconhece que a linguagem é apenas a primeira fronteira. Se observarmos os costumes constataremos o fenômeno com ainda mais nitidez, sobretudo na incorporação de comemorações como Halloween e Thanksgiving.

No campo jurídico, ressalta o federalismo observado nos EUA, embora lá o fenômeno tenha resultado de um movimento centrípeto, ao passo que aqui o padrão foi centrífugo. Por conta disso:

> "Doutrinas e soluções apropriadas à realidade norte-americana, como a da atribuição aos Estados-membros dos chamados poderes remanescentes – isto é, não expressamente incluídos no quinhão de outra entidade político-administrativa – não se ajustariam à brasileira com igual perfeição: caminhavam, segundo se costuma dizer hoje, na contramão da História".

No campo do processo civil, não obstante a matriz europeia continental do Código Buzaid, é inegável a influência norte-americana na legislação extravagante editada a partir da década de 1980, como é o caso da Lei da Ação Civil Pública, do Código de Defesa do Consumidor e da Lei dos Juizados Especiais Cíveis.

No entanto, o Mestre revela sua preocupação com a eficácia vinculante das decisões emanadas dos Tribunais Superiores e com o que denomina de importação acrítica e indiscriminada de institutos como o "contempt of court". Como sabemos, o CPC/2015 consolidou o avanço que já se manifestava com as reformas do início desse século no que toca aos precedentes, mas foi tímido na tipificação do "contempt".

Já na seara do processo penal, a tendência do acordo foi internalizada por meio de três ferramentas, como já tivemos oportunidade de examinar em comentário a texto anterior deste volume. Primeiro com a transação penal, no sistema dos juizados especiais criminais e depois, com a colaboração premiada e o acordo de não persecução penal, nos crimes de médio e grande potencial ofensivo.

A conclusão do texto é no sentido da resistência ao "vírus do americanismo" com o objetivo de evitar violações ao vernáculo, que aliás, merece especial proteção no art. 13 da Carta de 1988.

Rio de Janeiro, 06 de junho de 2022.

Sérgio Ricardo de Arruda Fernandes
Humberto Dalla Bernardina de Pinho

ÍNDICE ONOMÁSTICO

ÍNDICE ALFABÉTICO-REMISSIVO